기업가정신

주요 이슈 따라잡기

이 종 호 저

도서출판 상 학 당

欲爲大者 當爲人役

크고자 하거든 남을 섬기라

머리말

최근 경제상황이 녹록치 않다. 경제위기라는 것을 부인하기 힘든 게 사실인 것 같다. 대내외 경제 관련 기관의 경제성장률 전망치 역시 최저치를 보이고 있다. 겉으로 드러난 지표도 문제지만, 특히 현장상황은 심각하다. 위기가 아니라는 정부 주장과 달리 현장에서는 돌파구가 안 보이는 심각한 저성장 위기라는 인식이 지배적이다. 이의 원인과 관련하여 소득주도성장, 최저임금이나 근로시간단축 등과 같은 정부정책에 문제가 있다는 지적도 있지만, 우리 경제가 한계에 봉착한 진짜 원인은 정부정책이 아니라 기업가정신, 즉 앙트레프레뉘어십(entrepreneurship)의 고갈에 있으며, 따라서 위기를 돌파할 방법 또한 기업가정신에서 찾아야 한다고 생각한다.

미국의 경영학자 피터 드러커(Peter Drucker)는 기업가정신에 대해 "위험을 무릅쓰고 포착한 기회를 사업화하려는 모험과 도전의 정신"이라면서 "기업가정신만이 경제를 지속적으로 발전시킬 수 있는 핵심요소"라고 설명했다. 기업가정신의 중요성과 필요성을 언급한 말인데, 기업가정신의 부활이야말로 현재 우리 경제의 난제들을 풀 수 있는 근본적인 해법이 아닌가 싶다.

그런데 기업가정신의 부활은 저절로 이루어질 수 없다. 먼저 외적 요소로서 제도적 측면을 살펴보자. 기업가정신을 고취하기 위해서는 제도적 인센티브가 선행되어야 한다. 규제 때문에 성장을 멈추는 것이 기업에 이득이 될 수 있는 환경이 조성되고 있다면 이는 문제가 아닐 수 없다. 따라서 사회 전체의 제도적 프레임을 바꿔 인센티브를 줘야 한다. 실패에 책임을 묻되 성과가 있을 경우 이를 인정해주어야 한다. 제도정비를 위해 정책 입안자인 국회의원들의 결정이 중요하다. 기업가정신 결정에 있어 제도가 갖는 중요성을 간과해서는 안된다. 생산적인 기업가정신은 북돋아주고 파괴적인 기업가정신은 제어할 수 있는 제도를 정착시킬 필요가 있다. 우리나라 기업가정신 지수의 하락에 국회에서의 법안가결률 하락 등 공공부문 지수의 하락이 큰 기여를 했다는 한국경제연구원의 분석결과는 시사해주는 바가 크다.

한편 내적 요소, 즉 경영의 측면으로 눈을 돌려보자. 생산과정에서 효율성을 높이는 것이 경영의 초기 개념이었다. 19세기 말까지 경영은 사업을 예측하고 계획하며, 실행하고 관리한다는 관점에서만 다루어졌다. 하지만 오늘날 경영은 금융, 인적자원, 정보기술, 마케팅, 생산과 운영, 전략이라는 분야로 세분화되었고, 기업 생태계의 융복합 현상으로 과거에 비해 대단히 복잡해졌다. 시대 변화에 따라 현대적 경영은 어렵고, 모든 것을 혼자 할 수 없게 되었다. 그렇지만 여하튼 경영의 근본은 기업가정신을 실천할 때 가능하다. 현대적 경영은 기업가가 리더로써 사회적 책무를 실천할 때 성공할 수 있기 때문이다. 기업가의 덕목은 기업가정신을 극대화하는 것이다.

이처럼 현재의 경제적 위기를 극복하고 해결할 핵심요소 가운데 하나가 바로 기업가정신의 부활이요, 생산적 기업가정신의 실천이라는 데 이의를 제기할 사람은 없을 것이다. 그만큼 기업가정신의 부활과 역할은 중요하고도 시급하기 때문에 사회 구성원들 모두 인식의 대전환이 필요하다고 하겠다.

기업가정신이라고 하면 우리는 먼저 경제·경영의 측면을 떠올린다. 그러나 오늘날 기업가정신은 사회의 모든 분야로 확대·적용돼 실행되어야 하며, 그러기 위해서는 사회 구성원들 모두 기업가정신의 의미를 제대로 이해할 필요가 있다. 원래 기업가정신의 의미는 위험을 무릅쓰고 미지의 영역에 도전하는 탐험가와 같은 태도이므로 개척자정신 혹은 선구자정신쯤 될 것이다. 따라서 기업가정신이 기업 종사자에 국한되어서 적용되는 것은 아니다. 단지 산업화 과정을 거치면서 자본주의 시장경제 체제 하에서 기업의 역할이 중요해지고 기업의 경제활동이 곧 경제성장과 직결되고, 이것의 파급력이 강하다보니 기업경영의 관점에서 기업가정신이 특히 강조되어 왔다고 볼 수 있다.

이에 이 책에서는 기업가정신을 기초적인 수준에서 다양한 시각으로 접근을 시도하였다. 이를 위해 시사적인 자료와 문헌을 주로 활용하였다. 이론서라기보다는 교양 수준에서 기업가정신을 이해하도록 집필하였다. 따라서 형식보다는 이슈 중심으로 내용을 전개시킴으로써 독자들에게 쉽고 편하게 다가가려고 하였다.

이 책을 통해 기업가정신의 의미와 다양한 측면을 이해하고, 오늘의 어려운 상황을 스스로 어떻게, 어떤 자세로 극복해 나갈 것인지, 생각해 보는 계기가 되었으면 한다. 더 나아가 독자 여러분들 스스로 기업가정신을 발휘하여 자신과 조직의 성장과 발전은 물론, 사회적 가치와 사회적 책임에도 기여할 수 있기를 기대해 본다. 여러 가지로 부족하고 미흡한 면이 많이 있지만, 독자 여러분의 많은 성원과 격려, 그리고 아낌없는 조언을 부탁드린다.

끝으로 이 책의 출판을 흔쾌히 허락해 주신 도서출판 상학당의 남승우 사장님 이하 출판사 관계자 분들에게 깊은 감사를 드린다.

2019년 09월
저자 올림

차례

제 1 장 시대환경의 변화 및 대응 / 9

1. 시대환경의 변화 ······ 10
2. 안전지대로 이동하기 ······ 15
3. 기업가정신으로 불확실성에 도전하기 ······ 18
4. 슈퍼스타기업이 되기 위한 5대 액션플랜 ······ 19

제 2 장 기업가와 기업가정신의 개념 / 25

1. 기업가란 ······ 26
2. 기업가정신이란 ······ 35
3. 기업가정신의 구성요소 ······ 39
4. 기업가정신을 발휘하게 되는 동인 ······ 42
5. 기업가정신의 오해 ······ 44

[부 록] 창업·기업가정신 전문가가 내린 의외의 결론 ······ 46

제 3 장 기업가정신의 역할과 중요성 / 57

1. 기업가정신의 재조명 배경 ······ 58
2. 기업가정신의 역할 ······ 59

3. 기업가정신의 중요성 …… 62
4. 기업가정신의 대표적 유형 …… 68
5. 기업가정신을 보유한 기업들의 특성 …… 96

[부 록] 창업가정신 vs 기업가정신 …… 98

제 4 장 기업가정신의 측정 / 101

1. 기존의 측정 방식 …… 102
2. 새로운 기업가정신 지수 개발의 필요성 …… 103
3. 한국 기업가정신의 국제비교 분석 : GEM과 GEI 중심으로 …… 104
4. 우리나라의 기업가정신 …… 109
5. 글로벌 기업가정신 조사의 활용과 한계 …… 130
6. 글로벌 기업가정신 조사 · 통계자료 활용의 주안점 …… 133
7. 우리나라의 기업가정신을 위한 제언 …… 135
8. 2018 역동적 기업가정신 지수 …… 139

제 5 장 기업가정신의 학제적 접근 / 143

1. 경영학적 접근 …… 144
2. 경제학적 접근 …… 148
3. 사회학적 관점에서의 기업가정신 …… 156
4. 심리학적 관점에서의 기업가정신 …… 157
5. 마무리 …… 161

제 6 장 기업가정신의 사례 / 163

1. 기업가에게 요구되는 역량 …… 164
2. 시대정신으로 바라본 기업가정신 사례 …… 165

3. 대표적 기업(혹은 기업가)들 ······ 171
4. 배우고 싶은 기업가정신 ······ 188
5. 마무리 ······ 190

[부 록] 기업가정신 추가 사례 ······ 191

제 7 장 시대정신을 반영한 기업가정신 / 207

1. 등장 배경 ······ 208
2. 4차 산업혁명 시대의 기업가정신 ······ 211
3. 사람중심의 기업가정신 ······ 219

[부 록] 가족기업의 기업가정신 ······ 222

제 8 장 기업가정신 및 창업교육 논의 동향 및 사례 / 225

1. 기업가정신 및 창업교육의 중요성 ······ 226
2. 기업가정신 및 창업교육 관련 OECD 논의 동향 및 현황 ······ 229
3. 국내외 기업가정신 교육 비교 ······ 236
4. 국내 기업가정신 교육에 대한 인식 조사 결과 ······ 242
5. 기업가정신 및 창업교육 정책 사례 ······ 243
6. 청소년 기업가정신 교육 ······ 246
7. 기업가정신 교육 국내 연구동향 ······ 261

[부 록] 기업가정신 교육의 실천 사례 ······ 269

제 9 장 기업가정신 향상을 위한 실천 방안 / 273

1. 기업가정신의 진단 및 촉진 방안 ······ 274

2. 창업관련 기업가정신 제고 정책 방안 ······ 277
3. 기업가정신 정착을 위한 과제 및 해결 방안 ······ 280
4. 해외 사례 ······ 285

제10장 효과적인 기업가정신 발휘 / 289

1. 기업가정신의 회복이 절실 ······ 290
2. 진정한 기업가정신 ······ 292
3. 혁신적 기업가정신은 시대정신이다 ······ 294
4. 기업가정신의 재음미 ······ 296
5. 마무리 ······ 300

참고문헌 ······ **303**
찾아보기 ······ **313**

제 1 장

시대환경의 변화 및 대응

창업의 흥망성쇠는 주어진 사업의 환경동향을 잘 파악하여 이에 대해 창업자가 어떻게 대응하느냐에 따라 달라진다. 우선 다양한 환경변화를 파악해야 하는데, 이러한 창업환경 속에서 창업자는 올바른 선택을 해야 한다. 이러한 선택에는 창업자의 가치와 철학이 반영될 수밖에 없다. 하지만 창업자들을 올바른 방향으로 이끄는 가치와 철학에는 중요한 공통분모가 있는데, 이것이 바로 기업가정신이다.

기업가정신은 창업자의 철학이자 사업 방향을 정해주는 나침반이며, 창업자를 성장시키는데 꼭 필요한 자양분과 같은 것이다. 그런데 중요한 것은 이러한 기업가정신이 창업자 등 기업을 경영하는 사람뿐만 아니라 동 시대를 살아가며 자신의 주관 하에 인생을 개척하는 모든 사람들에게도 꼭 필요한 덕목이라는 점이다. 대표적인 경우가 구직자들이다. 도전정신과 열정을 뒷받침해 주는 것이 바로 기업가정신이다. 현재의 급변하는 시대환경 속에서 기업가정신 없이 효과적으로 자신만의 길을 개척하기란 매우 어렵다.

1. 시대환경의 변화

1.1 혼돈과 불확실성의 시대로 접어들다[1)]

현재 우리가 사는 시대는 한마디로 400년에 달하는 자본주의 역사상 가장 급격한 변화가 동시다발적으로 발생하는 시대, 즉 '혼돈의 시대'이다.

먼저 우리는 일찍이 없었던 혁신적인 기술 변화가 사방에서 일어나고 있는 전방위 기술 혁신의 시대에 살고 있다. IT(정보기술), ICT(정보통신기술), BT(생명공학기술), NT(나노기술), RT(로봇기술), CT(문화기술), ST(우주항공기술), ET(환경보호기술) 등 다양한 기술영역에서 무서우리만큼 빠른 속도의 변화가 가시화되고 있다. 이러한 기술변화로 인해 발생하고 있는 대표적인 현상 중 하나가 바로 전통산업의 경계 파괴일 것이다. 이것이 바로 근래에 회자되고 있는 4차 산업혁명의 실체이다.

지난 2016년 세계적인 경제석학들과 CEO가 모인 다보스포럼에서 화두가 된 것이 바로 '4차 산업혁명'이다. 기존 모바일 혁명의 시대에서 IT 인프라가 가상현실, 인공지능과 융합하며 새롭게 발전하고 있고, 여기에 BT, NT, RT 등 이전에는 개별적인 기술영역으로 인식되며 각각 발전해오던 영역들의 경계가 파괴되고 새로운 형태로 융합되고 있다. 이에 따라 다양한 산업의 기술 혁신, 생산 공정 혁신 및 비즈니스 혁신의 수준이 이전과는 다른 차원의 속도로 빠르게 전개되고 있다.

이러한 전방위 혁신기술의 발전과 산업의 경계 파괴가 궁극적으로 의미하는 것은 변화의 방향을 가늠하기 어렵게 만드는 '불확실성의 확산'이다. 특히 기업 간 경쟁의 범위가 글로벌과 온라인 공간의 전방위로 확장되면서 무엇을 어떻게 대응해야 할지 예측하기 어려워지고 있다. 게다가 세계 각국과의 FTA로 시장이 개방되면서 한국 기업들은 준비가 덜 된 상태에서 이전보다 한층 더 치열한 세계 일류기업들과의 전면전에 직면한 상황이다.

더군다나 최근의 대내외 경제상황은 우리 경제를 한층 더 어렵게 만들고 있다. 국내적으로는 최저임금의 인상과 소득주도성장으로 대표되는 정부의 경제정책을 통한 양극화 해소 노력이 소기의 성과를 거두지 못하면서 경제주체들 간의 갈등이 심화되고 있으며, 대외적으로는 미국과 중국 간의 무역 갈등을 비롯한 보호무역주의 기조의 확산 움직임 등으로 인해 세계경제의 침체 가능성이 제기되는 등 경제의 불확

1) 이형곤·유진혁(2018), 기업가정신과 창업실무, 양성원, 2018.01.15.

실성이 더욱 심화되고 있다.

이제 경제 환경 변화의 하이라이트로 주목받고 있는 4차 산업혁명에 초점을 맞춰 논의를 진전시켜 보기로 한다. 4차 산업혁명으로 경제・문화・교육 등 사회 전반에 큰 변화가 예상되는 가운데 이 변화를 미리 감지하고 선제적으로 변화를 주도하는 것이 개인과 기업, 국가차원의 핵심 어젠다로 급부상하고 있다.

1.2 4차 산업혁명[2)]

인간과 기계의 융합, 가상과 현실의 융합, 스마트・네트워크・자율과 같은 특징을 보이는 4차 산업혁명은 인간의 생산 활동 혹은 생산 양식에 근본적인 변화를 일으킬 것이다. 4차 산업혁명의 기술(IoT, AI 등)이 컴퓨터나 네트워크를 기반으로 한다는 점에서 3차 산업혁명의 범주에서 벗어나지 않는다는 지적이 있으나[3)], 이 기술이 어떤 방향으로든 사회・경제에 큰 변화를 가져올 것이라는 데는 이견이 없다. 주요국의 4차 산업혁명 전략이 제조업을 강조하는 정책을 추진한다는 점은 유사하나, 국가마다 집중 육성하는 특정 산업이 있고 독일, 미국, 일본 등에서는 산업뿐만 아니라 산업과 노동, 노동과 사회 등의 균형적 시각에서 전략을 마련하고 있다.[4)] 한편 기업은 디지털 역량을 통해 고객과 시장의 파괴적 변화를 이끄는 '디지털 전환(Digital Transformation)'에 주목하고 있다(IDC, 2015).[5)]

인터넷을 기반으로 하는 디지털 전환은 적은 비용과 소수의 인력으로 지리적 공간 없이도 비즈니스의 규모를 키우는 혁신을 가능하게 한다(OECD, 2017).[6)] 지리적 위치와 거리의 중요성이 낮아져 지역과 국가의 장벽이 없어지고, 위치에 관계없이 다양한 주체 간 상호작용과 거래를 통한 비즈니스가 가능해진다. 이러한 특성은 과거에 비해 개인이나 기업이 더욱 빠르게 일정 수준의 시장 규모를 확보하게 돕고, 혁신에 도달하기 위한 장벽을 낮춘다.[7)] 또한 디지털 전환[8)]으로 인해 기업이 데이터

---

2) 이하 내용은 김선우·김영환·이정우·손하늬(2017), 4차 산업혁명 시대 기업가정신의 의의와 방향, STEPI Insight, 제218호, 과학기술정책연구원, 2017.09.11. 참조.

3) "3차 산업혁명의 잠재력은 아직 끝나지 않았다. 인터넷과 재생에너지를 기반으로 한 수평적 경제체제의 도래이다"(Jeremy Rifkin)

4) 독일의 인더스트리 4.0과 노동 4.0, 미국의 미국혁신전략과 첨단제조 파트너십, 일본의 사회 5.0과 커넥티드 인더스트리 등이 대표적임.

5) IDC(2015), "Digital Transformation(DX): An Opportunity and an Imperative".

6) OECD(2017), Vectors of Digital Transformation.

7) 세계적으로 클라우드 컴퓨팅, 오픈소스 소프트웨어, 크라우드 펀딩, 인공지능의 부상으로 인해 창업 기업들은 과거와 달리 적은 비용으로 최대의 효과를 낼 수 있는 기회를 가짐. 이와 관련하여 Economist(2014), "A Cambrian moment". 2014.01.18. 참조.

8) 디지털 전환은 기업생태계 내 공급자와 수요자 간의 정보 불균형을 해소하고 더욱 투명하고

분석을 기반으로 고객을 이해하고, 고객과 더욱 밀접한 관계를 바탕으로 민첩하게 반응할 수 있게 된다.

4차 산업혁명이 장기적 관점에서 사회 전반의 패러다임 전환인 것에 비해 디지털 전환은 기업의 입장에서 현재 진행되고 있는 실질적인 변화이다. 기업 운영과 업무에 있어서도 자동화, 가상화, 구성원 간 수평적인 연결, 네트워크화 같은 특성이 나타남에 따라, 기업과 개인의 기업가정신이 각각 부각되고 있다. 디지털 전환은 4차 산업혁명 시대를 맞이하면서 기업이 패러다임 변화에 적합한 비즈니스 모델 혹은 프로세스[9]를 바탕으로 최대의 가치를 창출할 수 있게 한다.

1.3 4차 산업혁명에 대한 개인과 기업의 인식

4차 산업혁명에 대한 개인의 인식과 관심은 높은 편이다. '4차 산업혁명에 대한 국민인식' 설문조사 결과, 4차 산업혁명에 대한 인지도는 83.9%, 관심도는 90.8%로 높게 나타났다(한국언론진흥재단, 2017)[10]. 자율주행자동차, 인터넷전문은행, 홍채인식 등 4차 산업혁명 핵심기술에 대한 개인의 안심 정도는 전반적으로 높지 않았다(성균관대 SSK위험커뮤니케이션연구단, 2017)[11]. 즉 안심 정도를 100점 만점 기준으로 했을 때 자율주행자동차는 48.5점, 인터넷전문은행은 51.5점, 홍채인식은 57.3점으로 모두 보통(50점)과 비슷한 수준을 보였다. 4차 산업혁명의 사회·경제적 효과에 대해서 개인은 중립적 태도를 가장 많이 취하면서도 부정적 인식보다는 긍정적 인식이 상대적으로 높은 편이었다(김한준, 2016).[12] 즉 '중립적 효과'가 48%로 가장 높았고, '긍정적 효과'가 42%, '부정적 효과'가 10% 순으로 나타났다.

현직 종사자들은 4차 산업혁명이 초래할 일자리 감소라는 위기의식과 생산성 증대라는 기회 의식을 동시에 느끼고 있다. 향후 4차 산업혁명으로 인한 기술적 요인

효과적인 거래를 가능하게 함.

9) 디지털 전환은 창업기업이 맞닥뜨린 재무적·비재무적 비용을 줄이고, 창업기업으로서 가질 수 있는 기회를 극대화하는 역할을 함.

10) 2017년 4월 18~21일, 전국 성인남녀(20~50대) 1,041명 대상, 응답률은 13.0%, 신뢰수준 95%, 표본오차 ±3.0%p. 이와 관련하여 한국언론진흥재단 미디어연구센터(2017), 4차 산업혁명에 대한 국민들의 인식, Media Issue, 2017년 3권 4호, 2017.04. 참조.

11) 2017년 6월 10~12일, 국내 거주 만 20세 이상의 성인남녀 1,000명 대상, 신뢰수준 95%, 표본오차 ±3.10%p. 이와 관련하여 성균관대 SSK위험커뮤니케이션연구단(2017), '4차 산업혁명 핵심기술에 대한 한국인의 인식 조사 결과' 발표, 자율주행자동차는 불안하고 인터넷전문은행과 홍채인식도 안심 못 해, NewsWire. (http://www.newswire.co.kr/newsRead.php?no=851579), 2017.06. 참조.

12) 2016년 7월~8월, 한국고용 직업분류 23개 중분류 직종에 종사하는 재직자 1,006명을 대상으로 설문조사함. 이와 관련하여 김한준(2016), 4차 산업혁명이 직업세계에 미치는 영향·4차 산업혁명에 대한 재직자 인식 조사, 고용이슈, 2016년 9월호. 참조.

에 의해 현재 종사하는 직업이 존속할지에 대해 '일자리 감소' 응답이 44.7%로 가장 높았고, '변화 없음'은 42.0%인데 반해, '일자리 증가'는 13.2%에 그쳤다(김한준, 2016).[13] 한편 4차 산업혁명이 생산성 향상에 도움이 되는지에 대해서는 '도움이 된다'는 응답이 57%로 가장 높았고, '도움이 되지 않는다'는 26%, '모르겠다'는 17%로 조사되었다.

또한 기업은 최근 4차 산업혁명에 대한 정책적 관심 및 매체 노출로 인해 인지도는 높아지고 있으나, 구체적인 내용에 대해서는 잘 알지 못한다고 응답하였다.[14] 4차 산업혁명에 대한 준비 방식은 '신사업 및 신비즈니스 모델 개발'이나 '스마트 공장 도입'이 다수이며, 대기업의 경우 전담조직 신설 및 전문 인력 확보를 위해 노력하는 것으로 나타났다(현대경제연구원, 2017).[15] 4차 산업혁명에 대한 준비에 있어서 애로사항으로는 자금 부족, 기업의 혁신 역량 부족, 4차 산업혁명 관련 이해 부족, 정보 및 인력의 부족, 정부의 정책 지원 부족 등이 언급되며 중소기업의 경우, 특히 자금 부족의 문제를 제시하였다(배영임·신혜리, 2017).[16]

4차 산업혁명에 대한 정부의 역할로서 개인은 교육 혁신을, 기업은 투자에 대한 세제 혜택을 제안하였다. 4차 산업혁명에 대비하기 위해 가장 시급한 정부 정책으로 개인은 '초·중·고 교육혁신'(23.6%), '실업 대책 및 복지정책'(21.6%), '새로운 기술 개발 지원'(19.7%), '기본소득 보장'(12.8%), '성인 대상 재교육 프로그램 운용'(11.4%), '대학교 교육 혁신'(9.8%), '여가 관련 대책(1.3%) 순으로 응답하였다(한국언론진흥재단, 2017). 또한 기업에서는 투자 관련 세제 혜택, 인적자본 투자, 산업 규제 혁신 및 법률 정비 등을 꼽았다(현대경제연구원, 2017).[17]

1.4 4차 산업혁명으로 인한 변화

첫째, 부가가치 창출의 주역이 기업에서 개인으로 이동함을 들 수 있다. 세계화와 비용절감으로 급성장을 한 기업의 황금기는 저물고 있다.[18]. 20세기를 대표하는 대

---

13) 김한준(2016), ibid.

14) 현대경제연구원(2017)의 국내 기업의 4차 산업혁명 인지도 조사 결과(400개 기업), 4차 산업혁명에 대해 잘 알고 있거나 어느 정도 알고 있다는 응답 비중이 43.3%인데 반해, '들어봤다'고 응답한 비중은 47.0%에 달함. 글로벌 기업(10점)과 비교한 국내 기업의 대응 수준은 7.1점이었음.

15) 현대경제연구원(2017), 4차 산업혁명에 대한 기업의 인식과 시사점 - 국내 기업의 약 70%가 대응 못하고 있다!, VIP 리포트, 통권 691호, 2017.05.15.

16) 배영임·신혜리(2017), 경기도 4차 산업혁명 기반조성을 위한 정책방향 연구, 경기연구원.

17) 현대경제연구원(2017), ibid.

18) The golden age of the Western corporation may be coming to an end

기업 중심의 관리 자본주의가 벤처 중심의 기업가적 자본주의로 변화하고 있다(Audretsch & Thurik, 2010).[19] 기업가정신에 대한 기존 개념은 창업을 해서 중소기업, 대기업으로 성장시키는 것을 의미하였으나 부가가치 창출의 주역이 기업에서 개인으로 변화하고 있다.[20] 웹(web)과 스마트폰을 기반으로 한 유비쿼터스 접속 환경은 E-commerce, SNS와 같은 새로운 부가가치를 창출하고, 이러한 흐름 속에서 기업의 범주 밖에서 가치창출의 주체가 되는 '제도화된 개인'이 등장하고 있다.

둘째, 기술 중심의 산업에서 사람 중심의 산업으로 트렌드 변화가 예상된다. 기술의 빠른 발전에 따른 부작용을 최소화 할 수 있는 사람 중심의 기업가적 사고와 가치관이 필수요소화 되고 있다. 개인의 기업가적 특성과 역량을 최적으로 발현하고, 다원화된 고객 한명 한명의 가치를 극대화할 수 있는 방향으로 기업의 의사결정의 기준이 이동하고 있다.

셋째, 공급자 중심의 일괄적인 문제 해결 방식에서 소비자 중심의 맞춤형 문제 해결 방식으로 이동함을 들 수 있다. 즉 사용자 개개인의 특성에 맞게 특화된 제품·서비스를 맞춤형으로 제공하는 시대로 이동함을 의미한다.[21]

넷째, 블록체인 등 4차 산업혁명의 핵심 기술도 개개인에 대한 신뢰와 투명성을 기반으로 한 시장의 패러다임 변화를 가속화시킬 것이다. 해킹의 위협이 존재하는 기존의 중앙 집중적이고 폐쇄적인 보안 체계를 상호 합의의 신뢰를 바탕으로 분산적이고 공개적이면서도 위변조가 불가능한 보안 체계로 전환시킬 것이다. 또한 전자투표, 디지털 스마트 계약, 크라우드 펀딩 등 모든 개인이 의사결정에 직접 주도적으로 참여 가능해질 것이다(임명환, 2016).[22]

(Economist, "Death and transfiguration", 2015.09.19.)

19) Audretsch, D. B. and A. R. Thurik(2010), "Unraveling the Shift to the Entrepreneurial Economy", Tinbergen Institute Discussion Paper TI2010-080/3.

20) Lean startup은 기업의 진입장벽을 낮추며, 지속적인 혁신을 만들어내는 새로운 방식이다.
Accelerator는 개인을 키워 기업을 만들며, 연속창업자의 등장을 가능케 해준다.

21) 소비자들은 간소한 삶(take life lightly), 간편한(simple) 제품을 원한다. 하지만 질레트는 자신들의 하이테크놀러지에 심취해(self-serious) 이것을 놓쳐버렸다. 이와 관련하여 Trop, Jaclyn(2017), How Dollar Shave Club's Founder Built a $1 Billion Company That Changed the Industry, Entrepreneur, 2017.03.28. 참조.

22) 임명환(2016), 블록체인 기술의 활용 동향 분석, 주간기술동향, 1772호, 정보통신기술진흥센터, 2016.11.16.

2. 안전지대로 이동하기

2.1 미국의 상황[23)]

'개라지(garage : 창고) 창업'으로 마이크로소프트(MS), 애플, 페이스북 등 세계 최고 기업을 만들어내며 혁신 창업의 터전으로 불리던 미국에서 창업 열기가 급격히 식고 있는 것으로 나타났다. 미국 사회 구조와 인식 변화로 고학력 엘리트들이 투자 위험을 떠안아야 하는 창업보다 고액 연봉을 받을 수 있는 안정적인 일자리를 선호하는 경향이 뚜렷해지면서 미국 경제의 혁신성과 역동성이 급속히 떨어질 것이라는 염려가 제기되고 있다.

2018년 6월 28일 미국 대표 싱크탱크인 브루킹스연구소가 '경쟁과 역동성의 상태'라는 제목으로 발표한 보고서에 따르면 2017년 미국 대학원 석사 이상 졸업생의 창업 비율이 전체 졸업생 중 2.2%를 기록해 25년 전인 1992년(4.0%)의 절반 정도로 급락한 것으로 나타났다. 학부 졸업생의 창업 비율도 1992년 3%대 중반에서 2017년에 1%대로 큰 폭으로 줄었다. 설립된 지 10년 미만인 '신생 기업'의 고용 효과도 급격히 떨어지고 있다. 2015년 미국 전체 고용인구 중 설립 10년 미만 신생기업에서 근무하는 인구 비중은 19%로, 1987년 33%에서 큰 폭으로 감소했다. 2년 미만 기업에 근무하는 근로자는 전체 고용인구 중 4%가 채 되지 않았다.

브루킹스연구소는 "대학 등 고등 교육을 받은 사람일수록 창업했을 때 특허 등 지식재산권을 창출할 가능성이 높고, 이러한 지식재산권은 회사가 고성장·혁신 기업이 될 확률을 높여준다"고 밝혔다. 즉 이들이 창업하지 않는다는 것은 '혁신 기업'이 생겨날 확률이 줄어든다는 뜻이다.

미국 엘리트들이 창업하지 않는 가장 크고 단순한 이유 중 하나는 '기업가정신' 약화다. 비용 부담을 안고 창업해 대박을 노리느니 안정적으로 직장에 취업해 고임금을 받으려는 엘리트가 늘어나고 있다는 분석이다. 보고서는 "고학력 근로자에 대한 기업의 급여가 과거에 비해 늘었고 반대로 창업에 드는 비용은 점차 늘고 있다"고 설명했다.

창업비용이 느는 이유는 창업자가 '창업 조달 비용'으로 주로 활용하는 은행 대출이 점차 어려워지는 데다 국고 보조금 등 나라에서 지원하는 공공자금 투자도 받기

23) 매일경제(2018.06.), "제2 저커버그 관심 없다"…창업 꿈 접는 美젊은이, 2018.06.29.

어려워졌기 때문이라고 보고서는 밝혔다. 연구소는 "기업에 대한 국고 보조금은 1990년 이후 세 배나 늘었지만 이러한 지원금이 주로 대기업에 가고 있다"며 "대기업의 설비 추가·이전은 지역 경제에 상당한 영향을 미칠 수 있고 경제적인 효과가 즉각 나타나기 때문에 보조금이 신생 기업보다 대기업에 몰리는 경향이 있다"고 설명했다.

미국의 창업 불씨는 전 산업 분야에서 식어가고 있다. 금융, 제조업, 농업 등 전통적인 산업뿐 아니라 정보기술(IT) 등 혁신이 필요한 최첨단 산업에서도 창업 비율이 줄었다. 첨단기술 분야는 전통 산업에 비해 변화가 크고 전문 지식을 요해 젊은 기업가가 가장 많이 창업하는 분야로 꼽혀왔기 때문에 다소 의외라는 결과다.

브루킹스연구소는 "첨단 산업 분야에서 비즈니스 역동성이 쇠퇴하고 있는 것에 대해서는 더 많은 연구가 필요해 보인다"면서도 "하지만 한 가지 중요한 가능성은 첨단 산업 분야 역시 시장 집중도가 높아지면서 신생 기업이 더욱 더 진입하기 어려운 환경이 돼가고 있다는 것"이라고 말했다.

일례로 소셜미디어 분야만 놓고 봐도 페이스북, 유튜브, 트위터, 레딧 등 주요 업체 시장점유율이 80%에 육박한다. 보고서는 "인터넷 검색엔진, 무선통신 사업자, 배달 서비스 등 분야는 상위 2개 회사 시장점유율이 각각 87%, 69%, 76%에 달한다"고 덧붙였다.

신생 기업이 생기지 않는 것은 단순히 창업 열기가 식는 데 대한 우려로 그치지 않는다. 창업 감소는 산업의 역동성 감소로 이어지고 이는 기존 기업의 경쟁력 하락을 낳을 수 있다.

연구소 측은 "신생 기업의 시장 진입이 줄어들면 기업 간 경쟁이 감소하고 기존 회사에서도 혁신에 대해 투자하지 않는다"며 "경쟁은 궁극적으로 경제성장을 촉진하는 데 큰 도움이 되므로 공공정책 등을 통해 신생 기업을 육성해야 할 필요가 있다"고 밝혔다.

실제 창업이 줄고 시장 집중도가 높아진 상황에서 기업 투자율은 큰 폭으로 줄고 있는 것으로 나타났다. 브루킹스연구소는 "1990년대 기업 투자는 급격하게 상승했지만 2010년대 들어와서 3분의 1 이상 줄었다"며 "시장지배력이 있는 반독점 기업들이 투자해야 할 필요성이 줄기 때문"이라고 설명했다. 보고서는 "창업 지원 정책 등을 통해 신생 기업 성장을 지원함으로써 (미국) 경제의 역동성을 키워야 할 것으로 보인다"고 제언했다.

2.2 한국의 상황[24)]

급격한 변화로 인한 혼돈의 확대에 대응하는 인간의 모습은 크게 두 가지이다. 하나는 혼돈에 직면하여 이를 위기로 인식하고 두려움을 피해 안전지대로 숨는 것이며, 다른 하나는 혼돈으로 인한 여러 가지 위협에도 불구하고 이를 무릅쓰고 새로운 길을 개척하는 것이다.

이 가운데 혼돈과 불확실성의 위험에 대처하는 가장 일반적인 반응은 위기를 피해 안전한 지대로 숨는 일일 것이다. 이것은 당연한 반응이다. 매슬로우(Maslow)의 욕구단계이론에 따르면, 생리적 욕구나 안전 욕구와 같은 하위단계의 욕구가 충족이 되어야 비로소 소속의 욕구, 존경 및 자아실현과 같은 상위단계의 욕구가 발생한다고 하였다. 가장 원초적인 '생리적 욕구'를 제외하고 인간이 해결해야 할 가장 우선 순위가 바로 '안전의 욕구'이다.

이러한 안전의 욕구가 발현된 대표적 사례로 '공무원 직업의 높은 인기'를 들 수 있다. 경기활황기였던 1990년대 중반까지만 해도 대졸자들이 선호하는 직장은 월급을 훨씬 많이 주는 대기업이었다. 그런데 1997년 IMF 외환위기 이후부터 공직 취업 준비의 인기가 올라갔으며 2007년 미국발 금융위기 이후에도 공무원 열풍이 한층 더 올라갔다.

불확실성 회피성향은 취업준비생에게만 국한된 것이 아니다. 이미 창업에 성공한 경험을 가진 기업들도 불확실성 속에 몸을 움츠리고 있다. 대표적인 10대 그룹 상장사의 사내유보금은 2016년 6월말 기준 550조 원으로 계속 증가세이다. 이 같은 기업의 투자축소 성향은 글로벌 금융위기 이후 지속적으로 나타나는 현상으로 전 세계적으로 유사하다.

문제는 안전추구 성향이 너무 지나치다는 것이다. 막연한 두려움에 휩싸여 대다수가 안전지대로만 달려가고 있는 형국은 바람직하지 않다.

---

24) 이형곤·유진혁(2018), op. cit.

3. 기업가정신으로 불확실성에 도전하기[25)]

그렇다면 정말 안전을 보장하는 곳이 있는 것일까? 100세 시대를 말하고 있는 지금, 평생 안전을 보장해줄 수 있는 곳이 과연 존재할까? 안정된 직장에서 주어진 일을 하는 직업을 찾는 것 자체도 경쟁률이 매우 높지만, 그렇게 해서 확보된 안전은 주어진 일만 반복하기 때문에 다른 도전을 할 여력이 줄어드는 결과를 낳게 된다. 소위 철밥통이라고 이야기할 만큼 안정적인 직장으로 부각된 상당수의 공무원들도 55세 정도가 되면 등에 떠밀려서 퇴직을 걱정해야 하는 상황이 된다.

취업의 트렌드를 보아도 학력과 인맥에만 의존하는 시대가 조금씩 바뀌어 가고 있다. 기존의 학력, 자격증 등의 스펙을 중요시하는 기업들은 여전히 많이 있지만, 유수한 대기업들을 중심으로 스펙을 의도적으로 감추고 발표, 프로젝트, 오디션 등의 형태로 실무능력을 직접 검증하려는 시도가 늘어나고 있다. 스펙보다는 인성과 직무능력을 중심으로 선발하려는 경향이 높아지고 있는 것이다.

우리나라의 경우 과거 양적 성장을 추구할 때는 주어진 일을 잘하는 검증된 인재가 필요했기에 스펙이나 인맥을 통해 안정적으로 인력을 수급하려는 경향이 강했지만, 앞으로는 실제 조직이 직면한 문제를 해결하려는 사람, 열정을 가지고 도전하고 새로운 아이디어를 내면서도 주변과 화합될 수 있는 인재가 부상하게 될 것이다.

이러한 변화는 곧 더 이상 현실에 안주하여 주어진 일만 묵묵히 수행하는 사람만 찾기보다는 현장에서 시시각각으로 벌어지는 불확실성에 도전하여 새로운 아이디어를 낼 수 있는 인재가 필요하다는 의미이다. 이러한 인재상은 기업가정신과 일맥상통한 측면이 있다. 기업들이 불확실성과 혼돈의 위협을 무릅쓰고 새로운 도전의 길을 개척하기 위해서는 기업가정신이 필수적이다.

기업가정신이 가장 필요로 하는 대표적인 분야 중 하나가 바로 창업이다. 대기업들의 투자가 주춤하고 있는 사이, 벤처기업들은 기업가정신을 바탕으로 무섭게 성장하고 있다. 유망 벤처기업을 1만 개 만들면, 청년층 일자리가 24만 개 더 생긴다고 하니 앞으로 한국경제의 활력은 벤처기업에서 앞장설 것이라고 해도 과언이 아니다.

결국 불확실성과 혼돈이 주어질 때 회피하려는 성향이 만연되어 있지만, 벤처기업의 사례에서 보듯이 기업가정신을 가지고 정면 돌파하는 사례도 늘어나고 있음을 알 수 있다. 이처럼 불확실성과 혼돈에 맞서 새로운 아이디어와 용기로 정면 돌파하는 것은 기업가정신의 중요한 속성이다. 지금 우리가 사는 시대는 기업가정신을 가진 사람을 필요로 하고 있다.

---

25) 이형곤·유진혁(2018), op. cit.

4. 슈퍼스타기업이 되기 위한 5대 액션플랜[26)]

디지털 4.0 시대에서는 변화된 흐름에 적응하지 못하면 한순간 도태의 길로 들어서는, 이른바 '뉴 코닥모멘트'[27)]로 빠져들 수 있다는 것이 전문가들의 한결같은 진단이다. 이 같은 상황에서는 위기를 기회로 전환해 지속 성장할 수 있는 기반을 갖추는 것이 필수적이다.

맥킨지는 이러한 동력을 '리질리언스(Resilience)'라고 이름 붙였다. 탄력성이란 의미의 리질리언스는 앞으로 닥칠 위기를 예측하고 현재 경영구조에 변신을 꾀하면서 혁신을 이룬다는 뜻이 담겼다. 빠르게 변화하는 세상에서 예상 가능한 리스크를 100% 피할 수는 없기 때문에 신속하게 배우고 적응해 회복하는 속도가 중요하다.

매경이코노미가 창간 40주년을 맞아 맥킨지와 함께 제시한 '디지털 4.0 시대, 슈퍼스타기업이 되기 위한 5대 액션플랜'의 내용을 살펴보기로 한다.

4.1 슈퍼 프로덕티비티 : 덩치보다 수익성을 우선하라

첫 번째 화두는 '슈퍼 프로덕티비티(Super Productivity)'다. 과거 1, 2, 3차 산업혁명 시대에는 자본・노동・토지 등 유형자산으로부터 생산성을 끌어내는 데 주력했다. 그러나 유형자산 기반의 생산성 혁신은 진작 한계에 다다랐다는 것이 중론이다. 한국은행에 따르면 우리 제조업의 연평균 노동생산성 증가율은 2001~2007년 7.9%에서 2011~2015년 2.2%로 5.7%포인트나 하락했다. 자본과 노동을 투입해도 얻을 수 있는 이익이 갈수록 줄었다는 의미다.

이미 이런 징후는 실물경제 도처에서 목격된다. 실제 2018년 국내 1000대 기업 가운데 190곳이 매출은 늘어났으면서도 적자를 냈거나 영업이익이 줄어든 것으로 나타났다. 기업정보 분석업체인 한국CXO연구소에 따르면 국내 1000대 상장사의 3년 치 영업실적 현황을 분석한 결과, 2018년 매출이 증가한 기업은 593곳, 감소한 기업은 407곳이었다. 반면 같은 기간 영업이익이 증가한 기업은 403곳이었으며 감소하거나 적자를 본 기업은 597곳이었다. 이에 따라 매출이 늘어났음에도 영업실적

26) 매경이코노미(2019.07.), 위기를 기회로…슈퍼스타기업 5大 액션플랜, 제2015·창간호, 2019.07.03.~2019.07.09.

27) '코닥모멘트'가 한때 유례없는 고성장을 구가했던 필름·카메라 제조업체 코닥의 흥망성쇠를 함축했다면 최근 글로벌 경제는 '뉴 코닥모멘트'가 일상이 됐다는 진단이다.

이 부진한 기업이 190곳으로 조사 대상 기업 전체의 19%, 매출 증가 기업의 31.8%를 차지했다.

결국 디지털 4.0 시대에서는 기술 혁신으로 이 같은 생산성 정체의 함정을 탈출해야 한다. 이는 학계에서도 이론적으로 검증된 논리다. 폴 로머 미국 뉴욕대 교수는 기술 혁신이 성장을 이끈다는 '내생적 성장이론(Endogenous Growth Theory)'으로 2018년 노벨경제학상을 받았다. 즉 교육과 연구개발(R&D)로 내부에서 추진된 기술 혁신이 새로운 생산성 향상의 원천이 될 수 있고 그 결과 자본 축적에 따른 성장률 저하를 극복할 수 있다는 것이다.

그 전략 중 하나로 국내 기업은 매출보다 이익을 우선해야 한다고 전문가들은 강조한다. 자본과 노동의 축적에 따른 덩치 경쟁을 지양하고 기술 혁신으로 수익성을 극대화해야 한다는 논리다. 맥킨지 분석에 따르면 그저 매출이 많다고 슈퍼스타기업이 될 수 있는 것은 결코 아니다. 경제적 이익 하위 10% 기업 매출이, 상위 10% 기업보다 더 큰 경우가 있었다는 점은 시사하는 바가 적지 않다.

생산성 혁신을 위해서는 경쟁과 협업을 동시에 수행하는 '코피티션(coopetition)'[28]에도 주력해야 한다. 새로운 차원의 생산성을 위해서는 경쟁만이, 또는 협업만이 정답이 아니다. 디지털 기업으로 제대로 변화하려면 혼자서는 어렵고 제휴관계를 골라서 맺되 때로는 경쟁 기업과도 손잡는 과감한 결단력이 뒤따라야 한다. 최원식 맥킨지 한국사무소 대표는 "2030년까지 디지털 혁신은 한국경제의 8배 규모인 13조 달러의 국내총생산(GDP)을 창출할 잠재력이 있다. 하지만 그 활용도는 걸음마 단계다. 정보통신기술(ICT)을 활용하는 전통기업은 디지털 잠재력의 25%만 현실화하고 있다. 디지털 시대에서는 경쟁과 협업을 동시에 구사해 '초효율적인' 생산성 향상을 이뤄낼 최적의 포인트를 찾는 데 주력해야 한다"고 말했다.

4.2 슈퍼 인탠저블스 : 무형자산 경쟁력에 '최고'의 투자를

두 번째 액션플랜은 '슈퍼 인탠저블스(Super Intangibles)'다. 디지털 4.0 시대에서는 다양한 무형자산의 경쟁력에 최고의 투자를 하라는 의미다.

이미 선진국은 '자본 없는 자본주의'로 진화해 그 한복판에 들어섰다. NH투자증권에 따르면 미국은 총자산에서 차지하는 무형자산 비중이 28%로 전 세계에서 가장 높다. 유럽의 무형투자 증가율은 미국과 비교하면 낮지만, 그래도 유럽 GDP 성

---

28) 코피티션(coopetition): 협력(cooperation)과 경쟁(competition)의 합성어로 협력형 경쟁이라는 의미이다. 즉 협력과 경쟁의 장점을 결합시키는 전략적 비즈니스 게임 이론을 일컫는다.

장률보다는 높다. 우리의 경쟁 국가인 중국의 무형 투자도 빠르게 늘고 있다. 2019년 1분기 중국의 지식재산권 수출은 2018년보다 44% 늘었다. 2019년 1분기 인프라 투자 증가율은 2018년 대비 4.4%로 전체 투자 증가율 6.3%보다 낮지만, IT 소프트웨어 투자 증가율은 25%를 넘는다. 중국의 경기 반등을 끌어낸 것이 인프라가 아니라 무형 투자라는 해석이 가능한 대목이다.

사정이 이렇지만 한국은 여전히 유형자산 중심의 경제구조에 매몰돼 있다는 진단이다. 성태윤 연세대 경제학부 교수는 "무형자산 투자와 기술 혁신에 뒤처질 경우 갑작스럽게 주력 산업이 붕괴한 다른 국가의 전철을 밟을 수 있다"고 강조했다.

기업 경영의 관점에서는 조직문화가 보이지 않는 핵심 무형자산이다. 조직문화 혁신 방법론으로 최근 주목받는 키워드는 '애자일(agile : 민첩하다)'이다. 애자일은 1990년대 소프트웨어 개발을 위한 방법론이었다. 현재는 비즈니스 전반에 걸쳐 변화에 빠르게 대응하는 하나의 전략으로 통용된다. 구성원 간의 활발한 소통과 협력, 자발성을 통해 업무 민첩성을 높이고 구성원의 창의성을 촉진하는 시스템과 문화를 총칭한다.

맥킨지는 조직 전체에 공유된 목적과 비전, 권한 위임을 받은 네트워크팀 구조, 빠른 의사결정과 학습 사이클, 역동적인 사람 중심 모델, 차세대 기술 활용 등을 애자일 조직의 다섯 가지 특징으로 꼽았다. 맥킨지 분석에 따르면 애자일을 시행한 기업은 비용을 40%포인트 낮춘 반면, 생산성을 27%포인트 높인 것으로 나타났다. 최원식 대표는 "빠르게 변하는 디지털 환경에 대응하는 민첩한 조직을 만들려면 'Do Agile'을 넘어 조직 자체가 'Be Agile'이 되려는 비상한 각오가 필요하다"고 강조했다.

4.3 슈퍼 탤런티드 : 디지털 네이티브, Z세대 관리에 집중

세 번째 전략은 슈퍼 탤런티드(Super Talented)를 가진 디지털 초우수 인재의 확보다. 뛰어난 인재를 얼마나 많이 보유하고 있느냐는 디지털 전쟁 승패를 가를 핵심 요인이다.

디지털에 최적화된 인재를 확보하려면 무엇보다 최근 대두되는 밀레니얼 세대와 Z세대[29]에 관한 명확한 이해가 선행돼야 한다. 얼핏 Z세대는 밀레니얼 세대와 대동

29) Z세대란 2000년 이후에 태어난 세대(혹은 1995년 이후 출생한 세대)를 가리키는 말로 디지털 환경에서 자란 '디지털 네이티브(디지털 원주민)'세대를 뜻한다. 책이나 텍스트보다 이미지와 동영상을 선호하고, TV보다 스마트폰이 가까운 세대이다. 변화와 유행에 발 빠르게 대응하는 Z세대가 '주요 소비집단'이 되면서 이들의 지갑을 열기 위해 각 기업들이 분주하게 공략에 나서고 있다. 전문가들은 향후 30~50년까지 Z세대가 소비문화를 이끌어 갈 것으로 내다보고 있다. 다만 이들의 소비는 디지털 기기를 통한 정보 공유에 매우 민감하게 반응하기 때문에 기존 광고 방식을 고수하는 기업들은 이미지 탈피와 함께 새로운 광고 방식

소이해 보인다. 그러나 전문가들은 Z세대와 밀레니얼 세대의 차이는 밀레니얼 세대와 X세대[30]의 차이만큼이나 크다고 강조한다.

'에코세대'[31] 'Y세대'[32]라고도 불리는 밀레니얼 세대는 베이비붐 세대[33]의 자녀 세대다. 전후의 혼란과 가난, 그리고 고도 경제성장을 경험한 베이비붐 세대의 가치관이 성장 과정에서 부분적으로나마 투영됐을 것이란 분석이다. 반면 Z세대는 X세대의 자녀 세대다. 개인주의, 다양성 추구, 일과 삶의 균형 중시 등 부모 세대의 자유로운 가치관을 물려받았다. 집단보다 개인, 소유보다 공유, 상품보다 경험, SNS를 통한 비대면 수평적 인간관계 등 밀레니얼 세대와 지향점은 비슷하지만 그 농도는 Z세대가 훨씬 진한 이유다.

특히 Z세대가 밀레니얼 세대와 구분되는 가장 중요한 지점은 한 번도 호황기를 누려보지 못했다는 것이다. 사춘기 무렵 글로벌 금융위기를 겪었고, 기저효과로 인한 2010년 6.5% 성장 외에는 연 4% 이상 경제성장을 경험해본 적이 없다. Z세대는 태어날 때부터 스마트폰이 있던 디지털 세상의 첫 번째 세대, 즉 '디지털 네이티브(Digital Natives)'라는 점도 밀레니얼 세대와 명확히 구분되는 포인트다.

종합하자면 전통적 인사관리 제도만으로는 Z세대로부터 최적의 동기유발 효과를 이끌어내기 힘들다. 전례 없는 디지털 문화로 조직에 스며든 Z세대를 아우르며 슈퍼급 인재를 놓치지 않기 위해 데이터 기반 HR(인적자원) 시스템 구축은 필수다. 세계 1위 디지털 기업 구글이 '피플 애널리틱스팀'을 구성한 것은 이런 배경에서다. 구글의 피플 애널리틱스팀은 컨설턴트, 박사학위 소지자, 기술 전문가, 통계 분석가 등으로 구성된다. 이들은 인적사항, 업무 로그 파일, 평가 에세이, 보상 등 인적·업무적 데이터를 망라해 분석한다. 이렇게 구글은 다양한 데이터 분석을 통해 현재와 미래에 관해 경영진에게 선제적인 제안을 하고, 방대한 '데이터 컬처(Data Culture)'를 축적했다는 분석이다.

을 내놓는 데 주력해야 할 것으로 예측되고 있다. 팝콘뉴스(2018.11.09.) 참조.

30) X세대란 흔히 1980년대 후반 1990년대 초반의 문화를 풍유한 1970~80년에 태어난 세대를 의미한다. X세대는 물질적인 풍요 속에서 기성세대와 다른, 남들과 차별되는 '나만의 개성'을 중시한 전보적인 세대이다.

31) 에코세대(Echo Generation)란 1979년부터 1992년 사이에 태어난 20~30대 계층으로 6.25 전쟁 이후 대량 출산으로 태어난 베이비붐세대(1955~1963년)의 자녀세대를 말한다. 전쟁 후에 대량 출산이라는 사회 현상이 수십 년이 지난 후 2세들의 출생 붐으로 다시 나타나는 것을 산 정상에서 소리치면 얼마 후 소리가 되돌아오는 메아리(에코) 현상에 빗댄 말이다. <네이버 지식백과> 참조.

32) X세대를 이어 등장한 세대가 바로 Y세대(혹은 밀레니얼 세대)이다. 1981~2000년 사이에 태어난 세대를 의미한다. 디지털 기기의 변천사를 온몸으로 겪은 Y세대는 디지털의 편리함을 누리는데 익숙하면서도 어렸을 때 느꼈던 아날로그 감성을 그리워하기도 한다. 요즘 대부분의 사회 초년생들이 Y세대에 속한다고 볼 수 있다.

33) 베이비붐 세대: 1955~1963년에 태어난 세대로서 한국전쟁이후 한국의 고속성장을 이끌었던 세대이다.

4.4 슈퍼 커스터마이즈드(Super Customized) : 극한의 고객서비스를 실천하라

네 번째는 극한의 고객만족이다. 디지털 시대일수록 고객가치의 본질을 제대로 알고 대응해야 살아남을 수 있다. 물론 고객만족을 외치는 기업은 차고 넘친다. 그러나 실제로 만족하는 고객은 드물다.

세계 최고 전자상거래 기업 아마존이 혁신적인 콜센터 서비스로 유명한 미국의 온라인 신발 판매업체 자포스를 우리 돈 약 1조3000억 원에 인수한 것이 좋은 예다. 자포스는 정확하고 친절한 신발 반품 서비스로 유명한 신발 유통 사이트다. 이 회사는 신발 온라인 거래에서 불거질 수밖에 없는 사이즈 관련 문의를 소비자 만족(CS)이라는 키워드로 풀었다. 하버드비즈니스 리뷰는 이런 자포스를 두고 '고객만족을 위해 극단의 서비스를 추구하는 회사'라고 평가했다. 한 예로 자포스의 직원은 고객을 대할 때 매뉴얼이 아니라 각자의 개성과 아이디어에 따라 자유롭게 행동한다. 심지어 고객을 위해서라면 경쟁업체 신발을 사서 배달해주는 것도 허용될 정도다. 직원들이 고객만족을 위해 스스로 나서는 독특한 문화가 형성되면서 자포스는 연매출 10억 달러, 재구매율 75%를 달성할 수 있었다는 분석이다.

자포스가 기업문화로 고객만족 서비스를 실현했다면 글로벌 콘텐츠 기업 넷플릭스는 빅 데이터를 활용해 소비자의 극한 만족을 추구한 경우다. 전 세계 1억4000만 명이 이용하는 넷플릭스는 최근 시청 습관 데이터를 분석해 시청자가 직접 스토리와 결말을 입맛대로 고를 수 있는 인터랙티브 영화[34]를 선보였다. 똑같은 영화지만 시청자마다 접하는 스토리와 결말은 천차만별이다.

4.5 슈퍼 앙트레프레너십 : 기술·사람 아우르는 기업가정신 4.0

마지막 전략은 초혁신적인 기업가정신, '슈퍼 앙트레프레너십(Super Entrepreneurship)'의 구현이다.

한국의 기업가정신은 크게 3가지로 구분된다는 것이 학계 분석이다. 과학기술정책

---

34) 이용자가 콘텐츠의 진행과정에 직접 개입하는 '인터랙티브 콘텐츠(interactive contents)'가 각광받고 있다. 게임, 영화 등 콘텐츠 속에서 사건이 진행되는 과정에 이용자가 직접 개입해 선택지를 고를 수 있는 것이 가장 큰 특징이다. 선택에 따라 다른 등장인물의 반응이 달라지기도 하고, 결말에 영향을 미치기도 한다. 일반적인 콘텐츠처럼 일방향으로 흐르지 않고, 콘텐츠와 이용자 간 쌍방향 소통이 가능하다는 점에서 차세대 미디어 콘텐츠로 주목받고 있다. 디지털타임스(2019.01.), "영화는 게임처럼"...차세대 콘텐츠 '인터랙티브'가 뜬다, 2019.01.28. 참조.

연구원에 따르면 기업가정신 1.0은 1960~1980년대 대기업 위주의 성장정책으로 대기업을 중심으로 한 기업가정신이 발현했던 시기다. 기업가정신 2.0은 IMF 외환위기 이후 2000년대 초반 벤처버블 전까지 중소기업 위주의 기업가정신이 대두됐던 때다. 이어 기업가정신 3.0은 금융위기를 벗어나기 시작한 2010년 초반부터 시작돼 아이폰을 비롯한 스마트폰 플랫폼 등장과 창업 대중화 시대 개막과 궤를 같이한다.

이렇듯 세계화와 비용 절감을 중심으로 국내 경제를 이끌었던 기업가정신 3.0은 이제 저물었다. 머지않아 컴퓨터가 인간보다 영리해지는 슈퍼 인텔리전스(Superintelligence : 초지능) 시대가 도래한다. '투자의 신' 손정의 소프트뱅크 회장은 슈퍼인텔리전스가 과학・교통・의료・비즈니스를 비롯한 모든 것을 재정의한다고 강조했다. "결국 디지털 시대 새로운 기업가정신 4.0의 키워드는 기술과 사람이다. 기술을 바탕으로 세대를 아우르는, 사람 중심의 기업가정신으로 패러다임을 바꿔야 한다."고 최원식 대표는 말했다.

제 2 장

기업가와 기업가정신의 개념

바라보는 관점에 따라 기업가에 대한 정의는 다르지만, 경제학자 조지프 슘페터는 기업가를 '혁신자'로 보는 등 단순히 기업가가 창업가를 의미하지 않음을 보여주고 있다. 기업가의 정의는 시대의 흐름과 변천사에 따라 달라졌지만, 현대적인 개념에서는 상품, 생산방식, 시장, 기술 등에서 혁신을 촉진시키는 사람으로 보는 것이 타당하며, 간단히 새로운 가치를 창출하려는 동기와 실천하는 활동을 하는 사람이라고 볼 수 있다. 이에 따라 기업가정신이라고 하는 것은 새로운 가치를 창출하려는 동기와 실천하는 활동으로, 전에는 없었던 새로운 가치를 창출하는 것으로, 오늘날 사회의 모든 영역에 적용되는 개념으로 확산되어 가고 있는 시대정신이라고 할 수 있다.

1. 기업가란[35)]

1.1 개 념

경제학의 다른 용어와 달리 기업가와 기업가정신은 개념이 불명확한데다 다차원적인 성격으로 인해 오·남용 되는 문제가 빈번하게 발생하고 있다. 기업가정신은 경제성장을 이끄는 중요한 원동력임에도 불구하고 측정과 수리 모형화가 어렵다는 이유로 주류 경제학의 성장모형에서는 오랫동안 외면해왔다. 또한 한편에서는 기업가(起業家, entrepreneur)를 기업인(企業人, business people)과 동의어로, 그리고 기업가정신을 창업가정신과 동의어로 잘못 사용하기도 한다.[36)]

많은 사람들이 기업가정신(entrepreneurship)이 혁신(innovation)을 이루고 생산성을 향상시켜 경제성장을 견인한다고 생각한다. 그러나 기업가정신이 무엇이냐고 물어본다면 명쾌하게 정의를 내릴 수 있는 사람은 많지 않을 것이다. 가장 단순하게 정의한다면 기업가정신이란 기업가(entrepreneur)가 갖추어야 할 특성이라고 할 수 있다. 그렇다면 여기에서 기업가란 어떤 사람을 의미하는가? 회사를 운영하는 사람이 기업가인가? 아니면 새로운 사업을 시작하는 사람이 기업가인가?

기업가라는 용어는 프랑스 말에서 유래했다.[37)] 원래의 뜻은 '시도하다' '모험하다'의 의미를 담고 있다. 18세기 초 프랑스 경제학자 리샤르 캉티용(R. Cantillon)을 비롯해 프랑스 정치경제학자들이 처음 사용했다. 캉티용은 상인이나 제조업자와 구분해서 이 말을 썼다. 위험 부담을 꺼리는 이들과 구분하기 위한 언어였다. 다시 말해 기업가를 경제학 이론에 처음 도입한 사람이 리샤르 캉티용(1730)이며, 그는 경제주체를 지주, 기업가, 종업원의 세 가지로 분류하고 기업가란 불확실한 상황에서 사업 활동에 종사하는 사람으로 설명하였다. 그 이후 학자마다 기업가를 저마다 다르게 정의하면서 지금까지 경제학에서 언급된 기업가의 개념이 최소 12개에 이를 정도로 산만하고 혼란스러운 측면이 있는 게 사실이다(Herbert & Link, 1989).[38)]

---

35) 이하 내용은 주로 한현옥(2013), 기업가정신과 혁신, KERI Column, 한국경제연구원, 2013.09.09. 고기완(2015), 슘페터 : 기술혁신을 통한 창조적 파괴, 드러커 : 기회를 사업화하는 모험정신, 생글생글 494호, 한국경제신문 경제교육연구소, 2015.11.30. 참조.

36) 황인학(2015), 한국의 기업가정신의 실상과 과제, KERI Insight, 한국경제연구원, 2015.10.12.

37) 영어의 기업가(Entrepreneur)라는 단어는 프랑스어 동사 'Entreprendre'에서 유래되었다고 함.

38) Hebert, R.F. and Albert N. Link(1989), "In Search of the Meaning of

우선 기업가는 위험을 무릅쓰고 시장에서 교환행위를 주도하고 이끄는 사람으로 캉티용은 해석하였다. 수요량과 공급량의 차이를 만들어내는 이윤 기회를 쉼 없이 찾아내는 사람이 기업가이다. 여기에는 늘 이익과 손실이 동시에 도사리고 있다. 기업가는 시장을 바라보는 본능적 감각을 가져야 생존할 수 있다.

그리고 슘페터(Schumpeter)는 기업가를 새로운 조합(new combination)의 수행을 통해 시장 내에서 변화를 실행하는 혁신가(innovator)로 보았다. 새로운 조합의 수행이란 새로운 상품이나 품질의 도입, 새로운 생산방식의 도입, 새로운 시장 개척, 새로운 원자재나 부품원의 확보, 새로운 조직의 시도 등 다양한 형태를 가질 수 있다. 즉 기업가란 혁신가로서 새로운 제품, 새로운 생산방법, 새로운 마케팅 전략을 고안하여 이윤창출의 기회를 만들어내는 사람이라 할 수 있다. 따라서 기업가는 위험과 불확실성을 감수하고 혁신을 통해 새로운 기회에 도전하는 사람이라고 할 수 있으며, 기업가정신은 이러한 도전 정신이라 할 수 있다. 이처럼 참신한 아이디어와 방법으로 혁신을 이루고 위험을 감수하면서 기회를 포착하여 이윤을 창출할 수 있는 기업가야말로 경제성장의 원동력이요, 핵심 경제주체라고 할 수 있다.

한편 기업가의 개념을 포괄적으로 재정의한 Herbert & Link(1989)는 기업가를 '상품과 자원 또는 제도의 위치와 형태, 활용에 영향을 주는 의사결정을 내리고 책임을 지는 사람'이라고 정의하고 있는데, 법률과 제도는 정치적 과정을 거쳐 변경되기 때문에 위의 기업가 개념에는 '정치 기업가(political entrepreneur)'가 포함된다.

결론적으로 기업가(起業家, entrepreneur)는 회사를 소유 또는 경영하는 사람을 의미하는 기업인(企業人)과는 다르며, 사내 기업가(intrapreneur, corporate entrepreneur)를 아우르는 개념(Wennerkers & Thurick, 1999)[39]이라고 할 수 있다. 일례로 황인학(2016)[40]은 일반적으로 기업가는 회사를 소유하거나 또는 경영하는 자본가, 사업가를 지칭하는 경향이 있으나 기업가(起業家, entrepreneur)는 사업가 또는 기업인(企業人, business people)보다 넓은 개념으로 보았다. 즉 혁신과 도전의 기업인 외에 회사에 소속된 종업원이라도 신상필벌의 보상 체계 등의 특정 조건 하에서는 종업원 기업가 또는 사내 기업가(employee entrepreneur, intrapreneur)로 볼 수 있으며, 조직 밖의 개인도 기회포착, 보상과 책임, 혁신이라고 하는 조건에 부합하는 경우 기업가의 범주에 포함될 수 있다는 것이다. 또한 기업가는 화폐적 이득을 추구하는 경제적 영역에 국한되지 않으며, 게임 규칙으로서의

Entrepreneurship," Small Business Economics, 1(1), 39-49, 1989.

39) Wennekers, Sander & Roy Thurik(1999), 'Linking Entrepreneurship and Economic Growth', Small Business Economics, 13: 27-55, 1999.

40) 황인학(2016), 한국 기업가정신의 장기 변화 추이 분석, KERI Insight, 한국경제연구원, 2016.05.02.

제도 또는 전략을 혁신함으로써 창의적 성과를 도출하는 경우에도 적용 가능하다고 보았다. 따라서 기업가정신에도 경제적 이윤뿐만 아니라 공공 부문에서 정치적 영향력을 극대화하는 기업가적 행동이 포함될 수 있다는 것이다.

1.2 기업가의 특성[41)]

1.2.1 성공적인 기업가의 심리적 특성

- 성취욕 (need for achievement)
- 위험감수성향 (risk-taking tendency)
- 내적통제소재 (internal locus of control)[42)]
- 모호함에 대한 관용 (tolerance of ambiguity)

1.2.2 성공적인 기업가의 행태적 특성

- 장기적 안목과 비전제시
- 몰입과 집중력
- 결단력과 끈기
- 위험평가 및 대응능력
- 의사소통능력
- 도전의식과 탁월성 추구
- 벤처팀 구성

1.2.3 기업가적 역량

구 분	기업가적 역량
헌신/몰입과 결단성 (commitment and determination)	결단성, 규율/원칙성, 끈기, 전적인 몰입, 자발적 희생

41) 주로 강신형(2016), 기업가론, 한성대학교 2016년 가을학기 강의자료. 참조.

42) 통제위치(LOC: Locus of Control)는 자기에게 영향을 주는 사건을 자기가 통제할 수 있다고 믿는 정도(또는 통제할 수 없다고 믿는 정도)를 말한다. 극단적으로 두 종류의 인성 유형을 생각할 수 있다. 외부적 통제위치(External LOC): 자기 행동이 외부의 환경, 운명, 행운 등에 의해 가이드 되는 것이라 믿는 사람이다. 내부적 통제위치(Internal LOC): 자기 행동이 자신의 결정과 노력에 의해 가이드 되는 것이라 믿는 사람이다.

구 분	기업가적 역량
용기(courage)	도덕성, 두려움 없는 실험정신, 실패나 갈등을 두려워하지 않는 용기, 호기심
기회에 대한 집착 (opportunity obsession)	기회 파악능력, 고객욕구에 대한 지식, 시장지향성, 가치창조 및 확장에 대한 집착
위험, 모호성, 불확실성의 수용 (tolerance of risk/ ambiguity/ uncertainty)	계산된 위험감수, 불확실성과 비체계적 구조에 대한 수용/적응, 스트레스와 갈등의 수용, 문제해결 및 대안 조정 능력
창의력, 자신감, 적응력 (creativity, self-confidence, and ability to adapt)	비전통적인 열린 사고, 수평적 사고, 혁신성, 현 상태에 머물지 않고 끊임없는 변화 추구, 적응력, 개념화 능력과 꼼꼼함
남보다 앞서려는 동기 (motivation to excel)	목표/결과 지향성, 성취와 성장에 대한 강한 욕구, 타인에게 경쟁자보다 지원자라는 인식을 주는 능력, 자신의 강점/약점 파악 능력, 자신의 주관과 유머감각
리더십(Leadership)	솔선수범, 내재론자(남의 탓보다 자신의 책임으로 생각하는 사람), 성실성과 정직성, 신뢰감, 인내력, 팀을 구축하고 구성원들에게 영감을 주고 영웅을 만드는 능력

자료 : Timmons & Spinelli(2009)[43]

1.2.4 기업가에게 필요한 쌍기역[44]

- 꿈(Vision)
- 꾀(Creativity)
- 깡(Challenge)
- 끼(Passion)
- 끈(Network)
- 꼴(Image, Brand)
- 꼭(Trust)
- 꺽(깸)(Agility)
- 꽃(내면의 아름다움)
- 껄(호연지기)

한국의 기업가정신은 8개의 'ㄲ'으로 설명될 수 있다. 그 8개의 'ㄲ'에 대해서 살펴보자.

---

43) Timmons, Jeffry A. and Spinelli, S.(2009), New venture creation: entrepreneurship for the 21st century (8th ed.), New York: McGraw-Hill/Irwin, 2009.

44) 이민화(2012), 한국 기업가정신과 'ㄲ', 벤처스퀘어. (available at https://itm.kaist.ac.kr/archives/1225), 2012.05.17.

첫째는 '꿈'이다. 모든 기업가는 비전(Vision), 즉 꿈이 있어야 한다. 기업가적 과정이란 꿈을 이룩하는 과정이라고 할 수도 있다. 기업가는 자신의 꿈, 비전을 구현함으로써 이 사회의 가치를 창출하고 자아실현을 이룩하고 더 나아가서 타아실현을 도와준다. 생떽쥐베리는 '배 만드는 법을 가르치고 싶다면 나무를 다듬는 법이 아니라 바다에 대한 동경을 심으라'고 하였다. 꿈은 가장 강력한 자기 성취동기이다. 꿈이 없는 기업가는 기업가라고 할 수 없을 것이다. '꿈의 실현을 통한 새로운 가치의 창출과 분배를 선순환하는 리더십을 기업가정신'이라고 이민화 교수는 정리하고 있다.

두번째 쌍기역은 '꾀', 즉 창조성(Creativity)이라고 할 수 있다. 꿈을 이룩하기 위해서는 새로운 창조적 생각이 뒷받침되어야 한다. Creativity, 즉 창조성은 기업가정신을 구현하는 가장 핵심적인 덕목이다. '기업가란 혁신을 구현하는 사람'이라고 정의할 수도 있다. 동일한 일을 열심히 반복하는 것만으로는 바람직한 기업가상이 될 수 없다. 바람직한 기업가상은 창조적으로 도전하는데 있다. 과거와 달라야 한다. 창조성, 바로 '꾀'는 기업가정신을 구현하는 필요조건이다. 창조성은 연습으로서 충분히 발전될 수 있다는 것이 많은 학자들의 주장이다. 경영의 구루(Guru) 피터 드러커는 창조성은 교육으로 발전 가능하다고 했다. 테레사 아마빌(Teresa Amabile)에 의하면 창조성의 발현에는 3가지 요소가 필요하다고 한다(Expertise, Thinking tools, Motivation). 첫 번째는 다양한 경험과 지식이다. 건물을 높이 올리려면 바닥이 넓어야 한다. 창조성의 두 번째 요건은 창조적인 생각의 도구다. 창조적 생각의 도구는 크게 수렴형과 발산형이 있고 각각 TRIZ[45]와 마인드맵[46]으로 대표된다. 물론 창조성의 발현은 수렴과 발산의 선순환과정에서 이루어진다. 문제의 발굴과 해결과정은 수평사고와 수직사고의 연속에서 이루어진다. 이러한 생각의 도구들은 이미 스마트폰의 앱으로도 나와 있을 정도로 우리 가까이에서 찾아 볼 수 있다. 창조적인

---

45) 겐리흐 싸울로비츠 알트슈레르(Ге́нрих Сау́лович Альтшу́ллер, Genrich Altshuller, 1926-1998)가 개발한 발명 관련 방법론이다. 우즈베키스탄 타슈켄트 출신의 유대계 러시아인으로 소련 해군에서 특허 심사 업무를 하다가 25만 건의 특허 중 핵심적인 4만 건을 분석하여 창의적 발명에서 나타난 공통적인 특성을 발견하게 되었다. 이를 체계화시킨 것이 TRIZ(영어: theory of solving inventive problem)이다. 페레스트로이카 이후 서방으로 이론이 전파되어 한국, 미국, 일본, 유럽에서 1990년 이후 널리 쓰인다. 보잉, GE, 지멘스, 현대자동차, 삼성전자 등 주요기업에서도 활용하고 있다. 또 다른 문제 해결 방안을 모색하는 브레인스토밍과 달리 불필요한 시간 소비가 적고 체계화된 해결 방안을 얻을 수 있는 것이 장점이며, 단점은 이론 체계가 복잡하고 방대해 학습, 응용에 많은 노력과 시간을 필요로 한다는 것이다. 나무위키(2018.01.23.) 참조.

46) 영국의 전 언론인인 토니 부잔이 개발한 프로젝트 관리법이다. 중간의 주제에서 꼬리에 꼬리를 물고 내려오는 방식으로, 직관적인 이해를 도와준다. 기업에서도 꽤나 많이 쓰이는 방식으로 브레인스토밍과 같은 부류에 서 있다. 목차를 방사형 그림으로 나열했다고 생각하면 이해하기 쉽다. 중심에는 설명하고자 하는 걸 적고, 방사형으로 거기에 대한 설명을 그려간다. 나무위키(2019.04.02.) 참조.

생각의 도구를 활용하면 창조성 능력을 발전시켜 나갈 수 있다. 세 번째는 창조성 발현의 환경이다. 창조성은 새로운 것이고 도전이기 때문에 실패할 가능성이 대단히 높다. 새로운 아이디어의 99%는 쓸모없는 아이디어라고 하지 않는가! 정말로 이 세상을 바꾸는 혁신적인 아이디어만 내는 사람이 있다면 얼마나 좋겠으나 불행히도 이는 불가능 하다는 것이 현실이다. 창조성 발현을 위해서는 새로운 생각을 하게 만드는 동기부여 환경이 조성되어야 한다. 바로 기업가정신 발현에서 '실패에 대한 지원'이 가장 중요한 환경요소일 것이다. 실패를 통한 학습을 통해서 통찰력을 키워나간다. 이것이 창조성을 키워나가는 요체인 것이다. 첫 번째 언급한 경험과 지식에 비하여 창조적 환경조성은 그 중요성을 인지 못하는 경우가 대부분이다. 꾀를 통하여 꿈을 이룩한다. 이것이 바로 기업가정신 발현의 필요조건이라고 할 수 있다.

세번째 쌍기역은 '깡'이다. 도전, 즉 Challenge다. 우리 주변에 창조성이 있는 사람들은 많이 있다. 특히 대학교 교수, 연구소의 연구진들 중에 창조적 아이디어를 갖고 있는 사람들이 많이 있다. 그러나 이들을 바람직한 기업가상이라고 여기지는 않는다. 바로 기업가정신 구현에 필요한 충분조건이 빠져있기 때문이다. 꾀가 필요조건이라면 깡은 충분조건이다. 창조성과 도전정신이 결합될 때 혁신이 이루어지고 이를 우리는 기업가정신의 구현, 즉 기업가상이라고 얘기한다. 도전과 창조는 기업가정신 매트릭스의 양대 축이다. 창조성은 있으되 도전정신이 없는 사람은 꿈꾸는 사람(Dreamer)이라고 한다. 창조성 없이 도전하는 사람은 도전자(Challenger)라고 한다. 바람직한 기업가상은 창조성과 도전정신이 적절한 균형을 이룬 혁신가(Innovator)를 뜻한다. 꾀라는 필요조건과 깡이라는 충분조건이 결합된 창조적 도전이 꿈을 이룩하는 기업가정신의 3대 축인 것이다. 우리는 아직도 5가지의 한국기업가징신의 글자가 남아있다.

네번째 글자는 '끼'다. 즉 열정(Passion)이다. 꾀와 깡은 열정, 즉 꿈을 이룩하려는 치열한 사랑의 정신이 뒷받침되어야 지속 가능하다. 누구나 한번은 도전하고 한번은 창조적이 될 수 있다. 그러나 이러한 창조성과 도전이 지속가능하기 위해서는 꿈에 대한 끊임없는 열정이 필요하다. 그 열정은 바로 끼다. 새로운 가치를 창출하는 기업가정신 구현과정에서 수많은 실패의 바다를 건너야 하고 그로부터 학습을 통한 통찰력을 얻게 된다. 그 과정은 치열하고 고난으로 가득 차있다. 이러한 고통의 과정을 극복하는 에너지는 바로 끼, 열정이다. 성공적인 기업가들 중에 열정이 없는 사람은 없다. 비록 겉으로는 쿨해 보이더라도 자신이 이룩하고자 하는 목표, 꿈에 대한 끊임없는 사랑의 싹을 마음속에 키우고 있는 것이다.

다섯번째 글자는 '끈'이다. network, 즉 인맥이다. 한국사회의 혈연, 지연, 학연 등의 닫힌 인맥의 부작용으로 인한 공정한 기회상실 문제로 인맥에 대한 부정적인 시각이 있다. 그러나 인맥 그 자체는 기업가적 목표를 달성하는데 필수적인 요소다. 모든 것을 내가 다 하려는 사람은 혁신적인 창조물을 만들기 어렵다. 남들과 협조할 줄 아는 사람이 자기 분야에 진정한 혁신 이노베이션(Innovation)을 이룩할 수 있는 것이다. 이러한 혁신의 과정에 필수적인 끈, 네트워크는 기업가로서 필수불가결한 요소이다. 하버드대학의 연구에 따르면 성공의 가장 중요한 요소는 성적, 체력 등 모든 요소에 비하여 인맥이었다고 한다. 폭넓은 인맥을 통해서 기회의 포착을 하고 문제 해결의 협조를 구하고 위기대응에 대안을 모색하는 자산, 바로 끈이다. 많은 벤처사업가들은 이러한 끈의 중요성을 무시하는 경향들이 있다. 내가 실력이 있고 좋은 기술을 만들면 되지 무슨 인맥이 필요한가?

그러나 기업가적 성공에는 많은 다양한 요소들이 필요하다. 이러한 요소들을 뒷받침하는 가장 기업가적인 방식이 훌륭한 인맥을 구축하는 것이다. 인맥구축은 개방적 인맥이어야 한다. 한국의 혈연, 지연, 학연과 같은 폐쇄적 인맥이 아니라 개방적 인맥을 통해서 서로에게 도움이 되어야 한다. 많은 최고 경영자 과정도 좀 더 개방적 과정으로 발전해야 할 것이라는 생각을 해본다. 이러한 인맥형성 과정에 각 분야별로 허브(Hub)에 해당하는 사람을 아는 것이 중요하다. 소셜 네트워크 분석에 따르면 모든 분야별로 인맥의 중심에 해당하는 허브역할을 하는 사람이 있다고 한다. 내가 문화, 예술, 철학, 문학, 물리학, 생물학, 경영학, 경제학 등 모든 분야에 정통할 수는 없다. 그러나 그 각 분야의 허브에 해당되는 사람을 알 수 있다면 창조적 도전을 통한 문제 발굴과 해결과정에 가속도가 붙을 것이다.

여섯번째로 필요한 글자는 '꼴'이다. 이미지(Image) 혹은 브랜드(Brand)다. 인맥을 형성하고 사람들을 모으기 위해서는 나만의 이익을 추구해서는 안 된다. 이 사회에 바람직한 이미지를 구축해야 한다. 나의 이미지가 바로 꼴이고 나의 브랜드가 된다. 사회적 연결망이 돈보다도 중요한 자산이 되고 있다. 이러한 시대에 확실한 브랜드를 구축하는 것은 수익의 자본보다도 중요하다. 브랜드의 중요성이라는 것을 소셜 네트워크를 바탕으로 하는 초연결 시대에 들어서면서 더욱 강조되고 있다. 관심경제라고 한다. 콘텐츠는 넘치고 있다. 이제 지식은 만들어지는 순간 쓰레기가 되고 있다. 이러한 새로운 콘텐츠 과잉시대에 나를 알리는 것은 낙타가 바늘구멍 들어가는 것만큼 어려워진다. 결국 나를 상징하는 브랜드를 만드는 것이 아무리 강조해도 지나치지 않은 중요한 기업가적 과정인 것이다. 꼴, 기업가를 꿈꾸는 젊은이들에게 꼭 명심해야 할 글자다.

일곱번째는 '꼭'이다. 트러스트(Trust), 즉 약속을 지키는 것이다. 약속을 지키지 않음으로써 당장 이익을 얻을 수 있는 기회가 많다. 그러나 장기적으로 약속을 지키지 않는 사람들이 큰 사업을 일으키기는 어렵다. 기업가에게 돈보다 중요한 것이 신용이다. 개성상인의 가장 큰 자본은 신용이라 하지 않는가? 한번 얘기한 약속은 꼭 지킨다는 브랜드를 형성함으로써 상대방에 협조를 구하는 역량을 구축하는 것이다. 모든 조직이 신뢰가 형성되면 효율적으로 움직인다. 불신을 바탕으로 하는 조직은 엄청난 비효율성을 가져온다. 창조성이 억제된다. 잘못된 것을 없애기 위해서 창조성의 싹을 자르기 때문이다. 꼭 한다는 마음가짐은 기업가 이전의 상인의 기본적인 도리라고 할 수 있다.

마지막으로 '꺽'이 있다. 한동안 코미디 프로에 나왔던 '꺽기도'의 꺽이다. '꺽'은 '깸'과 통한다. 늘 깨어있어 변화를 민감하게 포착하고 현상을 깨고 혁신을 주도하는 것이다. 기업환경이 변하고 요소 자원들이 변하고 핵심기술이 변화한다. 근본가치는 변하지 않더라도 기업은 환경변화에 유연하게 변화해야 한다. 앞으로 미래는 두 가지 대응 시나리오가 있다. 하나는 미래변화를 예측하는 것이다. 또 다른 하나는 변화하는 미래에 신속하게 대응하는 것이다. 많은 미래학자들은 미래예측이 불가능해진다고 얘기하고 있다. 좀 더 가능성 높은 생존방식은 유연성, 즉 Agility가 아닌가 한다. 유연한 기업은 환경변화에 생존가능성이 높아진다는 것은 생물 종의 진화과정에서 입증된 바가 있다. 이와 같이 유연성(Agility)이 미래기업의 생존성을 높이는 가장 중요한 덕목이 될 수 있다.

기업가정신의 덕목으로 8개의 'ㄲ'으로 충분할 수 있다. 그러나 좀 더 인간적인 면으로 확대해 보면 '꽃'과 '껄'을 추가할 수 있다. 꽃은 내면의 아름다움, 따뜻한 배려다. 결국 주변에 사람이 모이는 리더십에는 당연히 꽃의 매력이 필요하지 않겠는가! 껄은 호연지기다. 지나치게 민감하면 사람이 떠난다. 큰 흐름을 보고 큰 가치를 추구하는 사람은 작은 이해관계를 넘어선다. 껄껄 웃고 더 큰 가치를 추구하는 큰 사람이 되어야 할 것이다.

다시 한국의 기업가정신을 정리해보자. 8개의 'ㄲ' 꿈, 꾀, 깡, 끼, 끈, 꼴, 꼭, 꺽(깸), 한국의 기업가정신에 꼭 필요한 8개의 글자와 '꽃'과 '껄'의 2글자를 추가한 10개의 글자들이다.

1.3 기업가에 대한 잘못된 인식[47)]

	잘못된 주장	실제 모습
1	기업가는 타고 난다.	훌륭한 기업가의 요건 중 선천적 요인보다 후천적 요인이 더 많고, 부족한 영역은 파트너십이나 인재 고용으로 보완이 가능하다.
2	아이디어만 있으면 누구나 창업할 수 있다.	창업에 성공하려면 아이디어만으로는 부족하고, 시장에 대한 이해와 경영능력도 매우 필요하다.
3	기업가는 도박사다.	기업가는 매우 세심하고, 무모한 위험이 아닌 계산된 위험을 회피하지 않고 감행하는 사람이다. 결코 도박사가 아니다.
4	기업가는 누구 간섭도 안 받고 모든 일을 자신 뜻대로 한다.	벤처기업이 성공하려면, 고객, 투자자, 공급자, 종업원, 지역사회 등 모든 이해당사자의 도움이 필요하다. 기업가는 모실 대상이 더 늘어난다.
5	벤처기업의 기업가는 모든 일을 혼자 한다.	사업초기에는 기업가 혼자서 모든 일을 할 경우도 있지만, 사업이 일정규모 이상이 되면 협조자의 도움 및 위임이 필요하다.
6	벤처기업은 대단히 위험해서 망하기 쉽다.	기업가가 유능하면, 벤처기업이 차별성이 부족한 일반중소기업보다 오히려 생존율이 높다. 유능한 기업가는 주위의 생각보다 사업의 위험을 덜 느낀다.
7	사업성공에 가장 중요한 것은 자금력이다.	자금도 성공의 주요요소이긴 하지만, 창업자와 사업기회가 좋으면 자금은 외부에서 조달할 수 있다. 창업자와 기회가 더 중요하다.
8	창업은 젊어서 해야 한다.	젊음이 사업성공에 중요하나 경험/지식도 중요하다. 40대 이후에 창업해서 성공한 사례도 많다.
9	돈을 버는 것이 기업가의 가장 큰 창업 목적이다.	대부분의 기업가들은 단기적인 돈벌이보다 장기적인 자본수익, 성취욕구, 꿈의 실현을 위해 창업하며, 돈은 수단인 경우가 많다.
10	좋은 아이디어를 가진 기업가는 1~2년 내에 사업에 성공한다.	벤처기업이 실패하는 데는 1~3년이면 충분하지만, 성공하기까지에는 보통 5~7년이 걸린다. 너무 성급하게 결과를 얻으려고 하지 말아야 한다.

47) 강신형(2016), op. cit.

2. 기업가정신이란

우선 기업가정신과 관련하여 윤상호・허원제(2015.03)[48]가 제시한 정의가 일반적으로 생각해볼 수 있는 내용이라고 판단된다. 그들에 의하면, 기업가정신이란 '기존 경제 질서 속에 존재하는 새로운 도전의 기회를 능동적으로 찾아내고 새로운 재화나 서비스 혹은 생산방식을 통해 수익 창출의 기회를 구체화시키는 합리적인 도전정신'이라고 할 수 있다. 이제 이러한 기업가정신의 개념을 보다 구체적으로, 그리고 확장된 개념으로 전개시켜 보기로 한다.

2.1 개관 : 대표적인 3가지 유형[49]

기업가정신(entrepreneurship)에 대한 견해도 학자마다 다양한데, 대표적인 유형으로는 슘페터(Schumpeter), 나이트(Knight), 커즈너(Kirzner)의 3가지로 대별된다.

먼저 슘페터(Schumpeter, 1934)[50]는 기업가정신에 의해 이뤄지는 창조적 파괴과정을 경제성장의 원동력으로 보는 한편, 기업가는 기존의 균형과 틀을 깨고 불안정하게 만드는 역할을 수행하는 사람으로 보고 있다.

나이트(Knight, 1921)[51]는 기업가를 불확실성을 감수하는 대가로 이윤을 얻는 사람으로 설명하며, 이때의 불확실성(uncertainty)은 사전적인 확률분포를 통해 보험으로 대응 가능한 위험(risk)과 다름을 강조하고 있다. 나이트(Knight) 이론에서 기업가는 기업가적 활동을 통해 시장을 균형으로 이끄는 역할을 수행한다.

커즈너(Kirzner, 1973)[52]를 비롯한 오스트리아 학파의 기업가정신 이론에서는 기업가의 이윤기회에 대한 인지능력을 강조하며 회사 창업자뿐만 아니라 기업가적 발견(entrepreneurial discovery)에 참여하는 모든 경제주체를 기업가로 보고 있다. 오스트리아 학파 이론에서 기업가는 현재의 충족되지 않은 니즈를 충족시키거나 또

48) 윤상호·허원제(2015), 우리나라 기업가정신의 평가와 창조경제의 미래, KERI Insight, 한국경제연구원, 2015.04.15.
49) 황인학(2015), op. cit.
50) Schumpeter, J. A.(1934), The Theory of Economic Development, Cambridge, MA: Harvard University, 1934.
51) Knight, F.(1921), Risk, Uncertainty and Profit, Boston: Houghton Mifflin, 1921.
52) Kirzner(1973), Israel, Competition and Entrepreneurship, Chicago: The University of Chicago Press, 1973.

는 시장의 비효율과 결함을 개선, 경제를 새로운 균형으로 이끄는 역할을 수행하는 자로 보고 있다.

이들 3인의 기업가정신에 관한 논의를 바탕으로 기업가의 개념을 다시 요약해 본다면, 기회포착 역량(커즈너), 불확실성 하에 자기책임이 따르는 의사결정(나이트), 혁신(슘페터)의 3대 요소를 갖추고 자신의 이익을 추구하는 자(self-serving agent)로 정의해 볼 수 있다.

정리하면, 슘페터에 의하면 이미 자리를 잡은 사업을 관리하는 사람(managers)은 기업가라고 볼 수 없기 때문에 그는 기업가정신으로 혁신을 가장 중시하고 있다. 그밖에 프랭크 H. 나이트(Frank H. Knight)와 피터 드러커(Peter Drucker)는 기업가정신이란 위험을 감수하는 것이라고 본다. 커즈너는 기업가는 시장에서의 기회를 알아보고 그에 따라 행동한다고 본다. 따라서 기업가정신은 기회를 포착하고 활용하는 것이 주요 특성이라 할 수 있다. 다시 말해 기업가정신에 대한 정의가 연구자들 사이에서도 일관되게 이루어지고 있지는 않지만 기업가정신은 혁신, 불확실성 내지 위험을 기꺼이 감수하는 것, 그리고 시장에서의 기회를 포착하고 활용하는 것이 주요 특성이라 할 수 있다.

이제 기업가정신의 핵심개념과 확장개념을 각각 제시한 대표적 학자인 슘페터와 드러커의 견해를 추가로 설명해 보기로 한다.

2.2 핵심개념 : 슘페터가 본 기업가정신[53)]

슘페터는 기업가정신을 학문적으로, 체계적으로 접근한 최초의 학자로 평가받는다. 기업가정신의 핵심은 혁신이다. 숨어있는 이윤을 찾아내기 위해 기업가는 끊임없이 새로운 상품과 서비스를 개발한다. 그 바탕은 기술혁신이다. 이 기술은 현 상태를 인정하지 않고 깨뜨린다. 그가 말한 창조적 파괴는 바로 이것이다. 혁신과 창조적 파괴를 가져오는 정신, 그것이 기업가정신이다.

좀 더 학문적으로 정리하면 이렇다. 신제품의 발명이나 개발, 새로운 생산방법을 도입하거나 신기술을 발명해내는 것, 새로운 시장을 개척하는 일, 새로운 원료나 부품을 찾아내 사용하거나 공급하는 것, 조직을 새롭게 형성해 생산성을 올리는 것을 기술혁신의 종류로 봤다. 이런 기업가정신은 늘 기존 시장을 흔든다. 이들에게 시장포화는 없다. 스티브 잡스가 기존 휴대폰 시장을 단번에 뒤엎은 것도 '시장포화는 없다'는 것을 입증한 기업가정신의 발로였다. 노키아는 기존 시장의 달콤함에서 벗어날 수 없었고, 아침에 깨어나 보니 세상은 뒤바뀌어 있음을 발견했다. 그리고 노

53) 고기완(2015), op. cit.

키아의 운명은 한여름 밤의 꿈처럼 사라졌다.

슘페터의 시각에서 이윤은 도덕적이고 정당하다. 이윤은 기업가정신을 발휘하고 모험을 무릅쓰고, 창조적 파괴를 성공적으로 수행한 기업가에게 주어지는 정당한 대가로 해석된다. 기업가의 혁신은 문명을 이끈다. 혁신은 지식시장을 타고 빠르게 번져 공급자와 소비자를 한 단계 올려놓는다. 혁신이 이뤄낸 시장은 넓어지고 시장 플레이어들도 늘어나 가격은 하락한다. 상품과 서비스는 향상되지만 결국 가격은 떨어지는 구조다. 창조적 파괴가 사회 전체로 번진 결과다.

슘페터는 경기순환을 바로 혁신의 관점에서 해석한다. 창조적 파괴가 주기적으로 나타나고 사라지면서 호경기와 불경기가 온다는 설명이다. 결국 기업가정신이 쇠퇴하면 한 나라의 경제가 성장하기 어렵다는 의미다. 지금 대한민국이 그런 상황이다.

2.3 확장개념 : 드러커가 본 기업가정신[54)]

슘페터와 친분이 있던 '현대경영학의 아버지' 피터 드러커도 기업가정신을 늘 강조했다. 그는 기업가정신을 '위험을 무릅쓰고 포착한 기회를 사업화하려는 모험과 도전의 정신이다.'라고 정의했는데, 이는 슘페터의 정의와 다르지 않다. 드러커 역시 기업가정신과 혁신을 하나의 몸통으로 생각했다. 다만 드러커는 과거에는 창업을 통해 기업을 일구고 성공할 수 있었으나 지금은 기업의 규모가 거대해져 관리가 중요한 측면이 있다고 했다. 이런 점에서 현대에선 기업가정신이 많이 약해졌다는 것이 드러커의 진단이다.

드러커는 이런 탓에 경영관리에서 혁신이 중요해졌다고 본다. 성장을 위한 혁신이 중요한 만큼 매니지먼트에서 관리혁신도 불가피해졌다는 뜻이다. 심지어 드러커는 기업가정신이 대기업 외에 중소기업, 공공기관, 비영리단체에도 필요하다고 강조한다. 슘페터의 기업가정신과 사뭇 다른 점이다. 한발 더 나아가 기업가정신은 기업 단위에만 필요한 것이 아니라 사회에 사는 개인들이 가져야 할 자기혁신 도구로 봤다. 개인이 기업가정신을 바탕으로 끊임없이 혁신을 추구할 때 한 사회가 다음 사회로 진화해나갈 수 있다. 드러커에 이르면 기업가정신은 오늘을 사는 이들의 기본정신이 된다.

2002년 드러커는 자신의 저서 '넥스트 소사이어티'[55)]에서 기업가정신이 가장 높은 나라로 한국을 꼽았다. 식민지와 6·25전쟁을 겪은 한국이 최고의 기업을 길러낼 수 있었던 것도 기업과 개인들이 바꿔보자는 기업가정신을 가졌기 때문이라고 그는

---

54) 고기완(2015), op. cit.
55) 드러커, 피터 F.(2002), 넥스트 소사이어티, 이재규 옮김, 한국경제신문.

봤다. 하지만 21세기 한국의 기업가정신은 남 탓 정신으로 타락하고 있다.

2.4 진짜 기업가정신[56)]

사업가 중 기업가정신을 가진 사람도 있고 아닌 사람도 있다. 그렇다면 진짜 기업가정신이란 무엇일까. 기업가정신이라는 우리말 표현은 앙트레프레뉘어십(entrepreneurship)의 부정확한 번역이다. 원래 의미는 위험을 무릅쓰고 미지의 영역에 도전하는 탐험가와 같은 태도이므로 개척자정신 혹은 선구자정신쯤 될 것이다.

최근 미국 경제가 전통 제조업과 월스트리트의 침체에도 불구하고 강세를 보이고 있는 것은 전적으로 아마존, 구글, 애플 등 실리콘밸리를 중심으로 한 기업가정신이 충만한 기업들 덕분이다. 기업가정신이란 높은 실패의 위험에도 과감한 한계돌파형 근본 혁신을 통해 획기적 성장을 추구하는 역동적 경영방식이며, 벤처기업뿐 아니라 기존 기업들에도 반드시 필요하다.

일반 사업가들이 누군가 이미 가지고 있던 부를 경쟁 등을 통해 낚아채는 가치포획을 추구하는 데 반해, 기업가정신은 존재하지 않던 새로운 부를 만들어내는 가치창조를 추구한다. 그리고 일반 사업가들이 기존 시장의 파이를 놓고 경쟁하는데 비해, 기업가정신은 새로운 시장의 창조를 강조한다. 또 대부분의 사업가들이 위험회피를 중시하는데 반해, 기업가정신은 과감한 위험 감수를 강조한다. 기업가정신 없는 사업가가 성공하면 개인의 부가 증가하지만, 기업가정신의 결과는 사회 전체 부의 폭발적 증대로 연결된다.

과거 기업들은 이미 존재하던 부 중에서 자신의 몫을 극대화하려고 수단과 방법을 가리지 않았기 때문에 갈등이 필연적이었다. 기업가정신은 존재하지 않던 새로운 부를 함께 만들어서 공유하기 때문에 갈등이 적다. 더구나 기업가정신은 기업가 자신뿐 아니라 무수한 사람들에게 새로운 성장의 기회를 제공하기 때문에 경제 전체의 동반성장이 가능하다.

스티브 잡스의 기업가정신이 만들어낸 스마트폰이 수십만 개 신생 기업들의 탄생 기반이 된 것이 대표적 예다. 아직도 정주영과 이병철 등이 한국 기업가의 대명사라는 사실이 말해주듯이 1960, 1970년대 고도성장기와 같이 역사적으로 경제가 비약적으로 성장했을 때는 반드시 기업가정신의 급증이 있었다.

따라서 경제가 성장하려면 기업가정신의 고양이 반드시 선행돼야 한다. 단 여기서 중요한 점은 진정한 기업가정신이란 정부 정책과 같은 제약조건을 탓하지 않고 그런 제약조건에도 불구하고 한계를 돌파해 내려는 도전정신임을 잊지 말아야 한다.

---

56) 신동엽(2019), [경제시평-신동엽] 위기와 진짜 기업가정신, 국민일보, 2019.01.22.

3. 기업가정신의 구성요소

3.1 핵심요소[57)]

기업가정신의 핵심요소는 창의성과 혁신이다. 창의성(Creativity)은 "이미 존재하고 있는 지식, 경험, 기술, 개념들을 전혀 다른 시각에서 이들의 의미를 재규명하고, 그들 상호간의 결합 방법을 종전과 다르게 처방해내는 능력을 말한다. 혁신(Innovation)은 대상에 따라 제품혁신과 공정혁신으로, 속도에 따라 점진적 혁신과 급진적 혁신으로 구분할 수 있다.[58)]

한편 Miller(1983)[59)]는 기업가정신을 전략적 의사결정에서 나타나는 경영자의 독립적인 지향점으로 정의하며, 기업가정신의 구성요소로 혁신성, 진취성, 위험 감수성을 제시하였다. 대부분 선행연구에서는 Miller(1983)가 제시한 구성요소를 토대로 기업가의 기업가정신을 측정하고 있었다(강병오, 2011; 이재은 • 강지원 • 박정민, 2017; Dai, Maksimov, Gilbert, & Fernhaber, 2014; Morris & Lewis, 1995).[60)] 기업가정신의 구성요소를 구체적으로 살펴보면 다음과 같다.

첫째, 혁신성은 새로운 변화와 혁신을 선호하고 추구하면서 문제를 해결하려는 노력으로, 창조적 과정을 양성하고 새로운 아이디어를 지원하는 성향이다(Walter, Auer, & Ritter, 2006).[61)] 즉 혁신성은 시장에 적합한 아이디어를 비즈니스의 기회

---

57) 김미란·엄우용(2019), 기업가정신 교육 국내 연구동향 분석, Global Creative Leader: Education & Learning 2019, Vol. 9, No.1, 1-20, 2019.03.11.

58) 박준병(2008), 기업가정신, 한밭대학교, 2008.09.10.

59) Miller, D.(1983), The correlates of entrepreneurship in three types of firms. Management Science, 29(7), 770-791.

60) 강병오(2011), 중소기업 CEO의 창업가정신(Entrepreneurship)이 기업성과에 미치는 영향에 관한 연구: 프랜차이즈 기업을 중심으로, 박사학위논문, 중앙대학교. 이재은·강지원·박정민(2017), 청소년의 기업가정신이 창업의지에 미치는 영향: 사회적 지원세력의 조절효과를 중심으로, 생산성논집, 31(1), 113-141. Dai, L., Maksimov, V., Gilbert, B. A., & Fernhaber, S. A.(2014), Entrepreneurial orientation and international scope: The differential roles of innovativeness, proactiveness, and risk-taking, Journal of Business Venturing, 29(4), 511-524. Morris, M. H., & Lewis, P. S.(1995), The determinants of entrepreneurial activity: implications for marketing, European Journal of Marketing, 29(7), 31-48.

61) Walter, A., Auer, M., & Ritter, T.(2006), The impact of network capabilities and entrepreneurial orientation on university spin-off performance, Journal of Business Venturing, 21(4), 541-567.

로 전환하는 과정으로 아이디어와 적극적인 자세로 신제품이나 프로세스를 개발하는 능력이다.

둘째, 진취성은 새로운 기회를 적극적으로 포착하기 위해 기존의 틀에 얽매이지 않고 새로운 방안을 제시하며 포괄적으로 정보를 탐색하고 능동적으로 문제를 해결해나가는 성향이다(Lumpkin & Dess, 1996).[62] 또한 새로운 시장에 참가하기 위해 적극적으로 행동하는 것을 뜻한다(Walter, Auer, & Ritter, 2006). 이외에도 미래지향적이고 목표지향적인 행동을 하는 낙관적인 사고를 말한다(Becherer & Maurer, 1999).[63] 즉 진취성이란 미래지향적인 태도를 가지고 새로운 기회를 파악하기 위한 목표지향적인 행동을 뜻한다.

셋째, 위험 감수성은 불확실한 결과가 예상됨에도 과감히 도전하려는 의지로 위험을 수반하는 상황에 직면했을 때 그 위험을 감수하거나 회피하려는 사람의 성향을 의미한다(Gurol & Atsan, 2006).[64] 박기용(2009)[65]은 위험 감수성을 모험적이고 도전적인 성향으로 불확실한 기업 환경 속에서 기업가의 행동 방향을 설명해주는 중요한 요인이라 하였다. 이러한 위험 감수성은 기업가에게 불확실한 상황에서 의사결정을 내리는 데 도움을 줄 수도 있으므로 기업가정신에 긍정적인 영향을 주는 구성요소이다(이재은・강지원・박정민, 2017).[66]

이외에 한국아스트라제네카[67] 김상표 사장은 기업가정신에 꼭 포함돼야 할 두 가지 요소로 '윤리의식'과 '주주 이익'을 꼽았다. 그는 "약은 사람 생명과 직결되기 때문에 윤리적으로 진행하는 것이 중요하다"면서 "임상3상 시험[68]에서 안전성 문제가

---

62) Lumpkin, G. T., & Dess, D.(1996). Clarifying the entrepreneurial orientation construct and linking it to performance, Academy of Management Review, 21(1), 135-172.

63) Becherer, R. C., & Maurer J. G.(1999), The proactive personality disposition and entrepreneurial behavior among small company presidents, Journal of Small Business Management, 37(1), 9-37.

64) Gurol, Y., & Atsan, N.(2006), Entrepreneurial characteristics amongst university students: some insights for entrepreneurship education and training in Turkey, Education Training, 48(1), 25-38.

65) 박기용(2009), 외식산업의 기업가정신이 성과에 미치는 영향, 한국조리학회지, 15(3), 153-165.

66) 이재은·강지원·박정민(2017), op. cit.

67) 스웨덴의 '아스트라'와 영국의 '제네카'가 합병해 탄생한 다국적 제약사임.

68) 임상3상 시험(Clinical Test-Phase III): 다수의 환자를 대상으로 한 약물의 유용성을 확인하는 단계이다. 신약의 유효성이 어느 정도 확립된 후에 대규모(최소 수백 명에서 수천 명) 환자들을 대상으로 장기 투여시의 안정성 등을 검토하고 확고한 증거를 수집하기 위해 실시한다. 신약의 유효성이 어느 정도까지 확립된 후에 행해지며 시판허가를 얻기 위한 마지막 단계의 임상시험으로서 비교대조군과 시험처치군을 동시에 설정하여 효능, 효과, 용법, 용

있을 때 약제 개발을 접기가 생각보다 어렵지만 글로벌 기업은 과감히 접는다"고 말했다. 한국 사회에서는 주주의 이익을 '탐욕'과 연결시키는 일이 흔하다. 하지만 김 사장은 '주주 이익'이 회사와 사회에 기여할 수 있다고 강조한다. 그는 "한국에서는 주주의 이익을 추구하는 것에 대한 잘못된 인식이 팽배하다"면서 "기업을 운영하며 착한 일을 하지 않으면 지탄받지만 자본주의 사회에서는 주주 이익이 핵심적 가치라고 생각한다"고 말했다.[69)]

3.2 주된 구성요소[70)]

많은 저명한 학자들이 제시하고 있는 기업가정신의 정의를 바탕으로 기업가정신을 새롭게 정의하면 다음과 같다. 즉 기업가정신이란 "미래의 불확실성과 높은 위험에도 불구하고 주도적으로 기회를 포착・도전하며, 혁신 활동을 통해 개인적·사회적으로 새로운 가치를 창조하는 실천적 역량"이다.

앞서 정의한 기업가정신을 세분화하여 살펴보면 이를 구성하는 요소들을 찾아낼 수 있다. '불확실성과 높은 위험에도 불구하고'는 도전정신에 해당하고, '주도적으로'는 리더십을 의미하며, '기회를 포착・도전하며' 또한 도전정신에 해당한다. '혁신 활동을 통해'는 혁신성에 해당하고, '개인적・사회적으로 새로운 가치'는 가치지향성을 의미하며, '새로운 가치를 창조하는 실천적 역량'은 창조성에 해당한다. 따라서 기업가정신은 도전정신, 창조성, 혁신성, 리더십, 가치지향성으로 특징지을 수 있다.

[그림 2-1] 기업가정신 정의의 분해와 구성요소

(Where) 불확실하고 위험한 상황 ⇒ 도전정신
(Who) 자신이 주도적으로 ⇒ 리더십
(When) 기회를 포착・도전하며 ⇒ 도전정신
(How) 혁신활동을 통해 ⇒ 혁신성
(Why) 개인적・사회적 편익을 위해 ⇒ 가치지향
(What) 새로운 가치를 창조 ⇒ 창조성

량, 사용상의 주의사항 등을 결정한다. 3상이 성공적으로 끝나면 판매가 가능하다. 이와 관련하여 한미약품, 신약개발 프로세스-신약개발 쉽게 알아보기-고객, (www.hanmi.co.kr/hanmi/handler/Customer-AboutBioImprove) 참조.

69) 매일경제(2019.07.), 기업가정신 핵심은 '주주이익'과 '윤리의식', 2019.07.04.

70) 이윤준(2014), 창조경제와 기업가정신, 과학기술정책 통권 196호, 제24권 제3·4호, 과학기술정책연구원, 2014.10.31.

또한 이들 주된 구성요소를 인성적 특성, 행동적 특성, 가치 및 신념으로 세분화하면 <표 2-1>과 같은 세부 요소까지 도출할 수 있다.

〈표 2-1〉 기업가정신의 구성요소

주 요소	세부 요소		
	인성적 특성	행동적 특성	가치 및 신념
도전정신	위험감수성 모호성에 대한 인내	진취성(적극성)	미래지향성
창조성/혁신성	변화 선호 성향 새로움 추구	유연성(융합적 사고) 문제해결 의지 외부수용성(개방성)	기술중시성
리더십(자기주도성)	자율성	사회적 네트워킹	자기효능감
가치지향	성취욕구	목표지향성	사회공헌

자료 : 이윤준 외(2014)[71]

4. 기업가정신을 발휘하게 되는 동인[72]

기업가가 기업가정신을 발휘하게 되는 동인은 무엇인가? 슘페터(Schumpeter)는 일시적인 독점이윤이 기업가에게 동기부여를 한다고 보았다. 일시적 독점이윤은 기업가의 혁신에 대한 대가라고 할 수 있다. 여기에서 독점이윤이 일시적이라는 점에 주목할 필요가 있다. 기업가가 기업가정신을 발휘하여 독점이윤을 획득했다고 할지라도 그 이윤이 영원히 지속되지는 않는다는 것이다. 독점이윤이 유지될 수 있는 조

71) 이윤준 외(2014), 글로벌 기업가정신지수 개발, 과학기술정책연구원.
72) 한현옥(2013), op. cit.

건은 어떤 방법이나 이유에서든지 해당 시장에 진입장벽이 존재 내지 형성되고 유효한 경쟁이 사라지는 경우이다.

그러나 일단 경쟁이 존재하지 않는 경우 더 이상 혁신할 유인은 없다. 즉 기업가정신을 발휘 할 유인이 사라진다는 것이다. 왜냐하면 경쟁이 없는 상태에서는 현재 상태를 유지하는 것만으로도 독점이윤을 유지할 수 있기 때문이다. 따라서 독점이윤을 추구하지만 그 이윤이 일시적일 것이라는 것을 인식하고 현실에 안주하지 않고, 또 다른 새로운 이윤창출의 기회를 추구할 때 진정한 기업가라 할 수 있을 것이다.

앞서 언급하였듯이 이미 자리 잡은 사업을 관리하는 사람은 기업가라 할 수 없다. 그러나 기업가정신으로 무장하고 남과는 다른 아이디어와 상품 개발, 혁신을 이루었던 기업가들도 어느 순간에는 현실에 안주하고 이미 이루어 놓은 것을 지키기에만 급급하게 되는 경우가 많다. 기술개발을 촉진하고 생산성을 증진시켜 경제성장을 이루는 주요 원동력은 진정한 기업가정신으로 무장된 기업가이다.

따라서 기업가정신이 최고로 발휘될 수 있는 여건 조성이 필요하다. 이러한 여건은 다양한 측면에서 조성되어야 한다. 기업가정신을 높이 사는 사회·문화적 환경에서부터 기업가가 새로운 기업을 시작할 때 필요한 자금 조달이 수월한 금융환경, 새로운 아이디를 상품화하고 기업을 설립하는데 따른 과도하거나 불필요한 행정적 규제가 적은 환경, 새로운 지적 생산물에 대한 법적인 보호가 확실한 법적 환경 등 다양한 부분에서의 여건 조성이 종합적으로 이루어져야 할 것이다.

그러나 가장 근본적인 여건은 경쟁적인 시장에서 공정한 경쟁이 이루어지고 모든 사람들이 시장에서의 공정한 경쟁에 대한 신뢰를 가지고 있어야 한다는 것이다. 그리고 공정한 경쟁이 이루어지는 경쟁적 시장을 조성하고 유지시켜주는 것이 정부의 가장 중요한 역할이라 할 것이다. 공정한 경쟁이 이루어질 것이라는 믿음이 없다면 기업가정신을 발휘하고자 하는 유인은 사라질 것이다.

5. 기업가정신의 오해[73)]

5.1 기업가(起業家)는 기업인(企業人)이다

기업가정신의 개념에 대해 『두산백과』에서는 '기업의 본질인 이윤 추구와 사회적 책임의 수행을 위해 기업가가 마땅히 갖추어야 할 자세나 정신'으로 정의하고 있으나 기업가(起業家)는 반드시 기업인(企業人)이어야 할 이유는 없다.

기업가정신의 실천과 관련하여 기업은 가장 적합하고 대표적인 조직체이지만 조직체에 속하지 않는 개인도 이윤기회를 인지하고 불확실성 속에서 위험을 감수하는 행동에 나서면 기업가적 활동을 하는 기업가(起業家)로 분류할 수 있다.

종업원도 회사의 성과에 대한 잔여청구권은 없지만, 인센티브 보상 시스템이 제대로 작동하는 경우에는 기업가적 역할을 수행하기 때문에 이러한 '사내 기업가정신(intrapreneurship or corporate entrepreneurship)'은 회사 성장의 결정적 요인이 된다. GEM[74)]에서는 사내 기업가정신이 중요하다는 인식 하에 이를 '기존 기업 내에서 새로운 제품 및 서비스를 창출하는 기업가적 종업원 활동(EEA : entrepreneurial employee activity)'으로 정의하고, 2011년부터 세계 각국의 EEA 지표를 조사하고 있다.

더 나아가 '기업가정신은 경제 영역에만 한정되지 않으며, 혁신과 기업가정신은 경제에서 필요한 것만큼 사회에서도 필요하고 기업에서 필요한 것만큼 정치와 행정 기관에서도 필요' (Drucker, 2004)[75)]하다고 보고 있다.

---

73) 황인학(2015), op. cit.

74) 글로벌 기업가정신 모니터(GEM, Global Entrepreneurship Monitor): 런던 경영대학(London Buisiness School)과 미국의 뱁슨대학교(Babson College)가 협력하여 진행하는 기업가적 활동의 연례조사, 1999년 프로젝트를 시작한 이래 연간 200,000명 이상의 조사자 및 100개국 이상이 조사에 참여, 매년 세계 각국의 기업가정신 현황을 분석한 보고서를 발간하여 기업가정신 국제간 비교분석에 기여. 이와 관련하여 한국청년기업가정신재단(KoEF) 참조.

75) Drucker, Peter(2004), 미래사회를 이끌어가는 기업가정신(Innovation and Entrepreneurship), 한국경제신문, 2004.

5.2 기업가정신은 많을수록 좋다

기업가정신은 많을수록 좋다고 생각하는 경향이 많지만 꼭 그렇지만은 않다. 기업가정신은 하나의 기능(function)일 뿐으로 기업가적 활동은 사회적 관점에서 볼 때 반드시 생산적이어야 할 이유는 없으며, 때로는 비생산적이거나 심지어는 파괴적일 수도 있다(Baumol, 1990).[76]

기업가는 자기 이익을 좇는 주체(self-serving agents)로 사적 이익이 가장 높다고 생각하는 일에 기업가정신을 발휘하게 되는데, 만약에 이러한 기업가적 활동이 부패와 비리에 기반하거나 또는 지하경제에서 이루어질 경우 사적 수익률은 높아도 사회적 수익률은 음(-)이 되는 '파괴적 기업가정신'으로 귀결된다. 더 나아가 정치인이 전체 국민이 아닌 자신의 지지 세력을 위해 법률 제·개정권을 행사하거나 공무원이 사적 이익을 위해 규제 재량권을 남용하는 경우에도 비생산적 또는 파괴적 기업가정신으로 귀결될 수 있다.

5.3 기업가정신은 개인의 역량과 도전정신의 문제인가

기업가정신은 이윤기회의 인지 능력, 불확실성 하에서 기꺼이 위험을 감수하려는 태도뿐만 아니라 실천의 문제이다. 드러커는 기업가의 역할은 '이윤의 극대화보다도 기회의 극대화'이며, 기업가정신의 요체는 과학도 예술도 아니며, 실천임을 강조하고 있다.

기업가적 행동은 그 사회의 재산권 보호 및 규제 관련 제도와 문화, 가치관에 영향을 받기 때문에 기업가정신은 단지 개인의 역량 및 소양의 문제가 아니라 제도적 맥락 속에서 평가, 분석되어야 한다(최병일·황인학 외, 2013).[77]

---

76) Baumol, W. J.(1990), 'Entrepreneurship: Productive, Unproductive, and Destructive', Journal of Political Economy, 98: 893-921.

77) 최병일·황인학 외(2013), 기업가정신-창조경제 성공의 핵심조건, 한국경제연구원, 2013.

[부록] 창업 · 기업가정신 전문가가 내린 의외의 결론[78)]

1. 열정보다 경험이 중요

마이크로소프트를 창업한 빌 게이츠부터 페이스북을 창업한 마크 저커버그, 테슬라와 스페이스X의 창업자 일론 머스크(Elon Musk)까지. 비록 허름하게 시작했지만 지금은 국가 경제를 책임지고 미래 산업을 주도하는 글로벌 기업의 창업자들이다. 특히 스타트업[79)] 창업자 또는 창업을 준비하고 있는 이들에게는 전설 같은 존재다. 창업 붐이 일고 있지만 동시에 수많은 스타트업이 단 몇 년 안에 사라지는 상황 속에서 이들의 창업 신화는 성공을 보장하는 일종의 '바이블'로서 받아들여지고 있다. 기업가(entrepreneur)가 갖고 있는 성격, 자질, 경력 등 특성을 일컫는 '기업가정신(entrepreneurship)'이 주목을 받고 있는 것 역시 같은 이유다.

기업가정신은 과거 조지프 슘페터, 피터 드러커와 같은 경제학자들에 의해 그 개념과 중요성이 대두된 이래 기업의 혁신과 성공을 좌우하는 결정적인 요소로 주목을 받고 있다. 그렇다면 기업가정신이란 무엇일까. 과연 창업 성공을 보장하는 매뉴얼은 있을까. 폴 레이놀즈 영국 애스턴대학 교수는 27년간 기업가정신과 창업 과정을 연구해온 세계적인 석학이다. 창업과 관련된 질문들에 가장 모범적인 답을 줄 수 있는 인물이라고 할 수 있다. 그는 기업가정신 및 창업 과정과 관련해 세계 최대의

78) 매일경제(2017.11.b), [Biz Times] 열정보다 경험이 중요하다, 폴 레이놀즈 영국 애스턴大 교수 인터뷰, 2017.11.24.

79) 스타트업과 관련된 정의는 조금 다르면서도 같다. 위키피디아에서는 스타트업을 가리켜 '운영기간이 매우 짧은 회사를 일컫는 말, 이 신생 회사들은 마켓을 위한 제품이나 서비스 개발 혹은 리서치 단계에 있다'고 정의하고 있다. 도서 『스타트업 똑똑하게 시작하라』에는 '사람들을 불편하게 하거나 사람들이 맞닥트리는 문제를 찾아 기술을 활용해 이를 해결하는 작은 규모의 기업'이라 말한다. 또한 이그나이트 스파크 최환진 대표는 세부적으로 스타트업을 이하 세 가지 포인트를 기준으로 정의한다. 이제 막 사업을 준비하고 시작한 기업으로, 현재의 가치보다 미래의 가치로 평가받을 큰 잠재력과 성장성을 갖춘 기술 중심 회사이거나 이와 흡사해야 한다. 무조건 IT 회사일 이유는 없지만, 기술이 중심이거나 구현하는 데 있어서 기술이 큰 역할을 차지하는 업체를 스타트업이라고 부르기 때문이다. 팀이 아닌, 최종적으로 실제 회사의 모습을 가지고 있어야 한다. 팀 혹은 프로젝트는 스타트업에 해당되지 않는다. 시장에 출시할 제품이나 서비스를 기획하고 개발하는 과정에 있어야 한다. 시장에서 인지도를 얻기 이전의 단계에 있으며, 시장을 탐색하고 시장에서 자신의 제품과 서비스의 포지셔닝을 열심히 찾는 단계가 스타트업이다. 예를 들어 페이스북은 시작할 무렵엔 스타트업이었지만 지금은 이미 스타트업의 시기를 지났다. 이와 관련하여 플래텀(2014), "스타트업... 그게 뭔데?" 헷갈리는 스타트업 관련 용어, 한 번에 정리하기..., (https://platum.kr/archives/21703), 2014.05.30. 참조.

장기적 연구를 이끌었다. 1994~2010년 'US Panel Studies of Entrepreneurial Dynamics(PSED)' 연구 프로젝트를 통해 미국의 초기 스타트업들의 창업 과정을 추적·연구했다. 1999~2004년에는 100여 개 국가에서 초기 스타트업들의 창업 관련 데이터를 수집해 비교·연구하는 프로젝트 'Global Entrepreneurship Monitor (GEM)'의 主연구원으로 활동하기도 했다.

이제부터의 내용은 매일경제 비즈타임스가 레이놀즈 교수와 인터뷰하면서 그가 창업과 관련해 오랜 기간 실질적인 연구를 통해 알게 된 비밀의 결과이다.

레이놀즈 교수는 먼저 "빌 게이츠와 같은 성공한 기업가들이 다른 사람과 별로 다를 바가 없다는 사실을 발견했다"고 말했다. 그는 "그들이 건강하며 보통 사람들보다 똑똑한 것 이외에는 어떤 특별한 공통점도 찾을 수 없다"고 덧붙였다. 많은 이가 창업자가 필수적으로 갖춰야 하는 자질이라고 믿는 열정과 창의성 등에 대해서도 큰 의미를 부여하지 않았다.

창업자들이 알아야 할 10가지[80]

① 만족감을 비롯해 많은 보상을 받을 수 있다. 잘 되지 않아 그만두더라도 말이다.
② 그냥 시작하라.
③ 모든 종류의 사회적 그룹과 관계를 맺게 된다.
④ 창업은 사회적 경험이다. 많은 사람들이 관여할수록 성공 확률이 높아진다.
⑤ 창업 동기는 매우 다양하며 변하기도 한다. 성공과는 큰 관련이 없다.
⑥ 관련 산업, 직장에서의 경험이 중요하다.
⑦ 어떤 스타트업 활동은 다른 활동보다 성공에 더 결정적으로 작용한다.
⑧ 시간과 돈 등 어느 정도의 노력이 필요하다.
⑨ 자금은 필요하지만 상공 자체를 보장하지는 않는다.
⑩ 수익을 내기는 어렵다. 피봇(pivot)을 준비하라.

그가 강조한 것은 관련 산업 또는 이전 직장에서의 경험이었다. 레이놀즈 교수는 "성공과 관련해서는 개인의 비즈니스 경험이 열정과 동기 등 다른 어떤 요소보다 훨씬 중요하다"고 말했다. 그는 "많은 이들이 이미 존재하는 산업 분야에서 사업을 시작하기 때문"이라며 "경쟁자가 무엇을 하고 있고, 발생하는 비용은 얼마인지 등에

80) 창업리더십센터(2017), [창업 준비 중인 분들께 공유합니다] 열정보다 경험이 중요하다 (blog.naver.com/PostView.nhn?blogId=gangpoet&logNo=221149253062), 2017.11.27.

대해 깊이 이해해야 하며 이를 위해서는 많은 경험이 필요하다"고 설명했다. 레이놀즈 교수는 지난 연구 결과를 토대로 '창업자들이 알아야 할 10가지'를 제시하면서 사회적 네트워크와 고객 이해의 중요성을 강조하기도 했다.

2. 그와의 일문일답 내용

2.1 창업 성공의 길

창업자, 창업을 준비하는 학생, 그리고 스타트업 투자자 등 모두가 과연 무엇이 창업을 성공으로 이끄는지를 궁금해 한다. 연구 논문에서 활발한 기업가들(active entrepreneurs)은 이전 직장 경험이 있다고 했다. 이것이 성공과 관련이 있나.

연구에서는 성공을 수익을 창출해낼 수 있는지의 여부로 보았다. 성공과 관련된 주요한 개인적 요인은 개인의 비즈니스 경험이었다. 이전 직장 또는 관련 산업 내에서 5~10년 정도 경험이 있는지의 여부였다. 이는 레스토랑부터 법률 회사까지, 많은 이들이 이미 존재하는 산업 분야에서 사업을 시작하기 때문이다. 경쟁자가 무엇을 하고 있고, 발생하는 비용은 얼마이며, 고객은 무엇을 기대하는지에 대해 깊이 이해해야 하며 이를 위해서는 많은 경험이 필요하다. 이것이 창업자의 열정과 동기를 포함해 다른 모든 요소보다 성공과 관련해 훨씬 중요하다.

2.2 더 많은 사람이 관여할수록 더 좋다

창업자들이 알아야 할 10가지에서 '더 많은 사람이 관여할수록 더 좋다'고 했다. 직원들의 다양성이 중요하다는 말인가?

> 많을수록 좋다. 한국과 미국 등 다양한 국가에서 창업자들을 샘플 조사한 결과 혼자보다는 팀으로 시작한 이들일수록, 또 멘토 등으로부터 도움을 받고 있는 이들일수록 더 수익을 낼 확률이 높았다. 매우 명확한 설명이 가능하다. 많은 사람을 통해 더 많은 자원에 접근할 수 있기 때문이다. 또 새로운 아이디어를 얻을 수 있으며 조언을 받아 비즈니스 과정을 개선하고 실수를 바로 잡을 수도 있다. 팀 멤버와 관련된 또 다른 연구 결과는 동료로 이루어진 팀이 가족으로 구성된 팀보다 더 성공할 확률이 높다는 것이다. 가족 문제 등 복잡한 사적인 문제 때문에 머리가 아프지 않아도 되기 때문이다.

2.3 어떤 비즈니스 활동은 성공에 더 결정적이다

'어떤 비즈니스 활동은 (성공에) 더 결정적(critical)이다'고 했다. 어떤 활동이 있나?

> 고객과 접촉하고, 기업을 많은 사람들에게 알리는 게 가장 중요하다. 중요한 것은 홍보, 마케팅 또는 고객과 직접 이야기하면서 고객이 무엇을 원하는지를 이해하는 것이다. 이를 통해 비즈니스를 개선할 수 있고 고객이 제품이나 서비스를 더 좋아하게 만들 수 있다. 그저 차고에 앉아 "오, 이건 모두가 원할 만한 위대한 발명품이야"라고 말하는 게 아니다.

2.4 피봇[81]을 준비하라

'피봇(pivot)을 준비하라'는 말은 다른 사업의 제품과 서비스로 전환하라는 의미인가?

> 첫 번째는 비즈니스를 수정・개선해 고객들에게 더 적합한 제품과 서비스를 제공하는 것을 뜻한다. 연구에 따르면 매우 적은 스타트업만이 그들이 해오던 것을 바꾼다. 이들은 그러지 않는 이들보다 더 성공할 확률이 높다. 피봇은 또 사업을 그만두고 개인적인 삶으로 돌아가라는 의미도 있다. 어느 단계에 가면 스타트업의 3분의 2가 잘 되지 않는다. 절대 성공할 수 없는 곳에 얼마나 많은 비용과 시간을 쓰길 바라나. 모든 농장을 한 사업에 걸지 마라.

2.5 기업가정신을 갖고 있는 사람들의 공통적 특징

새로 사업을 시작하는 사람들, 즉 기업가정신을 갖고 있는 사람들은 공통적으로 어떤 특징이 있나?

---

81) 피봇(Pivot, 사업 전환)이란 제품의 시장 적합도를 맞춰보는 과정에서 반응이 없는 경우 새로운 고객과 수익성을 위해 서비스나 제품 혹은 사업 모델을 다른 방향으로 전환하는 것을 말한다.

> 연구에서 발견한 놀라운 점 중 하나는 창업을 하는 기업가들은 다른 사람과 별로 다른 바가 없다는 사실이다. 그들은 그저 기회를 발견했고 그것을 잡길 바랐을 뿐이다. 많은 사람이 빌 게이츠와 같이 성공한 기업가들에겐 무언가 특별한 것이 있다고 생각한다. 하지만 많은 경우 어떤 사람이 새로운 사업을 하기로 결정하면 이후 몇몇 일을 해내게 되는데 그것이 그 사람을 특별해 보이게 만든다. 이는 상황이 그렇게 만들었을 뿐, 그 사람이 갖고 있는 어떤 특정한 자질 때문에 창업을 하게 됐다는 것을 의미하지는 않는다.

2.6 투자자들이 삼고 있는 중요한 투자기준

성공의 비결로 열정, 동기 등 창업자의 개인적 자질보다 이전 비즈니스 경험을 이야기한 것이 흥미롭다. 테슬라, 우버 등 떠오르는 스타트업에 투자해 대박을 친 투자자들은 창업자의 열정, 동기, 창의성 등을 중요한 투자 기준으로 삼는다.

> 투자자들은 새로운 산업 분야를 창출해낼 수 있는 비즈니스를 찾고 있는 걸로 보인다.[82] 창업의 95~98%는 이미 존재하는 산업 분야 내에서 일어난다. 반면 우버 같은 기업은 완전히 새로운 경제 분야를 창출했다. 차량 공유 서비스는 10년 전에는 존재하지 않았다. 우버 같은 사례는 매우 드물고 성공할 확률도 낮다. 다만 성공할 경우 대가는 크다. 10~20배의 수익을 올릴 수 있다. 한편 스타트업 초기 단계일 때 투자 시 실패 확률과 관련하여, 실리콘밸리의 전설적인 투자자 팀 드레이퍼 DFJ(Draper Fisher Jurvetson)는 60%의 확률로 실패를 한다고 말했다. 그리고 "초기 단계의 좋은 스타트업에 투자하기 위해서는 일정 수준의 실패가 따른다. 하지만 기꺼이 실패하고자 해야 한다. 기업가와 그의 정신, 비전을 믿지만 성공하기까지는 매우 어려운 상황에 놓여 있다는 걸 알고 있다. 고객의 사랑을 받아야 하며 이익을 내야 한다. 비록 큰 성공을 해도 곧 경쟁자들이 그들을 몰락시키고자 할 것이다. 경쟁자들은 스타트업이 가진 기회보다는 단점과 두려움을 확산시킨다. 범죄 피해를 당할 수 있다는 이유로 우버를 사용하면 안 된다고 말하는 것이 한 예다. 여성인 엘리자베스 홈스가 창업한 스타트업 테라노스에 투자했는데, 경쟁자들은 매우 민첩하게 움직여 그를 몰락시켰다. 고객들도 마음을 돌렸다. 종종 큰 성공은 이런 경쟁자들이 사라질 때 더 커질 수 있다."고 언급한 바 있다.[83]

82) 팀 드레이퍼라는 실리콘밸리의 전설적인 투자자는 투자할 스타트업 발굴과 관련하여 다음과 같이 말한 바 있다. "먼저 조금씩 게을러지고 있는 산업을 찾는다. 열악한 서비스를 제공하면서도 높은 비용을 청구하는 경우다. 은행, 부동산, 보험, 케이블 산업이 대표적이다.

2.7 기업가들이 보통 사람과 다르다고 생각되는 두 가지 특성

보통 기업가정신을 갖고 있는 이들에겐 열정, 창의성, 실패를 두려워하지 않는 용기 등 특성이 있다고들 한다.

> 기업가들이 보통 사람과 다르다고 생각되는 두 가지 특성이 있긴 하다. 하나는 그들이 건강하며 많은 에너지를 갖고 있다는 것이다. 아프면 새로운 사업을 시작할 수 없다. 두 번째로 그들은 대체로 보통 사람들보다 똑똑하다. 이외에는 어떤 특별한 공통점도 찾을 수 없다.

2.8 자금조달 여부와 성공과의 관련성

자금 조달 여부는 성공에 그렇게 중요하지 않다고 했다.

> 연구 결과를 보면 많은 스타트업이 추가 펀딩을 받지 못했는데도 여전히 사업을 지속하고 있다. 반대로 많은 펀딩을 받았는데 그만두는 기업들도 있다. 얼마의 돈을 지원받으면 수익을 낼 수 있지만 그만두는 기업들과 별 차이가 없다. 많은 창업자가 사업을 시작할 때 자금 지원과 투자를 받는 것을 중요하게 여긴다. 하지만 많은 펀딩을 받는 게 성공을 담보하지는 않는다.

2.9 환경이 창업에 주는 영향

실리콘밸리와 같이 창업이 유독 활발한 지역이 있다. 국가, 도시 등 환경은 창업에 어떤 영향을 미치나?

정부 역시 그렇다(이에 캘리포니아 내에 새로운 6개주를 만들자는 운동을 비롯해 정부개혁을 위한 다양한 이니셔티브도 이끌고 있음). 이런 산업은 변화와 혁신으로 데려가줄 자동차와 같은 운송수단이 필요하다. 자동차 이야기가 나와서 말인데, 게을러지고 있는 가솔린 중심의 자동차 산업에서 새롭게 등장한 테슬라에 투자한 것 역시 같은 이유였다. 새로운 기술을 활용해 뚜렷한 흔적(wedge)을 만들어 게을러진 산업으로 뛰어들 수 있는 기업을 지지하려고 한다."고 언급하였다. 한편 팀 드레이퍼 DFJ(Draper Fisher Jurvetson) 회장은 DFJ와 드레이퍼 어소시에이츠(Draper Associates) 등 벤처캐피털(VC) 30여 개를 설립해 전 세계 유망 스타트업에 투자하고 있다. 스타트업의 성장을 돕기 위해 비즈니스 모델 구축, 파트너십 등 측면에서 구체적인 도움을 제공하기도 한다. 이와 관련하여 매일경제(2017.11.a), [Biz times] '스페이스X'처럼 세상에 없던 길 만들어라, 2017.11.03. 참조.

83) 매일경제(2017.11.03.), ibid.

사람들이 새로 사업을 시작하는 과정을 보면 선진국과 개발도상국 간에 차이가 있다. 북미와 서유럽 국가들, 한국 등 선진국에서는 사람들이 보통 취직을 먼저 한다. 직장에 다니면서 비즈니스 산업과 고객에 대해 많은 것을 배우고, 종종 기회를 발견한다. 그러다 이를 회사에 제안하고, 받아들여지지 않으면 자신이 직접 사업을 해야겠다고 결심하게 된다. 개발도상국의 경우에는 일자리가 많지 않다. 그들은 (취직을 거치지 않고) 바로 기회를 발견해 자신의 사업을 시작해야겠다고 결심한다. 예를 들면 자동차 배터리를 이용해 전기가 없는 시골 지역 사람들에게 휴대폰 충전을 해주는 비즈니스를 시작한 것이다.

2.10 창업자들은 모두 기회를 추구

지역마다 상황은 다르지만 창업자들은 모두 기회를 추구한다는 말인가?

그렇다. 그리고 물론 몇몇 기회는 더 발견하기 어렵다. 예를 들어 우버는 스마트폰이 없었다면 성공할 수 없었을 것이기 때문이다. 사람들이 스마트폰을 사용하게 될 것이고 스마트폰이 택시 잡는 걸 도와줄 수 있다는 비전을 갖고 있어야 했다. 제약 산업과 같이 복잡함과 정교함을 필요로 하는 사업 분야는 구상과 개발에만 오랜 시간이 걸리기도 한다. 기회는 많은 곳에 있지만 그것이 가치 있다고 인식하는 것, 그리고 다른 사람들에게도 그 가치를 설득시키는 방식이 중요하다.

2.11 대학 졸업 후 바로 창업하지 않는 것이 좋다

이전 직장 경험이 중요하다는 말은 대학 졸업 후 바로 창업하는 게 바람직하지 않다는 뜻인가?

그렇다. 잘 모르기 때문이다. 사람들이 비즈니스에 대해 더 많이 안 상태에서 사업을 시작하면 더 잘할 수 있을 거라고 생각한다. 공간을 빌리는 것부터 공급업체와의 거래 등 비즈니스에는 수많은 과정이 있다. 경험이 없으면 이 과정에서 부도덕한 이들의 먹잇감이 될 수 있다. 또 비즈니스 아이디어는 어디서 얻겠는가. 모두가 그렇다는 것은 아니지만 경영대학원의 문제는 사업을 운영하는 법은 가르치지만, 사업을 시작하는 법에 대해선 가르치지 않는다는 점이다. 또 개인적인 경험은 교실에서 가르칠 수 없다.

2.12 스타트업 생존 비율을 높일 필요가 있다

정부가 창업과 관련된 사회적 비용을 줄이기 위해 노력해야 한다고 했다. 2015년 기준 한국의 스타트업 3년 차 생존율은 38.2%로 OECD 국가들 중 하위권이다. 우선 스타트업 생존율을 높일 필요가 있지 않나?

먼저 38.2%가 특별한 것은 아니다. OECD는 공식적인 자료를 이용해서 국가들 간 비교를 하려 한다. 하지만 모든 국가들이 창업 등록을 다른 방식으로 처리하고 있어 진정한 비교를 할 수 없다. 다음으로 스타트업의 낮은 생존율은 전혀 문제가 되지 않는다. 어떤 스타트업은 2~3년 동안만 수익을 유지하다가 문을 닫고 다른 걸 하기도 한다. 그들은 2년 동안 5개의 일자리를 창출한다. 다음에 시작한 사업에서는 6년 동안 3개의 일자리를 창출할 수도 있다. 스타트업 단계에서의 이런 순환은 대부분의 시장경제에서 일자리가 창출되는 주요한 소스 중 하나다. 일자리 유지 기간이 짧기는 하지만 이것이 나쁘다고 말하기는 어렵다. 없는 것보다는 낫지 않은가.

2.13 창업 실패에 따른 사회적 비용을 어떻게 줄일 것인가?

하지만 어떤 창업자들은 실패한 뒤 많은 빚을 지고 비극적인 삶을 살아가기도 한다. 이런 것이 사회적 비용이 되는 것 아닌가?

문제는 어떤 방식으로 사회적 비용을 줄일 것인가? 이다. 한 가지 방법은 정부가 사람들이 하려고 하는 사업이 과연 가망이 있는지 없는지에 관한 결정을 내리는 데 도움을 주는 것이다. 사회적 비용의 일부는 사업을 그만두는 이들로부터 발생하기도 하지만 오랜 기간 수익을 창출하지도 못하면서 사업을 정리하는 시기를 놓친 이들로부터 발생하기도 한다. 이들은 여러 가지 일과 시도를 하기는 하지만 열심히 하지는 않으며 그저 버티는 것에 가깝다. 여기에서 많은 비용이 발생한다. 정부가 사람들에게 사업을 시작하지 말라고 말해서는 안 된다. 대신 "이건 성공할 가능성이 있지만 이 3가지를 한다면 그 확률이 더 높아질 것"이라는 조언을 해줄 수 있다. 실제로 정부가 운영하는 위원회를 찾아가 도움을 받는 이들의 성공 확률이 더 높은 것으로 나타나고 있다.

2.14 경영대학원에서 가르치는 창업 강의가 효용이 있으려면?

그렇다면 경영대학원에서 가르치는 창업 강의는 무슨 소용이 있나?

> 경영대학원에서 사업을 시작하는 법을 가르치는 것은 매우 좋다고 생각한다. 졸업 후 당장 창업을 하지는 않는다고 하더라도 5~10년 정도 직장에서 경험을 쌓은 후 비즈니스 기회를 발견했을 때 대학에서 배웠던 지식을 활용할 수 있기 때문이다.

2.15 스타트업 파산에 따른 정부의 대응

스타트업이 파산해서 빚을 갚지 못할 경우 정부가 이를 갚아주는 것은 어떻게 생각하나?

> 미국에는 중소기업지원 기관 'SBA(Small Business Adminstration)'에서 운영하는 대출 프로그램이 있다. 작은 기업이 5만 달러를 빌리길 원한다면 은행에 가서 서류를 작성하고, 은행은 적절해 보이면 돈을 지급한다. 이자율은 조금 높으며, 정부가 보증을 서준다. 기업이 빚을 갚지 못하면 정부가 갚아주는 것이다. 정부는 보험을 활용한다. 실제 돈은 민간에서 오는 셈이다. 미국의 이 프로그램은 잘 운영되고 있는 걸로 보인다. 확실한 기준을 정해서 운영하기 때문이다. 실제로 이 대출의 95%는 문제가 없다. 다만 최후의 보루라고 할 수 있다. 다른 전통적인 곳에서 자금 조달을 받지 못할 경우 SBA에서 지원을 받는다. 다만 이런 종류의 정부 지원은 잘못 운영될 경우 은행으로 하여금 빌려줘서는 안 될 돈을 빌려주게 만들 수도 있다.

2.16 창업자들을 위한 사회적 안전망은 필요

창업자들을 위한 사회적 안전망이 필요하다고 보나?

미국에서는 직업이 있어야 헬스케어를 보장받는다. 많은 사람이 자신과 가족들의 헬스케어를 보장받기 위해서 일자리를 유지하기 원하며, 이것이 새로운 사업을 시작하는 것을 막기도 한다. 은퇴도 마찬가지다. 국가의 은퇴 프로그램에 속해 지원을 받는다는 건 직장을 떠나도 어느 정도 자신감을 갖고 은퇴 후의 삶을 관리해 나갈 수 있다는 걸 의미한다.

2.17 시대변화에 따라 기업가정신과 창업자는 어떤 변화가 있는가?

27년간 기업가정신과 창업자들을 연구했다. 변한 것이 있나. 특히 지금은 인공지능(AI), 공유경제, 가상화폐 등 새로운 산업이 떠오르고 있는 등 4차 산업혁명이 시작되고 있다는 분석도 나오고 있다.

놀라운 점은 거의 변화가 없었다는 것이다. 새로운 산업이 떠오르는 등 변화가 일어나고 있지만 지난 20년간은 아니었다(웃음). 1995년에 우리가 미국에서 수집한 데이터들은 2015년에 수집한 데이터들과 거의 흡사하다. 시장경제에 변하지 않는 근본적인 특징이 있기 때문이다. 짧은 기간 극적인 변화를 겪은 아시아 국가들은 다를 수 있겠지만 미국, 캐나다, 서유럽 국가들은 30년 전에도 새로 사업을 시작하려는 움직임이 많았다. 아마 지금보다 30~40% 더 많았을 것이다. 점점 더 많은 사람들이 새로 사업을 시작하는 것이 존중할 만한 커리어 옵션이라는 점을 깨닫게 됐다. 자녀들에게도 이를 허락했다.

제 3 장

기업가정신의 역할과 중요성

1. 기업가정신의 재조명 배경

한국경제는 짧은 기간에 비약적 성장을 이루면서 세계적 모범 사례가 되었으나 지금은 저성장 기조가 고착화되는 등 심각한 성장 한계에 봉착해 있다. 한국경제는 1961~1990년의 30년 동안 연평균 9.2%의 고도성장을 지속하였으며, 이에 세계은행은 『동아시아의 기적 : 경제성장과 공공정책(1993)』 보고서[84]에서 일본, 홍콩, 싱가포르, 대만 등과 함께 한국의 경제성장을 기적으로 표현한 바 있다. 하지만 고도성장은 이제 과거의 역사가 되었으며, 21세기에 들어선 이후 성장률은 급감하였으며, 최근에는 연평균 3.0% 또는 그 이하로 잠재성장률에도 못 미치는 저성장 상태가 지속되고 있다. 최근의 저성장은 단기적·경기순환적 성격이 아니라 구조적이라는 점에서 문제가 심각하며, 글로벌 컨설팅 회사인 맥킨지(McKinsey)는 보고서에서 한국의 기존 성장모형이 더 이상 유효하지 않다고 진단하였다.[85] OECD 역시 장기전망 보고서(2013)[86]에서 한국의 잠재성장률은 OECD 회원국 중 가장 빠르게 하락할 것이며, 이대로 가면 2030년대 후반에 이르러 0% 대로 추락할 것으로 경고하기도 하였다.[87]

한편 주류 경제학의 성장모형에서는 오랫동안 기업가와 기업가정신의 역할을 외면해왔지만,[88] 한국에 앞서 성장의 한계에 봉착한 EU에서 1990년대부터 기업가정신의 고양을 정책의 중요한 어젠다(Agenda)로 정한 이후 기업가정신에 대한 관심과 연구도 증가하고 있다.[89] 1990년대 이후 기업가정신의 중요성을 재인식하면서 국가별 비교지표의 개발 및 정책 활용이 증가하는 추세인데, GEM과 GEI 등이 세계 각

---

84) World Bank(1993), The East Asian Miracle: Economic Growth and Public Policy, World Bank Policy Report, Oxford University Press, 1993.

85) McKinsey(2013), Beyond Korean Style: Shaping a New Growth Formula, 2013.04.

86) OECD Economic Outlook, Volume 2013 Issue 1.

87) 황인학(2015), op. cit.

88) 오스트리아 학파를 중심으로 기업가정신의 경제발전에 대한 함의의 중요성을 강조해 왔지만, 주류 경제학에서는 경제성장을 인적·물적 자본 및 기술의 축적에 의해 결정되는 모형에서 분석, 전망하고 기업가정신에 대해서는 외면해 왔음. 주류 경제학에서 기업가정신을 외면 또는 간과한 이유는 기업가정신이 중요하지 않기 때문이 아니라 그 개념이 불분명하여 측정하기 어렵고, 더 나아가 수학적으로 미분 가능한 모형에서 취급할 수 없는 방법론상의 한계 때문이라고 변명해 왔음.

89) EU에서는 경제성과 저조, 일자리 창출의 미흡 문제를 해결하기 위한 방안으로 기업가정신에 주목하여 일찍이 '리스본 유럽위원회'에서 '기업가정신의 고양'을 핵심 의제로 채택하는 한편, 회원국 중심의 기업가정신 현황과 실태에 관한 보고서(Entrepreneurship in the EU and beyond, 2009, 2012)를 발간하였음.

국의 기업가정신을 측정, 비교하기 위한 지표 개발을 진행하고 있다.[90]

정책수요의 증가와 국가 비교지표의 활용성에 따라 학계에서도 기업가정신의 중요성을 반영한 연구가 증가하는 추세인데, 우리나라도 저성장 기조가 계속되고 잠재성장률의 장기추세 전망도 밝지 않은 만큼, 기업가정신의 관점에서 문제를 진단하고 시사점을 모색할 필요가 있다. 한국의 기업가정신은 피터 드러커(Peter Drucker)가 미국보다 왕성한 나라로 평가할 정도로 고도성장을 견인하는 역할을 하였으나 지금은 예전만 못하다는 평가가 많다.

2. 기업가정신의 역할[91]

2.1 세상의 변화와 발전을 이끄는 핵심 동인

기업가정신은 한 마디로 세상을 변화시키고 발전시키는 핵심 동인이라고 할 수 있다. 기업가정신의 관점에서 보면 인류 역사는 기업가와 기업가정신의 역사라고 할 수 있다.

미국과 일본이 오늘날 세계 최고의 경제 대국이 된 것은 기업가들이 발휘한 기업가정신 덕분이다. 미국에서 기업가정신을 발휘한 대표적인 기업가로는 GE를 설립한 토마스 에디슨, 포드 자동차를 창업한 헨리 포드 등을 들 수 있다. 최근의 기업가들로는 애플의 스티브 잡스와 마이크로소프트의 빌 게이츠가 있다. 이들의 도전 정신과 혁신 행동은 정보화 사회혁명과 SNS 혁명을 촉발시켜 전 세계인이 편리하게 PC를 사용하고 인터넷을 통해 하나로 연결됨으로써 과거에는 획득할 수 없었던 새로운 효용 가치를 얻을 수 있게 되었다. 일본에서는 초등학교 졸업이 전부인 학력으로

90) GEM(Global Entrepreneurship Monitor)은 1999년부터 10개국에 대한 조사로 시작하였으며, ⅰ)국가별 창업활동에 대한 태도, 활동 및 열망 차이를 조사하고, ⅱ)국가별로 창업활동 수준과 결정요인을 분석하며, ⅲ)창업활동 진흥 관련 정책을 제안하는데 초점을 두고 있음(Xavier & Kelley, et al., 2012). GEI(Global Entrepreneurship Index)는 Acs and Szerb(2011) 등이 고안한 지수로 2012년부터 시작하였으며, GEM의 서베이 데이터에 GCI의 제도 변수를 접목해서 열망(aspiration), 능력(ability), 태도(attitude)의 3개 부문으로 나누어 총 14개 지표로 측정한 결과에 가중치 알고리즘을 사용하여 측정하고 있음(Acs·Szerb·Autio, 2015).

91) 이춘우 외(2014), 기업가정신의 이해, 한국청년기업가정신재단, 2014.12.

혼다 자동차를 설립한 혼다 소이치로, 마쓰시타 전기의 창업자 마쓰시타 고노스케, 소니의 창업자 이부카 마사루, 소프트뱅크를 창업한 손정의 등이 기업가정신을 발휘한 대표적인 인물들로 꼽힌다.

또한 기업가정신은 사회의 건강성을 유지하는 핵심적인 요인이다. 기업가정신은 사회적 계층의 이동을 원활하게 하여 역동성을 갖게 만들 수 있기 때문이다. 사회가 정체되지 않도록 함으로써 지속적으로 발전할 수 있는 힘을 유지하고 촉진하는 것이다. 기업가정신을 통해 사회 구성원들은 성취의 기쁨을 느낄 수 있다.

기업가정신은 경제 성장과 사회 발전에 있어서 매우 중요한 역할을 한다. 드러커는 기업가정신을 바탕으로 끊임없는 혁신을 추구해 나갈 수 있을 때 비로소 한 사회가 '다음 사회'로 진보해 나갈 수 있다고 주장했다. 변화와 혁신을 통해 새로운 가치를 창출하려는 기업가정신이 약해지는 때부터 사회는 쇠락의 길을 걷기 시작한다.

한정화(2011)는 "한국이 지난 50년간 전 세계에 유례가 없을 정도로 탁월한 기업가정신을 발휘할 수 있었던 것은 한 마디로 '성취욕과 성공 체험의 선순환' 때문이었다"고 주장한다.[92] 높은 성취욕을 바탕으로 도전하고 성공적인 결과를 얻어내게 되자 긍정적 피드백의 사이클이 가속화되어 온 것이다. 사실 1960년대 이전 한국인의 성취욕은 그렇게 높은 수준이 아니었다. 그러나 1960년대 고도 경제 성장 과정에서 정책적 인센티브가 주어지고 성공적인 결과가 나타나자 '헝그리 정신(hungry spirit)'을 바탕으로 '하면 된다(can do spirit)'의 도전 정신을 발휘하게 되었다.

기업가정신은 개인으로 하여금 자기 주도적인 삶을 일구어 나갈 수 있도록 할 수 있는 정신 자세가 될 수 있다. 사람들은 기업가정신을 통해 자신의 삶의 의미와 자신이 하고 싶은 일을 발견하도록 하며, 그러한 일을 통해 사회에서 가치 있는 일과 삶을 계획하고 실행해 나갈 수 있도록 할 수 있다. 기업가정신은 미래의 보다 나은 삶을 창조하려는 행동의 모티브이자 정신적 동력이다. 우리가 일하고 노는 방식에서의 변화, 여행하고 먹는 방식에서의 변화, 가족을 이루고 아이들을 양육하는 방식의 변화 등 모든 생활 분야에서 삶의 질을 향상시키는 데 있어 요구되는 정신 자세가 바로 기업가정신이라고 할 수 있다.

2.2 대학 창업지원단장이 바라본 기업가정신[93]

기업가정신은 무엇이며, 왜 대학은 기업가정신을 학생들에게 심어줘야 할까? 이에

---

92) 한정화(2011), 기업가정신의 힘, 21세기북스, 2011.07.22.

93) 한경비즈니스(2019.03.), [커버스토리=기업가정신이 희망이다] 2부 재도약의 성장 엔진 '기업가정신'- 대학 창업지원단장 3인 좌담…"기업가 정신은 현대인의 필수 교양", 제 1217호, 2019.03.

대한 3인의 답변을 소개해 본다.

▌류창완 한양대 창업지원단장 : 주도적인 삶의 설계 및 잠재력 발견에 도움

"기업가정신은 꼭 창업만을 위한 게 아니라 연구·취업·창작 등 다방면에서 발휘할 수 있다. 현대사회의 필수 교양인 셈이다. 자신의 삶을 주도적으로 설계하고 잠재력을 찾는 데 큰 도움이 된다. 제 생각엔 대부분의 한국 대학생은 수동적이다. 자신이 왜 이 대학에 와서 이 전공을 택했고 졸업한 후에는 왜 이 회사를 택했는지 잘 모른다. 그러다 어느 순간 경력을 중단해야 할 상황이 오면 크게 당황하게 된다. 대학은 교육기관으로서 학생들에게 스스로 살 수 있는 방법을 알려줘야 한다. 요즘 같은 시대에 대학이 지식만 전달한다면 직무유기라 생각한다. 기업가정신이라는 필수 교양과목을 이수하게끔 하고 졸업시키는 것이 대학의 책무이다."

▌이상곤 코리아텍 경력개발실장 : 주인의식을 갖는 것

"저는 기업가정신을 주인의식에 비유한다. 예전부터 사장이 직원들에게 '주인의식이 없나'라는 말을 하면 직원은 자기가 주인이 아닌데 왜 주인의식을 가져야 하느냐고 반문한다. 저는 그것을 벗어나야 한다고 본다. 왜냐하면 주인의식을 가진 직원은 나중에 사장이 될 수 있다. 하지만 직원이 주인의식을 갖는 것은 개인의 사고 전환만으론 어렵다. 직원이 주인의식을 가졌을 때 보상이 따르는 사회적 구조가 만들어져야 한다."

▌손홍규 연세대 창업지원단장 : 부모님을 설득하는 것에서 출발

"대한민국 학생들의 기업가정신은 한국에서는 '부모님을 이기는 게 아니라 설득하는 것'에서 출발한다고 본다. 한국의 학생들이 부모님을 설득할 수 있는 능력과 확신이 있다면 성공할 수 있다. 자신의 창업 아이템, 미래 비전, 기술에 대한 확신이 있다면 기업가정신을 발휘할 수 있다."

3. 기업가정신의 중요성[94)]

3.1 기업가정신은 국가의 미래[95)]

중국은 이제 거대한 창업 국가가 되었다. 실리콘밸리 모델을 제대로 이식해 자기 걸로 만들었기 때문이다. 중국의 명문대 앞에 지나가 보면 알 것이다. 창업 카페가 즐비한 걸 보고 나면 등에 식은땀이 흐를 것이다. 중국의 머리 좋은 젊은이들은 거기 다 모여 있다. 회사를 차려 부자 될 꿈에 부풀어서 말이다.

하지만 대한민국의 대학가는 어떠한가? 술집과 먹자골목이 대부분이다. 요즘 중국 청년들은 창업하겠다고 난리인데, 한국의 우등생은 공무원 시험을 준비하는 상황이다. 이게 정녕 제대로 된 나라라고 생각하는가?

우리는 '한강의 기적', 세계대전 후 최초 선진국으로 진입한 나라. 가장 단기간에 IMF를 졸업하여 세계를 경악시킨 나라. 해방 무렵 세계 꼴찌에서 2, 3번째 했던 나라가 지금은 세계10위권을 넘보고 있는 나라. 전 국민이 IQ 105가 넘는 유일한 나라. 이러한 사실 말고도 우리는 참으로 많은 장점을 보유하고 있는 대한민국의 국민이다.

1955~1963년 시기에 태어난 사람을 우리는 베이비부머라고 한다. 전쟁으로 모든 것이 파괴된 상황에서 경제재건의 돌격대 역할을 했다. 먹고 살기 위해서, 가족을 굶기지 않기 위해서 하루 12시간도 짧은 것처럼 일을 해왔다. 그 결과 우리는 지난 70여 년 동안 경제규모 1000배 이상의 성장, 1인당 국민총소득은 400배 증가를 이루었다. 가난과 무기력에 시달리던 대한민국 국민은 눈물겨운 노력으로 '역동'이란 단어를 대한민국의 성공의 공통어로 만들었다.

궁즉통 극즉반(窮則通 極則反)이라 했던가? 모든 것이 파괴된 상황에서 너무도 절박하고, 결핍했던 당시 무모하고 맹목적인 성공의지 하나만으로 우리는 지금껏 위대한 많은 일들을 이룩해왔다. 그러한 궁즉통 극즉반은 불굴의 의지를, 과감한 결단력을, 결코 포기하지 않는 실천력을 길러주었으며 한 번도 피하지 않고 정면으로 맞섰기에 그 '역동의 DNA'는 '대한민국의 기업가정신'이 되었다.

그런데 지금 대한민국이 '기업가정신'을 잃어버리고 있다는 기사를 종종 접한다. 지금에 와서 정주영 회장의 기업가정신이 다시 조명 받는 이유가 여기에 있는 것이

---

94) 이하 내용은 틴틴 경제(2016), 기업가정신 왜 중요한가요, 중앙일보, 2016.11.22.
95) 김광열(2017.04.), 기업가정신이 대한민국의 미래이다, 글로벌기업가정신협회, 2017.04.17.

라 생각한다. 사진 한 장으로 조선신화를 만들었고, 세계최초의 폐선박 공법을 만들어냈던 고 정주영 회장은 돌다리도 두드리고 건너가야 한다는 말에 그렇게 생각할 시간이 있다면 빨리 건너라고 했던 도전정신은 현재에도 본받아야 할 기업가정신이라 생각한다.

일본의 창업가를 지원하는 ㈜비즈니스뱅크 그룹의 하마구치 다카노리 대표는 창업 후 90%가 10년 후에는 경영의 무대에서 사라지는 이유를 창업자 '자신'이 원인이라고 강조하고 있다. 인생을 걸고 창업에 도전하는 사람들이 너무나도 무방비 상태로 시작한다는 것이다. 어떤 분야든 준비와 훈련을 하지 않은 사람은 실패하기 마련이다. 즉 진정 성공하고 싶다면, 그리고 10년 후에도 살아남고 싶다면 철저한 기업가정신이 필요한 것이다.

일본은 200년 이상 기업 5000개, 100년 이상 기업은 수만 개이다. 독일은 히든챔피언이 1370개이고, 이 히든챔피언이 독일 수출의 60%를 차지하고 있다. 그러나 우리나라는 중소기업 평균수명 10년, 대기업 평균수명 30년으로 대한민국 전체 수출 중 80%가 대기업이 차지하고 있다.

앞에서도 언급했듯이 지금 중국은 자기 힘으로 돈을 번 부자들의 성공사례가 넘쳐난다. 중국 청년들은 그 사례를 통해 창업의 꿈을 꾸고 있다. 하지만 지금의 대한민국에는 과거 이병철, 정주영과 같은 사례가 나오지 않고 있다. 물론 대기업 우선 정책, 넘고 넘어야 할 규제 등의 여러 원인이 있지만 '기업가정신'의 단절이 가장 큰 이유가 아닐까 짐작해본다.

장수기업 대열에 합류하려면, 기업의 규모도 중요하지만 기업가의 경영철학과 정신이 바르게 서야한다. 그리고 창업주의 기업가정신이 후대에 제대로 계승되어야 한다.

중국에 '날지 못하는 매'라는 옛날이야기가 있다. 왕이 두 마리의 매를 선물 받았는데 그 중 한 마리가 커도 날지를 못하고 나뭇가지에만 앉아 있었다. 왕은 매를 날도록 유도하기 위해 다양한 수단을 강구하지만 허사였다. 그러다가 농부가 매를 날게 한다. 그 방법은 매가 앉아있었던 나뭇가지를 잘라 버렸던 것이다. 나뭇가지가 잘리는 순간 매는 날개가 있다는 것을, 그리고 날 수 있다는 것을 알게 되었다. 농부는 매에게 '매의 정신'을 알려주었던 것이다.

이처럼 기업가도 직원들과 거래처가 더 나은 삶을 살도록 인도하고, 나아가 사회에도 선한 영향력을 펼칠 수 있도록 이끄는 것, 즉 올바른 정신적 자산의 승계를 이루는 것이 미래의 대한민국을 건설할 힘이다.

3.2 기업가정신이 최고의 브랜드[96)]

CEO들은 수많은 고민을 하면서 사업을 계획한 끝에 창업에 도전을 한다. 또한 창업초기에는 CEO들이 가지고 있었던 기술우위, 유통영업우위, 사업 콘텐츠 우위 등의 부분적 역량으로 시작하지만, 점차 역량을 확대시키거나 새로운 역량을 개발하면서 기업을 성장시키는 과정을 거친다.

분명한 것은 그 과정에서 빼놓지 않는 항목이 '고객'이다. 기업은 고객이 원하는 기술, 제품, 콘텐츠를 만들어내야 수익을 창출할 수 있기에 끊임없이 고객을 연구하고 고객이 원하는 가치를 생산하고 있는 것이다. 고객이 원하는 가치는 다시 기업의 이미지가 되며 브랜드가 되어 기업의 경쟁력을 높이는 중요한 요소로 작용하게 된다. 그러한 이유로 기업 브랜드를 중요하게 여기고 있다. 이처럼 브랜드는 단순히 상표, 로고, 심벌이 아니라 시장에서 고객에게 평가받는 기업의 가치인 것이다.

과거에는 고객의 평가가 대부분 제품의 질과 고객 불만 대응태도에 집중되었지만, 지금은 앞의 것은 기본으로 사회에 대한 기여, 기업윤리를 더 비중 있게 평가하고 있다. 결국 '현재의 기업 가치는 CEO가 어떤 경영철학, 즉 기업가정신을 가지고 있느냐'에 달려있는 것이다.

우리는 잘 가꾸어 온 기업 가치가 기업가정신의 결핍으로 한순간에 폭락한 사례를 쉽게 찾을 수 있다.

3.2.1 첫번째 사례

폭스바겐은 세계적 자동차 브랜드이며, 전 세계인으로부터 신뢰 받는 브랜드를 가지고 있었다. 그러나 배출가스 조작으로 인해 한순간에 불신의 기업이 되었으며 그 여파로 소송에 휘말리고 모든 CEO의 교체가 이뤄졌다. 하지만 여전히 고객은 의심의 눈을 거두지 않고 있다. 이익만 추구하는 CEO의 편중된 경영철학, 즉 기업가정신으로 인해 폭스바겐은 엄청난 손실과 시장을 잃게 되었으며, 추락한 브랜드를 다시 높이기 위해 막대한 비용과 시간을 투자해야 한다. 최근 메르세데스 벤츠도 동일한 문제가 불거졌는데, 이것이 사실이라면 아마도 폭스바겐보다 더 냉철한 평가를 받게 될 것이다.

결국 올바른 기업가정신을 갖지 못한 기업은 당장의 손실도 문제지만, 더 이상 성장할 수 있는 동력을 상실하게 되는 것이다.

---

96) 김광열(2017.08.), 기업가정신이 최고의 브랜드, 한국경제, 2017.08.03.

3.2.2 두번째 사례

우리나라에서 CEO의 갑질 논란은 계속해서 발생하고 있다. 직원을 함부로 대하거나, 고객을 단순히 돈벌이 대상으로 보는 잘못된 경영철학을 가진 CEO들에게 고객은 당연히 최악의 평가를 내린다. 하지만 문제는 그 평가가 CEO에 국한된 것이 아니라 기업평가로 이어진다는 것이다. 결국 올바른 기업가정신을 가지지 못한 CEO는 기업의 브랜드를 추락시키고, 기업에 손실을 끼치고 있는 것이다. 이 사례 외에도 기업가정신이 쇠퇴하거나 약해진 CEO들로 인해 기업브랜드가 추락한 사례는 수없이 많다. 반대로 오뚜기처럼 올바른 기업가정신을 가진 CEO로 인해 고객과 사회로부터 사랑받고 있는 기업도 많다.

이와 같이 기업가는 돈을 버는 일에도 사회적 책무가 뒤따르기에 기업가정신이 없으면 기업은 생존할 수 없는 것이다. 향후 가면 갈수록 사회적 물의를 일으킨 기업에 대한 제재는 더욱 강화될 것이기에 기업가정신은 기업의 브랜드 가치를 결정하는 가장 중요한 요인이 될 것이다. 그런 이유로 CEO들에게 경영지식과 스킬보다 중요한 것이 경영철학인 것이다. 따라서 CEO는 기업가정신을 분명히 해야 하며, 창업 시 가졌던 기업가정신을 상실하지 말고 더욱 강화시켜야 한다. 또한 CEO의 기업가정신을 직원과 가족에게 계승시키는 일도 게을리 해서는 안 되는 것이다. 결국 기업가정신은 구매자, 파트너, 직원 등으로 구분되는 고객으로부터 존경을 받음으로써 기업 가치를 상승시키고 최고의 브랜드를 구축시키는 동력이 되는 것이다. 그리고 기업의 지속성장의 힘이 되는 것이다.

3.3 경제적 측면

경제적 측면에서 본 기업가정신의 중요성은 다음과 같다. 첫째 '지식사회'로의 이행으로 지식의 생산과 활용이 중요해졌다는 점, 둘째 '지식'이 비즈니스 성공기회에 중요한 역할을 담당하게 되었다는 점, 셋째 새로운 기술과 서비스의 등장이 경제발전과 삶의 질 향상에 기여한다는 점, 넷째 창의적인 사업화 의지나 행동이 비즈니스 성공에 중요한 요소라는 점, 다섯째 기업설립을 통해 새로운 고용창출과 경제적 풍요의 토대를 마련할 수 있다는 점 등을 들 수 있다.[97] 이와 관련하여 부연설명해 보고자 한다.

지난 2016년 9월 중국 항저우(杭州)에서 세계 주요 20개국 'G20 정상회의'가 열

97) CampSpark Jr.(2014), 기업가 정신의 이해, SeedSpark(청소년 기업가정신 프로그램), 2014.

렸다. 각국 대표는 이 회의에서 일자리 창출과 경제성장을 위한 주요 동력으로 기업가정신에 대해 활발히 논의하였다. 창업 지원서비스 강화, 기업가정신 교육·훈련 촉진 같은 내용이 담긴 'G20 기업가정신 행동계획'을 만들기로 했다.

미국에서는 전체의 80%인 40개 주가 기업가정신을 정규교육으로 선택하였으며, 유럽의 초·중·고등학생도 학교에서 기업가정신을 배우고 있다. 한국 정부도 2018년부터 중·고등학교에서 기업가정신을 교육하고 2020년까지 초·중·고교 정규과목으로 도입할 계획이다. 이렇게 세계 각국에서 기업가정신을 주목하는 이유는 바로 기업가정신이 지속적인 경제발전을 이룰 수 있는 힘이기 때문이다.

기업가정신은 '미래의 불확실성과 높은 위험에도 주도적으로 기회를 포착하고, 도전하며 혁신 활동을 통해 새로운 가치를 창조하는 실천적 역량'으로 설명할 수 있다. 최초로 기업가정신을 학문적으로 접근한 미국의 이론경제학자 슘페터는 '새로운 사업에서 생길 수 있는 위험을 감수하고 어려운 환경을 헤치며 기업을 키우려는 뚜렷한 의지'라고 정의하였다. 기업가정신을 가진 기업인이 끊임없는 혁신을 거듭하면서 경기가 순환된다고 하였다. 기업가정신이 쇠퇴하면 해당 국가의 경제는 성장하기 어렵다는 것이다.

미국의 경영학자인 피터 드러커도 기업가정신의 중요성을 강조한 유명한 인물이다. 그는 기업가정신을 '위험을 무릅쓰고 포착한 기회를 사업화하려는 모험과 도전의 정신'이라고 정의하였다. 기업가정신과 혁신은 뗄 수 없는 사이라는 것이다. '기업가정신만이 경제를 지속적으로 발전시킬 수 있는 핵심 요소'라고 강조하였다.

구체적 사례를 살펴보기로 하자. 기업가정신의 본고장으로 꼽히는 미국은 1994년부터 2004년까지 매년 55만개의 중소기업이 탄생하였다. 이미 10년 전 석·박사 과정이 있는 대학(888개)의 90%가 기업가정신에 대한 학위 과정을 만들었다. 기업가정신 관련 학술지 44개, 연구소 150개가 있다. 창업가들이 모여 있는 실리콘밸리는 인텔·애플·구글·페이스북·트워터 등 세계인의 삶에 큰 변화를 일으킨 기업이 탄생한 곳이다. 주변에 스탠퍼드대 같은 유명한 대학이 모여 있어 산학협력이 유리한 환경을 갖췄다. 구글 창업자인 래리 페이지와 세르게이 브린은 대학원생일 때 스탠퍼드대에서 자금과 기술 개발을 적극 지원받았다. 스탠퍼드대는 학생들의 기업가정신을 고취하기 위해 15년 전부터 기업가정신센터를 운영해왔다. 교수들은 '5달러로 2시간 안에 최대의 수익을 올려라'는 과제를 내기도 한다. 다양하고 독특한 방식으로 학생들에게 기업가정신 교육을 시키기 위해서이다.

요즘은 중국이 기업가정신을 바탕으로 창업시장을 키워가고 있다. 항저우는 알리바바라는 거대 스타트업을 창출하며 '기업가정신 도시'로 불리고 있다. 2015년 3월 리커창(李克强) 중국 총리는 '대중창업(大衆創業), 만중혁신(萬衆革新)'이라는 기치를 내세웠다. 중국 정부 차원에서 대대적으로 창업 활성화를 위해 각종 규제를 개혁하고 있다. 이는 벤처 창업과 투자 활성화로 이어졌고 2015년 중국 스타트업 규모는 82조6000억 원으로, 1년 새 3배 급증했다.

인도 벵갈루루는 MS, IBM, HP 같은 세계적인 IT기업과 AZK, GSK 같은 글로벌 제약회사의 연구개발센터(R&D)가 들어서면서 '인도의 실리콘밸리'로 불리고 있다. 7명의 청년이 모여 250달러로 창업한 인포시스 같은 창업 신화는 벵갈루루를 중심으로 인도 전역으로 퍼지고 있다. 현재 4200개가 넘는 스타트업을 보유한 인도는 미국·영국에 이어 세계 3위 창업 대국으로 꼽힌다.

핀란드도 만만치 않다. 핀란드는 게임 앵그리버드와 클래시오브클랜을 만든 로비오, 수퍼셀 같은 세계적인 스타트업이 있는 나라이다. 핀란드의 대표 기업은 스마트폰 출시 전 세계 휴대전화 점유율 40%를 차지했던 노키아였다. 노키아의 추락은 핀란드에 큰 영향을 끼쳤고 2009년 핀란드 성장률은 -8.5%를 기록하였다. 하지만 핀란드 경제는 2010년 3.3% 성장했고, 이후 연평균 2.1%의 성장률을 보였다. 노키아를 떠난 수천 명의 인재들이 창업에 나서면서 수백 개의 스타트업이 탄생한 덕이다.

한국의 사정은 어떠한가? 피터 드러커는 1996년 한국을 '기업가정신이 가장 활성화한 국가'로 꼽았다. 일제강점기와 6.25 한국전쟁을 거치며 산업적·교육적 기반이 없는 상황에서 40년 만에 20여 개 산업 분야에서 세계적인 수준으로 성장했기 때문이다. 안타깝게도 20년이 지난 현재, 세계 경제 전문가들은 한국에 대해 '창업 세대의 역동적인 기업가정신을 찾아보기 어렵다', '현실 안주에 급급하다'고 평하고 있다. 근거는 충분히 있다. 미국 피터슨 국제경제연구소가 지난 20년간 경제전문지 포브스에 실린 억만장자를 분석해보니 자산이 1000억 원 이상인 한국 부자 중 상속으로 부자가 된 사람의 비중은 67개국 중 5위였다. 자산이 1조 이상인 부자 중에서 상속자 비율은 74%였다. 반면 세계적으로 상속부자의 비율은 줄고 있고, 한국의 절반 수준인 30%에 불과하다.

청년들 사이에서도 기업가정신이 약하다고 할 수 있다. 벤처기업정밀실태조사에 따르면 2015년 국내 벤처기업 대표의 연령층은 40~50대가 80% 이상이었다. 20~30대는 10%에도 미치지 못했다.

암웨이가 2016년 발표한 '암웨이 글로벌 기업가정신 보고서'에서도 한국 기업가정신의 위기가 보인다. 2010년부터 매년 실시하는 이 조사는 2016년에는 45개국, 5만 861명(만 18~99세)을 대상으로 이루어졌는데, 한국에서는 1500명이 참여하였다. 이 보고서에 따르면 세계인의 평균 77%가 기업가정신을 긍정적으로 인식하고 있지만, 한국은 68%에 그쳤다. 사업을 할 준비가 됐다는 응답은 한국은 24%에 불과해 아시아 전체(38%)나 중국(49%)보다 낮다. 창업을 위한 중요한 활동인 '직접 고객을 찾고 확보하는 것'에 대한 반응도 부정적이다. 한국은 62%가 불편하다고 응답하였다. 세계 평균(37%)이나 아시아 평균(36%)보다 높다. 경기 불황이 지속되자 도전보다는 안정을 추구하는 성향이 강해진 것이다. 한편 기업가정신 지수와 관련하여 암웨이는 '2018 암웨이 글로벌 기업가정신 보고서(Amway Global Entrepreneurship Report, 이하 AGER)'를 2018년 3월 13일 발표하였는데, 전 세계 44개국 약 5만여 명이 참여했으며 한국에서는 2017년 6월 한 달 동안 1500명을 대상으로 조사가 진행되었다. 한국의 '암웨이 기업가정신 지수(Amway Entrepreneurial Spirit Index, 이하 AESI)'는 2016년보다 9점 떨어진 39점으로 전체 참여 국가 중 33위를 기록하였다.[98] 글로벌 평균(47점) 및 아시아 평균(61점)을 크게 밑도는 수치로 2016년 대비 10계단 하락하며 조사 대상국 중 가장 큰 하락폭을 보였다.[99]

기업가정신을 고취하기 위해서는 미국이나 중국, 핀란드처럼 제도적인 뒷받침이 필요하다. 하지만 무엇보다 한국의 미래를 짊어진 젊은 세대들이 도전과 혁신을 두려워하지 않아야 할 것이다.

4. 기업가정신의 대표적 유형

흔히 기업가정신(entrepreneurship)이란 말을 들으면 사람들은 벤처기업 창업을 떠올린다. 하지만 기업가정신은 벤처 창업에만 국한되는 개념이 아니다. 대기업이든 중소기업이든 규모에 상관없이 어떤 기업에나 적용될 수 있다. 심지어 정부 같은 비영리 조직에도 적용 가능한 개념이다. 단순히 회사를 창업하고 운영하는 수준을 넘어 새로운 기회를 포착해 가치를 창출하는 활동이 기업가정신의 정수이기 때문이다.[100]

---

98) 암웨이 글로벌 기업가정신지수 : 개인이 사업을 시작하는데 영향을 미치는 3가지 요인을 분석해 수치화하였음. 사업에 대한 도전 의향, 능력과 자원이 준비됐는지 판단하는 실현 가능성, 가족의 반대 같은 사회적 압박을 무릅쓰더라도 사업을 하겠다는 의지력에 대한 설문 응답을 100점 만점을 기준으로 평가함. 2010년부터 독일 뮌헨공과대학 경영대와 함께 조사를 진행해왔음.

99) NEXT ECONOMY(2018), 암웨이, '2018 암웨이 글로벌 기업가정신 보고서(AGER)' 발표, 2018.03.14.

100) 기업가정신(entrepreneurship)이란 말에서 사람들이 흔히 벤처기업 창업을 떠올리듯이 기업가(entrepreneur)라는 단어도 대개 스티브 잡스, 마크 저커버그, 제프 베조스 등 천재적이고 비범한 인물들을 연상하게 된다. 이런 생각은 아주 틀린 건 아니지만, 대단히 편협

기업가정신은 창업만이 아니라 사회적 기업가, 사내 기업가 등 다양한 형태로 발현된다. 그러나 창업기업가가 가장 대표적인 혁신의 리더십 발현이므로 일부 학자들은 기업가정신을 창업과 동일시하기도 한다.

기업가정신은 단지 개인이 창업을 하는 과정에서 나타나는 '독립 기업가정신(independent entrepreneurship)'이 아니라, 다양한 대상과 상황에 적용될 수 있다. 기업가 정신의 중요성이 국내 사회에도 널리 강조됨에 따라 그 범위가 창업(new business creation)으로부터 조직 내 기업가정신(corporate entrepreneurship), 사회적 기업가정신(social entrepreneurship) 및 공공부문 기업가정신(public-sector entrepreneurship)으로까지 확대되고 있다.

4.1 창업 기업가정신[101)]

돈이 많은 사람이 창업을 하게 되면 성공할 확률이 높아진다. 하지만 장기적인 관점에서 돈보다 창업의 성공률을 더욱 높여주는 것이 있다. 바로 '창업 정신' 혹은 '기업가정신'이라 불리는 멘탈이다. 요즘 세상에 눈에 보이지 않는 비물질적 가치가 무엇이 중요하냐고 반문할 수도 있다. 하지만 요즘 같은 세상이기 때문에 비물질적 가치가 더욱 가치 있게 빛을 발할 수 있다고 생각한다. 눈을 현혹하는 물질적 '쓰레기'들이 난무하는 세상에서 눈에 보이지 않는 말 한마디, 배려 하나에 사람들은 오히려 더욱 감동을 받는다. '기업가정신' 역시 말 많고 탈 많은 창업 시장에서 고객에게 감동을 주고 스스로를 다잡을 수 있는 창업가의 단단한 뿌리 역할을 해 줄 수 있다.

미국의 경영학 수업 중에는 '기업가 정신학'이라는 과목이 있다. 우리나라에서도 벤처경영학과를 둔 몇몇 대학교에서 이 수업을 진행하고 있다. '기업가 정신학'이란 학생들에게 기업가정신을 스스로 체득하게 함으로써 도전적이고 창의적인 미래를 설계해 창업할 수 있도록 준비시키는 학문이다. 대학교에서는 주로 벤처기업의 창업과 지속적인 성장방안에 대해 배우고 연구하는 교과 과정으로 쓰이고 있다. 미국에서부터 중요시하기 시작한 이 '기업가정신'에 대해서 우리나라 정부도 주목하고 있다. 2018년부터 중고등학교에서 기업가정신을 교육하기 시작해 2020년까지 단계적으로 정규교과목으로 편성할 계획이라고 한다. 국가적으로 창업에 대한 투자를 늘리고 있는데 반해 정신적인 교육은 약했던 느낌이었는데, 창업 정보와 창업 정신의 두

한 관점이다. 기업가정신은 규모나 유형에 상관없이 어떤 조직에서나 발현될 수 있는 개념이기 때문이다.

101) 권순만(2018), 창업의 성공률을 높여주는 덕목, '기업가정신', 시사저널, 2018.03.07.

가지 트랙으로 교과과정을 짠다고 하니 반가운 소식이 아닐 수 없다.

그렇다면 대체 왜 '창업 정신' 혹은 '기업가정신'이 창업자들에게 필요한 것일까? 점점 삶의 영역이 개인으로 국한되고, 타인과 관계 맺기 어려워하는 이들이 늘면서 자신의 울타리 안에 있는 이들의 이익만을 우선시하는 풍조가 최근 이어지고 있다. '창업 정신'은 공동체 의식에 대한 재고는 물론, 함양까지 그 역할을 해 낼 수 있기 때문이다.

기업을 이끌어가는 기업가는 이윤을 창출하면서도 사회적 책임을 망각하지 않는 정신을 가지고 있어야 한다. 이는 규모에 상관없이 창업을 한 모든 이들에게 적용되는 말이다. 미국의 경제학자 슘페터는 기업가를 혁신자로 보았고, 혁신자가 갖추어야 할 요소로 신제품 개발, 새로운 생산 방법의 도입, 신시장 개척, 새로운 원료나 부품의 공급, 새로운 조직의 형성, 노동 생산성 향상 등을 꼽았다. 현대에는 이러한 전통적 의미의 기업가정신에 인재 양성, 공정한 경쟁, 근로자 후생 복지, 사회적 책임 의식 등이 추가되었다.

성과주의에 함몰돼 잊고 있던 인간적 가치에 보다 중점을 두는 것이 바로 현대의 '창업 정신'이다. 불행인 듯 다행인 점은 요즘 성공한 창업가들 중 인간적 가치를 잊고 갑질 경영을 하다가 세간에 알려져 뭇매를 맞고 시정 노력을 기울이는 이들이 늘고 있다는 점이다. 세상 아래 자신보다 높은 사람은 없다는 착각 아래 안하무인으로 직원들 혹은 고객들을 대하다 된통 당하는 이들은 '창업 정신'이 부재한 사람들이라는 공통점이 있다.

물론 자신의 과오를 뉘우친 후 '창업 정신'을 깨닫고 새로운 삶을 살아가는 창업가들보다 그렇지 못한 이들이 훨씬 많은 것이 현실이다. 어려운 일인 것이다. 자신의 이익과 함께 사회적 책임 역시 신중하게 고려해 사업을 펼쳐나간다는 것은 정말 고되고 힘든 일이다. 그렇기에 창업은 신중해야 한다. 나누어 더불어 살기 위한 이들이 보다 적극적으로 창업 전선에 뛰어들길 바라는 마음이다.

4.2 사내 기업가정신

20세기 산업화와 정보화 시대 이후, 21세기 들어서는 인간중심의 창의성이 강조되는 시대이다. 한편 인터넷을 기반으로 한 IT기술의 발달로 정보는 그 어느 때보다 쉽게 전달되어, 기업의 자그마한 실수도 급속히 확산되는 등, 그 어느 때보다 기업경영에 제약이 많은 시대이기도 하다. 이에 CEO 혼자, 모든 책임과 권한을 갖는 제왕적 리더십을 통해 기업을 경영하기보다는 조직 구성원들의 창의적인 아이디어, 혁신활동 등을 통해 조직의 역량을 극대화시키면서, 개인의 성장과 발전을 지속시킬 수 있는 문화와 제도, 프로세스인 사내 기업가정신이 그 어느 때보다 필요한 시기이다.

4.2.1 사내 기업가정신이 필요한 이유[102)]

회사가 성장할수록 기업은 최대한 효율성을 높이는 방향으로 조직 구조와 업무 프로세스, 문화를 발전시켜 나간다. 그 과정에서 자연스럽게 행정관리 상 필요한 일련의 규칙이 시행되며 중간 관리감독을 위한 위계질서가 자리를 잡게 된다. 업무는 정해진 계획에 따라 수행되고 표준화된 프로세스에 따라 조정 활동이 이뤄진다.

이런 일련의 변화는 기업 성장을 위한 핵심 사업의 효율화를 위해 당연히 필요한 일들이다. 문제는 이 과정에서 관료주의가 자리 잡게 되고, 그 결과 기업가적 열정이 사라지게 된다는 점이다. 애초에 기업을 번창 하게 했던 기업가정신이 회사가 성장하게 되면서 되레 침체되는 현상이 발생하는 것. 기업의 자연스런 유기적 성장(organic growth)이 필연적으로 불러일으키는 모순이다. 이런 모순을 극복할 수 있는 해결책이 바로 사내 기업가정신이다.

4.2.2 사내 기업가정신의 영역[103)]

여러 학자들이 사내 기업가정신의 영역에 대한 각자의 견해를 제시했다. 대부분의 분석에서 공통된 메시지는 사내 기업가정신이란 기존 사업과 구분되는 새로운 사업에 대한 아이디어를 생각해내고, 이를 실제 사업으로 키워 시장에 선보이며 지속적으로 신규 사업을 관리해나가는 전반적 프로세스라고 할 수 있다. 이를 위해선 자율성이 보장되는 기업 문화, 유연한 조직 구조, 적절한 보상 체계 등 조직의 전략과 경영 구조 및 업무 관행에서의 전반적 변화와 혁신을 필요로 한다. 신사업을 개발한다는 건 단순한 아이디어 생산이 아니라 궁극적으로 새로운 가치를 창출하는 활동이다. 조직원들이 아무리 참신하고 좋은 아이디어를 내놓는다고 한들 복잡한 의사결정구조를 거치며 아이디어가 사장되거나 조직 내 저항에 부딪혀 프로젝트가 제대로 진전되지 않는 일이 반복된다면 사내 기업가정신의 발현은 요원하다.

4.2.3 명확한 비전과 목표의 중요성[104)]

사내 기업가정신의 효과적 발현을 위해서는 각 기업이 처한 상황과 특성, 추구하

102) 이방실(2013), '내부의 적'과 싸워야 할 사내기업가 공조 이끌어낼 베테랑이어야 한다, DBR 141호, 2013년 11월 Issue 2.
103) 이방실(2013), ibid.
104) 이방실(2013.11.), op. cit.

는 목표에 맞게 적절한 모델을 취하는 게 중요하다.[105) 만약 기업의 목적이 획기적인 기술 개발을 꾀하거나 파괴적 혁신을 추구한다면 생산자 모델[106)이 바람직하다. 사업부서는 대부분 단기 실적 압박에 처해 있는 경우가 많기 때문에 파괴적 혁신이 될 만한 프로젝트를 추구하기란 현실적으로 어렵다. 하지만 모든 기업에서 파괴적 혁신, 급진적 혁신을 주도할 별도의 조직을 설립할 필요는 없다. 기존 사업부서의 성장을 가속화하는 게 기업의 최우선 목표라면 옹호자 모델[107)이 적합할 것이다. 조력자 모델[108)의 경우 조직 전반에 걸쳐 협업이 일상화돼 있고 새로운 아이디어 개진에 대한 제약이 없는 문화가 조성돼 있을 경우에 적합하다. 특히 최소한의 비용으로도 새로운 실험을 쉽게 해 볼 수 있는 환경이 조성된 기업일수록 성공 확률이 높

105) 기회주의자(The Opportunist) 모델 : 별도의 전담 조직 없이 신규 사업 발굴 기능이 여러 부서에 분산(diffused)돼 있으며 그때그때 상황에 따라(ad hoc) 자원 조달이 이뤄지는 경우다. 상황에 따라 기민하게 반응해 시장에서 새롭게 발생하는 기회를 포착하는 형태라 할 수 있다. 대부분 기업에서 사내 기업가정신을 개발한다고 할 때 가장 쉽게 시도할 수 있는 유형이라고 할 수 있다. 신사업을 추진할 독립 부서를 만들 필요도 없고 재원 조달도 상황에 맞춰 지원하면 되기 때문이다. 대부분 기업들이 최초로 시도하는 사내 기업가정신 모델로 기회주의자형을 채택하는 이유다. 하지만 바로 이런 이유 때문에 기회주의자 모델은 장기적 관점에서 그다지 믿을 만한 모델은 아니다. 신규 사업이 커지다 보면 전담 부서 없이 혁신 활동을 관리하는 게 현실적으로 불가능해지는 순간이 분명 찾아온다. 기업들이 진화해 나갈수록 기회주의자 모델을 넘어 다른 유형의 사내 기업가정신 모델을 모색하게 되는 이유이기도 하다.

106) 생산자(The Producer) 모델 : 상당한 규모의 자체 재원과 함께 신규 사업을 전담하는 부서가 존재하는 경우다. 단순히 아이디어를 개발하고 개념을 검증하는 수준에서 그치지 않고 실제 사업을 추진해 제품을 생산, 판매하는 프로젝트의 전 과정을 신규 사업 전담 부서에서 책임진다. 현재 많은 대기업들이 취하는 형태로 파괴적 혁신, 획기적 신규 사업 추진을 목표로 삼는 경우가 대부분이다. 서로 다른 사업부서에 걸쳐 있는 역량들을 통합해야만 추진할 수 있는 복잡한 기술 개발 프로젝트의 경우, 4가지 모델 중 생산자 모델이 가장 적합하다고 할 수 있다.

107) 옹호자(The Advocate) 모델 : 신규 사업을 전담하는 조직은 있지만 자체적으로 사업화를 추진하기 위한 재원은 없는 경우다. 옹호자 모델의 핵심은 각 사업부서의 니즈와 시장의 요구에 기반한 접근을 취하는 것이다. 자체적으로 신사업을 추진할 수도 없고 각 사업부서에 사업화를 강요할 수도 없는 만큼 각 사업부서 임원진과 끊임없이 교류하며 신뢰를 쌓는 게 중요하다.

108) 조력자(The Enabler) 모델 : 장기적으로 기회주의자 모델만을 고집해 지속적인 사내 기업가정신을 발현시켜 나가는 기업은 거의 없다. 상시 전담 인력을 배치해 별도의 조직까지 만들지는 않더라도 최소한 개별 조직원들이 참신하고 혁신적인 아이디어를 내놓았을 때 자금 부족 탓에 신규 사업으로의 진행이 더뎌지는 것을 막기 위한 노력을 추구하게 된다. 이렇게 기회주의자에서 한 단계 진일보한 모델이 조력자 모델이다. 이 유형의 경우 신규 사업 발굴을 전담하는 조직은 따로 없지만 신사업을 추진하는 데 필요한 별도의 전용 재원(dedicated resource)이 마련돼 있다. 특히 아이디어를 개발하는 초기 단계에서부터 적극적인 지원이 이뤄진다는 점에서 어느 정도 사업성이 검증된 이후에 비로소 재정 지원이 이뤄지는 기회주의자 모델과 차이가 있다. 조력자 모델에는 한 가지 대전제가 있다. 종업원들에게 충분한 지원과 배려가 가해진다면 종업원들 스스로 신규 사업 아이디어를 적극적으로 개발하려 할 것이라는 믿음이다. 신규 사업을 위해 별도로 마련된 재원은 바로 조직원들이 자발적으로 기회를 추구하게끔 도와주는 마중물과 같은 역할을 한다고 볼 수 있다.

다. 특히 조력자 모델은 조직원들에게 '혁신 DNA'를 심어줘 조직의 문화를 바꾸기 원하는 기업에서도 채택을 시도해 볼 수 있다. 하지만 성급하게 조력자 모델을 채택하기에 앞서 과연 구글처럼 자유롭고 유연한 문화를 도입할 필요가 있는지에 대해 검토해야 한다. 엄격한 품질 관리나 위기관리가 중요한 산업 및 기업에서는 자율성을 무분별하게 주기보다는 체계적인 통제 하에 효율성을 추구하는 시스템 확립이 바람직한 선택이 될 수 있기 때문이다.

어떤 모델을 채택하든 사내 기업가정신이 제대로 발현되기 위해서는 기업의 비전과 전략 안에서 신규 사업을 추진하는 목적이 무엇인지를 분명히 하는 게 중요하다. 이는 단순히 신규 사업을 통해 기대하는 매출액 목표나 영업이익을 제시하는 수준을 넘어선다. 신규 사업을 통해 기업이 궁극적으로 추구하려는 목표가 무엇인지를 전체 조직이 정확하게 공유할 수 있도록 하는 게 핵심이다.

20세기 세계적인 화학기업이던 듀폰이 21세기 생명공학, 농산물 종자, 대체에너지 등을 아우르는 '종합 과학 기업'로 탈바꿈할 수 있었던 이유는 "전통 화학소재를 넘어선다(beyond the molecule)"는 명확한 비전하에 과거와 과감하게 결별하고 신사업을 적극 추진했기 때문이다.

1998년 듀폰의 CEO로 취임한 채드 홀리데이는 1990년대 들어 회사의 성장이 점점 둔화돼 매출 증가율이 생산성 증가 수준을 따라가지 못한다는 사실을 발견했다. 실제로 1990년대 동안 듀폰의 매출 성장률은 평균 0.6%에 불과했다. 홀리데이를 비롯한 최고경영진은 듀폰이 목표로 하는 연 6% 매출 성장률을 달성하기 위해선 개발된 지 5년 미만 제품의 매출이 전체 매출의 3분의 1을 차지해야 한다는 결론을 도출했다. 즉 섬유사업처럼 당장 그룹의 주력 사업이긴 해도 성장에 대한 기여도가 갈수록 낮아지는 기존 사업 대신 신규 사업 투자를 적극 늘려야 한다는 판단이었다. 갈수록 범용화(commoditized)돼가며 경쟁이 치열해지고 있는 기존 시장만 붙들고 있어선 희망이 없다고 봤기 때문이다.

듀폰은 새로운 성장 원천에 대한 방향성을 잡고 신사업 추진 역량을 강화하기 위해 맥킨지 및 와튼 비즈니스스쿨과 파트너십을 맺고 'KIU(Knowledge Intensive University)'라는 리더십 프로그램을 도입했다. 다양한 산업 분야에 정통한 컨설턴트와 경영석학들은 듀폰 최고경영진에겐 어디에서 신성장 기회를 찾을 수 있을지에 대한 통찰을, 실무 사업부서 책임자들에겐 성장 엔진을 검증하고 실행할 수 있는 구체적 방법론을 각각 제시했다.

시간이 지나면서 KIU는 듀폰의 '시장주도혁신(Market Driven Innovation)' 프로그램으로 통합됐다. MDI는 이름 그대로 시장 니즈에 기반한 새로운 기회 발굴을 목표로 하는 사내 기업가정신 활성화 계획(옹호자 모델)이라고 할 수 있다. 상근 직원이 열 명도 안 되는 MDI 팀원들은 각 사업부 리더들과 적극적으로 소통하며 아이디어 발굴 타당성 검증, 상업화 등 모든 사업화 단계에 걸쳐 도움을 제공했다. 최고경영진의 적극적인 지지 아래 듀폰의 많은 사업 부문이 자발적으로 MDI팀과 함께 일하며 신성장 기회를 잡는 데 성공했다. 2002년부터 2006년 사이에 사업 규모가 35억 달러에서 55억 달러로 4년 만에 20억 달러가 늘어난 안전 및 보호(Safety and Protection) 사업그룹의 경우, 신규로 창출된 매출액 가운데 4분의 1(5억 달러)이 MDI 프로그램을 통해 거둬들인 성과였다.

듀폰은 지식 집약적 기업으로서 고객에게 새로운 가치를 제공하겠다는 최고경영진의 비전하에 제품 중심(product-centric)에서 고객 중심(customer-centric) 사업모델로 전환한다는 명확한 목표를 세웠다. 이를 달성하기 위해 듀폰은 조직 내 '변화 주도자(change-agent)' 역할을 할 수 있는 MDI팀을 구성, 조직 전체에 변화와 혁신의 바람을 불어넣을 수 있었다. 사내 기업가정신을 활성화시키는 데 있어 명확한 비전과 목표 제시가 얼마나 중요한지에 대해 다시 한 번 일깨워주는 사례라고 할 수 있다.

4.2.4 사내 기업가가 사내 정치가가 돼야 하는 이유[109)]

사내 기업가정신은 단순히 창의적이고 혁신적인 아이디어를 생산하는 차원을 넘어서는 개념이다. 실현 가능성을 검증하고 상업화 과정을 거쳐 구체적인 제품 혹은 서비스의 형태로 판매해 고객에게 가치를 제공하는 일련의 프로세스다. 이 과정에서 사내 기업가는 창업 기업가와는 전혀 다른 갈등 상황에 부딪히곤 한다. 바로 변화와 혁신을 거부하는 조직 내 저항과 무관심이다. 성공적인 신사업 추진을 위해선 신사업의 필요성과 정당성을 사내 구성원들에게 입증하고, 기존 부서와 경쟁해 필요한 자원을 확보해야 하며, 변화와 혁신에 대한 조직 차원의 저항을 극복해내야 한다. 기성 기업에서 기업가정신이 성공적으로 발현되기 위해 사내 정치 역량이 중요한 이유다.

Block and Macmillan(1993)[110)]은 기술적으로 매우 잘된 신사업 전략과 계획을 가지고도 신사업의 정치적 필요 사항을 이해하고 예측하지 못해서 정작 실행에서 어려움을 겪는 경우가 많다고 지적했다. 이어 정치력이야말로 아무리 기술적으로 잘 정비된 신사업을 죽일 수도, 혹은 그 성공을 보장할 수도 있는 요인이라고 주장했다. 따라서 성공적으로 신사업을 추진하려면 조직 내 다른 이들, 특히 신사업의 운명을 결정할 수 있는 주요 인물들에게 긍정적 영향력을 행사하기 위해 노력할 필요

109) 이방실(2013.11.), op. cit.
110) Block, Z. and Macmillan, I. C.(1993), Corporate venturing: creating new businesses within the firm, Harvard Business School Press.

가 있다. 이를 위해선 호감이나 신뢰 등 '사회적 자본(social capital)'을 형성하는 게 도움이 된다. 즉 비록 뚜렷한 의무 관계는 아니지만 언젠가는 내가 베푼 호의를 상대방이 갚아 줄 것이라는 암묵적 의무 관계를 쌓아두라는 말이다. 영향력이 큰 핵심 인물들과 중요한 정보를 공유한다거나 다른 부서의 문제를 해결해 주는 등의 노력이 한 가지 방법이다. 신사업을 추진하는 데 있어서 조직 내 아군과 적군이 누구인지를 빨리 파악하고 이들을 활용해 신사업의 주요 문제를 해결할 수 있는 조치를 취하는 역량 개발도 필요하다.

조직 내 존경과 신망이 두터운 인물을 신사업 책임자로 임명하는 것도 중요하다. 어느 정도 규모와 수익성을 갖출 수 있도록 키워 궁극적으로는 기존 사업을 대체할 기업의 주력 사업으로까지 성장시키는 게 신사업 추진의 최종 목표다. 하지만 다른 부서의 협조 없이는 신사업을 인큐베이션 단계에서 실제 사업화 단계로 이행시키기 어려운 경우가 많다. 예를 들어 조직 내 여러 기술 융합을 필요로 하는 프로젝트의 경우 사업부서 간 협조가 절대적이다. 검증된 역량을 바탕으로 다른 부서와의 공조를 효과적으로 이끌어낼 수 있는 베테랑에게 신사업 추진의 중책을 맡겨야 하는 이유다.

시스코에 불과 10여 명도 안 되는 인력으로 ETG[111]가 처음 조직됐을 때 ETG의 초대 책임자로 지명된 마틴 드비어(Martin De Beer) 수석부사장은 그 직전에 무려 1500명의 조직원을 거느리고 있던 사업부서의 수장이었다는 점에 주목해야 한다. 물론 이 정도로 신사업 조직에 힘을 실어주기 위해선 최고경영진의 적극적인 지지가 필요하다. 실제로 드비어 수석부사장도 신생 조직인 ETG를 맡으라는 회사의 명을 받았을 때 "그냥 나를 해고하려고 하는 건 아닌지 솔직하게 말해 달라"고 되물었다고 한다. 하지만 최고경영진은 그에게 실패해도 괜찮으니 걱정하지 말고 ETG를 이끌어 달라며 2주 동안 설득했다. 또한 드비어 외에 컨설팅 분야에서 경력을 쌓은 다른 부사장급 임원도 ETG에 투입하는 등 신생 조직에 힘을 실어주기 위해 심혈을 기울였다.

처음부터 대단히 혁신적인 결과물을 내놓아 조직 구성원 모두를 깜짝 놀라게 만들겠다는 생각도 일찌감치 버리는 게 현명하다. Wolcott and Lippitz(2010)[112]는 당장의 파급 효과는 작아도 상대적으로 단기간 내에 비교적 쉽게 달성할 수 있는 목표(low-hanging fruits)에 우선 집중하는 편이 낫다고 주장했다. 신사업에 대한 조직 내 지지를 얻어 낼 욕심에, 과연 성취할 수 있을지 없을지도 모르는 장밋빛 목표를 대대적으로 떠벌리는 행동도 바람직한 커뮤니케이션 전략이 아니라고 지적했다. 신사업 개념이 새롭고 혁신적일수록, 또한 기존 사업과 동떨어져 있을수록 조직

---

111) 시스코(Cisco)의 이머징 기술그룹(Emerging Technologies Group, ETG)을 말함.
112) Wolcott, R. C. and Lippitz, M. J.(2010), Grow from within. McGraw-Hill.

내 구성원들에게 타당성과 가치를 인정받기는 점점 더 어려워지기 마련이다. 말만 앞서기보다는 객관적인 데이터를 가지고 설득에 나서야 한다. 일단 퀵윈(quick-wins) 과제 중심으로 작은 성과라도 차근차근 만들면서 실질적 결과물을 증거로 삼아 지지를 이끌어내는 편이 현명하다. 처음부터 대대적으로 실적을 홍보하려고 하기 보다는 조직 내 영향력이 큰 핵심 구성원들을 대상으로 물밑 소통을 벌이는 편이 조직 내 저항과 반발을 최소화할 수 있다. 조직 내 전체 구성원들을 대상으로 적극적인 소통에 나서는 건 누가 봐도 인정할 만한 성과를 냈을 때 해도 늦지 않다. 톰 피터스의 명언 중 하나인 "덜 약속하고 더 해주어라(Under-promise, over-deliver)"는 격언은 사내 기업가정신을 실현하는 데에도 여전히 유효하다는 사실을 명심해야 한다.

4.2.5 핵심 사항[113)]

사내 기업가정신(corporate entrepreneurship)은 기성 기업에서 일어나는 기업가적 활동을 가리킨다. 사내 기업가정신 분야의 석학인 도나 켈리 미국 뱁슨대 교수는 "혁신을 통해 새로운 사업을 창출함으로써 지속가능한 성장을 추구하는 것이 사내 기업가정신의 핵심"이라고 말했다.

첫째 사내 기업가정신의 정의와 관련하여 켈리 교수는 "기업가정신의 핵심은 새로운 매출원 발굴을 목표로 하는 신사업 창출이다. 반드시 성장이 있어야 한다. 이익을 확대하는 게 목표가 아니라 매출을 늘리는 게 중요하다. 단순한 비용 절감 노력이 기업가정신 활동이 될 수 없는 이유다. 여기에 혁신 요소가 결합된 게 사내 기업가정신이다. 예를 들어 해외 수출을 통해 매출을 증대시킨다고 하더라도 내수 시장에서 팔던 것과 똑같은 제품을 다른 나라에서도 판매하는 것이라면 사내 기업가정신이라고 할 수 없다. 이건 단순히 기존 사업을 확장하는 것에 불과하다. 반드시 혁신적 요소가 신사업 창출과 결합될 때를 사내 기업가정신이라고 할 수 있다."고 말했다.

둘째 사내 기업가정신의 유형과 관련하여 캘리 교수는 "크게 두 가지로 나눠 볼 수 있다. 우선 기존 역량을 활용해 신사업을 창출하는 유형이다. 대표적 기업으로 아이로봇을 들 수 있다. 이 회사는 원래 한 대에 수백만 달러는 족히 하는 고가의 군용 로봇 전문 제작 업체였다. 하지만 일반 소비자들에겐 '룸바'라는 이름의 로봇 청소기를 만드는 회사로 잘 알려져 있다. 아이로봇은 군용 로봇 제작을 통해 얻은

113) 동아비즈니스리뷰(2013), 사내 기업가정신-도나 켈리 교수와의 인터뷰 내용, 141호, 2013.11.14.

탁월한 전문성, 즉 기존 역량을 바탕으로 민간인 대상의 제품을 만들어 새로운 사업 기회를 발굴하는 데 성공했다. 두 번째 유형은 비즈니스를 재창안하는 방식이다. 기존 사업을 대체하는 새로운 비즈니스로 아예 주력 사업 포트폴리오를 바꾸는 것이라 할 수 있다. 유전자변형작물(GMO) 업체로 유명한 몬산토를 대표 사례로 꼽을 수 있다. 원래 몬산토는 플라스틱 제품 등을 생산하던 화학업체였다. 하지만 화학업계가 저성장 국면에 처하고 수익성이 점점 압박을 받는 등 위기가 감지되자 종자 개량 등 농업 및 생명공학 중심으로 사업 구조를 완전히 재편했다. 대개 몬산토처럼 비즈니스를 재창안한 경우에는 기존 역량을 '활용'하는 게 아니라 반대로 이를 '파괴'해야만 성공할 수 있다. 아이로봇의 사례와는 전혀 상반된 접근이라고 할 수 있다."고 말했다.

셋째 기업의 성장 단계별로 사내 기업가정신의 발현을 위해 요구되는 사항이 달라질 것 같은데, 이와 관련하여 켈리 교수는 "기업의 성장 사이클은 크게 창업기, 성장기, 성숙기, 쇠퇴기 등으로 구분해 볼 수 있다. 초창기는 그 특성상 기업가적 성향이 강하게 나타난다. 모든 것을 다 새로 시작하기 때문에 창업자를 비롯해 대부분 조직원들이 기업가적으로 행동한다. 문제는 성장기에 접어들면서부터 시작된다. 기업 규모가 커질수록 효율성이 중요해지고 그 과정에서 기업가적 정신이 사라지기 쉽게 된다. 따라서 성장기에는 신사업 아이디어를 효과적으로 평가할 수 있는 기준을 확립하거나 참신한 아이디어 발굴을 위한 사내 경진대회를 개최하는 등 기업가적 정신이 조직 전반에 확산될 수 있도록 해 주는 경영 관행 확립에 주력해야 한다. 즉 조직의 효율화를 추구하는 동시에 효율성이 창의성을 뭉개버리지 않도록 해야 한다. 성숙기를 맞은 기업이 성장의 속도를 늦추지 않으려면 기존 역량을 십분 활용할 수 있는 신사업 창출에 힘써야 한다. 어때 리더의 전략적 커뮤니케이션 역량이 특히 중요하다. 조직원들의 기업가적 역량이 기업의 전략적 목표와 일치해 나갈 수 있도록 명확한 방향성을 제시해 줄 필요가 있다. 마구잡이로 새로운 아이디어를 내놓는 게 아니라 초점을 분명히 해 새로운 사업을 추구해 나갈 수 있도록 유도해야 한다. 쇠퇴기에 접어든 기업이 사내 기업가정신을 성공적으로 실현하기 위해선 최고경영진의 강력한 리더십이 필요하다. 기본적으로 쇠퇴기는 저성장 국면이라는 위기 상황을 맞아 조직 재창안의 필요성이 대두되는 시점이다. 변화를 성공적으로 추진하기 위해선 강력한 리더십을 바탕으로 기존 핵심 사업을 버리는 과정에서 필연적으로 발생하게 되는 조직 내외부의 저항을 극복해 나가야 한다. 사업 재창안에 실패해 결국 파산에 이른 코닥의 사례를 반면교사로 삼을 필요가 있다."고 말했다.

넷째 사내 기업가정신을 조직 내에 확산시키기 위해서는 어떤 노력이 필요한가와 관련하여 켈리 교수는 "무엇보다 최고경영진이 기업가정신에 대해 명확하게 이해해야 한다. 입으로는 사업 구조를 완전히 바꿔버리겠다고 떠들면서 실제로 사업 재창안을 실현하기 위해 무엇이 요구되는지 이해하지 못하는 리더가 많다. 장기적 안목을 가져야 한다는 기본자세도 갖추지 못한 경우도 허다하다. 신사업은 지금 당장 수익을 낼 수 없다. 돈을 빌려 준 바로 다음 달부터 원금과 이자를 갚아내라고 닦달하는 '은행가(banker)'가 아니라 최소 5년은 기다려 주되 그때가 돼서도 투자금을 회수할 수 없을지 모른다고 각오하는 '벤처캐피털리스트(venture capitalist)'의 자세를 취해야 한다. 새로운 시도를 치하하는 승진과 보상 시스템을 통해 기업가정신을 고양해 나가려는 노력도 중요하다. 리스크를 적극적으로 감수하는 도전적 인재에게 적절한 보상을 줌으로써 안전한 길만 따라서는 승진할 수 없다는 메시지를 전달해 줄 필요가 있다. 어떤 기업은 3M의 '15% 룰'(자신의 근무 시간 중 약 15%를 원래 업무 외에 창조적 연구 활동에 사용할 수 있도록 허용하는 혁신 활동 장려제도) 같은 제도를 접하면 자사 조직의 특성을 생각하지 않고 무조건 모방하려는 경우가 있다. 하지만 3M식 모델이 제대로 작동하려면 조직원들 전체에 기업가적 DNA가 흐르고 있어야 한다. 이런 조직은 현실적으로 그렇게 많지도 않고, 모든 기업이 그렇게 할 필요도 없다. 산업 특성에 따라, 기업이 처한 상황과 목표에 따라 사내 기업가정신이 발현되는 최적의 모델은 각각 다르기 때문이다. 단순한 벤치마킹보다 중요한 건, 어떠한 조직 구조와 프로세스가 우리 회사에 가장 적합할지 다양하게 실험해 나가면서 급변하는 환경에 대한 적응력과 유연성을 높이는 길이라는 점을 명심해야 한다."고 말했다.

4.2.6 사내 기업가정신에 대한 5가지 오해[114)]

1) 사내 기업가정신은 CEO만 가져야 할 정신이다

No. 사내 기업가정신은 조직을 구성하는 모든 사람들이 가져야 할 정신이자 활동이다. 특히 무한경쟁 하에서 창의성이 중시되는 요즘, CEO 혼자만의 제왕적 리더십이 아닌 전체 구성원들의 다양한 아이디어 창출과 혁신활동인 사내 기업가정신 부쩍 강조되고 있다.

2) 사내 기업가정신은 주인의식, 도전, 열정과 같은 개념적인 것일 뿐이다

No. 기업가정신의 영어표현은 Entrepreneurship으로 어미 -ship은 영어에서 Activity, 즉 활동을 뜻한다. 따라서 "사내 기업가정신"에서 강조하는 사항이 주인의

114) 한국기업가정신센터(Korea Entrepreneurship Center)의 홈페이지(www.entrepreneurship.or.kr) 내 '기업가정신교육' 항목 중 'Why, 사내 기업가정신이 중요한가?'의 내용 일부임.

식, 도전, 열정도 있지만, 구체화시킬 수 있는 활동, 즉 비즈니스 모델의 이해, 혁신 활동 방법론, 아이디어 창출이 사내 기업가정신의 활동으로 표현되어야 한다.

3) 사내 기업가정신을 통해 직원들에게 무조건적인 주인의식과 희생을 강요하는 것은 아닌가?

No. 평균적으로 혁신활동을 지속하는 직원들의 조직기여도와 연봉이 높을 뿐만 아니라 개인의 삶의 만족도가 높다는 연구 자료가 무수히 많다. 아무래도 혁신활동을 통해 조직에서 인정받고, 이를 통해 조직생활의 안정을 가져와 개인의 삶의 만족도가 높아지기 때문이다. 따라서 사내 기업가정신은 직원들에게 무조건적인 주인의식과 희생을 강요하는 것이 아니라 궁극적으로 고용의 안정, 승진의 기회 등을 통해 개인의 삶을 질을 향상시킬 수 있다.

4) 사내 기업가정신은 조직 내 준수되어야 할 역할과 책임(Role & Responsibility)에 역행되는 것이 아닌가?

No. 사내 기업가정신의 핵심은 구성원들에게 '자신의 직급에 따라 역할과 책임에 맞게 일하라'가 아니라, 직급은 구성원간의 조화(Harmony)를 이루기 위한 매개수단이고, 그 역할과 책임이 그 직원의 역량을 제한하는 수단이 되어서는 안 된다는 것이다. 오히려 조직은 구성원의 아이디어가 '사업화가 가능한지', '어떻게 사업화를 시키는데 도움을 줘야 할지'에 대해 그 직급별 역할과 책임이 이뤄져야 한다. 쉽게 말해 고위직으로 올라갈수록 부하직원이 제시한 아이디어에 대해 "그거 해봤는데 안 돼," "말도 안 되는 아이디어야"라고 말하기보다는 "그러면 내 위치에서 어떻게 도와줄까?", "당신이 제안한 것에 대해 과거에 시행착오가 있었는데, 이런 쪽으로 풀어보면 어떨까?"라는 개념의 역할과 책임을 갖고 있어야 한다.

5) 일부 사내 기업가정신이 지나치게 뛰어난 조직원 때문에 조직의 위계질서가 파괴된다?

No. 사내 기업가정신의 개념 안에는 사내 정치가의 의미를 포함하고 있다. 아무리 열정과 도전정신, 그리고 혁신활동이 뛰어나더라도 이를 조직 내에서 조화롭게 풀어내지 못하는 조직원에게는 사내 기업가정신이 무작정 뛰어나다고 평가할 수 없다. 훌륭한 사내 기업가정신을 보유하려면 이를 조직 내에서 현명하게 풀어갈 사내 정치가의 역량도 갖고 있어야 한다.

4.3 사회적 기업가정신[115)]

한국의 사회적 기업은 1990년대 초반 빈민지역에서 시작한 생산 공동체 운동에 기원을 두고 있으며, 2000년도 이후에는 민간차원의 운동과 취약계층을 위한 정부의 일자리 정책과 병행하면서 발전하기 시작하였다. 정부의 일자리 창출 정책은 두 가지 형태로 전개되었는데, 하나는 노동유인을 통한 소득보장정책인 자활제도이며, 다른 하나는 공공부문 주도의 취약계층에 대한 일자리 확충정책인 사회적 일자리 제도라고 할 수 있다. 이러한 취약계층, 주로 빈곤층이나 취업의 취약계층에 대한 고용창출 정책은 1997년 외환위기 이후 확대되어 왔고, 또 다른 새로운 대안으로 사회적 기업이 모색되었다.

4.3.1 사회적 기업, 사회적 기업가, 그리고 사회적 기업가정신이란

사회적 기업가정신은 '비영리기관이나 사회적 기업, 정부부문 내에서 또는 서로 연계하여 일어나는 혁신적인 사회적 가치창출 활동이라고 정의되고 있다. 학자들마다 견해는 다를 수 있지만 추구하는 본질은 비슷하다고 생각되는데, 그들의 핵심내용만 추려서 다시 정의를 내리자면, 사회적 기업가정신이란 새로운 가치를 창출하고, 사회적 혁신을 추구하며, 올바른 것을 실행하며, 다른 사람과 공감하는 마음가짐이라고 할 수 있다.[116)]

사회적 기업이란 사회적 기업 생태계에서 사회적 목적을 추구하는 기업가가 새롭게 적정 수준으로 개발한 제품이나 서비스를 선의를 가진 사회 구성원들의 소비와 참여로 지속가능한 사업을 하는 것을 말한다. 그리고 사회적 기업가정신은 사회적 목적 추구를 위해 자원의 제약을 극복하고 혁신을 수행하는 사고방식·행동양식을 말한다. 따라서 사회적 혁신과 변화를 이끌어가는 리더십이 필요하다. "사회적 기업을 위해 무엇을 해줄 수 있을까?" "직원이 잘 일할 수 있는 조건이 무엇일까?" 이런 것들을 고민하게 된다.[117)]

---

115) 박승록(2012), 사회적 기업가정신, 착한자본주의연구원, 2012.10.14.

116) 주요 학자들의 견해는 다음과 같다. 출처: https://mbanote2.tistory.com/80

학자	정의
Austin	사회적 가치를 창출하기 위한 경영구조나 기금확보 전략을 모색하는 비영리조직의 이니셔티브
Sagawa & Segal	외부 파트너십에 중점을 두고 비즈니스 사업 활동을 하는데 있어서의 사회적 책임활동
Alvord	사회적 문제를 완화시키고, 사회적 변화를 촉진시키는 것

[담덕의 경영학노트]

117) 김현주(2011), 사회적 기업과 사회적 기업가정신, 경남도민일보, 2011.11.04.

사회적 기업가는 세상을 보다 좋게 만들기 위해, 문제를 해결하는 재능과 기술 그리고 비전을 가지고 실질적인 꿈을 꾸는 사람들이다. 사회적 기업가는 성공여부를 재무적인 이익뿐만 아니라 사람들의 삶의 질을 개선시키는지 여부로 평가한다. 또한 이들은 이런 문제를 해결하기 위한 점진적이고 혁신적이며 자유 시장에서 작동하는 접근방법을 알고 있다.

사회적 기업가는 실용적인 가치창조 모델을 가지고 있으며 우리 사회 모든 구성원의 이익을 달성하기 위해 이를 적용시킨다. 사회적 기업가는 정부와 힘을 가진 개인 또는 기업만이 자원을 특정한 곳에 배분하는 힘을 가지고 있다고 믿지 않는다. 사회적 기업가는 개인이라도 자기가 속해 있는 지역사회뿐만 아니라 사회전반에 긍정적인 변화를 가져오는 잠재력을 가지고 있다고 믿는다. 그리고 이들은 이런 믿음을 창조적인 방법을 통해 행동에 옮긴다.

오늘날 세계의 유명 재단, 대학, 자선단체에서 사회적 기업가정신은 가장 영향력 있는 아이디어가 되고 있다. 사회적 기업가정신에 대한 이론은 이런 조직들에게 중요한 사회적 변화를 창조할 잠재력을 가진 개인들을 발굴하고, 훈련시키며, 지원하는 매우 강력한 수단을 제공한다. 사회적 기업가 자신들에게도 기업가정신은 그들의 꿈을 실현시키는 지침을 제공해 줄 수 있다.

사회적 기업의 이런 중요성에도 불구하고, 그 동안 한국의 사회적 기업은 "사회적 기업육성법"에 의해 정부의 인증을 받아 정부의 자금지원을 받은 경우가 일반적인 모습이다. 따라서 사회적 기업이 자생력을 갖고 사업의 지속성을 유지하느냐에 대해 많은 의문을 갖고 있다.

미국에서 시작된 사회적 기업은 유럽에서 시작된 사회적 기업에 대응되는 비정부 기구가 세제 상의 혜택을 벗어나 자립하는 과정에서 생겨났다. 그래서 사회적 기업은 사회적 목적과 이윤목적의 달성이란 두 가지 목적을 동시에 추구하는 새로운 기업의 형태이다. 따라서 요즘 많은 관심의 대상이 되는 한국의 사회적 기업은 정부지원에 크게 의존하는 기업이 아니라 자생력을 갖는 기업이 되어야 하는 과제를 안고 있다.

따라서 복지문제 해결차원에서 우리나라에서 시작된 사회적 기업은 정부지원에만 의존할 수도 없고, 의존해서도 안 되는 상황에 처하게 되었다. 사회적 기업 역시 이를 운영하는 경영자가 기업가정신을 발휘하여 사회적 목적의 달성과 더불어 경제적 이익의 달성이 이루어져야만 생존이 가능하다. 바야흐로 사회적 기업의 창업과 생존 및 발전에 있어서도 기업가정신이 절대적으로 필요하게 된 것이다.

사회적 기업가정신이란 비영리조직, 정부, 기업의 특성을 동시에 보여주는 새로운 형태의 기업인 사회적 기업의 혁신에 대한 기업가정신 이론이다. 전통적인 기업가정신과 마찬가지로 사회적 기업가정신은 사회적 기업이 사회적 문제를 해결하는데 있어서 혁신이나 모험, 대대적 변신을 도모하는 것이다. 사회적 기업가정신이 발현되는 과정은 사회적 기회를 인식하고, 이를 기업적인 개념으로 변화시키면서 시작된다. 그 다음 기업 활동에 필요한 자원의 존재여부를 확인하고, 기업의 목표를 수행하기 위해 이들 자원을 동원하는 것이 필요하다.

우리나라에서는 "사회적기업육성법"이 시행되기 전 사회적 기업은 주로 시민단체를 통해 이루어짐으로써 일반인들에게는 생소한 개념이었다. 하지만 미국에서는 비정부 기구가 자생력을 모색하는 과정에서 사회적 기업의 발전이 이루어졌고, 사회적 기업 발전의 근간이 되는 사회적 기업가정신이 대두되었다.

4.3.2 사회적 기업가정신의 사례

1) 아쇼카 재단

최근 세계적으로 사회적 기업가정신이 사회 일반의 관심을 끌게 되는 현상은 여러 사례에서 찾을 수 있는데, 그 일례로 아쇼카 재단을 들 수 있다. 1980년 빌 드레이튼(Bill Drayton)에 의해 설립된 재단인 아쇼카 재단(Ashoka Foundation)은 사회의 커다란 변화를 이끌고 있다. 아쇼카 재단은 1981년 인도에서 선출된 첫 번째 아쇼카 펠로우(Ashoka Fellow)[118]를 시작으로 전 세계 60여개 나라에 2,000명이 넘는 펠로우를 선발하여 구성한 결사체이다. 아쇼카는 펠로우들과 기업가, 정치가, 투자자, 학자와 저널리스트들로 구성된 세계적 네트워크를 이용하여 사회적 기업가와 이들의 혁신노력을 통해 긍정적 사회변화를 창조하기 위해 새로운 차원의 지역변화를 수행하는 사람들을 지원하고 있다.

2) 그라민 은행(Grameen Bank)[119]

그라민 은행의 무하마드 유누스(Muhammad Yunus)[120]를 통해 그가 가지고 있

---

118) 아쇼카 펠로우는 세상을 바꾸기 위해 문제를 인식하고 해결방법을 찾는 사람이다. 아니, 그 이상으로 열정적 지성적으로 해결책을 제시해 낡은 제도에서 갇혀있던 사람들을 자유롭게 하는 체인지 메이커이자 뛰어난 사회혁신기업가이다. 이런 사회혁신기업가들은 새로운 문제접근방식으로 "어디서든" 문제해결이 가능하도록 한다. 1980년 아쇼카는 바로 이런 사람들을 찾아 성공할 수 있도록 돕기 위해 탄생했다. 지난 35년 간 아쇼카는 세계 최고의 사회혁신기업가(Leading Social Entrepreneur)들을 발굴해 아쇼카 펠로우로 선정해왔다. 이들은 기존의 틀을 깨뜨리고 게임의 판도를 바꿈으로써, 사회문제를 근본적으로 해결한다. 또 오래된 질서, 규범에 익숙해 새로운 생각에 저항했던 사람들도 '왜 누구도 그런 생각을 못했지?'라며 혁신에 동참하도록 한다. 모든 펠로우들은 아쇼카의 엄격한 선정 기준과 절차를 통하여 선정된다. 현재 세계 82개국에서 3,300여명의 사회혁신기업가들이 아쇼카 펠로우로 선정되었다. 지금도 아쇼카는 세계적으로 매년 약 150~200명의 아쇼카 펠로우들을 새롭게 선정하고 있다. 이와 관련하여 아쇼카한국, 참조.

119) IBR Editor(2012), 사회적 기업가정신, 그 뿌리를 찾아 나서다: 스티브 잡스부터 무하마드 유누스까지, Impact Business Review, 2012.04.17.

는 사회적 기업가정신이 기업가정신에서 파생된 것임을 확인해보도록 하자. 대학에서 경제학과 교수로 재직하고 있던 유누스는 자신의 모국인 방글라데시 시골지역의 대부분 인구가 빈곤에서 벗어나지 못하고 살아가는 상태를 안정적이지만 공평하지 못한 차선 균형으로 인식한다. 개선될 기미가 보이지 않는 생활환경에서 방글라데시 주민들은 빈곤이라는 상황에 적응하여 살아가고 있었던 것이었다. 그는 방글라데시 주민들을 관찰하며, 그들이 빈곤에서 벗어나지 못하고 있는 것은 그들이 결코 게으르거나 무능해서가 아니라 그들의 개인적 잠재력을 펼칠 수 있는 토양이 척박하기 때문이라는 점에 주목하였다. 소규모 비즈니스를 시작하기 위해서든, 농업의 생산성을 높이기 위해 새로운 기구를 구입하기 위해서든 이들의 빈곤을 해결하기 위해서는 소규모 자본이 필요한데 빈곤층은 신용이 없다는 이유로 전통적인 금융 기관에서는 대출 서비스를 받을 수 있는 길이 막혀 있었다. 무담보로 대출을 해주기에는 일반 은행에게 빈곤층은 위험 부담이 큰 고객층이었던 것이다.

하지만 유누스는 방글라데시 시골 지역 주민들이 자본에 접근할 수 있다면 그들이 빈곤으로부터 벗어나고 더 나은 삶을 영위할 수 있을 것이라는 가치제안의 기회를 포착하였다. 방글라데시의 빈곤 문제에 관심을 가지고 최종적으로 그라민 은행을 설립하고 확장한 이러한 일련의 과정에서 유누스를 동기 부여한 힘은 선하거나 이타적인 개인의 마음이나 사회적인 문제를 해결하겠다는 선언적인 야심에 있었다기보다는 대부분의 인구가 빈곤의 위협으로부터 안전하지 못하던 기존의 차선균형 상태에서 스스로 빈곤으로부터 벗어날 수 있는 자립 능력을 갖추어 나가는 새로운 생태계를 만들어나는 과정, 변화 그 자체가 그에게 중요한 동기가 되었을 것이다. 유누스는 빈곤이라는 문제를 정부나 비영리단체의 원조를 솔루션으로 생각하거나 빈곤층에게 교육 프로그램을 제공하는 것 등 기존의 방식과는 완전히 새로운 차원의 솔루션을 시도한다. 바로 빈곤층에게 무담보로 대출을 해주는 것이다.

하지만 그의 아이디어는 곧 많은 이들로부터 터무니없다는 비난을 받는다. 상환 능력도 없어 보이는 이들에게 대출을 해준다는 것은 대부분의 이들의 눈에 '위험 관리'를 하나도 모르는 무모한 행동이기 때문이다. 하지만 유누스는 자신의 고객이 소규모 자본으로 새로운 자본을 창출할 기회를 가질 것이기 때문에 대출금을 상환 받을 수 있을 것이며 따라서 지속적으로 대출 서비스를 해 나갈 수 있을 것이라 보았다. 그는 이 아이디어를 바로 실행에 옮겨, 조드라라는 마을의 주민을 대상으로 약 27달러 정도 자신의 돈을 직접 빌려주고 그 돈이 제대로 상환되는 것을 경험함으로써 마이크로크레디트[121] 비즈니스의 가능성을 보았다. 이렇게 1976년 방글라데시의

120) 2006년, 그라민 은행과 그 창시자인 무하마드 유누스는 노벨평화상을 수상했다.

121) 마이크로크레디트(microcredit) 또는 무담보 소액대출(無擔保 少額貸出)은 영세민에게 자활을 할 수 있도록 자금과 사업기회를 마련하고, 자활을 지원하기 위해 실시하는 대출사업이다. 마이크로크레디트의 골자는 매우 간명하다. 빈곤을 탈출하는 가장 효과적인 방법은

조드라 마을에서 무하마드 유누스에 의해 프로젝트 형태로 출발한 소액대출 사업은 1983년 공식적으로 그라민 은행으로 전환하여 2011년 10월까지 방글라데시에서 총 가입자 835만 명을 보유하고 방글라데시 전체 마을의 97%가 넘는 81,379개 지역(villages)에서 2,565 지점을 거느린 국가대표급 은행으로 성장하였다. 그라민 은행의 97%가 넘는 자본 회수율, 설립 후 세 개 연도를 제외하고 은행이 꾸준히 이윤을 창출해 왔다는 점 역시 유누스의 사회적 기업가정신은 성과를 통해 증명되었음을 보여주는 중요한 수치이다. 이후 그라민 은행을 모방한 수많은 마이크로크레디트 서비스 기관이 생겨나고 메이저 금융 기관에서도 그들의 새로운 사업으로 마이크로크레디트에 주목하는 등, 가난한 이들을 위한 은행을 통해 새로운 생태계가 만들어졌다.[122]

4.3.3 사회적 기업가의 특징

이런 다양한 사람들의 활동이 사회적으로 인정을 받게 되면서 사회적 기업, 사회적 기업가, 사회적 기업가정신이란 용어가 보다 광범위하게 사용되었고 요즘에는 일상적인 용어로 변하게 되었다. 사회적 기업가란 용어는 사회적 기업가정신을 발휘하는 조직인 사회적 기업을 설립하거나 이를 위한 계획을 실천하는 사람을 의미하게 되었다. 사회적 기업가는 종종 공적 기업가(Public Entrepreneur), 시민 기업가(Civic Entrepreneur), 사회적 혁신가(Social Innovator) 등으로 불리기도 한다.

사회적 기업가정신에 대한 연구 분야에서 매우 유명한 학자인 아더 브룩스(Arthur C Brooks)는 다음과 같은 활동을 하는 사람을 사회적 기업가의 특징으로 기술하고 있다.

장작이든 음식이든 옷가지든 물건을 파는 형태의 기업 활동(entrepreneurship)으로 이는 전 세계 어디에서나 대부분 마찬가지인데, 가난한 이들의 가장 큰 문제점은 기업을 시작하는 데 필요한 아주 적은 돈도 쉽게 구하지 못한다는 것이다. 그래서 사람들에게 수백 달러나 그보다도 더 적은 돈을 변통해주기만 하면 사람들이 그 돈을 각자 알아서 효과적으로 쓰고 그 돈을 바탕으로 돈을 벌어 빚을 갚는다는 것이 기본 논리이다. 그냥 보조금을 지급하는 게 아니라 엄연한 대출 형태로 빌려주는 것이기 때문에 사람들이 갚은 돈은 또 다시 다른 필요한 이들에게 대출된다. 결국 돈이 돌고 경제가 활성화된다는 것이다.

122) MIT의 경제학자 에스더 듀플로는 그라민 은행 이후의 연구조사에서 마이크로크레디트의 효과가 지금까지 확인된 것만 보아서는 크지 않다고 말했다. "마이크로크레디트가 가난한 이들의 삶에 근본적인 변화를 가져온다고 보기는 어렵다. 그렇다고 마이크로크레디트가 쓸모없다는 말은 아니다. 마이크로크레디트의 효과가 부정적이라는 말은 더더욱 아니다. (일각에서 말하는 것처럼) 마이크로크레디트가 세상을 근본적으로 뒤바꿀 만한 대단한 것은 아닐 확률이 무척 높다는 것이다."라고 언급하였음. 이와 관련하여 NewsPeppermint(2015), "마이크로크레디트는 빈곤으로부터의 탈출구를 제공하지 못했다", 2015.12.09. 참조.

- 개인적인 가치를 넘어서 사회적 가치를 창조하고 유지하려는 임무를 수행하는 사람
- 사회적 가치를 위한 기회를 인식하고 끈질기게 이를 추구하는 사람
- 지속적인 혁신과 학습에 참여하는 사람
- 현재의 제한된 자원 또는 여건을 넘어서 행동하는 사람
- 높은 책임감을 가진 사람

4.3.4 사회적 기업가정신과 사회문제의 해결

사회적 기업가정신이 정책 입안가, 저널니스트, 학자와 일반대중들이 자주 사용하는 용어가 됨에 따라 우리 사회도 놀랄만한 사회적 변화에 직면하게 되었다. 사회적 기업가정신이란 분야에 대한 관심이 커지고, 세계적으로 사회적 문제를 적극적으로 해결하려는 수단으로서 사회적 기업가정신의 필요성이 대두됨에 따라 많은 기업가들이 이를 중요시하게 된 것이다.

많은 지도자들은 기업가정신에서 매우 효과적이었던 몇 가지 성공 원칙들을 차용함으로써 사회적 기업가정신을 발휘할 수 있는 기회를 가지게 되었다. 그럼으로써 사회가 직면한 사회적 문제의 해결에 있어서 매우 전향적이고, 재정적으로 지속가능한 방법을 찾을 수 있었다. 따라서 경제 발전에 기업가정신이 그랬던 것처럼 사회적 기업가정신은 사회발전에 많은 활력을 주고 있다. 그리고 사회적 기업가정신이 가진 장점들은 보다 엄격한 관심과 주의를 끌게 되었다.

아쇼카 재단의 설립자인 빌 드레이튼은 사회적 기업가는 "물고기를 주거나, 어떻게 물고기를 잡느냐를 가르치는데 만족하는 것이 아니라, 어업을 발전시킬 때까지 쉬지 않는 사람"이라고 하였다. 다른 기업가들과 마찬가지로 사회적 기업가들은 창조적으로 사고하고, 끊임없이 새로운 기술의 발전과 공급원, 배포처, 생산방법 등에 있어서 혁신을 추구한다. 혁신이란 새로운 조직을 형성하는 것일 수도 있고, 새로운 제품이나 서비스를 공급하는 것일 수도 있다. 혁신적인 아이디어는 완전히 새로운 발명일 수도 있고, 존재하는 발명품을 창조적으로 이용하는 것일 수도 있다.

사회적 기업가는 변화하는 주체이다. 이들은 기존의 정해진 패턴을 벗어난 아이디어를 이용하여 대규모 변화를 창조하고, 사회문제의 근본원인을 해결하며, 새로운 아이디어를 이용하고, 이를 위해 다른 사람을 설득함으로써 체계적인 변화를 창조하려는 야망을 가진 사람들이다. 이런 형태의 전향적인 변화는 국가적일 수도, 전 세계적일 수도 있다. 사회적 기업가들의 활동범위는 지역사회에 국한될 수도 있으나 그 영향력은 강력하다. 종종 전향적인 변화를 창조하는 사회적 기업가들은 그들의

목적을 달성하기 위해 혁신적인 활동, 사회적 문제에 대한 깊은 지식, 최신의 연구를 결합시킨다. 사회적 영역에서 일하는 기업가들에게 혁신은 일회성 행사라기보다는 오히려 일생동안 추구해야 하는 일들인 것이다.

사회적 기업가들이 활동하게 되는 배경에는 전 세계적으로 빈곤문제, 교육, 질병, 환경문제 등이 쌓여가고 있으나 사회의 양극화가 보다 확대되면서 소외되는 계층이 늘어남에도 불구하고, 사회복지 지출의 증가가 이를 해결하기에는 역부족이며, 그나마 복지정책도 재정적자의 누적으로 인해 불가능한 상황에 처했기 때문이다.

4.3.5 문답 형식으로 살펴본 사회적 기업과 사회적 기업가정신[123)]

1) 사회적 기업가정신의 정의는 무엇인가?

기업가정신은 현재 보유하고 있는 자원에 구애받지 않고 혁신과 새로운 변화에 필요한 자원을 결집해 이를 실행하는 능력으로 요약할 수 있다. 사회적 기업가정신은 사회적 가치 추구를 최우선에 두고 혁신 활동을 추진하는 것이다. 이윤 추구도 하나의 동기가 될 수는 있겠지만, 主목적은 반드시 사회적 가치 추구여야 한다. 主목적을 이익 창출에 두면서 동시에 사회적 가치도 함께 추구하는 것이라면, 그건 사회적 기업가정신이 아니라 기업의 사회적 책임(CSR : Corporate Social Responsibility), 혹은 기업 시민 활동(Corporate Citizenship)이라고 할 수 있다.

2) 비영리조직과 영리조직 중 사회적 기업(social enterprise)에 더 적합한 조직 형태가 있을까? 또 지속가능한 성장을 위해 가장 바람직한 수익 모델은 무엇인가?

사회적 기업에 대해 얘기할 때 가장 논의가 활발히 이뤄지고 있는 주제이다. 어떤 이들은 사회적 기업을 사회적 가치를 추구하는 '영리'조직(for-profit socially oriented organization)으로 좁혀서 정의한다. 또 어떤 이들은 사회적 기업이 지속가능할 수 있는 유일한 방법은 '시장거래(market transaction)'에 기반한 수익 모델을 확립하는 것뿐이라고 주장한다. 이런 주장의 근저에는 영리조직 형태가 비영리조직 형태보다 본질적으로 우월하며, 뭔가를 팔고 그 반대급부로 돈을 버는 시장거래에 기반한 사업 모델이 자선이나 기부에 의존한 사업 모델보다 효과적이라는 전제가 깔려 있다.

하지만 이 두 가지 다 옳다고 생각하지 않는다. 어떤 조직 형태, 어떤 수익 모델도 본질적으로 더 우월한 것은 없다. 비영리조직이냐 영리조직이냐 여부가 사회적

123) 이방실(2010), 허먼 B. 레너드 HBS 교수 인터뷰-"공익추구가 비효율의 면죄부 될 수 없다. 사회적 기업도 기업가정신 가져야", DBR 68호, 2010년 11월 Issue 1.

기업의 지속가능성을 논할 때 결정적 요소도 아니다. 시장거래 방식이 사회적 기업을 지속시키기 위해 더 유효한 방법이라고 보기도 어렵다. 비영리조직의 대표 격인 종교 단체들이 시장거래 없이도 수천 년간 영속해오고 있다는 사실을 간과해선 안된다. 물론 영리조직 형태로 시장거래에 기반한 수익 모델을 갖출 경우, 단기간 성과를 창출하고 몸집을 키우는 데 유리한 점은 분명 있다. 하지만 영속성 측면에서 따져보면 반드시 시장거래가 우월하다고 보기 힘들다. 시장은 지속적으로 변하고, 조직은 그에 따라 명멸을 계속한다. 지속적이고 안정적으로 사업을 영위하는 많은 사회적 기업들 중 자발적인 기부금으로 재원을 충당하고 있는 사례가 훨씬 많다.

결국 사회적 기업의 지속가능성은 오랜 기간 지속되고 반복될 수 있는 '재원충당 전략(funding strategy)'을 어떻게 세우느냐에 달려 있다. 어떤 조직이든 기업이 존속하려면 끊임없는 자본 흐름이 필요하고 투자 대비 수익을 창출해야 한다. 중요한 것은 채택한 수익 모델에 따라 그에 맞는 적절한 전략을 취해야 한다는 점이다. 시장거래에 기반한 수익 모델이라면, 당연히 시장에서 원하는 양질의 제품을 적시에 내놓는 데 초점을 맞춰야 할 것이다. 하지만 기부금에 의한 재원 충당이 주 수익 모델이라면, 사람들에게 자신들이 추구하는 사회적 가치와 사명에 대해 공감을 불러일으킬 '스토리'를 개발하는 데 역량을 집중해야 한다. 기부금에 의존해 영속적 사업을 영위하는 많은 사회적 기업들의 공통점은 감동적인 '스토리'가 있다는 것이다.

3) 각 나라마다 적합한 사업 모델에는 차이가 있지 않을까? 기부 문화가 정착돼 있지 않은 사회에서 기부에 의존한 수익 모델이 현실적일까?

사회적 기업이 재원을 조달할 수 있는 방법은 크게 기부 아니면, 시장거래 두 가지로 나눠 볼 수 있다(물론 기부와 시장거래 두 가지를 혼합하는 모델도 가능하다). 기부와 시장거래라는 두 가지 재원 조달 과정에 얽혀있는 이해관계자는 각각 개인, 기업, 정부 등 3개 주체로 세분해 볼 수 있다.

일반적으로 한국을 포함한 아시아 국가들은 개인 수준에서 자선과 기부의 역사적 전통이 상대적으로 약한 편이다. 일부 기업들에서 자선·기부 활동을 하긴 하지만, 그것도 순수한 동기에서 이뤄졌다기보다는 정부로부터 어떤 대가를 바라고 하는 경우가 많은 것 같다. 규제 완화가 됐든, 특정 사업에 관한 특혜든, 어떤 저의를 가지고 자선에 나서는 경우가 많은 듯하다. 결국 자선 사업의 주요 주체는 정부 밖에는 남지 않는 경우이다.

이처럼 순수한 자선 사업의 역사적 전통이 낮은 경우, 사회적 기업이 지속 가능한 사업모델 수립을 위해 우선적으로 집중할 수 있는 방법은 시장거래에 기초한 전략이 될 것이다. 이 때 중요한 것은 시장거래 상대방(개인, 기업, 정부)에게 각각 어떤 수준과 방법으로 재원을 조달할지에 대해 고민하는 것이다. 박물관에서 소장 그림을

프린트한 컵을 방문객들에게 판매(對 개인)한다든가, 기업체에 종업원 교육비를 청구(對 기업)한다든가, 정부로부터 민간 위탁사업 관련 계약을 체결(對 정부)하는 등의 예처럼 말이다.

4) 사회적 기업이 내놓는 제품은 대개 품질이 낮다는 선입견이 있는데

매우 중요한 문제이다. 사회적 목적을 추구한다는 것 자체가 비효율적이어도 된다는 면죄부를 받은 것이라고 생각한다면 큰 오산이다. 사회적 기업도 기업인 이상 보다 나은 효율과 성과를 내야 하는 건 당연하다. 숭고한 목적을 추구하기 때문에 효율적이지 않아도 된다는 사고방식은 말이 되지 않는다. 정말로 우리에게 필요한 사회적 기업은 높은 성과와 최대 효율을 내는 기업이고 또 그래야 한다. 하지만 사회적 기업은 많은 경우 이윤 추구를 主목적으로 하는 상업적 기업에 비해 인력, 자금 등 재원 조달에서의 제약이 많다. 따라서 높은 성과와 최대 효율을 내기 위해선, 창의와 혁신을 핵심으로 하는 기업가정신이 그 어느 곳보다 더 요구된다. 그만큼 더 효율적으로 운영해야 하고, 더 좋은 성과를 내기 위해 노력해야 하며, 어느 기업보다도 더 혁신적으로 새로운 아이디어를 내놓는 데 힘써야 한다.

기업들의 효율성을 높이기 위해선, 기부하는 사람들의 태도 역시 바뀌어야 한다. 종종 대의명분이 좋아 보인다는 이유로 돈을 내놓고는, 정작 자신이 기부한 돈이 어떻게 활용되고 어떤 성과를 내는지에 대해서는 신경 쓰지 않는 경우가 많다. 이런 순진한 태도에서 하루 빨리 벗어나야 한다. 자선가들 역시 분별력을 가지고 사회적 기업에 좀 더 높은 수준의 효율성을 요구할 책무가 있다.

5) 사회적 기업가정신을 고취시키고 사회적 기업을 활성화시키기 위한 정부의 역할은 무엇인가?

좀 전에 얘기한 자선가들이 가져야 할 올바른 태도, 즉 책무성을 확보하는 것과 연결시켜 말할 수 있을 것 같다. 사회적 기업 육성이 추구하는 궁극적 목표는 높은 성과를 내는 고성장 사회적 기업을 많이 육성함으로써 사회에 대한 영향력을 극대화하자는 것이다. 사회적 기업가정신을 고양시키기 위한 정부 정책에서 언제나 염두에 두어야 할 점은, 단순히 돈만 지원하고 제도 정비만 해 놓을 게 아니라, 그로 인해 기대되는 성과와 결과물에 대해 명확히 평가할 수 있는 기준을 만들어 기업 효율을 높이는 것까지를 포함시켜야 한다. 어떤 제도를 만들었을 때는, 그를 통해 달성하려는 목적은 무엇인지, 그리고 그 결과물은 어떻게 평가하고 어떻게 측정할 것인지를 투명하고 명확한 프로세스를 따라 체계화해야 한다. 높은 성과를 내는 사회적 기업은 바로 이런 노력에서부터 시작한다. 단순히 돈만 주고 사후 관리를 안 한다면 질 낮은 기업들만 양산될 뿐이고 결국 지속 가능하지 못하게 된다.

4.3.6 사회적 기업의 미래[124)]

사회적 기업의 주요 사업 영역으로 우선 사회 서비스 시장을 주목할 수 있다. 현대 사회에서 사회적 기업이 담당해야 하는 사회 서비스는 복지를 포함해 환경, 교육, 문화 등으로 범위가 점차 확대되고 있다. 원래 선진국에서 사회적 기업에 주목하게 된 이유도 사회 서비스 제공의 효율성을 증대하면서 동시에 일자리를 창출하기 위한 목적이 컸다.

한국에서 사회적 기업의 활성화가 필요했던 배경은 무엇보다 경제위기 상황을 극복하면서 나타난 다양한 문제들 때문이었다. 정부 정책의 한계와 사회적 빈틈을 사회적 기업들이 메워줄 수 있고 양극화의 후유증을 해소하고 소외계층을 구제해 줄 수 있는 대안이 되기 때문이다. 이에 따라 한국 시장에서 사회적 기업은 취약계층에게 고용기회를 제공해 이들을 일반 노동시장으로 통합하고 이들이 자존감을 갖고 경제적으로 자립해 안정적인 생활을 할 수 있도록 도와주는 데 초점이 맞춰져 왔다.

하지만 앞으로는 사회적 기업의 목적을 노동 통합, 사회적 기업 지원, 국제공헌, 지역재생 등을 포함해 사회혁신을 위한 전반적 영역으로 확장시킬 필요가 있다. 사회혁신에 기초해 사회 전반의 문제에 대해 구체적인 접근을 해나갈 때 사회적 기업의 비즈니스 모델 구축이 가능해질 것이기 때문이다.

예를 들어 취업이 어려운 이들에게 직업훈련과 일자리 경험 및 취업서비스를 통합적으로 제공하는 노동통합형 사회적 기업(WISE : Work Integration Social Enterprise)의 필요성은 더욱 높아질 것이다. 사회적 기업이 필요로 하는 금융이나 마케팅, 디자인, 컨설팅 지원 등 사회적 기업 지원을 위한 사회적 기업들도 더 활성화돼야 한다. 공정 무역이나 공정 여행뿐만 아니라 공적개발원조(ODA) 등 국제원조 사업을 개선하는 국제 공헌형 사회적 기업의 활약 역시 기대해 볼 수 있다. 뿐만 아니라 사회적 기업의 유사 사업으로 진행되고 있는 마을기업이나 농어촌공동체회사 등까지 포괄해 지역경제를 혁신하고 재생하는 유형의 사회적 기업의 중요성 역시 커갈 것으로 기대된다. 특히 불리한 여건에 있는 사회적 기업들이 공동생산, 공동판매, 공동소비 등을 구축하는 협동조합형 비즈니스 모델을 개발해 나가는 게 필요하다. 지난 2012년 12월1일의 협동조합기본법 시행으로 농촌이나 구도심의 지역재생 사업, 친환경농업 분야나 주거서비스 분야 등 전반 영역에서 협동조합형 사회적 기업의 활약이 기대된다.

이를 위해서는 정부 부처 간 긴밀한 공조가 필요하다. 지금까지 한국에서는 각 부처별 사업의 칸막이 현상과 정책 총괄 및 조정의 미비로 인해 효과적인 사업집행에

---

124) 김재구(2012), 수익 창출하면서 삶의 질 향상 혁신의 프론티어-사회적 기업 키우자, DBR 117호, 2012년 11월 Issue 2.

어려움이 있었다. 2012년 12월1일부터 설립 가능해진 사회적 협동조합을 계기로 사회적 기업 관련 유사정책 등의 전달체계를 정부가 통합 관리해 체계적으로 정책을 집행할 필요가 있다. 이렇게 될 때 사회적 기업이 자생적으로 성장할 수 있는 생태계를 조성하고자 하는 정부 정책이 성공할 수 있는 기반을 확고히 할 수 있을 것이다. 사회적 기업이 단지 사회 서비스 분야뿐만 아니라 시민사회와 지역공동체의 역량을 모아 사회 전반의 혁신을 이끌어 내는 과정에서 한국 사회의 양극화 현상을 해소하고, 약자들을 도우며, 미래의 좋은 일자리를 창출해 내는, 우리의 선한 이웃이자 동료가 되길 기대해 본다.

4.4 공공부문 기업가정신125)

4.4.1 등장배경 및 필요성

인간은 누구나 본능적으로 관성(즉 멈춰 있는 개체는 멈춰 있으려고 하고, 움직이던 개체는 계속 움직이려고 하는 성질)의 심리가 내재돼 있다. 따라서 새로운 도전과 혁신의 실천은 말처럼 쉽지 않은 게 사실이다. 특히 공공부문은 민간부문에 비해 기업가정신을 발현하는데 있어 상대적으로 취약하다고 인식돼 왔다.

과거 세월호 사건에 이어 메르스(중동호흡기증후군) 사태에 대한 정부의 대응을 살펴보면, 정부의 위기관리 역량이 매우 심각한 수준에 이르렀음을 알 수 있었다. 연이어 발생한 두 대형 사건은 정부의 무능한 관리능력과 무사안일·복지부동의 태도가 그대로 투영된 것으로 판단되었고 언론과 여론에서는 관료의 역할과 책임에 대하여 끊임없는 비판을 쏟아내었다. 봇물처럼 쏟아지는 개혁·혁신의 요구에 공공부문에서는 조직구조 개편을 실시하였고, 공직윤리 함양을 위한 다양한 노력을 시도하였다. 또한 국민에게 진정으로 봉사하고 자신들의 역량을 진취적으로 발휘하여 급변하는 사회에서 능동적으로 대처할 수 있는 관료조직을 만들기 위해 고군분투하고 있다. 이러한 배경 하에서 미래의 국가경쟁력 강화와 정부의 혁신을 이끌기 위한 공무원 및 공공조직의 가치로써 주목받기 시작하는 것 중 하나가 '공공부문 기업가정신'이다.

기업가정신은 그동안 민간부문에서 새로운 것을 창출하고 변화를 주도하는 개념으로써 매우 활발하게 다루어져 왔기에, 공공부문에서는 다소 생소한 것이 사실이

125) 한유진(2015), 공공부문의 기업가정신, 2015.06.17. 김민영 외(2015), 공직봉사동기와 기업가정신에 관한 실증 연구: 공공부문의 개인-조직 적합성의 매개효과를 중심으로, 한국행정논집 제27권 제4호, 2015.07.14. 황인학(2016), op. cit.

다. 하지만 사회의 복잡하고 다양한 문제해결을 위해 국민들은 보다 더 혁신적이고 진취적인 공직자들을 요구하게 되었고 공공부문에서도 기업가정신을 높이기 위한 필요성이 커지게 되었다. 공공조직에서의 기업가정신은 국가의 발전과 공공 서비스의 향상 의지에 기반을 두고 있다.

그렇다면 민간부문의 고유 가치로 여겨졌던 기업가정신이라는 개념이 공공부문에 중요하게 요구되는 이유는 무엇일까? 앞서 언급한 두 사건에서는 창의적 행동이나 혁신적 사고, 진취적 행동을 통해 갖고 있는 전문성을 발휘하여 결단력 있는 행동을 해야 하는 상황이었음에도 불구하고 정부 관료들은 제대로 된 역량을 발휘하지 못한 채, 제자리에서 발을 동동 굴리는 모습을 보여주었다. 이에 국민들은 진정한 공직가치 함양을 통해 보다 더 혁신적이고 진취적인 공직자들을 요구하게 되었고, 공공조직 구성원들의 기업가정신 함양에 대한 요구 또한 증대되었다.

공공부문의 기업가정신은 국가기관과 비영리단체에서 요구되는 기업가정신을 말하는데, 이들 기관에서 기업가정신이 필요한 이유는 먼저 국가기관(정부조직, 정부 관련 기관)의 경우 국가를 이끌어갈 미래의 지도자들에게 위험감수 및 기회 발굴 능력은 필수적이기 때문이며, 비영리단체(NGO, 재단, 학교)의 경우에는 끊임없이 새로운 아이디어 및 지식을 창출하여 조직이 목적하는 바를 달성하기 위해 필요하기 때문이다.

4.4.2 정부조직

1) 미국과 한국의 사례

첫째 버락 오바마 미국 대통령의 연설을 들 수 있는데, 그는 “오늘날 경제위기를 초래한 탐욕과 사기의 문화를 근절하고 근면함과 기업가정신이 보상받는 정부를 만들겠다.”고 말했다.

둘째 토드 박의 사례이다. 그는 2009년 미국 백악관의 새로운 최고기술책임자(CTO)로 발탁된 한국계 미국인이다. 그는 미국 공무원들의 기업가정신을 강조해 찬사를 받았다. 그는 “이런 방법은 연방정부 내에서 린 스타트업을 적용하는 것이 가능할 뿐만 아니라 연방정부의 변화를 촉발시키는 가장 효과적인 방법”이라고 말했다. 토드 박은 2년이 넘는 보건부 CTO 재직 기간에 정부의 건강관련 자료를 공개하는 프로젝트를 진행하였다. 그는 병원 순위 등을 일반에 공개했고, 이는 소프트웨어 개발업자들이 공공보건을 향상시키는데 도움을 주는 애플리케이션을 만들 수 있도록 하였다. 그는 또한 건강보험에 대한 정보를 제공하는 웹사이트(HealthCare.gov)를 개설해 일반인들이 건강보험 플랜을 비교해 선택할 수 있도록 하는데 도움을 주었다.

셋째 필라델피아의 사례로서 태양열 쓰레기 압축기 설치를 통해 운영비용과 노동 감소를 초래하였는데, 구체적으로 33명 노동자를 3번씩 교대하던 방식에서 9명의 노동자를 1번씩 교대하는 방식으로 운영이 가능하게 되었다(70%의 운영비용 절감).

넷째 보스턴의 사례로서 새로운 애플리케이션(Citizen Connect)의 도입을 통해 지역사회의 상담건수가 증가하게 되었다. 일례로 사람들이 도로에 움푹 파인 구멍이나 낙시 등과 같은 문제를 직접 보고하도록 해 줄 뿐만 아니라 시 당국은 이리한 문제들에 신속히 대응하도록 피드백 제공이 가능해졌다. 그 결과 Citizens Connection을 사용한 이후 상담건수가 증가하였으며, 18%는 Citizens Connection을 통해 이루어졌다.

다섯째 우리나라의 경우에도 소위 정부혁신, 즉 행정개혁, 인사개혁, 지방분권, 재정세제개혁, 전자정부, 기록관리 등의 분야에서 효율성 및 서비스 만족도 증대, 투명성 제고, 지방지치역량의 강화, 거버넌스 역량 증대 등의 성과를 이룩한 바 있다.

2) 혁신 유형

정부조직에서의 혁신 유형은 다음과 같다.

- 서비스 혁신
- 서비스 전달과정에서의 혁신
- 행정・조직 측면에서의 혁신
- 개념 측면에서의 혁신
- 정책 측면에서의 혁신
- 시스템 측면에서의 혁신

3) 혁신의 목적

정부조직 측면에서의 혁신의 목적은 다음과 같다.

거시적	미시적
• 조직의 크기 최적화 및 효율적인 세제 운영 • 사회보장제도와 경쟁 시스템의 적절한 조화	• 새로운 공공부문의 관리 및 향상된 거버넌스 구축 • 서비스 질의 향상, ICT 도입 • 더 나은 규제, 민관 협력 • 성과와 효율성

4) 혁신 동인 및 혁신 과정

공공부문의 혁신 동인 및 혁신 과정은 다음과 같다.

혁신 동인	혁신 과정
• 재정위기 • 수요의 증가 • 공공자금의 축소 • 기술변화 • 다각화된 세계	• 조직개편 • 공공 서비스의 변화 • 정책 전환

4.4.3 비영리단체

비영리단체 기업가정신의 경우에는 시민의식을 바탕으로 새로운 단체의 설립, 운영방식의 변화, 새로운 서비스의 도입을 통한 신규 가치 창출, 기술의 도입 등이 요구되고 있다. 비영리단체 기업가정신의 사례를 살펴보기로 하자.

첫째 비영리단체의 혁신에 대한 수상으로 피터 드러커 상(Peter Drucker Award)이라는 것이 있는데, 매년 괄목할만한 성과를 거둔 비영리조직을 대상으로 10만 달러에 달하는 상금을 수여하고 있으며, 1991년부터 코가콜라 재단이 후원하고 있다. 수상한 단체들의 활동 사항을 몇 가지 소개하면 다음과 같다.

연도	수상 내역	내 용
1991	Living in Family Environments, Judson Center	자폐, 중증 지체장애 가정 지원
1993	Project Teamwork, Center for Study of Sport in Society	대학생/프로 스포츠선수들이 지역 어린이 지도
1996	Computer Clubhouse, The Computer Museum	세계 20여 개국에 100개의 컴퓨터 학습 센터운영(인텔)
1999	Immigrant & Refugee Rights Project	이민자 및 난민 권리 보호 프로젝트
2005	The Landscape Bank, Keep Alachua County Beautiful	꽃, 나무 등을 기부 받아 지역사회 공공시설 단장
2010	Safe Families for Children, Lydia Home Association	아동학대 방지 운동 전개
2013	Project RED, Boston Medical Center	환자 보호 및 재입원율 감소 전략 수립

둘째 Oxfam(Oxford Committee for Famine Relief)의 경우로 1942년 10월 설립된 구호단체이다. 2차 대전 중 나치 점령 하에 해상봉쇄로 인해 기아로 고통 받게 된 그리스인들을 돕고자 영국인들에 의해 시작되었으며 소재지는 영국 옥스퍼드(본부)이며, 규모는 80개 회원국에 자원봉사자만 2만 8000여 명이 있다. 2차 대전 이후에는 전쟁의 희생자들에 대한 인도적 구호활동을 하였으며, 시기별로 다양한 활동을 전개해 나가고 있다. 1953년에는 한국전쟁 고아 빈민들을 위해 약 6만 파운드를 지원하기도 하였으며 1995년부터 북한에 들어가 식수와 식량지원을 하다가 1999년 북한에서 체제에 대한 비난성명을 발표하고 철수하기도 하였다.

생각해보기

① 우리주변에서 사회적 문제 해결을 위해 새로운 비영리단체가 생겨야 할 필요성이 있는가?
② 사회적 문제 해결을 위한 기존의 비영리단체가 있다면, 어떠한 점이 개선 내지 보완되어야 한다고 생각하는가?
③ 본인이 비영리단체의 대표라고 가정하고, 첫째 비영리단체를 설립/운영하기 위한 재원조달은 어떻게 할 예정인가? (예 : 기금모금, 자체사업 등), 둘째 유능한 인재를 채용하기 위한 전략은 무엇인가?

4.4.4 대학

대학의 기업가정신은 한마디로 기업가적 대학으로 거듭나야 한다는 것이 핵심사항이라고 할 수 있다. 대학의 기업가정신 적용 영역은 다음과 같다.

활동 영역	특성 및 개요
교육혁신	• 시대와 사회의 요구에 능동적으로 대응하여 미래 핵심인력을 양성하는 혁신적 교육 프로그램을 설계하고 운영함.
창업 촉진 및 보육	• 학생들에 대한 창업교육, 경영교육, 멘토링, 창업동아리 지원 등을 통해 기업가를 꿈꾸는 학생들이 졸업 후 혹은 재학 중에 준비된 창업을 할 수 있도록 도와줌. • 창업초기의 기업들을 대학 창업보육센터에 저렴한 임대료로 입주시킴.

활동 영역	특성 및 개요
국가/지역경제 발전	• 지역 내 대학이 협력 허브 및 플랫폼이 되어 지역의 지자체, 기업, 단체 등과 지역현안 해결 및 경제발전에 기여함.
특허 출원 및 관리	• 특허부서 설치를 통해 고수/학생들의 연구 성과를 특허화하고, 효과적으로 관리 • 대학보유특허를 효과적으로 홍보하고 수요기업을 찾아서 기술이전을 촉진하며, 라이센싱에 대한 연구자 관심을 높이기 위한 제반 인센티브를 제공함.
산학협동	• 대학이 기업과 협력하여 위탁연구, 공동연구를 수행함. • 기업이 대학에 연구센터나 연구실을 설치 • 특성학과 개설 등 교육 영역에서도 가능

4.4.5 정치 기업가정신

경제보다 정치 우위의 사회가 지속되고 있는 우리 사회에서 정치 영역에서의 기업가정신 발현의 요구 또한 시대적 요청이기도 하다. 그러나 우리의 현실은 어떠한가? 정치인에 대한 국민의 기대는 이미 바닥을 찍고 위험수위로 치닫고 있는 게 사실이다. 구태를 벗어나지 못하고 있는 정치행태, 비효율과 비생산적인 구조 및 운영, 국가와 국민을 위한 정치가 아니라 소속 정당과 사익을 추구하는 이기적 행태, 그리고 이에 대한 견제장치의 부재 등이 맞물려 여전히 후진적이고 퇴행적인 정치를 보여주고 있다. 따라서 정치영역에서의 기업가정신 함양은 시대적 과제가 아닐 수 없다.

일례로 황인학(2016)은 "공공부문의 기업가정신 지수가 하락한 이유로 정치 기업가정신을 나타내는 척도인 법안 가결율이 2000년대에 들어 급감했기 때문"이라고 지적한 바 있다. 실제로 법안 발의 수는 15대 국회 1951건에서 19대 국회 14387건으로 7.4배 이상 증가한데 반해, 가결건수는 15대 국회 659건, 19대국회 1853건으로 2.8배 증가했다. 그 결과 법안 가결율도 15대 국회 33.8%에서 19대 국회 12.9%로 절반 이상 낮아졌다. 이 같은 분석 결과는 기업가의 경제활동 행위와 정치인의 정치활동 행위가 따로 떨어져 존재하지 않는다는 사실을 잘 보여주고 있다.

결과적으로 시장영역에서 뿐만 아니라 정치 및 행정 부문에서도 기업가정신의 개념을 접목하고 공공 영역에서도 비생산적 또는 파괴적이 아닌 생산적 기업가정신을 진흥시킬 수 있는 방안을 강구해야 할 것이다.

5. 기업가정신을 보유한 기업들의 특성[126)]

인터넷을 기반으로 한 정보통신 기술의 발달로 정보의 확산이 그 어느 때보다 빠른 요즘이지만, 이러한 상황은 기업의 자그마한 실수도 급격히 전파될 뿐만 아니라 기업 간 양극화를 더욱 심화시키기에 충분하다. 따라서 이제는 CEO 혼자 책임과 역할을 다하는 제왕적 리더십이 아닌, 전 조직원이 기업가정신(Intrapreneurship 혹은 Corporate Entrepreneurship)을 가져야 함은 두말할 나위가 없다.

그렇다면 과연 기업가정신을 보유한 기업들이 성장하는 기업일까? 앞서 언급하였듯이 피터 드러커는 기업가정신에 대하여, "변화를 찾아내고(Always search for change), 그것에 반응하며(Response it), (그 찾아낸 변화와 반응을) 기회로 삼는 활동(exploit it as an opportunity)"이라고 정의하였다.

변화, 반응, 기회로 표현되는 기업가정신. 그렇다면 기업가정신을 잘 보유한 기업들(관리 지향적 기업이 아닌 기업가적 지향성을 지닌 기업들)은 어떤 특성을 지니며, 각각의 특성들은 과연 기업이 성장하는데 도움을 줄 수 있을까?

먼저 학자들은 기업가적 지향성(Entrepreneurial Orientation)에 대해 5가지 특성을 제시하고 성장과의 관계를 연구하였다.

첫째 혁신성이다. 혁신성 혹은 혁신적인 프로세스는 '기업들을 성장시키는 새로운 제품들이나 서비스의 도입으로 기존의 시장구조들이 붕괴되는 과정'이므로 이런 과정은 새로운 시장을 창출할 수 있기에 분명 기업의 성장에 도움이 된다.

둘째 위험감수성이다. High Risk, High Return으로 기업은 더 큰 수익을 위해 더 큰 위험을 취해야 하는 것은 당연하다. 반면에 기업들이 위험을 회피할 때는 새로운 변화와 기회를 창출하지 못하게 되어 성장의 모멘텀(momentum)을 찾기 힘들어진다.

셋째 선제적 조치이다. 이는 경쟁자들보다 빨리 새로운 틈새시장을 찾아내 기회들을 탐색하는 것으로 경쟁상대보다 일찍 새로운 제품과 서비스, 혹은 브랜드를 도입하거나 라이프 사이클 단계상 성숙기나 쇠퇴기에 접어든 제품이나 서비스를 전략적으로 제거하는 등의 활동을 말한다. 이를 통해 기업들은 자신의 먹거리를 선제적으

---

126) 한국기업가정신센터(2014), 성장하는 기업이 지닌 5가지 기업가적 지향성, KEC(Korea Entrepreneurship Center) 비즈니스 리뷰, 2014.05.28.

로 고민하고 행동으로 옮김으로써 성장을 일궈낼 수 있다.

넷째 경쟁적 적극성이다. 일반적으로 경쟁에 적극적으로 대처하는 기업이 더 기업가적 지향성이 높을 것으로 이해되지만, 반대일 수도 있다. 즉 기업 간 지나친 경쟁은 재무구조를 약화시켜 도산에 이르게 하거나 경쟁에 이기고도 어려움을 겪는 경우(승자의 저주)가 종종 있다. 따라서 기업가적 지향성(기업가정신)이 높은 기업은 경쟁에 적극적이기보다는 틈새시장(블루오션)을 찾는데 보다 적극적인 기업이라고 할 수 있다.

마지막으로 조직 내 자율성이다. 자율성은 제시된 아이디어가 완성할 때까지 한 개인이나 팀이 가질 수 있는 독립적인 행동으로 자율성이 높은 기업 내에서 보다 활발한 활동들이 발생하고 이를 통해 조직의 성과를 높이게 된다.

이렇듯 기업가적 기업(기업가정신이 높은 기업)일수록 통상 상기에 제시된 5가지(혁신성, 위험감수성, 선제적 조치, 경쟁적 적극성, 자율성)의 특성을 갖고 있다. 또한 이런 특성을 지닌 기업가적 기업은 대체로 성장하는 모습을 보이는데, 이는 혁신적이며, 위험을 기꺼이 감수하여, 시장의 상황을 항상 예의주시하면서 선제적으로 조치하기 때문이다. 또한 대내적으로는 자율성이 높지만, 대외적인 경쟁에 적극 참여하기보다는 항상 틈새시장을 찾아 나서는 기업이다.

[부록] 창업가정신 vs 기업가정신[127)]

기업가정신의 세부적 유형을 3장 본문을 통해 살펴보았다. 여기에서는 다시 기본적이고 원론적인 질문, 즉 과연 창업가정신이란 무엇이며, 창업가정신은 기업가정신과 다른 것인지에 대한 해답을 역사적, 학문적 관점에서 정리해보고자 한다.

요즘 여러 정부기관과 많은 전문가들은 우리나라 스타트업 생태계 활성화를 위해서 청년들에게 '창업가정신'을 북돋아 주어야 한다는 말을 한다. 그렇다면 과연 창업가정신이란 무엇인가? 창업가정신은 기업가정신과 다른 것인가?

창업가 또는 기업가라는 용어는 영어의 Entrepreneur를 번역한 말로서 우리나라에서는 서로 혼용하여 쓰는 경우가 많은 반면, 유사한 영어 단어인 Businessman은 대개 사업가 또는 기업인으로 번역되어 Entrepreneur와는 구분되어 사용하는 듯하다.

사업가(Businessperson, Businessman)는 인적자원을 포함한 경제적 자원을 활용하여 현금흐름, 매출, 수익의 발생을 목표로 하는 사업을 영위하는 사람을 지칭하며, 사업의 창립자, 소유주, 대주주 또는 최고 경영진을 망라하는 광범위한 개념이다. 사업가의 탄생은 인류의 역사만큼이나 오랜 것으로 고대의 '상품교역'에서부터 시작하여 중세의 '상인'과 회계·환어음·유한책임 개념의 발명에 따른 '은행업'을 거쳐 근대 산업혁명과 더불어 대규모 자본을 동반한 자본가로 진화 발전하였다.

기업가(Entrepreneur), 즉 Entrepreneur라는 단어의 기원은 불어로서 기록상으로 1723년에 처음 불어사전에 나타나는데, 당시 영국에서는 유사한 의미를 나타내는 단어로 Adventurer(모험가)를 사용했다고 한다. 18세기 초 경제학자 '리샤르 캉티용(R. Cantillon)'은 기업가의 본질적 핵심을 위험감수(Risk-Taking)로 보고, 기업가는 불확실성에도 불구하고 경제적 수익극대화를 위해 사업기회를 위한 경제적 자원을 배분하는 위험을 감수하는 자로서 단순한 자본가와 구별하였다. 또 다른 프랑스 경제학자 Jean-Baptiste Say는 기업가를 경제발전의 원동력으로 규정하고 "경제적 자원을 낮은 수준의 영역에서 높은 생산성과 큰 수익의 영역으로 이전"하는 기업가의 역할을 강조했다.

기업가라는 개념이 18세기에 탄생한데 비해 기업가정신(Entrepreneurship)이라는 개념은 1930년대 들어서야 비로소 학문적으로 정립되기 시작했다고 보는 시각이

127) 고상민(2018), [엔슬 칼럼] 창업가정신 vs 기업가정신, Venture Square(뉴스레터), 2018.10.24.

우세하다. 기업가정신에 대한 학문적 연구가 18세기 초 '아담 스미스'와 '리샤르 캉티용(R. Cantillon)'으로 거슬러 올라간다고 하지만 학문적으로 무시되어 오다가 1930년대 '조지프 슘페터'와 다른 오스트리아 경제학자인 '칼 멩거', '프리드리히 하이에크' 등에 의해 이론적으로 재탄생, 정립되게 된다. 그러나 그 이후 또다시 주류(미시)경제학의 이론적 틀 밖에 머무는 수모를 겪다가 1970년대 세계경제의 위기와 더불어 재조명되기 시작하며 연구, 발전되었다고 한다.

기업가정신에 대한 경제학적 이론을 정립한 슘페터는 1942년 출간한 그의 유명한 저술 '자본주의, 사회주의, 민주주의'에서 기업가를 "새로운 생각과 발명을 성공적인 혁신으로 실현시키고자 하는 열정과 실현할 수 있는 역량을 지닌 사람"으로, 기업가정신을 "시장과 산업에 걸쳐 존재하는 열등한 혁신을 전체 또는 부분적으로 교체함으로써 새로운 비즈니스 모델을 포함한 새로운 상품을 창조하는 창조적 파괴의 바람"으로 정의하며 이러한 창조적 파괴가 산업의 역동성과 장기적 경제성장의 원동력이라고 설파했다. 18세기 초 기업가에 대한 정의와 달리 슘페터는 위험감수의 주체는 기업가가 아니라 자본가일 뿐이며, 기업가는 불완전한 '경제적 균형' 속에서 환경변화가 자원의 최적배분에 대한 새로운 정보를 지속적으로 제공하는 가운데 새로운 정보를 남들보다 먼저 낚아채어 자원을 재결합하는 '혁신가'이며 이들로 인해 한 경제가 최대한 생산해낼 수 있는 재화의 조합인 '생산가능곡선(Production Possibility Curve)'이 상향된다고 분석하였다.

2000년대 들어 기업가정신의 개념은 더욱 확대되고 대중화되는 길을 걸으며 파괴적 혁신을 통한 기존 산업의 붕괴로 인한 '동태적 불균형'이야말로 건강한 경제의 기준으로 인식되며 스타트업 창업과 보육에 대한 사회, 국가적 관심과 지원으로 이어지게 된다. 더 나아가 이윤을 목적으로 하는 영리 기업뿐 아니라 사회적·환경적 목적, 정치적 목적을 지향하는 스타트업으로 확대되게 된다.

따라서 창업가정신은 기업가정신과 동일한 의미(엄밀하게 말하면 이미 3장 본문에서 살펴본 것처럼 창업가정신은 기업가정신의 부분집합임)로 볼 수 있으며, 이는 단순히 1990년대 말 시작한 스타트업의 발흥에 기인한 것이 아니라 멀게는 18세기부터 학문적으로 연구되기 시작하여 인류가 1, 2, 3차 산업혁명으로 인한 거대한 사회, 경제적 변혁을 겪으면서 1940년대에 비로소 이론적으로 정립된 인류의 고귀한 유산인 것이다.

기업가는 파괴적 혁신이라는 관점에서 단순한 사업가와 구분되며 과거의 역사가 말해주듯이 사회, 경제적 변혁의 당당한 주인공인 것이다. 이제 창업을 준비하고자 하는 청년은 자신이 단순한 사업가가 되고자 하는 것인지 창업가가 되려는 것인지 자신에게 물어보고 진지하게 고민해 볼 일이다.

제 4 장

기업가정신의 측정

기업가정신의 정의가 다양하고 복합적인 만큼 기업가정신의 측정 기준도 다양하고 임의적인 측면이 강하다.

1. 기존의 측정 방식[128)]

우선 기업가 활동(entrepreneurial activities)의 구체적인 측정 기준으로 많이 활용되는 지표로는 한 국가에서 생산가능인구 대비 지영업지(self-employed)[129)] 비율[130)] 및 고용주(employer)[131)] 비율 등을 들 수 있지만, 기업가정신을 측정하기 위한 모든 기준은 나름대로의 장점과 동시에 한계점도 있다.

그리고 Audretsch(2001) 등[132)]은 생산가능인구 대비 비농업부문의 자영업자 비율(business ownership rate)을 기업가 활동의 측정 지표로 활용하였다. 여기서 자영업자 비율 지표는 측정이 용이하고, 통계자료 제약에서 벗어날 수 있는 만큼, 기업가 활동의 국가 간 비교 및 장기 시계열 비교 등이 용이하다는 장점이 있는 반면에 자영업자 비율 지표는 모든 기업(고기술 기업, 저기술 기업)을 동일하게 취급하여 단지 개수로만 파악한다는 문제가 있다. 또한 측정 지표 산출에서 창업된 기업수가 아니라 기존 자영업자 모두를 포함한 자영업자 총수를 활용하고 있다.

한편 Birch(1994) 등[133)]은 기업가 활동의 측정 지표로 이른바 가젤(gazelle)이라고도 불리는 고성장 기업 수를 활용하고 있다. 즉 일정 기간 동안 고성장을 실현한 기업 수를 이용하여 기업가 활동을 측정하는 것인데, 이러한 측정 기준은 고성장 기업의 중요성을 강조한 측정 기준이지만, 기업을 단지 성장성 지표 한 가지만으로 평가하여 측정 기준에 반영하고 있다는 점에서는 제한적이기도 하다.

다음으로 기업가정신은 대체로 창업활동과 연결시켜 측정하는 것이 대부분이지만, 기업가정신이 변화의 주체적 역할을 담당한다고 하는 점에서 산업의 혁신활동을 통하여 기업가정신을 측정하고자 하는 시도도 있다. Audretsch(1995)[134)]는 기술개발

128) 양현봉 외(2008), 기업가정신 육성 및 기업친화정책을 통한 잠재성장률 제고방안, 산업연구원, 2008.10.

129) 근로자를 1인 이상 고용하고 있거나 근로자를 고용하지 않고 자기 혼자 또는 1인 이상 파트너와 함께 사업하는 사람을 말함.

130) 종사상지위별 취업자 수에서 자영업자(self-employed)=고용주(employer)+자영자(own-account worker)로 구성됨.

131) 개인 사업을 영위하거나 독립적으로 전문 직업에 종사하는 사람으로서 한 사람 이상의 피고용자를 고용한 사람을 말함.

132) Audretsch, D. B. & R Thurik(2001), Linking entrepreneurship to growth, STI working paper 2001/2 Paris: OECD.

133) Birch, D.L. and Medoff, J.(1994), Gazelles, In L.C. Solmon & A.R. Levenson(Eds.), Labor Markets, Employment Policy and Job Creation(pp.159-167), Boulder, CO and London: Westview Press.

134) Audretsch, D.(1995), Innovation and industry evolution, MIT press, Cambridge,

투자 및 특허 출원 건수 등의 변화 추이를 통하여 기업가정신을 측정했지만, 이러한 측정 기준은 혁신활동을 투입 측면에서 파악한 것이며, 실제 시장에서 실현된 혁신활동의 성과를 포함하지 못하고 있다는 지적이 있다.

끝으로 GEM(Global Entrepreneurship Monitor) 보고서에서는 기업가 활동 지표를 창업활동과 관련한 인구수를 통하여 측정하고 있다. 기업가 활동 지표인 TEA(total entrepreneurial activity)는 생산가능인구(18~64세) 중에서 창업준비 기업가(nascent entrepreneur) 및 창업 후 3.5년이 경과하지 않은 창업초기 기업의 소유 경영자가 차지하는 비중이며, 설문조사를 통하여 측정하고 있다. GEM의 측정 지표는 설문조사를 통하여 산출되는 만큼, 지표 작성에 상당한 시간 및 비용이 소요되며, 장기 시계열 분석이 어렵다는 문제점이 있으며, 설문조사의 표본 수가 적을 경우에는 지표의 통계적 신뢰도가 낮아진다는 문제점이 있다. GEM의 측정에서는 창업활동을 창업 동기에 따라 창업 이외에는 대안이 없는 생계형 창업(necessity start-up)과 고용기회를 자발적으로 포기하고 창업한 기회형 창업(opportunity start-up)으로 구분함으로써 창업활동의 질적 측면을 파악하고 있다.

2. 새로운 기업가정신 지수 개발의 필요성[135)]

국내외 다양한 기관에서 기업가정신과 관련된 각종 지수·통계 등을 공표하고 있으나, 이를 종합적으로 분석·평가할 수 있는 객관적인 수단은 부재한 상황이다. 기업가정신의 내용이 창업에만 집중되어 있거나, 조사방법론 등의 문제로 결과 값에 대한 신뢰성 저하 및 정책 추진의 혼란을 야기하고 있어 새로운 지수 개발의 필요성이 제기되고 있다. 이에 따라 중소기업청과 한국청년기업가정신재단은 2014년 '글로벌 기업가정신 지수'를 개발하게 되었다.[136)] 새로 개발된 '글로벌 기업가정신 지수'는 기존의 기업가정신 관련 지수·통계의 약점으로 드러난 부분을 보완하고자 하였다.

기존 기업가정신 지수와의 차별성은 구체적으로 다음과 같다. 본 지수는 프로세스

MA.

135) 한국청년기업가정신재단(2017), 2016 글로벌 기업가정신 트렌드 리포트(요약), 2017.

136) 중소기업청·한국청년기업가정신재단(2014), 글로벌 기업가정신 지수 개발, (재)한국청년기업가정신재단.

적인 측면과 환경적 측면을 균형 있게 반영한 종합적 지수이다.

기업가정신의 대표적 발현 사례가 창업이기는 하나 기업가정신은 연구·창작 등 다방면에서 발현되는 것으로 창조경제의 핵심정신이다. 그러나 기존의 기업가정신 관련 지수·통계는 지나치게 창업활동에 치중함으로써 근본적인 기업가정신 반영은 미흡한 상황이다. 대표적으로 OECD 지수는 환경적 요인에 충실한 지수이며, 글로벌 기업가정신모니터(GEM : Global Entrepreneurship Monitor)의 초기창업활동지수(TEA : Total Entrepreneurship Activity) 역시 창업만을 주요한 성과로 보고 있다. 이와 달리 새로이 개발된 지수는 창업 뿐 아니라 연구, 창작 등 다른 창조활동 또한 포함하는 종합적 지수로써 활용될 수 있으며, 사회적 환경은 기업가정신 문화 및 관련 인프라, 창업환경으로 구성하였다.

현재 창업건수 확대를 목표로 하는 정책은 단기적 성과창출에 머무는 한계를 보이고 있다. 즉 단기적 성과에 치중하는 기존의 'Start-up Pull' 전략보다는 창업의 근간과 저변이 되는 기업가정신 함양을 위한 'Entrepreneurship Push' 전략으로 전환하는 것이 시급하였고, 이를 정확히 파악·측정할 수 있는 새로운 기업가정신 지수를 개발하게 되었다.

3. 한국 기업가정신의 국제비교 분석 : GEM과 GEI를 중심으로

3.1 창업 활동 중심의 기업가정신 비교 : GEM

Global Entrepreneurship Monitor(이하 GEM 연구, GEM 조사)는 기업가정신과 국가 경제성장 간의 상관관계 분석을 목적으로 수행되는 비영리 국제연구 프로젝트로 1999년부터 시행되었다. 런던경영대(London Business School)와 미국 뱁슨대학(Babson College)이 공동으로 운영하기 시작하여 현재 글로벌 스폰서 기관은 뱁슨대학, 말레이시아의 Universiti Tun Abdul Razak, 칠레의 Universidad del Desarrollo, 우리나라의 (재)한국청년기업가정신재단(KoEF)이다.[137)]

137) 한국청년기업가정신재단(2018.02.), 글로벌 기업가정신 연구(GEM), 2017 한국보고서, 2018.02.

글로벌기업가정신연구(Global Entrepreneurship Monitor, GEM)에서는 기업가정신의 여러 측면 중에서 창업활동에 초점을 맞추어 국제비교지표를 작성한다는 점이 특징적이다.

글로벌기업가정신연구협회(GERA : Global Entrepreneurship Research Association)는 매년 글로벌기업가정신모니터(GEM, 이하 GEM 연구) 연구 결과를 발표한다. GEM 연구는 1999년부터 진행되어 온 기업가정신 국제비교 연구로서 한 국가의 기업가정신에 대한 사회적 인식, 기업가적 활동 특성, 기업가정신 생태계의 건전성 파악 등을 주요 내용으로 다루고 있다.

GEM 연구에 우리가 관심을 가져야 하는 이유는 한 국가의 기업가적 활동상황을 세계의 약 70여 개국과 비교해 볼 수 있다는 것이다. 무엇보다도 우리나라 일반 성인들의 기업가정신에 대한 사회적 인식을 살펴볼 수 있고, 이들의 기업가적 활동이 국가의 일자리 창출과 혁신, 더 나아가서는 국제화에 미치는 영향을 파악할 수 있다.

우리나라가 2008년부터 참여해 온 GEM 연구 조사는 일반성인(APS : Adult Population Survey)과 국가전문가(NES: National Expert Survey)를 대상으로 이루어진다.

GEM 연구에서는 기업가정신을 '개인이나 팀이 주도적으로 새로운 기업을 창업하거나 기존기업이 기업을 확장시킴으로써 일자리를 창출하고 경제적 가치를 향상시키는 것'으로 정의하고 있다(Reynolds, et al., 1999, p.3).[138] 이 연구의 핵심지표로 사용되는 것은 각 국가별 기업가적 활동을 비교 분석하여 지수화해 내는 총초기기업가활동비율(TEA : Total Early-stage Entrepreneurial Activity)이다. TEA 지수는 간단히 말해 성인(18~64세) 인구 중 초기창업자(nascent entrepreneur)와 신규기업소유자(new business owner)의 비율이 얼마나 되는지를 나타낸다. 초기창업자란 창업 과정에 있거나 창업한지 3개월 이내인 창업자를 의미하며, 신규기업소유자란 그보다는 오래되었지만 창업 후 아직 42개월이 경과되지 않은 기업을 소유한 창업자를 일컫는다.

3.1.1 2015년도 평가 결과

혁신주도경제권[139]과 비교할 때 한국의 초기 창업활동(TEA)은 다소 낮은 편이며, 특히 생계형 창업 비중은 평균보다 2배가량 높다는 특징(문제점)이 있다. 부연 설명

138) Reynolds, P.D., Hay, M., Camp, S.M.(1999), Global Entrepreneurship Monitor: 1999 Executive ReportKauffman Foundation, Kansan, MO.

139) GEM 연구에서 혁신주도경제권에 포함된 국가는 그리스, 네덜란드, 노르웨이, 대한민국, 덴마크, 독일, 미국, 벨기에, 스웨덴, 스위스, 스페인, 슬로베니아, 아이슬랜드, 아일랜드, 영국, 이스라엘, 이탈리아, 일본, 포르투갈, 프랑스, 핀란드, 호주 등임.

하면 세계 주요국과 비교할 때 한국의 초기 창업활동(TEA)에서 기회추구 창업의 비중은 낮고, 생계형 창업의 비중이 높은 문제점이 더욱 두드러지게 나타났다. 한국의 TEA에서 생계형 창업(NDEA)이 차지하는 비중은 36.2%로서 세계 주요국과 견주어 가장 높은 수준이며, 한국을 제외한 '20-50 국가'[140)]의 평균(18.9%)과 비교하면 약 2배가량 높다.

TEA 중에 기회창업의 비중이 90% 이상 높은 나라는 노르웨이(95.2%), 룩셈부르크(94.2%), 스위스(92.7%), 네덜란드(92.5%), 싱가포르(91.6%), 스웨덴(90.2%) 등 주로 강소국으로 분류되는 나라들이었다.

경제성장의 관점에서는 생계형 창업보다는 기회 창업, 기존기업의 기업가정신 또는 사내 기업가정신을 높이는 게 바람직하다고 볼 수 있는데, 한국을 포함한 OECD 국가에 대해 기회 창업의 비중과 국민 1인당 실질소득 사이에는 약 40%가량의 비례적인 상관관계가 있는 것으로 나타났다. 또한 GEM에서는 창업적 기업가정신 외에 사내 기업가정신이 중요하다고 판단하여 2011년부터 기업가적 종업원활동(Entrepreneurial Employee Activity)[141)]을 별도로 측정하였는데, 이 지표와 국민소득 사이에는 60% 이상의 높은 상관성이 있는 것으로 나타났다.

3.1.2 2008년 이후 10년 동안의 종합 평가[142)]

TEA가 높다는 것은 초기창업 활동에 참여하는 인구가 많아 그것이 경제성장의 동력이 될 수 있다는 것으로 인식된다. 일부 저개발국가에서 TEA가 혁신주도형 국가들보다 높게 나타나는 경우가 있는데 이는 해당 국가에 창업이외의 경력대안이 존재하지 않기 때문이다.

우리나라 TEA 지수는 과거 10년 동안 평균 7.5% 수준으로 큰 변화를 보이지 않았으며 혁신주도형 국가들과 비교했을 때 높은 편은 아니다. 그러나 주목해야 할 점은 창업동기 측면에서 과거에는 생계형(necessity-driven) 비중이 기회추구형(opportunity-driven) 비중에 비해 높았으나 최근 연구결과에 의하면 창업자들의 3/4가량이 기회추구형 창업을 했다는 점이다.

---

140) 1인당 국민소득 2만(20 Thousand) 달러 이상, 인구 5,000만(50 Million) 명 이상의 기준을 동시에 충족한 국가를 지칭

141) GEM의 기업가적 종업원활동(EEA)은 사내 기업가정신(intrapreneurship)의 한 측면으로서 종업원이 자신의 조직(main employer)을 위해 새로운 제품이나 서비스 등 사업아이디어를 개발하였거나 새로운 사업 활동의 준비 및 실행에 주도적인 역할(leading role)을 하는 것을 의미하며, EEA 비중은 성인 인구 중 최근 3년 내에 기업가적 종업원활동에 종사한 사람의 비율을 말함.

142) 이채원(2018), 세계 70개국과 비교해본 우리나라 기업가정신 생태계, 중앙일보, 2018.01.29.

창업동기의 변화와 함께 기업가정신에 대한 사회적 인식 또한 긍정적인 방향으로 개선되었다. 그동안 정부를 중심으로 한 창업친화적 분위기 확산 노력이 사회적 인식을 긍정적으로 변화시키는데 어느 정도 기여를 한 것으로 보인다.

과거 10년 동안의 GEM 연구를 종합하면 우리나라의 기업가정신 생태계는 점진적으로 건강한 상태로 개선되고 있다고 볼 수 있다. 사회적으로 창업자의 위상이 높아지는 가운데 기회추구형 창업이 증가하고 바람직한 경력대안으로 기업가가 각광을 받아가고 있는 변화가 이루어지고 있다. 또한 창업기업의 혁신성(innovativeness) 수준과 고용창출(job creation) 효과가 혁신주도형 국가들에 비해 높은 편으로 나타났다.

다만 몇 가지 아쉬운 점은 여성 창업비중이 혁신주도형 국가들에 비해 현저히 낮다는 점과 청년창업이 장년창업이 비해 낮은 비중을 보이고 있으며, R&D 이전, 교육 및 훈련분야는 혁신주도형 국가들에 비해 낮은 수준을 보이고 있다. 이러한 과제 해결을 위해서는 별도의 정책 설계가 필요할 것으로 보인다.

주지하다시피 초기 창업기업과 더불어 기 창업기업의 혁신능력도 경제성장 및 고용창출에 매우 중요한 영향을 미친다. 이를 평가하는 종업원 기업가적 활동(EEA: Established Entrepreneurial Activities) 지표를 보면 혁신주도 국가들의 평균이 5.1에 이르는데 비해 우리나라는 2.3 수준에 머물러 있다. 기존기업들의 혁신역량이 높지 않음을 보여주는 수치라 할 수 있다.

정부 정책의 우수성 측면에서는 약 70여개 조사대상국 중 한국은 10번째이다. 많은 국가들이 정부 주도의 기업가정신 정책의 성공사례로 한국을 인용한다. 그러나 지금보다 더 건전한 기업가정신 생태계를 조성하기 위해서는 종래의 창업정책과 더불어 기존기업의 혁신역량을 높일 수 있는 사내혁신 프로그램이나 사내 기업가정신 분야에도 정책적 관심을 가질 필요가 있다는 것을 보여준다. 종국적으로 민간 스스로가 건전한 생태계를 만들 수 있도록 정부는 보조자 역할에 국한하는 방안도 동시에 모색해 나가야 할 것이다.

3.2 GEDI의 글로벌 기업가정신 지수 비교 : GEI

글로벌 기업가정신개발원(GEDI : Global Entrepreneurship and Development Institute)은 글로벌 기업가정신네트워크(GEN)와 공동으로 2015년도 세계 130개국의 기업가정신 지수(GEI : Global Entrepreneurship Index)를 조사, 발표하였다(Acs-Szerb-Autio, 2015).[143] GEI는 각국의 기업가정신 생태계(the entrepreneurial

143) Acs, Z.J., Szerb, L., Autio, E.(2015), The Global Entrepreneurship and

ecosystem of nation)를 평가한다는 목표 하에 각국의 기업가적 열망과 태도, 활동에 대한 GEM 자료에 다양한 제도 요소를 결합하여 각국의 기업가정신의 질적·양적 수준을 측정하고 있다.

3.2.1 2015년도 평가 결과

2015년도 GEI에서 한국의 평가지수는 54.1로 2014년의 46.7보다 개선되었고, 세계 순위는 2014년도 32위에서 2015년도 28위로 4단계 상승한 것으로 조사되었다. 하지만 2015년도 한국의 GEI는 경쟁관계에 있는 나라, 예를 들면 OECD 회원국 중에서는 22위로 중하위권에 있기 때문에 앞으로 더 많은 개선의 노력이 필요하다고 볼 수 있다.

2015년도 1위는 미국이 차지했으며, 이어 캐나다, 호주, 영국, 스웨덴, 덴마크, 아이슬란드, 대만, 스위스, 싱가포르 순이었다. 황인학 한경연 선임연구위원은 "OECD 회원국 중 일본(33위)과 이탈리아(49위)를 제외하고 우리보다 소득이 높은 국가들의 기업가정신 지수가 더 높게 나타났다"며 "경제성장을 위해 기업가정신을 진작시켜야 한다"고 말했다.[144]

3.2.2 2018년도 평가 결과[145]

우리나라 창업 환경과 활동력을 가늠할 수 있는 기업가정신 지수(GEI)가 2018년도에는 개선을 보였으나 기업가에 대한 직업적 선호도는 하위권에 머물렀다. 이에 창업 활성화를 위해 지원 기반 확충과 절차 개선, 실패자의 재기 장치 강화가 필요하다는 조언이 나왔다.

홍성철 중소기업연구원 연구위원(대표집필)은 '최근 기업가정신 현황과 시사점' 보고서에서 2018년도 기업가정신 지수(GEI)가 2017년도 전체 137개국 중 27위에서 2018년도에는 24위로 3단계 높아졌다고 밝혔다.

GEI 점수는 2018년도 54.2로 2017년(50.7)보다 3.5포인트 개선되었다. 기업가정신 개선 폭은 전체 국가 중 10위로 컸다.

기업가정신 지수를 구성하는 3가지 하위 지수인 '기업가적 태도·능력·열망' 변화 양상을 보면 그간 취약점으로 지적된 태도 지수가 약진해 전체 지수 상승을 주도했다. 그러나 세부 항목 중 일부는 주요국보다 여전히 취약한 것으로 드러났다.

Development Index 2015, Springer International Publishing.

144) 연합뉴스(2015.08.), 한국 '기업가정신 지수' OECD 34개국 중 22위, 2015.08.18.

145) 연합뉴스(2018.05.), "창업 기업가정신 나아져…선호도는 하위권", 2018.05.20.

기업가적 태도 지수의 세부 항목에서 기업가에 대한 '직업적 선호도'가 52개국 중 49위로 주요국 대비 저조했다. 능력 지수 세부 항목인 '생계형 창업자 대비 기회형 창업자 비율'도 2017년 기준 주요 혁신주도형 국가 24개국 중 15위에 그쳤다. 열망 지수는 '기업의 해외시장 진출 용이성'과 '한국 기업의 재무환경 수준'이 모두 낮았다. 기업의 국제화 수준은 0.32로 경제협력개발기구(OECD) 평균(0.68)을 밑돌고 재무환경 수준도 작년 54개국 중 36위에 불과했다.

홍 연구위원은 "기업가에 대한 인식 제고를 위해 창업 실패자의 경력을 존중해 주는 사회적 분위기를 조성하고 재기 장치를 강화해야 한다"며 "정부가 지원 기반을 확충하고, 절차를 개선해 창업 친화적 환경을 조성해야 한다"고 조언했다. 그는 "창업기업 역량 증진을 위해 종업원의 기업가적 활동을 장려해야 한다"며 "해외시장 진출 용이성을 제고하고, 벤처캐피탈 기여도도 높여야 한다"고 강조했다. 그러면서 4차 산업혁명 시대에 대비해 신기술·신산업 분야 규제 완화, 불필요한 행정절차 폐지, 혁신 창업에 대해 포괄적 네거티브 규제 적용, 규제 샌드박스[146] 법안 통과 등을 제안했다.

4. 우리나라 기업가정신

4.1 양현봉 외(2008년)의 분석 결과[147]

생산가능인구(15~64세 인구) 대비 전 산업의 자영업자 비율을 기준으로 기업가정신을 측정한 결과에 따르면, 우리나라의 기업가정신은 1981~1991년의 침체기, 1992~1998년의 회복기, 1999년 이후 2007년까지의 전환기 등으로 기간을 구분해 볼 수 있다.[148]

146) 규제 샌드박스는 신제품이나 새로운 서비스를 출시할 때 일정 기간 기존 규제를 면제하거나 유예하는 제도를 말한다. 톡톡 튀는 신제품·서비스 아이디어를 갖고 있는데, 법령이나 규제로 발이 묶였던 분들께는 정말 좋은 소식이 아닐 수 없다. 샌드박스는 아이들이 안전한 환경에서 자유롭게 뛰어노는 모래놀이터(Sandbox)에서 유래되었다. 문화체육관광부 국민소통실, [딱풀이] 규제 샌드박스가 뭐야?, 2019.01.28. 참조.

147) 양현봉 외(2008), op. cit.

148) 앞서 지적했듯이 기업가정신의 측정 기준은 다양하지만, 기업가정신의 장기 시계열 변화

4.1.1 침체기(1981~1991년)

생산가능인구(15~64세 인구) 대비 자영업자 비율이 1981년 19.5%에서 1991년 16.5%까지 하락하였으며, 전반적으로 창업활력이 저하된 기간으로 볼 수 있다. 특히 생계형 창업의 참고 지표인 자영자[149] 수가 1981년 408만 6,000명에서 1991년 368만 6,000명으로 절대수가 감소하였는데, 이는 생계형 창업이 크게 줄어들었다는 것을 시사해 준다.

하지만 1981~1991년 기간은 높은 경제성장률로 임금근로자가 1981년 660만 5,000명에서 1991년 1,169만 9,000명으로 연평균 5.9% 증가했던 기간이기도 한데, 이러한 점에서 본다면 해당 기간은 생계형 창업의 수요가 다른 기간에 비해 상대적으로 크지 않은 시기였다고 볼 수 있다. 또한 높은 임금인상률은 생계형 창업보다는 취업을 선호하게 하는 효과가 있는 만큼, 동 기간(1981~1991) 중 높은 임금인상률로 인해 자영업 창업이 감소되는 측면도 있었다고 볼 수 있다.

기회형 창업의 대리지표로 간주한 생산가능인구 대비 고용주 비율은 1981년 2.7%에서 1991년 4.3%로 증가하였으며, 고용주 수도 1981년 64만 9,000명에서 1991년 129만 1,000명으로 2배 정도 증가한 것으로 나타났다.

4.1.2 회복기(1992~1998년)

생산가능인구(15~64세 인구) 대비 자영업자 비율이 1991년 16.5%에서 1997년 18.0%까지 증가하여 창업 활력이 다소 회복되는 모습을 보였다. 이 기간 동안 임금근로자 수는 1992년 1,191만명에서 1998년 1,229만 6,000명으로 연평균 0.5%의 매우 낮은 증가율을 기록하였는데, 이는 생계형 창업에 대한 수요가 크게 증가한 시기였다는 것을 시사해 준다.

이에 따라서 동 기간 중 생계형 창업의 참고 지표인 자영자 수는 1991년 129만 1,000명에서 1998년 422만 5,000명까지 크게 증가하였다. 하지만, 기회형 창업의 참고 지표인 고용주는 1991년 129만 1,000명(4.3%)에서 1998년 139만 2,000명으로 근소한 증가에 그쳤다.

과정을 파악하기 위해서는 기업가정신을 생산가능인구(15~64세 인구) 대비 고용주(employer) 비율 및 자영업자(self-employed) 비율 등을 활용하는 경우가 많음. 또한 GEM 보고서에서 창업활동을 생계형 창업 및 기회형 창업으로 구분하여 질적인 측면을 파악한 데 착안하여, 양현봉 외(2008)는 우리나라 생산가능인구 대비 고용주 비율을 기회형 창업의 참고 지표로, 그리고 생산가능인구 대비 자영자(own-account worker) 비율을 생계형 창업의 참고 지표로 간주하여 그 변화 추이를 함께 살펴보았음. 참고로 통계청 경제활동인구조사에서 종사자 지위별 취업자에서 자영업자=고용주+자영자로 구성됨.

149) 자기 혼자 또는 무급가족종사자와 함께 자기 책임 하에 독립적인 형태로 전문적인 업을 수행하거나 사업체를 운영하는 사람을 말함.

4.1.3 전환기(1999~2007년)

1999년 이후 2007년까지의 기간 동안 우리나라의 생산가능인구(15~64세 인구) 대비 자영업자 비율은 1998년 17.0%에서 2007년 17.3%로 정체된 모습을 보였으며, 자영자 수도 1998년 435만 명에서 2007년 448만 명으로 근소한 증가에 그쳤다. 같은 기간 동안 기회형 창업의 참고 지표인 고용주 비율도 1999년 4.0%에서 2004년 4.9%로 다소 증가했지만, 이후 하락하는 모습을 보였다. 기업가활동 지표의 이러한 변화 추이에 기초해 본다면, 1999년 이후 2007년까지의 기간은 전반적으로 창업활력이 정체된 모습을 보였다고 할 수 있다.

한편 전환기(1999~2007년)는 외환위기 이후 대기업의 구조조정이 본격 추진되었으며 기존 기업의 고용흡수력이 크게 저하된 기간으로 실제로 이 기간 중 전 산업 임금근로자는 연평균 2.9% 증가에 그쳤다.

이러한 점에서 본다면, 전환기는 생계형 창업에 대한 수요가 크게 증가한 시기로 볼 수 있다. 생계형 창업에 대한 수요 증가에도 불구하고 이 기간 중 생계형 창업이 부진했던 이유는 자영업 시장에서 경쟁의 격화, 서비스 시장의 구조조정, 자영업의 수익 기반 악화 등으로 인해 과거와는 달리 자영업의 창업이 어려웠기 때문이라고 볼 수도 있을 것이다. 한편 기회형 창업은 2000년의 벤처붐을 전후로 크게 증가하였지만, 2004년 이후 코스닥시장의 침체와 함께 점차 감소하는 모습을 보였다.

결과적으로 2004년까지는 생계형 창업의 활력 저하를 기회형 창업이 보전하는 측면이 다소 있었지만, 2004년 이후부터는 생계형 창업은 물론 기회형 창업도 점차 활력을 잃었다고 할 수 있을 것이다.

4.2 황인학(2016년)의 분석 결과[150)]

황인학(2016)은 민간 및 공공 기업가정신을 반영하는 7개 지표를 이용[151)]하여 1975~2013년 기간에 우리나라 기업가정신이 어떻게 변화해왔는지 추정하였다.

먼저 종합지수의 추정결과 및 변화 추이를 보면, 기업가정신 종합지수는 1970년대 후반에 가장 높았고, 그 이후 꾸준히 감소하는 추세이며 특히 외환위기를 겪은 이후 빠르게 감소하였다. 국내 기업가정신 지수는 2013년 66.55로 평가되었는데,

150) 황인학(2016), op. cit. 시사저널(2017.05.), [2017 굿컴퍼니 컨퍼런스(GCC)] "기업가정신 고취 위해 제도적 인센티브 필요", 2017.05.31.

151) 구체적으로 사용된 변수는 시장 영역의 5개 변수(인구 10만당 사업체 수, 대·중소기업 비중, 수출증감률, 설비 및 R&D 투자율, 경제활동참여율)와 공공 영역의 2개 변수(법안 가결률, 공무원 시험 경쟁률)를 사용하여 추정하였음.

이는 1976년 150.86에 비해 절반도 안 되는 수치다. 기업가정신 지수는 외환위기 당시인 1997년 106.20 이후 한 차례도 100을 넘지 못했다. 이는 국회에서의 법안 가결률이 갈수록 떨어지는 등 공공부문 지수가 크게 낮아진 영향 때문이라고 분석하였다.[152)]

다음으로 주요 지표 분석 결과를 보면, 경제활동참가율[153)]의 경우 동 지표는 1975년 58%에서 2013년 61%로 약간 증가했으나 이 수치는 선진국 대비 여전히 낮고, NEET[154)] 비율이 높다는 문제가 있다. OECD 통계에 의하면 15세~29세 청년 중에 일하지 않으면서 일할 의욕이 없는 NEET 비율이 18.5%로 '20-50 국가' 중에서 이탈리아(24.6%) 다음으로 높았다. 창업과 성장 부문의 경우 종업원 10인 이상의 사업체 수는 크게 증가했으나 대규모 사업체의 비중은 1970년대 중후반을 정점으로 꾸준히 감소하였다.[155)] 공공 기업가정신(public entrepreneurship)의 경우는 제도의 생성, 집행, 적용 및 변경의 책임이 있는 공공 부문의 비생산적 기업가정신이 가장 큰 문제로 나타났다. 즉 지표 구성에서 공직 경쟁률 및 국회 입법 활동으로 측정한 공공 부문의 기업가정신은 당사자에게는 이익을 주지만 사회적 편익은 낮거나 또는 마이너스 방향으로 증가하였다.

황 연구위원은 기업가정신을 고취하기 위해 제도적 인센티브의 중요성을 강조했다. 황 연구위원은 "우리나라는 큰 기업에 박수를 치고 성공을 인정하기보다 규제에 나선다"면서 "규제 때문에 성장을 멈추는 것이 기업에 이득이 될 수 있는 환경이 조성되고 있다"고 지적했다. 그는 "기업가정신을 고취하기 위해서는 이러한 사회 전체의 제도적 프레임을 바꿔야 한다. 인센티브를 줘야 한다. 실패에 책임을 묻되 성과가 있을 경우 이를 인정해줘야 한다"고 강조했다. 이와 함께 제도 정비를 위해 정책 입안자인 국회의원들의 결정이 중요하다고 강조하기도 했다. 황 연구위원은 "대

---

152) 1975~2013년 기간 중 연도별 기업가정신 지수를 추정한 결과, 한국의 기업가정신 지수는 1970년 대 후반기 평균 131.7에서 2011~2013년 기간 평균 72.4로 45% 감소하였음. 구체적인 수치를 살펴보면, 1970년대 후반 평균 131.7 → 1980년대 평균 107.1 → 1990년대 평균 102.8 → 2000년대 평균 78.1 → 2010년대 평균 72.4로 계속 하락하는 추세에 있는 것으로 나타났음. 한편 21세기에 국한해보면 2013년도 기업가정신 지수는 66.6으로 2000년도 지수 값인 99.6의 약 2/3에 불과한 수준이며, 지수 하락의 주된 이유는 정치 및 공공부문에서의 생산적인 기업가정신이 약화되는 대신에 정치 소득 및 규제지대 추구행위와 같은 비생산적 기업가정신이 크게 증가하였기 때문으로 풀이됨.

153) 경제활동참가율은 15세 이상 인구 중에 구직활동에 참여한 사람의 비율이며, 여기에서는 국민 개개인의 일하고자 하는 의지(individual entrepreneurship) 반영

154) 니트족은 나라에서 정한 의무교육을 마친 뒤에도 진학이나 취직을 하지 않으면서도, 직업 훈련도 받지 않는 사람을 가리키는 말로, Not currently engaged in Education, Employment or Training의 두문자어이다.

155) 인구 10만 명당 사업체 수(종업원 10인 이상 기준) : 유의미한 신규 창업의 대리 변수
종업원 300인 이상의 대규모 사업체 비중 : 기존 기업의 성장 욕구(corporate entrepreneurship) 및 사내 기업가정신(intrapreneurship) 반영

다수의 국회의원들은 법 따로 경제 따로라고 생각한다. 그러나 그렇지 않다. 제도가 기업가정신을 결정한다"면서 "생산적인 기업가정신은 북돋아주고 파괴적인 기업가정신은 제어할 수 있는 제도를 만들어 나가야 한다"고 지적했다.

4.3 글로벌 기업가정신 지수 결과에 대한 해석

4.3.1 향상되었으나 질적 개선 미흡156)

우리나라의 창업환경과 활동력의 척도로 기업가정신 지수를 많이 활용하는데 최근 우리나라의 기업가정신 지수는 세계적으로 볼 때 20위권인 것으로 나타났다. 해석에 따라 향상된 위치라고 볼 수도 있겠으나 일각에서는 우리나라의 기업가정신이 많이 쇠퇴했다고 보는 시각이 많다.

글로벌기업가정신개발원(이하 GEDI)이 최근 발표한 2018년 '글로벌 기업가정신 지수'에 따르면 우리나라는 조사 대상 137개국 중 24위에 위치하고 있다. GEDI는 기업가정신과 경제발전의 상관관계를 연구하는 기관으로, 지난 2011년부터 매년 연구결과를 발표하고 있다. GEI는 기업가적 태도와 기업가적 능력, 기업가적 열망을 지수화하여 평가하고 있다.

자료를 살펴보면 우리나라의 기업가정신 지수(GEI)는 2014년 32위, 2015년에는 28위, 2016년 27위, 2017년 24위를 랭크하고 있는데 매년 조금씩 상승했다고 볼 수도 있다.

그러나 다른 시각으로 보는 전문가들도 있다.

미래학자 피터 드러커의 '넥스트 소사이어티'에서 기업가정신이 가장 높은 나라로 한국을 꼽았었는데, 이때는 1996년이었다. 짧은 시간에 반도체·자동차 등 여러 분야에서 세계적인 수준으로 성장한 것을 높게 평가했으며 선진국들이 100년 이상 걸린 것들을 우리나라는 40년 만에 이뤄냈는데 이것이 바로 도전정신이 가미된 기업가정신 덕분이라는 것이었다.

그러나 지금은 아니다. 표면적인 기업가정신 지수는 세계 20위권이지만 그 자료를 더 자세히 보면 점수로 볼 때는 54.2점으로 딱 절반 수준으로 그냥 중위권이다. 전체 100개도 넘는 나라 중에서 겨우 중위권인 것이다.

최근 국내 청년들은 정부에서 창업 드라이브를 걸기는 하지만 아직도 공무원이

156) 인세영(2018.01.), [칼럼]우리나라의 기업가정신 지수는 세계 20위권…그러나 실제는, 파이낸스투데이, 2018.01.10. 서울신문(2018.05.), 세계기업가정신지수, OECD 35개국 중 20위…국제화·반기업정서 '낙제점', 2018.05.27.

미래 직업 1순위로 꼽힐 정도로 안정적인 것만을 추구하고 도전을 하지 않는 분위기다. 도전을 두려워하는 사회분위기 탓에 대기업을 선호하는 추세는 역대 최고치를 경신하고 있다.

기업가정신의 사전적인 의미는 "외부환경 변화에 민감하게 대응하면서 항상 기회를 추구하고, 그 기회를 잡기 위해 혁신적인 사고와 행동을 하고, 그로 인해 시장에 새로운 가치를 창조하고자 하는 생각과 의지"이다.

정부는 스타트업에게 기업가정신을 강조하기는 하지만 아직도 규제를 혁신적으로 풀어주지 않고 있다. 공유경제를 차세대 성장 동력으로 봤으면서도 운수업자들의 압력을 못 이겨 카셰어링 서비스를 불법으로 보고 있다. 뿐만 아니라 블록체인을 차세대 4차 산업혁명의 원동력으로 보고 있으면서도 블록체인 기술을 이용한 암호 화폐를 규제하고 있다.

무조건 전부 규제를 풀라는 말이 아니라 전 세계의 트렌드를 놓치기 싫다면 정부도 적절한 혁신과 개혁이 필요하다. 정부가 먼저 기업가정신을 가져야 기업가를 꿈꾸는 청년들도 기업가정신을 갖고 도전하게 될 것은 명약관화하다.

앞서 언급했듯이 한국의 글로벌 기업가정신 지수가 겉으로 보기엔 나쁘지 않은 점수이며, 매년 조금씩 상승해 전년(2016년)보다 3계단 순위가 올랐다. 하지만 안심하기엔 이르다. 한국은 경제협력개발기구(OECD) 35개 회원국 사이에서 비교하면 20위로 중하위권에 머무른다.

세부 점수를 보면 문제점이 드러난다. 제품과 생산 공정 혁신 등은 각각 95점, 100점으로 만점에 가깝다. 창업기술(77점), 관계형성(77점), 기술흡수력(67점), 창업자금의 원천이 되는 모험자본(58점) 등도 높은 수준이다. 하지만 기회 인식이 46점으로 매우 낮고, 국제화(32점)와 경쟁(32)은 낙제 수준이다. 반기업 정서 같은 문화적 요인은 27점으로 최악이다.

기술적인 수준과 경제적 조건은 좋은데, 대기업이 좋은 창업 아이템을 모두 선점하고 있어 기회가 없다고 여겨지는 것이다. 낮은 경쟁 점수는 실제로 독과점과 골목상권 침해 때문에 시장에 경쟁 요소가 적다는 의미다. 그렇다 보니 국민이 기업에 갖고 있는 인식이 긍정적일 수 없다.

암웨이가 2018년 3월 발간한 글로벌기업가정신보고서(AGER) 역시 한국의 기업가정신이 심각한 수준임을 나타내고 있다. 한국은 암웨이가 매기는 기업가정신지수(AESI) 39점을 받았다. 전년보다 9점이나 하락했고, 44개 조사 대상국 중 33위에 그쳐 10계단이나 내려갔다. 경제 성장에 박차를 가하고 있는 아시아 평균 61점엔 물론이고, 세계 평균 47점에도 한참 못 미치는 결과다.

기업가정신은 미래 경제성장 가능성을 점치는 선행 지표로 평가된다. 기업가정신이 떨어지면 장차 경제 성장이 정체될 가능성이 높다는 의미다.

4.3.2 과학기술 부문 높이 평가[157)]

우리나라가 긍정적인 평가를 받은 결과도 있다. 우리나라가 '기업가정신 지수' 아시아 1위를 차지했다는 것이다. 싱가포르, 일본, 중국을 앞질러 기업가정신을 선도하고 있다는 것인데, 세계에서는 24위에 랭크됐고, 1위는 미국이었다.

프놈펜 포스트가 발표한 '글로벌 기업가정신 지수 (Global Entrepreneurship Index)'에 따르면 우리나라가 기업가정신 환경에서 54%의 점수를 받았다.

우리나라는 2017년보다 3단계 뛰어 올라 아시아 1위를 차지했고 싱가포르가 53%로 2위, 일본은 52%의 점수를 얻어 그 뒤를 이었다. 중국은 41%로 4위를 차지했고 브루나이와 말레이시아가 각각 34%와 33%의 점수를 5위와 6위에 랭크됐다. 인도는 26%의 점수로 7위에 올랐다. 태국, 필리핀, 베트남이 그 뒤를 이었다.

우리나라는 과학기술의 거장으로 새로운 기술을 생산하고 고객에게 늘 새로운 제품을 선보이는 데 앞장선 능력이 높은 평가를 받았다. 4위를 차지한 중국의 경우 시장의 역동성과 물리적인 기반 시설이 지수를 끌어올리는데 기여했다.

7위의 인도는 "Make in India"와 같은 현재 정부의 다양한 계획에도 불구하고 확고히 자리를 굳힌 다른 아시아 지역 국가들에 비해 훨씬 뒤떨어져 있다. 보고서에 따르면 인도의 강점은 제품 및 프로세스 혁신, 기회 창업 및 시장에서의 견고한 경쟁에 있다고 한다.

하위권인 파키스탄, 미얀마 및 방글라데시의 평균 점수는 위험 영역에 속한다. 보고서는 "이 지역 국가들이 위험을 감수하는 태도와 위험 프로파일을 개선한다면 아시아·태평양 지역의 기업가 생태계가 강화될 것"이라고 전했다.

4.3.3 창업생태계 대부분 이전보다 개선[158)]

2019년 1월 21일 현지시간 오전 9시(한국시간 밤9시) 칠레 산티아고에서 발표된 2018년 글로벌기업가정신연구(이하 "GEM")에 따르면 한국의 창업생태계관련 지표 대부분이 개선된 것으로 나타났다.[159)]

일반성인조사(APS)의 경우 전 세계 49개 국가가 참여하였으며, 창업태도, 창업활

157) 채동하(2018), 한국 '글로벌 기업가정신 지수' 아시아 1위…과학기술 높이 평가, 소셜타임스, 2018.12.09.

158) 중소벤처기업부(2019), 생계형 창업은 줄고, 기회형 창업은 늘었다, 보도자료, 2019.01.21.

159) 동 보고서는 매년 글로벌기업가정신연구협회(이하 "GERA")가 창업생태계 전반에 관해 전 세계 국가를 대상으로 조사 후 발표한다. 이번 2018년 국내조사는 일반인 조사(APS)는 창업진흥원, 전문가 조사(NES)는 한국청년기업가정신재단에서 수행하였다.

동, 창업열망을 구성하는 주요 지표별 지수와 국가별 순위로 구성되어 있다. 한국은 총 17개의 조사항목 중 16개의 지표에서 개선이 이루어졌다. 특히 기회형 창업은 전년대비 2.9%p 증가한 67.1%로 전체 국가 중 4위로 전년대비 4단계 상승하였으며, 반대로 생계형 창업은 전년대비 1.0%p 감소한 21.0%로 전체 국가 중 27위로 전년대비 4단계 하락(개선됨)하였다. 그 외에도 '직업선택 시 창업 선호(53.0%, 전년대비 5.8%p 증가, 37위)', '성공한 창업가에 대한 사회인식(70.0%, 전년대비 1.4%p 증가, 26위)', '언론의 창업 관심도(67.1%, 전년대비 6.6%p 증가, 16위)' 등 다양한 지표에서 나아진 모습을 보여줬다.

국가전문가조사(NES)의 경우 전 세계 54개 국가가 참여하였으며, 12개 지표 중 6개는 크게 개선되었으며, 6개는 전년과 유사한 수준으로 조사되었다. 창업기업에 대한 정부의 지원 정책이 적절한지를 확인하는 '정부정책(적절성)'은 전년대비 0.38점 증가한 6.14점으로 전체 국가 중 5위를 기록하였다. 또한 세금과 기타 정부 규제에 대한 수준을 확인하는 '정부정책(규제완화)'은 전체 국가 중 순위는 17위를 기록하며 전년대비 한 단계 상승하였다. 또한 정부와 민간의 금융 지원 수준이 적절하고 충분한지를 평가하는 '재무적 환경'은 11단계 오른 25위를 기록하였다. 이는 최근 정책자금 연대보증 폐지 등과, 벤처투자 증가세로 창업기업 유동성이 풍부해진 상황과 일치하는 방향성을 보여준다.

아쉬운 지표도 보인다. 창업에 대한 개인적 인지인 '실패의 두려움(32.8%, 전년대비 0.6%p 증가, 28위)'은 소폭 증가(7단계 상승)하며 상대적으로 악화된 것으로 보인다.

중소벤처기업부 창업정책총괄과 이현조 과장은 "2017년 발표된 '혁신창업생태계 조성방안' 이후 추진된 다양한 정부의 지원책과 민간의 창업 붐이 시너지 효과를 내어 점차 우리나라의 창업생태계가 개선되는 것으로 보인다."라고 말했다.

4.4 김선우 외(2018년)의 분석 결과[160)]

4.4.1 기업가정신 격차 분석

1) 개인의 기업가정신

개인 기업가정신 격차 분석은 성별, 연령별, 전공별, 창업경험을 기준으로 진행되었다.

160) 김선우 외(2018), 2018년 기업가정신 실태조사 심층연구, 과학기술정책연구원, 2018. 11.30.

〈표 4-1〉 개인 기업가정신의 지표와 항목

지 표	항 목
기업가적 특성	혁신성
	위험감수성
	시장선도성
	자율성
	경쟁추구성
	성취욕구
기업가적 역량	인지 역량
	대인관계 역량
	사업화 역량
기업가적 태도와 인식	대응방식
	글로벌 마인드
	공익실현
	개인적 인식
	사회적 인식

성별에 따른 기업가정신 수준은 대체적으로 남성이 여성보다 높은 수준을 기록하였으며, 이러한 결과는 내면적, 인성적 성향의 '기업가적 특성'이나 실천적, 행동적 특성을 강조하는 '기업가적 역량' 지표에서 보다 확연하게 나타났다.

연령별 기업가정신 수준은 10대(13~19세), 20대, 30대, 40대, 50대, 60대로 구분하여 분석이 수행되었으며, 모든 지표 및 항목에서 통계적으로 유의한 수준에서 차이가 있음이 확인되었다. '기업가적 특성', '기업가적 역량' 두 지표는 연령대가 낮아질수록 높은 수준을 보이는 것으로 확인되었다. 그러나 창업에 대한 구체적, 실천적인 태도와 의지를 보이는 '기업가적 태도와 인식'에서는 다소 상이한 결과로 '대응방식', '공익실현', '개인적 인식' 부분에서 50대가 다른 연령 대비 대체적으로 높은 수준을 보이는 것으로 확인되었다. 이와 별개로 60대의 기업가정신 수준은 전체적으로 낮은 수치를 나타냈다.

전공별 기업가정신 수준은 6개 전공(인문사회계열, 교육계열, 이공계열, 농림수산계열, 예체능계열)으로 구분하여 총 5,165개 유효 응답을 토대로 분석이 수행되었다. 분석결과 '기업가적 특성', '기업가적 역량' 지표의 각 항목에 따라 다소 차이가 있지만 전반적으로 예체능계열, 교육계열에서 개인이 내재되어 있는 기업가정신 수준이 다소 낮은 수준을 나타냈고, 농림수산계열이 상대적으로 높은 기업가정신 수준을 보이는 것으로 확인되었다. 그러나 '기업가적 태도와 인식' 지표에서는 '글로벌 마인드', '공익실현' 항목은 예체능계열이 인문사회계열, 이공계열, 농림수산계열보다 높은 수준인 것으로 나타났다.

창업경험에 따른 기업가정신 수준은 4개(본인과 가족 및 지인 경험 있음, 본인만 경험 있음, 가족 및 지인 경험 있음, 본인과 가족 및 지인 경험 없음)로 구분하여 분석이 진행되었다. 분석 결과 '기업가적 태도와 인식' 지표의 '대응방식', '공익실현'을 제외한 모든 항목에서 통계적으로 유의수준 하에서 차이를 보였으며, 항목에 따라 비교 집단이 다르나 전반적으로 가족 및 지인 경험 있음이 낮은 수준을 나타냈다.

2) 기업의 기업가정신

기업 기업가정신 격차분석은 규모별, 산업별, 업력별을 대상으로 수행되었다.

규모별 기업가정신 수준은 모든 지표와 문항의 수준에서 통계적으로 유의미한 수준의 차이가 존재하였다. 또한 항목 별로 격차의 집단이 일부 차이가 있으나 대체적으로 기업의 규모가 클수록 기업가정신 수준이 높은 것으로 확인되었다. 특히 300인 이상 기업은 모든 지표에서 높은 기업가정신 수준을 기록하였다.

산업별 기업가정신 수준에서도 모든 지표와 문항 수준은 통계적으로 유의미한 차이가 나타났다. '비전과 전략', '기업가적 특성', '문화와 구조', '운영체계', '기업성과', '경영환경' 지표들의 결과를 토대로 살펴보면, 금융 및 보험업이 높은 수준으로 나타났으며 도·소매업 또는 부동산 및 임대업이 항목에 따라 가장 낮은 수준을 보이는 것으로 확인되었다.

업력별 기업가정신 수준에서는 '비전과 전략' 지표의 경우 3년 미만 기업이 7~44년, 45년 이상 기업보다 높은 수준을 나타냈으며, '기업가적 특성', '문화와 구조', '운영체계', 기업성과'에서는 일부를 제외하고 대다수의 문항에서 45년 이상 기업이 7~44년 미만 기업보다 높은 수준인 것으로 확인되었다.

〈표 4-2〉 기업 기업가정신의 지표와 항목

지 표	항 목
문화와 구조	참여와 노력
	회사의 제도화
	학습과 공유
	점검과 보상

지 표	항 목
비전과 전략	CEO 리더십
	가치와 전략
기업가적 특성	혁신성
	위험감수성
	시장선도성
	자율성
	경쟁추구성
	성취욕구
운영체계	HRM 프로그램
	예산 시스템
	규정과 절차
기업성과	제안 성과
	활동 성과
	사업 성과
	시장 성과
경영환경	시장
	자금
	정책
	인력
	지원
	문화

3) 기업가정신 격차에 관한 시사점

2018년 국내 기업가정신의 실태 결과는 다음과 같다.

첫째 2017년 기업가정신 격차 분석에서 수행되었던 결과와 유사하게 도출되었으며 큰 변화는 없는 것으로 나타났다. 성별에 따른 기업가정신 수준을 살펴보았을 때, 2018년 기업가정신 개인 수준에서도 전반적으로 남성의 기업가정신 수준은 여성보다 높은 것으로 확인되었다. 이는 변화가 나타나기에는 기간적으로 짧다는 점을 감안한다면 앞으로도 여성의 기업가정신이 발현 및 증가될 수 있도록 지속적인 노력이 필요하다는 점을 강조한다.

둘째 세대별 기업가정신 수준을 살펴보았을 때, ‘기업가적 태도와 인식’ 지표의 ‘개인적 인식’ 항목을 토대로 기업가정신에 대한 청년층과 중년층의 인식은 긍정적으로 나타나고 있음을 확인할 수 있다. 이에 따라 보다 인식을 개선하고 기업가정신을 고취시킬 수 있는 다양한 활동(교육, 미디어, 포럼 등)과 노력이 필요하다.

셋째 본 연도에서는 전공별 기업가정신 수준을 보고자 하였다. 분석결과를 살펴보면, 기업가정신의 내면적, 인성적 성향을 강조하는 '기업가적 특성'과 기업가정신의 발현 관점에서 실천적, 행동적 특성을 강조하는 '기업가적 역량'에서 대체적으로 예체능계열이 낮은 수준을 보였으며, '기업가적 태도와 인식' 측면에서는 상대적으로 높은 수준을 나타냈다. 기업가정신의 발현을 위해서는 균형적인 모습의 기업가정신이 필요함에 따라 이를 위한 고민이 요구된다.

넷째 산업별에 따른 기업가정신을 살펴보았을 때, 2017년과 달리 구분을 8개로 재분류하여 분석이 실시되었다. 항목별로 다소 상이한 부분이 있지만 전반적으로 금융 및 보험업이 높은 수준을 보였고 도・소매업, 부동산 및 임대업이 낮은 수준으로 나타났다. 이는 도・소매업이나 부동산 및 임대업의 기업가정신이 발현되기 위해서는 보다 관심을 가지고 면밀히 살펴볼 필요가 있음을 시사한다.

4.4.2 지역의 기업가정신 심화연구

개인 차원과 기업 차원으로 구분된 기업가정신 실태조사의 결과를 종합하여 17개 시도로 구분된 지역별 기업가정신 수준을 비교하고, 지역별 기업가정신의 특성을 살펴보았다. 또한 전국을 수도권과 비수도권, 도심과 비도심 지역으로 구분하여 그룹 간 기업가정신의 수준을 비교분석하였다. 추가로 앞선 17개 시도의 개인과 기업 차원의 기업가정신 부문별 지표 데이터를 바탕으로 유사한 특성을 가진 지역을 묶어 지역 기업가정신을 유형화하였다. 마지막으로 기업가정신 실태조사의 응답 데이터를 넘어 지역 차원의 외부 환경요인들을 발굴하여, 해당 요인들과 17개 시도의 기업가정신 수준과의 상관관계가 분석되었다.

먼저 전국 단위의 기업가정신 현황을 살펴보면, 개인 차원에서는 핵심 지표인 기업가적 특성, 역량, 태도와 인식 중 태도와 인식 수준이 가장 높았다. 하지만 태도와 인식의 하위 지표 중 개인적 인식보다는 사회적 인식이 더 높게 나타나 창업 실행에 있어 막연함이 큰 것으로 나타났다. 결국 개인 차원의 창업 경험과 창업 계획으로 본 기업가적 성과는 전반적으로 부진했다. 기업 차원에서는 기업의 장기적 비전이나 전략, 체계와 제도적 측면보다는 기업가의 단기적 리더십과 보수적 성향이 두드러졌다. 다만 기업 구성원들의 혁신과 기업가적 활동에 대한 참여와 노력은 상대적으로 활발해 기업 차원의 기업가정신 향상을 통한 생존과 성장의 가능성을 엿볼 수 있었다.

1) 지역별 기업가정신

(1) 17개 시도

17개 시도별 기업가정신 분석 결과, 우리가 일반적으로 예상하는 기업가정신 인식과는 다소 다른 모습이 나타났다. 강원도, 경상북도, 전라남도, 제주도와 같은 낙후된 지역으로 인식된 곳의 개인 차원의 기업가정신 수준이 비교적 높게 나타난 반면, 대구광역시, 부산광역시, 세종특별자치시, 울산광역시 등과 같은 대도시 지역의 개인 차원의 기업가정신 수준은 하위권을 기록한 것이다. 다만 개인 차원의 기업가정신 수준이 낮았던 대도시 지역의 기업 차원의 기업가정신 수준은 상위권을 기록하고, 반대로 개인 차원의 기업가정신 수준이 낮았던 지방 시도의 기업 차원의 기업가정신 수준은 하위권을 기록하는 경우가 상당수라는 점에서, 결국 기업의 기업가정신이 활발한 지역이 보다 직접적으로 지역의 창업 및 기업 활동을 촉진하는 것으로 보이며, 개인의 기업가정신이 실제 기업가적 성과로 발현되기 위해서는 지역 내 환경 및 인프라 구축 등이 선행되어야 함을 알 수 있었다.

(2) 수도권 vs 비수도권

17개 시도를 수도권(서울, 경기, 인천)과 비수도권(이외 지역)으로 구분하여 기업가정신 수준을 비교한 결과, 개인 및 기업 차원 모두에서 수도권의 기업가정신이 비수도권의 기업가정신에 비해 더 높은 수준을 보였다. 특히 개인 차원에서는 기업가적 태도와 인식 중 개인적 인식, 사회적 인식 모두가 비수도권보다 수도권에서 훨씬 높은 것으로 나타났는데, 이는 수도권의 개인이 느끼는 창업에 대한 기회 및 역량, 창업을 실행하고자 하는 의지가 비수도권에 비해 크다는 것을 의미한다. 또한 기업 차원에서도 수도권이 비수도권에 비해 기업의 혁신과 기업가적 활동에 있어 보다 적합한 환경을 제공하고 있음을 알 수 있다. 따라서 비수도권 지역은 개인 차원의 기업가정신의 내면적 측면과 실천적 측면을 동시에 높이려는 노력과 함께, 기업 차원에서는 상대적으로 부족한 창업 및 기업경영 관련 외부 환경과 인프라, 문화 및 인식을 개선하기 위해 기업의 경영자 및 구성원들이 보다 높은 기업가정신 인식을 가지고 적극적으로 혁신과 기업가적 활동을 수행하기 위해 매진해야 한다.

(3) 도심 vs 비도심

전국 행정구역 상 읍면동 단위로 구분하여, 도심 지역과 비도심 지역의 기업가정신 수준 비교분석은 비수도권 및 수도권과는 다른 결과를 보여주었다. 비도심 지역은 개인 차원의 기업가정신 수준이, 도심 지역은 기업 차원의 기업가정신 수준이 전반적으로 높게 나타난 것이다. 이는 도심 지역이 활발한 기업 활동과 사업친화적인 주변 환경을 보유하고 있기 때문인 것으로 보인다. 즉 비도심 지역은 내면적 기업가정신 수준은 높지만, 실천적 기업가정신 수준이 도심 지역보다 상대적으로 낮아 기업가정신의 발현 관점에서 우수한 성과를 내지 못하고 있다는 것이다.

2) 지역의 유형화

〈표 4-3〉 전국 17개 시두별 기업가정신 지수 패턴에 따른 세가지 유형 분류

유 형	지역(광역자치단체)
기업가 주도형(5개 지역)	강원도, 경기도, 서울특별시, 울산광역시, 충청남도
개인 잠재형(9개 지역)	경상남도, 경상북도, 광주광역시, 대구광역시, 인천광역시, 전라남도, 전라북도, 제주도, 충청북도
기업 친화형(3개 지역)	대전광역시, 부산광역시, 세종특별자치시

앞서 분석한 17개 시도의 기업가정신 부문별 지표를 바탕으로 패턴의 유사성을 정량적으로 분석해 유형화하는 군집 분석의 결과, '기업가 주도형', '개인 잠재형', '기업 친화형'의 세 가지의 지역 기업가정신 유형이 드러났다.

기업가 주도형은 개인 및 기업 차원의 기업가정신 수준 둘 다 중간 수준이나 창업 경험이나 계획 등 기업가적 성과가 우수하며 경영자의 비전과 전략이 뚜렷한 지역이다. 해당 지역은 기업가의 자기주도성과 창업 실행에 있어서의 실천력이 돋보인다고 볼 수 있다.

개인 잠재형의 경우 개인 차원의 기업가정신 수준이 우수한 특성을 보인다. 하지만 개인의 기업가적 특성, 역량, 태도와 인식 수준은 뛰어나 잠재력을 갖추고 있으나 실제 기업경영 환경에 있어서는 기업가정신이 제대로 발휘되지 못하는 약점을 가지고 있다.

기업 친화형의 경우 개인 차원보다는 기업 차원의 기업가정신 수준이 높게 나타나는데, 이는 기업 관점에서의 역량 및 시스템 차원에서 혁신과 기업가적 활동에 적합한 환경을 갖추고 있음을 보여준다.

〈표 4-4〉 지역 기업가정신 수준에 대한 유형별 특징 비교

	기업가 주도형(5개 지역)	개인 잠재형(9개 지역)	기업 친화형(3개 지역)
종합 차원	• 개인 및 기업 차원의 기업가정신 수준은 중위권 • 기업가의 창업 및 기업경영에 있어서의 적극성	• 개인 차원의 기업가정신 수준은 상위권이나 기업 차원은 하위권 • 개인의 잠재력은 높으나 창업 및 기업 활동의 발현과정에서 한계	• 기업 차원의 기업가정신 수준은 상위권이나 개인 차원은 하위권 • 기업의 기업가정신 수준은 높으나 개인의 동기부여를 유발하지 못함
개인 차원의 특성	• 기업가적 특성 및 역량에 비해 낮은 기업가적 태도 및 인식 수준 • 개인 차원의 높은 성취욕구 • 글로벌 마인드 부족 • 활발한 창업 성과(계획 포함)	• 혁신성, 위험감수성, 경쟁추구성에서 높은 지향성을 나타냄 • 우수한 사회적 능력(대인관계역량, 사회적 인식 등) • 공익실현에 대한 인식 부족	• 기업가적 태도 및 인식에 비해 낮은 기업가적 지향성 • 높은 글로벌 마인드·공익실현 의지 • 개인적·사회적 인식의 동시 결여
기업 차원의 특성	• 기업가의 리더십과 비전 확고 • 기업 차원의 높은 성취욕구 • 변화와 혁신에 대한 적극적인 참여와 노력 • 창의성과 혁신역량 강화, 기업가적 성과에 대한 기업 조직차원의 보상 • 기업 재무성과의 부진 • 자금조달의 용이성	• 기업 차원의 위험감수성, 자율성, 경쟁추구성, 성취욕구 부족 • 기업의 조직문화와 운영체계 전반의 체계화 부족 • 제안성과, 활동성과에 비해 우수한 시장성과 • 인력확보 용이성	• 기업가의 리더십과 비전제시 능력 부족 • 성취욕구 제외한 기업 차원의 우수한 기업가적 특성 • 기업가정신·혁신 인력·조직 보유 • 제안, 활동, 사업성과 등 기업성과 전반의 우수성 • 실패 시 재도전 수월

3) 지역별 기업가정신 수준과 환경요인 간의 상관성

마지막으로 전국 17개 시도의 개인 및 기업 차원의 기업가정신 수준과 실태조사 외 지역 차원의 다양한 외부 생태계 및 환경요인과의 상관관계를 분석한 결과, 지역의 실업률과 기업가정신 수준과는 관련성이 있는 것으로 나타났다. 즉 실업률이 높은 지역일수록 개인 차원의 기업가정신이 낮게 나타난 것이다. 이는 개인의 창업 및

취업 선택에 있어 주요한 환경요인으로서의 기업가정신의 중요성을 입증한다.

한편 1인당 지역총생산은 개인 기업가정신 수준과 '역 U'자 형태[161]의 관계를 보여주지만, 기업의 기업가정신과는 양의 상관관계를 나타낸다. 즉 지역총생산이 늘어나면 기업 활동이 활발해지며 기업의 기업가정신 수준은 높아지지만 양질의 일자리가 증가하면서 개인의 기업가적 동기는 떨어져 개인의 기업가정신 수준을 높이는데 한계를 보이는 것이다. 이는 1인당 개인소득이 높아지면 기업가적 동기가 떨어져 개인의 기업가정신 수준이 낮아지는 결과와도 일맥상통한다.

한편 지역별 R&D 투자비와 R&D 인력비중은 개인보다는 기업 차원의 기업가정신 수준과 관련성이 있는 것으로 보인다. 지역 내 정부 및 민간 R&D 투자가 결국 R&D 성과물의 최종 수혜 주체인 기업의 혁신역량을 향상시키고, 기업 내 핵심 혁신인재인 R&D인력을 중심으로 한 구성원들의 기업가적 지향성을 증진시키는 것이다. 하지만 위험자본 투자자의 경우, 투자자 수가 많은 지역(즉 창업 자금조달이 용이한 지역)의 기업가정신 수준이 오히려 떨어지는 모습을 보이기도 했다. 반면 기업가정신 및 창업교육의 기회는 전반적인 지역의 기업가정신 수준을 향상시키는 것으로 나타났다. 한편 규제 인식 정도가 높을수록 기업의 기업가정신 수준은 높았다. 이는 기업의 기업가정신에 대한 인식이 높을수록 기업이 기업가적 활동을 방해하는 규제요소에 대해 더 민감하게 인식하기 때문이다.

4) 지역별 기업가정신 심화연구의 시사점

17개 시도, 수도권 및 비수도권, 도심 및 비도심 지역으로 구분한 지역의 개인 및 기업 차원의 기업가정신 수준을 비교분석함으로써 우리는 지역의 기업가정신에 대한 전반적인 인식과 함께 지역 기업가정신 생태계에 대한 실태를 동시에 파악할 수 있었다. 지역별로 개인의 기업가정신 인식이 높은 곳도, 기업의 기업가정신의 인식이 높은 곳도 있었으며, 기업가적 특성이나 역량과 같은 개인 및 기업 차원의 내면적이며 잠재적인 기업가정신이 갖춰진 곳도, 기업가적 태도와 인식, 기업성과와 같은 개인 및 기업 차원의 실천적이며 현상적인 기업가정신이 우수한 곳도 존재하였다. 다만 지역의 기업가정신에 대한 전반적인 수준과 각 지표별 수준은 지역이 처한 개인 및 기업 차원에서의 다양한 영향요인과 환경조건에 따라 다양한 양상을 나타냈으며, 특정 지표나 요인이 해당 지역의 기업가정신 증진에 있어 강점 또는 약점으로 작용하기도 하였다.

161) '역 U'자 형태: U자를 거꾸로 놓은 모양

4.5 대한상의 ‘2018 기업호감지수’ 조사 결과[162)]

2018년 대기업과 중소기업에 대한 국민들의 호감도가 소폭 하락한 것으로 나타났다. 특히 절반에 달하는 국민들은 우리 기업들이 도전정신, 즉 기업가정신이 부족하다는 인식이 높은 것으로 조사됐다. 대한상공회의소는 전국 성인남녀 1,000명을 대상으로 실시한 ‘2018년 기업호감지수’(CFI : Corporate Favorite Index) 조사 결과, 기업에 대한 호감도가 53.9점으로 집계됐다고 2019년 1월 17일 밝혔다. 기업호감지수는 2016년 47.6점에서 2017년 55.8점으로 상승한 뒤, 2018년 53.9점으로 다시 하락했다.[163)]

기업규모별로는 대기업과 중소기업의 호감도가 모두 하락했다. 대기업 호감도는 2017년보다 3.2점이 하락한 49.0점으로, 기준치를 하회했다. 중소기업 호감도는 58.4점을 기록해 2017년보다 1점 하락했다. 대한상의 관계자는 “경제의 구조적 하락 속에 체감도가 가장 큰 일자리 창출과 투자가 국민 기대에 다소 못 미쳤다”며 “일부 경제적 이슈에 대한 기업과 이해관계자 간 갈등이 부각되면서 호감도가 전년대비 소폭 하락했다”고 평가했다.

특히 기업인들이 도전정신을 더 발휘해야 한다는 지적도 나왔다. ‘기업인이나 예비창업자의 기업가정신이 활발한지’를 묻는 질문에 ‘그렇지 않다’(46.4%)는 응답이 ‘그렇다’(20.6%)는 답변보다 두 배 이상 많았다. 기업가정신을 고취하기 위해 가장 필요한 것으로는 ‘실패 후 재기할 수 있는 사회안전망 강화’(30.2%)를 꼽았다. 이어 ‘기술역량 강화 지원’(21.5%), ‘규제완화를 통한 신사업기회 확대’(18.6%), ‘도전을 격려하는 사회적 분위기 조성’(14.6%), ‘창업자금 조달 원활화’(13.0%) 등이 뒤를 이었다. 각 부분별 호감도 지수를 살펴보면 ‘기업의 경제적 기여’ 점수는 62.8점으로 전년 대비 2.5점 떨어졌고, ‘사회적 공헌’은 46.9점, ‘규범·윤리 준수’는 44.2점을 기록해 전년과 큰 차이가 없었다.

신현한 연세대 경영학과 교수(대한상의 자문위원)는 “사회적 공헌이나 규범·윤리준수 등이 국민의 기대치에 여전히 못 미치는 가운데 기업의 경제적 기여도에 따라 호감지수의 등락이 좌우되고 있다”며 “2018년은 일부 업종의 슈퍼호황으로 경제 부진이 일부 가려졌다지만, 대내외적 불확실성이 한층 커진 2019년 체감경기 지표가 본격 하락하게 된다면 호감지수도 크게 하락할 수 있다”고 말했다.

기업을 긍정적으로 평가한 국민들은 그 이유로 ‘국가경제 발전의 기여’(42.4%)를 1순위로 꼽았다. 이어 ‘일자리 창출’(36.9%), ‘국가 브랜드 향상’(12.5%), ‘기업문화

---

162) 중소기업투데이(2019), 국민 10명중 4명, ‘기업가정신 부족’ 지적, 2019.01.17.

163) 기업호감지수는 ‘매우 긍정적’ 100점, ‘다소 긍정적’ 75점, ‘중립’ 50점, ‘다소 부정적’ 25점, ‘매우 부정적’ 0점 등으로 세분화돼 있다. 50점을 넘으면 기업을 긍정적으로 평가하는 답변이 더 많은 것이고, 50점 미만이면 그 반대다.

개선 노력' 3.4%, '사회공헌활동' 2.7%, '준법·윤리경영 노력' 1.2%, '기타' 0.9% 등의 순으로 집계됐다. 반면 기업을 부정적으로 평가한 국민들은 가장 큰 이유로 '준법·윤리경영 미흡'(44.4%)'을 꼽았다. 이외에도 '후진적 기업문화'(20.5%), 일자리 창출 부족'(19.0%), '사회공헌 활동 미흡'(7.8%), '국가경제 기여 미진'(5.9%), '기타' 2.4% 등의 순으로 나타났다.

박준 대한상의 기업문화팀장은 "장기적이고 구조적인 하락 추세 속에 2019년 한해도 대내외 불확실성 고조로 투자와 일자리 창출의 동력이 떨어질 것으로 전망된다"며 "파격적인 규제완화와 제도 개선을 통한 투자활력 제고에 나서는 한편, 기업들도 낡은 관행과 후진적 기업문화를 쇄신해 나가야한다"고 말했다.

4.6 한경비즈니스(2019년)의 조사 결과[164)]

경영학의 대가인 피터 드러커는 "한국은 전 세계에서 기업가정신이 가장 충만한 나라"라고 말했다. 전쟁의 폐허 속에서 세계적인 기업을 키워낸 한국 경제의 '역동성'과 '도전 정신'을 높이 평가한 것이다. 1950~1980년대 중반까지의 얘기다. 그렇다면 지금은 어떨까. 지난해 '2018 암웨이 글로벌 기업가정신 보고서'에 따르면 한국의 기업가정신지수는 39점으로, 44개국 조사 대상국 중 33위다. 1위는 베트남(89점)이었고 아시아 평균 점수는 61점이었다.

제4차 산업혁명과 함께 '혁신 성장'이 그 어느 때보다 강조되는 시대다. 그럼에도 불구하고 한국의 기업가정신이 추락하는 것은 무엇 때문일까. 이에 대한 힌트를 찾기 위해 한경비즈니스는 대한민국 국민이 '기업가정신'에 대해 어떻게 인식하고 있는지 조사했다. 이번 설문은 오픈 서베이를 통해 2019년 3월 14일부터 15일까지 이틀간 10대부터 60대 이상까지 각 연령별로 100명씩 모두 600명을 대상으로 진행되었다.

4.6.1 '기업가정신' 하면 떠오르는 인물, 정주영 · 김범수 '압도적'

대한민국 국민이 생각하는 한국의 기업가정신은 몇 점일까. 600명의 응답에 대한 전체 평균 점수는 '47.16점'이었다. 2018 암웨이 글로벌 기업가정신 보고서의 39점보다는 높은 점수지만 여전히 50점에 못 미치는 점수다. 실제 우리 국민 또한 한국의 기업가정신을 긍정적으로 평가하고 있지 않았다.

164) 한경비즈니스(2019.03.27.), [기업가정신이 희망이다] 1부 잊힌 '기업가정신'을 찾아서, 커버스토리 제1217호.

다만 연령대별・성별로 세분해 들여다보면 그 결과가 조금 달랐다. 남성 응답자(평균 47.61)들이 여성 응답자(46.72)에 비해 상대적으로 높은 점수를 줬다. 또 60대 이상 응답자들의 평균은 51.02점으로 한국의 기업가정신에 대해 가장 후한 평가를 내리고 있었고 30대 응답자들은 41.73으로 상대적으로 낮은 점수를 줬다. 눈에 띄는 것은 대학생·대학원생들의 기업가정신에 대한 평가(평균 점수 45.60)가 상당히 부정적이라는 점이다.

국내 1세대 기업인들 가운데 창조적 파괴, 혁신, 과감한 도전 정신을 가장 잘 구현한 기업인으로는 정주영 현대그룹 전 명예회장(23.3%)이 꼽혔다. 세부적으로는 50대(27.0%)와 30대(28.0%)에서 많은 지지를 받았다. 2위는 유한양행의 창업자인 유일한 박사(15.3%)가 꼽혔다. 특히 여성 응답자들의 응답률이 높았는데 그중에서도 50대, 전업주부의 전폭적인 지지를 받았다. 3위는 오뚜기 창업자인 함태호 전 명예회장(15.2%)이었다. 상대적으로 10대(22%)에게 많은 선택을 받았고 여성 응답자(19%)들의 선택률 또한 높았다. 이병철 삼성그룹 창업자와 구인회 LG그룹 창업자는 각각 4위(15.0%)와 5위(11.5%)에 올랐다.

2000년대 이후 창업한 기업인들 가운데서는 김범수 카카오 의장이 압도적인 지지를 받았다. 응답자의 27.8%가 선택했다. 전 연령층에서 고른 지지를 받았지만 그중에서도 40대(31.0%)와 30대(34.0%)의 응답률이 높았다. 2위는 방탄소년단(BTS)을 키워낸 빅히트엔터테인먼트의 방시혁 대표(12.7%)였다. 특히 대학생・대학원생(17.5%)과 전업주부(18.1%)로부터 많은 선택을 받았다. 3위는 네이버 창업자인 이해진 네이버 글로벌투자책임자(GIO)(10.8%)로, 상대적으로 60대 이상(15.0%)과 10대(16.0%)의 응답이 높았다. 4위는 '배달의 민족'을 운영하는 김봉진 우아한형제들 대표(9.2%)로, 특히 초중고생(25.9%)으로부터 압도적인 선택을 받았다. 5위는 안랩의 안철수 전 대표로, 50대(21.0%)의 응답률이 높았다. 이 밖에 기타 응답으로 '백종원' 등이 꼽히기도 했다.

해외 기업가들 가운데서는 빌 게이츠 마이크로소프트 창업자(33.0%)가 스티브 잡스 애플 창업자(31.3%)를 근소한 차이로 앞질렀다. 50대(47.0%)와 60대 이상(52.0%)은 빌 게이츠를 선택한 반면 40대(35.0%)와 30대(40.0%)는 스티브 잡스를 선호했다. 3위는 구글의 창업자인 래리 페이지(11.5%)로, 대학생·대학원생(20.6%)과 초중고생(20.4%)의 응답률이 상대적으로 높았다.

4.6.2 과반수 "기업가정신 하락했다"

1950~1980년대와 경제성장기와 비교해 한국의 기업가정신이 쇠퇴했느냐는 질문에 과반의 응답자들이 그렇다(41.7%), 혹은 매우 그렇다(14.7%)라고 응답했다. 비슷

하다는 응답은 27.2%에 그쳤고, 그렇지 않다(14.8%), 매우 그렇지 않다(1.7%)라고 응답했다. 50대 이상은 그렇다(53.0%)의 보기를 많이 선택한 반면, 30대(31.0%)와 10대(35.0%)는 비슷하다는 응답이 많았다.

기업가정신이 쇠퇴한 이유에 대해서는 '기업가에 대한 부정적 인식'이 20.3%로 가장 높았다. 50대 25%, 60대 이상 24.0%가 이것을 이유로 들었다. 2위는 '안정적인 직업에 대한 선호(16.5%)'였는데 상대적으로 30대(22.0%)의 응답이 많았다. 3위는 '입시 위주의 교육(16.3%)'이었다. 특히 초중고(29.6%) 학생들이 많이 꼽았다. 이 밖에 각종 규제(9.5%), 실패에 대한 두려움(90%), 강성 노조(8.2%)라는 응답자들도 적지 않았고 기타 응답 또한 다양했다. 즉 '대기업 위주의 지배구조', '수익만 좇는 기업인들의 욕심', '재벌 기업의 상속' 등이라고 응답했다.

기업가정신에 비춰 현재 국내 기업을 어떻게 평가하느냐는 질문에는 부정적인 응답이 많았다. 전체의 45.5%가 '보통'이라고 답했고 부정적 35.0%, 매우 부정적 7.8%였다. 이와 비교해 긍정적이라는 답변은 10.8%, 매우 긍정적은 0.8%에 그쳤다. 그중에서도 대학생·대학원생의 44.4%, 직장인의 39.9%가 '다소 부정적'이라고 응답했다.

현재 국내 기업의 긍정적인 측면을 묻는 질문에는 '경제 발전에 기여'가 36.2%로 가장 높은 선택을 받았다. 특히 60대 이상(43.0%), 50대(47.0%)의 응답률이 높았다. 다음으로는 '국가 브랜드 향상(23.3%)', '일자리 창출(19.7%)'의 순으로 나타났다. 이 밖에 기타 의견(2.3%)의 대부분은 '긍정적인 측면이 없다'고 응답했다.

국내 기업의 부정적인 측면에 대해서는 '준법·윤리 경영의 미흡'이 43.2%로 압도적으로 많았다. 전 연령층에서 고르게 선택 받았는데 그중에서도 40대(54.0%)의 응답률이 높았다. 2위는 '일자리 창출 부족(20.7%)'이었고 상대적으로 초중고(44.4%) 응답자의 비율이 높았다. '후진적 기업 문화(18.0%)', '사회공헌 활동 미흡(12.3%)'도 주요 이유 중 하나로 꼽혔다. 기타 응답으로는 '소통·몰이해', '고객을 우선하지 않음' 등이 있었다. 특히 '언급된 이유들이 전부 해당된다'는 응답 또한 적지 않았다.

기업에 대한 부정적인 인식이 지배적인 만큼 기업의 창업자가 경영인들의 '가업 승계'에 대한 인식 또한 부정적이었다. '가업 승계'라고 하면 가장 먼저 떠오르는 이미지에 대해 52.3%의 응답자가 '불법·편법적인 상속'을 꼽았다. 30대(61.0%)와 50대(61.0%)의 응답률이 높았다. 전업주부(59.6%)와 직장인(59.1%)의 과반도 이를 꼽았다. '2~3세들의 경영권 다툼'도 29.7%에 달했다. 상대적으로 60대 이상(35.0%)과 10대(45.0%)가 많이 선택했다. 이와 비교해 긍정적인 이미지를 대변하는 '장인정신'의 응답률은 6.7%, 백년 가게는 5.3%에 그쳤다. 가업 승계를 부정적으로 보는 이유는 '노력 없는 부의 대물림'이 47.7%로 가장 높았다. 특히 50대의 64.0%가 이를 꼽았다. 뒤이어 '2~3세들의 특권 의식(25.7%)', 불투명한 승계 과정(19.8%)의 순으로 나타났다. 60대 이상은 '2~3세들의 특권 의식'을 상대적으로 많이 꼽았고(30.0%), 불투명한 승계 과정을 많이 꼽은 집단은 대학생·대학원생(28.6%)으로 나타났다. 기타 응답으로는 '언급한 모든 요인들이 복합적으로 작용'한다는 의견이 많았고 '2~3세의 무능'을 공통적으로 지적한 의견도 눈에 띄었다.

현재 한국경제에 가장 필요한 기업가정신의 덕목을 묻는 질문에는 '사회적 책임'이 가장 높게 나타났다. 전체 응답자의 18.3%가 선택했다. 전반적으로 국민은 지금 이 시대의 기업가들에 대해 '혁신(6.7%)', '미래 지향(8.5%)' 등과 비교해 사회적 책임은 물론 반부패(17.7%), 상생(13.8%), 공정 경쟁(13.3%) 등을 더욱 크게 요구하는 것으로 나타났다. 특히 40대(22.0%)와 10대(23.0%)에서 '반부패'를 선택한 응답자들이 많았고 50대(19.0%)와 60대 이상(20.0%)의 응답자들은 '상생'을 선택하는 경우가 많았다. 이는 앞서 '기업가정신을 발휘한 대표적인 기업가'에 대한 질문에서 함태호・유일한 등의 기업인들이 높은 선택을 받은 것과도 같은 맥락에서 해석될 수 있다.

4차 산업혁명의 시대를 맞아 한국 기업이 '기업가정신'을 발휘해 새롭게 도전할 분야에 대해서는 42.5%가 '친환경・에너지' 분야를 꼽았다. 여성(52.7%), 60대 이상(57.0%), 전업주부(61.7%)의 선택률이 높았다. 뒤를 이어 인공지능(AI)・로봇 분야가 23.2%로 나타났는데 상대적으로 남성(28.7%), 10대(32.0%), 대학생・대학원생(28.6)과 초중고생(29.6%)에게서 많은 선택을 받았다. '문화 콘텐츠'를 선택한 응답률도 8.5%에 달했고 '헬스케어・바이오'도 7.8%로 나타났다. 기타 응답으로는 보다 구체적으로 '미세먼지'나 '암호화폐'를 언급한 대답이 눈에 띄었다.

4.7 청년 기업가정신의 현황[165)]

암웨이가 2018년 3월 14일 펴낸 '2018 암웨이 글로벌 기업가정신 보고서'에 따르면 한국 기업가정신 지수는 지난해보다 10계단 추락했다. 조사 대상 44개국 중 33위다. 한국 지수는 39점으로 전년보다 9점 하락해 글로벌 평균(47점)과 아시아 평균(61점)을 크게 밑돌았다. 특히 한국은 청년이 창업하기 가장 힘든 나라로서 전 세계적인 창업 열풍도 비켜간 것으로 나타났다.

조사에서는 '창업 붐'이 불고 있는 아시아 국가들이 크게 약진했다. 베트남은 84점을 받아 1위에 올랐고, 인도, 중국, 미국이 뒤를 이었다. 아시아 5개국이 기업가정신이 높은 나라 상위 10개국 안에 들었다.

35세 이하 청년을 대상으로 한 조사에서는 한국의 기업가정신 지수(38점)가 더 낮

165) 매일경제(2018.03.), 韓청년 기업가정신 '전 세계 최하위', 2018.03.14.

아졌다. 창업할 수 있을 것 같다고 판단하는 실현 가능성(31%)과 의지력(36%)이 특히 낮았고, 도전할 생각이 있다는 '도전 의향'도 46%로 절반에 못 미쳤다.

실현 가능성 측면에서는 아시아 평균(52%) 및 글로벌 평균(44%)과도 차이가 컸다. 암웨이 측은 "한국 청년들이 스타트업이나 창업을 시도할 때 사회적 지원이 많이 부족하다고 느끼는 것"이라고 설명했다. 주위의 지원도 약했다. 창업을 하면 '가족이나 친구가 적극 지원해줄 것'이라고 응답한 비율은 54%뿐이었다. 글로벌과 아시아 평균은 각각 70%대다. 베트남(89%), 인도(81%), 중국(81%) 등과는 격차가 더 벌어졌다.

이주헌 연세대 경영학부 교수는 "기업가정신을 북돋으려면 창업 실패에 따른 부담을 고스란히 개인이 짊어지는 현 구조를 되짚어봐야 한다"며 "금융권에서 관련 대출이 손쉽게 이뤄질 수 있도록 하는 제도 개선이 필요하다"고 말했다. 김장환 한국암웨이 대표는 "기업가정신 함양은 경제발전을 위해 무엇보다 중요한 요소"라며 "우리나라 청년들이 실패에 대한 두려움 없이 도전하며 성장할 수 있게 사회적 지원과 환경 변화가 필요하다"고 말했다.

5. 글로벌 기업가정신 조사의 활용과 한계[166)]

5.1 글로벌 기업가정신 조사의 장단점

5.1.1 글로벌 기업가정신 모니터(GEM)

기업가적 활동과 환경 요인에 대해 광범위한 조사를 수행함으로써 국가의 기업가정신과 창업 환경 및 역동성을 파악하기에 적절하다. 하지만 초기기업가의 기업가적 활동(창업)의 측정에 초점이 맞추어져 있어 성장 단계 이후의 기업가적 역동성을 파악하는 데는 한계가 있다.

166) 한국청년기업가정신재단(2018.12.), 글로벌 기업가정신 조사의 현황과 활용, KoEF ISSUE PAPER, 2018.12.21.

5.1.2 글로벌 기업가정신 지수(GEI)

개인적 차원 및 제도·환경적 차원(생태계)의 변수들을 통합하여 기업가정신의 맥락을 이해하기 위해 노력하고 있다. 구성 요소별 지수화를 통해 국가 간 비교가 가능하도록 순위를 제시하고 이를 바탕으로 각국의 기업가정신 환경의 강점과 약점을 비교할 수 있도록 한다. 다만 조사 결과가 과거 데이터를 기반으로 작성되기 때문에 기업가정신의 현 상황을 반영하는데 한계가 있다.

5.1.3 OECD 한눈에 보는 기업가정신

기업가정신(Entrepreneurship at a Glance)을 성과 지표와 결정요인 지표의 두 부문으로 구분함으로써 국가차원의 기업가정신에 대한 균형 있는 분석이 가능하다. 종합 순위나 표준화된 점수가 산출되는 지수 형태의 연구가 아니기 때문에 국가별 기업가정신 수준을 비교분석하는데 한계가 있다. 대부부의 지표들이 OECD와 일부 국가에 한정되어 조사되고 있다. 글로벌 기업가정신 지수(GEI)와 마찬가지로 조사가 과거 데이터를 기반으로 진행된다. 매년 조사 결과가 발표되지만, 기업가정신 관련 지표가 해마다 다르게 설정되어 시계열 분석이 불가능하다.

5.1.4 암웨이 글로벌 기업가정신 리포트(AGER)

기업가정신과 관련하여 환경적 기반과 개인의 태도 및 인식을 조사하고, 기업가정신에 대한 관심이 사회 전반에 확산될 수 있도록 조사 결과의 해석과 활용에 노력을 기울인다. 기업가정신을 새로운 사업을 시작하는 것으로 정의하는 등 이론적 함의가 부적절하며, 설문 문항이 단편적으로 구성되어 있다.

5.2 글로벌 기업가정신 조사의 한계

5.2.1 기업가적 프로세스와 사회적 환경을 균형 있게 반영하지 못함

대부분 단편적인 연구 범위를 가지고 있고, 기업가정신이나 창업에 대한 프로세스 전반을 균형 있게 다루지 못한다. 글로벌 기업가정신 모니터(GEM)의 경우 기업가적 프로세스 차원과 환경 차원의 시각이 모두 반영되어 있다고 볼 수 있으나, 두 차원의 분석이 독립적으로 수행되어 상호 영향을 확인할 수 없다. 또한 창업 초기에 대한 편중으로 인하여 창업 이후의 성장, 회수, 폐업 및 재도전에 대한 기업가적 환경 분석이 제한되어 있다.

5.2.2 기업가정신과 관련한 결정요인 차원과 성과 차원의 변수 모두를 적절하게 반영하지 못하고 있음

글로벌 기업가정신 지수(GEI)나 OECD 한눈에 보는 기업가정신의 경우 이미 조사된 자료나 국가 통계 등의 결과를 활용하여 보고되기 때문에 다양한 조사 내용에 비해 종합적인 해석에 한계가 존재한다. 또한 상대적으로 개인 차원의 기업가적 역량에 관한 항목이 부족하고 환경 차원의 조사 결과와의 연계가 부족하다. 대부분의 경우 성과 변수로 창업을 측정하고 있기 때문에 최근 관심이 높아지고 있는 사내 기업가정신, 사회적 기업가정신과 같은 확장된 개념의 기업가정신을 확인할 수 없다.[167)]

5.2.3 국가별 기업가정신 환경의 강점과 약점을 드러내는 현상적 차원의 분석에는 적합하나 기업가정신 증진을 위한 효과적인 정책 수립에 대한 시사점은 부족함

지수를 구성하는 대부분의 측정 항목이 이미 가시화된 기업가적 활동의 성과 변수나 거시적인 경제·사회적 변수들이기 때문에 정책을 기반으로 단기적으로 혹은 인위적으로 변화시키기에는 한계가 있다. 창업 활동이나 기업가정신 증진만을 위한 요인이 아니라 경제 발전이나 사회 인식 개선과 같은 다양한 목적을 공유하는 변수들도 포함되어 있기 때문에 해당 정책의 방향을 설정하는데 실제적인 어려움이 존재한다. 기존의 기업가정신 지수 구성을 위한 개념모형들은 기업가정신 정책 수립을 위한 각 기능별 요소로 구분되어 있지 않기 때문에 정책 수립에 참고할 만한 구체성을 지니고 있지 못하다.

---

167) 최근 기업가정신에 대한 정의가 기업이나 창업의 범위를 벗어나서 기회를 포착하고 위험을 감수하며 혁신을 통해 새로운 경제·사회적 가치를 만들어내는 것으로 확대되고 있으며, 이러한 추세가 반영되어 사내 기업가정신이나 사회적 기업가정신과 같은 확장된 개념의 기업가정신이 주목받고 있음.

6. 글로벌 기업가정신 조사 · 통계자료 활용의 주안점[168)]

앞서 논의된 바와 같이 조사나 통계 자료별 목적이나 구성의 차이가 존재한다는 점을 인식해야 한다.

첫째 일반적으로 조사나 통계를 설계하는 과정에서 이미 명확한 목적을 가지고 있기 때문에 이러한 목적에 맞는 설문 문항을 구성하고, 조사 대상이나 측정 방식을 결정하게 된다. 아울러 조사 대상과 측정 방식, 범위 등에 따라 조사 방식이 결정된다.

둘째 설계 과정에 대한 제대로 된 이해가 없는 상태에서 결과를 해석하거나 활용하는 경우 오류가 발생할 수 있다. 박선영 • 조성표(2007)[169)]에 따르면 통계의 경우 설계자나 결과를 해석하는 의사 결정자의 목적에 따라 서로 다른 방법으로 측정되고 해석될 수 있다고 주장하고 있다. 또한 통계를 이용하는 과정에서 수집된 자료의 목적과 차이점을 명확하게 인식하지 못하는 경우 왜곡된 결과를 보고할 수 있음을 지적하고 있다.

셋째 객관적인 수치를 조사하는 경우와 달리 인식 수준과 같은 주관적 개념에 대한 조사는 더욱 신중해야 한다. 증명될 수 있는 계량적 수치를 조사하는 경우에도 조사 과정이나 분석 과정에서 오류가 발생할 여지가 있다. 따라서 객관적 수치로 증명되는 데이터를 분석하는 경우에도 현상과 다른 결과가 도출될 수 있으며, 심각하게는 자의적인 해석이 개입될 수도 있다. 주관적인 기업가정신 수준의 조사에서는 이러한 통계적 오류 외에도 응답자의 태도 등의 외적 요인이 개입될 수 있다. 따라서 조사 설계의 과정이 명확하고 세심하게 구성되어야 하며, 반복된 연구로 충분히 검증된 문항을 사용해야 한다.

넷째 글로벌 기업가정신 조사의 경우 학문적 합의가 명확하지 않은 문제점 또한 내포하고 있다. 앞서 서술한 바와 같이 기업가정신의 학문적 지위가 견고하지 않기 때문에 측정이나 해석의 방식에서 많은 이견이 존재하고 있다. 이는 일반적인 조사나 통계와 달리 측정의 대상 개념의 차이가 발생할 여지가 있음을 의미하는 것이다. 따라서 기업가정신에 대한 조사의 결과를 해석하는데 설계자의 의도와 측정 도구

---

168) 한국청년기업가정신재단(2018.12.), op. cit.
169) 박선영 · 조성표(2007), '국내 기업의 연구개발활동 통계의 비교와 시사점', 이슈페이퍼 2007-14, 한국과학기술기획평가원.

등에 대한 세밀한 검토가 선행될 필요가 있다. 기존의 기업가정신 조사의 경우를 살펴보더라도 최근 관심의 대상이 되고 있는 기업가정신 개념과는 달리 단순히 창업을 기업가정신의 성과로 보는 경우가 존재한다.[170)]

다섯째 글로벌 기업가정신 조사의 결과는 주로 국가별 비교 형태로 활용된다는 점을 유의해야 한다. 글로벌 기업가정신 모니터(GEM)의 핵심은 각 국가별 창업활동의 비교 분석에 있으며, 이를 위해 조시 대상 국기를 세계경제포럼(World Economic Forum)에서 분류한 기준[171)]으로 나누고 있다. 하지만 종합 순위나 표준화된 통합 지수를 발표하지 않기 때문에 국가 간의 직접적인 비교에 한계가 존재한다. 예를 들어 우리나라의 초기 창업 비율이 특정 국가와 비교해 높거나 낮음을 이야기 할 수는 있으나 전반적인 기업가정신 수준에 대한 논의는 불가능하다. 또한 특정 지표의 결과를 비교하는 경우에도 이에 영향을 미치는 다른 요소들을 고려하여 비교 할 수 없기 때문에 단편적인 해석에 그칠 수밖에 없다. 글로벌 기업가정신 모니터(GEM)와 개념 및 이론적 배경을 공유하고 있는 글로벌 기업가정신 지수(GEI)의 경우 글로벌 기업가정신 모니터(GEM)의 단점을 보완하여 방대한 국가를 대상으로 진행된다는 점에서 많은 연구자나 정책 입안자들의 지지를 얻고 있다(이윤준 외, 2014b)[172)]. 하지만 제도적 차원의 변수의 경우 다양한 국제기구에서 발간되고 있는 2차 자료를 활용한다는 점에서 시점이나 맥락[173)]의 차이가 발생할 여지가 존재한다.[174)] 이러한 문제는 OECD 한눈에 보는 기업가정신(Entrepreneurship at a Glance)에서도 동일하게 발생할 수 있는 위험이다. 한편 암웨이 글로벌 기업가정신 리포트(AGER)에서는 국가별 조사 대상이나 방식이 명확하게 발표되고 있지 않아 모든 국가에서 사회과학에서 인정받을 수 있는 수준의 표본이 확보되었는지 확인할 방법이 없다. 또한 개별 국가에서 적절한 표본이 확보되었다 할지라도 국가별 표본 규모의 격차가 크다고 한다면 이를 국가 간 비교에 활용하기에 적절하지 않을 것이다.

---

170) 암웨이 글로벌 기업가정신 리포트(AGER)의 경우 구성 개념의 학문적 배경이 제대로 설명되지 않고 있어 설문 문항이나 결과의 신뢰도와 타당도를 보증하기 어렵다. 이러한 결과를 바탕으로 현재의 정부 정책이나 사회 인식 수준을 평가한다면 현실을 제대로 반영하지 못한 결론을 얻을 수 있다.

171) 세계경제포럼(World Economic Forum)은 경제 수준에 맞추어 국가를 요소주도형 경제(Factor-driven economy), 효율주도형 경제(Efficiency-driven economy), 혁신주도형 경제(Innovation-driven economy)로 구분하고 있으며, 우리나라는 2017년 기준으로 혁신주도형 경제국으로 분류되고 있음.

172) 이윤준 외(2014), op. cit.

173) 기본적으로 측정의 목적이나 시점, 대상 등이 달라지는 경우 동일한 개념을 측정하더라도 다른 결과가 도출된 위험이 내포되어 있음.

174) 한편으로는 경제적 수준 외 기업가정신에 영향을 미치는 다양한 요소가 있다는 점을 고려하면 국가 비교 자체가 내포하고 있는 위험이 존재한다고 볼 수 있음.

7. 우리나라 기업가정신을 위한 제언[175)]

7.1 우리나라에서의 기업가정신에 대한 국민적 관심은 충분

7.1.1 최근 10여 년 간 다양한 연구와 정부의 정책적 노력으로 인하여 기업가정신에 대한 공감대는 충분한 수준으로 발전했음

최근에는 기업가정신을 창업으로만 인식하던 과거와 달리 사내 기업가정신, 사회적 기업가정신과 같은 내용적 확대가 진행되고 있다. 이러한 추세에 따라 범국가적으로 조사되고 있는 글로벌 기업가정신 조사에 대한 관심이 높다. 하지만 각 조사의 특성과 맥락을 이해하지 못한 채 다른 나라와의 비교나 수치상의 변화만을 보는 시각이 존재한다.

7.1.2 앞서 살펴본 바와 같이 글로벌 기업가정신 조사의 경우 각각의 장단점이 존재하며, 기업가정신 전체를 대변하기에는 한계가 있음

글로벌 기업가정신 조사는 각각의 조사 목적과 활용 목적이 상이하다는 점을 유념해야 한다. 또한 각각의 장단점을 충분히 고려한 해석과 활용이 필요하며 특정 해의 순위와 수치에 민감하게 반응하지 않아야 한다. 숫자에 대한 단순 비교나 비판보다는 조사의 목적에 따른 문맥을 읽고 전반적인 기업가적 생태계(Entrepreneurial ecosystem)의 선순환 구조를 만들어 나가는 것이 중요하다. 글로벌 기업가정신 조사는 기업가정신의 확산과 함양이 주요 목적이며, 과거 결과에 대한 해석 보다는 향후 보완해야 할 내용을 찾는데 주력해야 할 것이다.

7.2 우리나라의 실정에 맞는 기업가정신 조사의 중요성

7.2.1 최근 글로벌 기업가정신 조사의 결과는 우리가 당면한 과제를 부분적으로 보여주고 있음

대체로 우리나라의 경우 실패에 대한 부담, 대기업 중심의 경제 환경[176)] 등이 기

175) 한국청년기업가정신재단(2018.12.), op. cit.

업가정신 발현의 한계로 지적된다.

7.2.2 우리나라만의 기업가정신을 발현할 수 있도록 노력해야 함

국가별 창업 분위기나 기업가정신 수준은 많이 다르며, 이를 소위 말하는 기업가정신 선진국과 동일하게 구성하기 위해서는 많은 노력이 필요하다. 하지만 기업가정신 선진국과 '같음'을 추구하는 것이 창업과 기업가적 생태계를 구성하는 가장 효율적인 방법이라고 볼 수 없다. 우리나라만의 기업가정신이 발현될 수 있도록 지속적인 교육, 인식 확산에 노력을 기울여야 하며, 상대적으로 가시적인 성과에만 치중하는 실수를 하지 않도록 주의를 기울여야 한다.

7.2.3 이를 위해 우리나라의 기업가정신에 대한 세밀한 조사가 요구됨[177)]

현재 우리나라에서 요구되는 기업가정신은 해외의 다른 나라의 생태계에서 요구하는 모습과 상이할 수 있다.[178)] 글로벌 기업가정신 조사 결과의 비교도 중요하지만 우리나라 실정에 맞는 조사와 연구가 더욱 중요하다. 기본적으로 글로벌 규모의 조사는 국가 간 비교가 주요 목적이기 때문에 특정 국가의 맥락을 파악하는데 한계가 있다. 예를 들어 글로벌 조사의 결과를 통해 특정 국가 대비 특정 지표의 높고 낮음을 이야기할 수 있으나, 우리나라의 지역별 기업가적 특성은 표본 수의 부족으로 검토조차 할 수 없다. 따라서 우리나라의 기업가적 생태계를 경험한 연구진들을 중심으로 우리가 필요로 하는 기업가정신 지수를 개발하고 이를 사용 목적에 맞게 운영할 필요가 있다.

이와 관련하여 황철주 한국청년기업가정신재단 이사장(주성엔지니어링 대표)[179)]은 "기업가정신의 중요성에 대한 인식은 고등학교부터 스타트업까지 확산됐으나 정의

---

176) 다만 대기업 중심의 경제 체제의 문제점은 사내 기업가정신의 개념을 포함한다면 가장 시급한 문제는 아닐 것임.

177) 머니투데이(2018.11.), 황철주 이사장 "한국형 기업가정신지수 개발할 것", 2018.11.15.

178) 피터 드러커(Peter F. Drucker)는 생전에 정주영 현대 회장을 만난 자리에서 열악한 환경에서 급성장했던 우리나라의 사례나 정 회장의 경영 사례가 매우 독특하다고 말한 바 있음(1997년 10월 방한 당시).

179) 1995년 주성엔지니어링을 설립하고 화학증착장비(CVD) 등 반도체장비의 국산화를 주도한 황 이사장은 국내 벤처 1세대의 대표주자로 꼽힌다. 벤처기업협회장과 청년희망재단 초대 이사장을 역임했으며 현재 벤처기업협회 명예회장을 맡고 있다. 2010년에는 남민우 다산네트웍스 회장과 의기투합해 한국청년기업가정신재단을 설립했다. 혁신창업생태계를 조성하기 위해선 무엇보다 예비창업가인 청년들에게 기업가정신을 심어줄 필요가 있다는 판단에서다. 2015년까지 초대 이사장을 맡았고 지난 3년간 공동 출연자인 남 회장이 운영하다 이달 초 다시 3대 이사장으로 취임했다.

는 명확히 공유하지 못하고 있다"며 "이 시대에 맞는 기업가정신이 무엇인지 연구하고 이를 확산할 필요가 있다"고 말했다.

황 이사장은 기업가정신을 "혁신과 성공을 공유하는 정신"이라고 정의했다. 그는 "기업가에게는 명확한 목표와 열정, 신념이 중요하다"며 "이를 통해 리스크를 극복하고 혁신해야 성공할 수 있으며 그 경험과 정신을 공유함으로써 가치가 더욱 빛을 발하는 것"이라고 강조했다. 다만 기업가정신은 시대에 맞게 재정립돼야 한다는 게 그의 지론이다. 경제 환경에 따라 혁신과 성공방정식도 달라지기 때문이다.

황 이사장은 "과거 후진국에서 개발도상국으로 성장하는 시대에는 정보가 공유되지 않고 상품도 부족한 시장이었기 때문에 열심히만 하면 1등과 꼴찌가 함께 성장할 수 있었지만 지식과 기술, 정보가 빛의 속도로 공유되는 지금은 1등이 독식하는 시대가 됐다"고 지적했다. 그러면서 "이런 시대에는 먼저 하면 혁신이지만 늦게 하면 모방에 그친다"며 "기업 간, 산업 간, 국가 간 융합과 협력이 그 어느 때보다 중요한 시점"이라고 말했다.

황 이사장은 또 우리나라에 맞는 기업가정신지수를 개발할 필요가 있다고 밝혔다. 그는 "지금 우리 기업가정신지수는 외국 기준을 가지고 와서 쓰고 있다"며 "이는 기업가정신을 이야기하지만 기업가정신이 없는 것과 매한가지"라고 지적했다.

황 이사장은 재단 내 기업가정신연구소를 설립해 국내에 맞는 지수를 개발하고 기업 상장 시 이 지수를 반영케 하는 등 기업가정신 연구 및 확산에 적극 나설 계획이다. 그는 "기업가정신을 대한민국 모든 사람이 명확히 공유할 수 있도록 시스템화해야 한다"며 "우리 기업이 세계적 기업으로 성장하기 위해서는 기업가정신을 공유하는 것이 반드시 필요하다"고 거듭 강조했다.

7.3 우리나라 기업가정신 제고를 위한 활동

7.3.1 정책적 지원과 기업가정신 인식 개선을 위한 활동이 활발하게 진행되고 있음

2000년대 이후 정부의 창업 및 벤처기업 활성화에 대한 우호적인 정책 기조와 규제 개선의 노력으로 대부분 조사의 관련 항목에서 높은 수치를 보이고 있다. 또한 정부는 창업 친화적 정책을 통해 기업가정신에 대한 긍정적인 인식 조성에 기여하고 있으며, 관련 항목의 꾸준한 개선 효과가 확인되고 있다.

7.3.2 중소벤처기업부와 한국청년기업가정신재단은 기업가정신에 대한 연구와 교육, 확산에 집중하고 있음

중기부와 재단은 기존 기업가정신 지수들의 문제점을 분석하고 보완하여 기업가정신 지수를 개발하고 이를 반영한 '글로벌 기업가정신 트렌드 리포트(Global Entrepreneurship Trend Report : GETR)'를 2015년, 2016년 발간하였다. 또한 국내 기업가정신 수준의 진단을 위한 '기업가정신 실태조사', '국내 대학생 기업가정신 실태조사' 등을 진행하고 있다. 이러한 조사·연구의 결과를 바탕으로 국내 기업가정신에 대한 실증 연구를 축적하고 지속적으로 관련 이슈를 발굴하는 노력은 국내 기업가정신 수준의 제고 및 창업 생태계 선순환 체계 마련에 기여할 것이다. 또한 기업가정신 교육 과정의 개발과 운영, 교육 전문가 양성 등에 많은 노력을 기울이고 있으며, 세계기업가정신주간 행사 GEW KOREA(Global Entrepreneurship Week Korea), 기업가정신 포털 운영 등 기업가정신 확산을 통한 저변 확대에 중점을 두고 있다.

7.3.3 중소벤처기업부의 출범과 변화의 결과가 발현될 수 있도록 관심과 지원이 필요함

중소벤처기업부의 출범은 우리나라가 꾸준히 지적받고 있는 대기업 중심의 경제구조를 개선하기 위한 정부의 의지라고 볼 수 있다. 이는 대기업에 대한 차별이 아닌 대기업과 중소벤처기업 간의 상생을 의미한다. 양적 성장 중심의 정책 기조는 점차 질적 성장을 목표로 변화하고 있다. 이러한 변화의 과정에서 일부 가시적인 성과(수치)에 대한 칭찬과 비판 보다는 '꾸준한 변화'에 대한 관심이 필요한 시점이다.

8. 2018 역동적 기업가정신 지수[180)]

8.1 새로운 기업가정신 지수(IDE)의 등장과 배경

8.1.1 역동적 기업가정신 지수(IDE)

전 세계적으로 기업가정신(entrepreneurship)을 효과적으로 측정하기 위한 다양한 연구가 진행되고 있는 가운데, 최근 GEN(Global Entrepreneurship Network, 이하 GEN)[181)]과 PRODEM[182)]이 '역동적 기업가정신 지수(IDE : Index of Dynamic Entrepreneurship, 이하 IDE)를 발표했다.

역동적 기업가정신 지수(IDE)는 경제성장과 혁신에 더 기여하는 역동적 신생기업의 탄생에 영향을 미치는 사회적, 경제적, 문화적, 정치적 및 규제적 조건을 다루고 있다. IDE는 40개 이상의 변수정보를 10가지 주요 차원으로 결합하여, 전 세계 60여 개국에 대한 데이터를 제공하고 있다. 사회적 조건, 기업가적 인적자원, 교육, 수요조건, 과학기술혁신 플랫폼, 비즈니스 구조, 사회적 자본, 정책과 규제, 자금 조달 등의 10가지 차원을 세계적으로 신뢰성 있는 2차

데이터의 출처에서 나온 40개 이상의 변수를 조합하여 산출한다. 당초 IDE는 주로 라틴 아메리카 국가를 중심으로 개발, 사용되었던 분석도구였으나, GEN과의 새로운 파트너십을 통해 대상 국가를 확대하여 2018년에 60개국의 데이터를 발표하였다.

---

180) 한국청년기업가정신재단(2019.03.), 역동적 기업가정신 지수, KoEF ISSUE PAPER, 2019.03.06.

181) GEN(Global Entrepreneurship Network): 전 세계 170개국이 함께하는 기업가정신 프로젝트 및 프로그램의 플랫폼을 운영하고, 이를 통해 누구나 어디서든 사업을 시작하고 확장할 수 있도록 다양한 지원을 수행 중임. 전 세계 기업가, 투자자, 연구자, 정책입안자 및 기업 지원기관 간의 보다 긴밀한 협력과 관계를 구축하고, 이들의 이니셔티브를 가속화하고 경제성장 강화시키는 건강한 기업가정신 생태계를 마련하고자 다양한 활동을 지원하고 있음(www.genglobal.org).

182) PRODEM: 역동적인 기업가정신과 생태계에 대한 라틴 아메리카(아르헨티나)에 근거를 둔 싱크탱크로서, 15년 이상의 경력을 가지고 세계적 수준의 지식과 정보를 생산, 제공 중임. 기업가정신 생태계 현황에 대한 통찰을 위해 다양한 조사와 연구, 측정을 실시하고 있으며, 기술 지원 및 교육을 추진. 역동적 기업가정신 지수(IDE)를 기획, 개발하여 다양한 기업가정신 생태계 수준과 현황을 평가하고 이를 통해 전 세계 정부, 국제기구 및 기타 기관과의 파트너관계를 확대하고 있음(www.prodem.edu.ar).

8.1.2 IDE

IDE는 PRODEM이 1990년 후반 연구를 시작, 2000년 후반까지 10년 동안 기획, 개발한 새로운 기업가정신 생태계 지수이다.

새로운 일자리, 수익 증가, 활기차고 경쟁력 있는 경제의 주요 동인으로서 빠르게 성장하는 기업(가젤, 역동적인 기업)에 대한 관심과 이들 기업과 기업가정신 생태계에 관한 관계와 영향력을 분석한다. 본 지수를 통해 역동적인 기업가정신, 지속가능한 성장, 경쟁력 향상을 위한 방법과 분석적 이해의 자료로 활용 가능하다.

8.2 역동적 기업가정신 지수(IDE)1)의 개념과 내용[183)]

역동적 기업가정신(Dynamic Entrepreneurship)은 Prodem[184)]이 2002년 연구에서 처음 제안한 용어로, “영세소기업(micro-enterprise)으로 시작하여 몇 년 후 높은 폐업률 등을 극복하고 지속 성장 가능한 잠재력과 추진력을 가진 중소기업이나 그 이상으로 성장하는 기업가적 프로젝트와 기업들이 포함”[185)]돼 있다. 역동적 기업은 대부분 열정과 포부, 역량이 있는 팀을 기반으로 하며 이러한 팀은 기업을 성장시키고 네트워크를 유용하게 활용한다. 이를 통해 기업은 차별화, 혁신, 사업 기회를 얻게 되고 이는 시장에서 기업의 가치를 명확하게 한다.

급성장하는 스타트업들을 흔히 가젤이나 유니콘에 비유하는데, 이는 새롭고 젊은 기업들이 성장하며 나타나는 여러 가지 복잡한 현상 중 일부분만을 반영하고 있다. 역동적 기업가정신은 유니콘 기업[186)]이나 가젤 기업[187)]도 포함되지만, 선형적인 성

183) 본 보고서는 Kantis et al.(2018), 「Opening the blackbox of ecosystem diversity around the globe: the Index of Dynamic Entrepreneurship-IDE 2018」에서 주요 내용을 발췌하여 번역·요약한 자료임.

184) 라틴 아메리카를 기반으로 기업가정신과 혁신에 대한 연구와 기술적 지원, 인력 트레이닝 등을 수행

185) This definition includes the entrepreneurial projects and companies that, after a few years, had overcome the early phase of higher mortality and abandoned the micro-enterprise world to become (at least) a competitive SME with the potential and drive to continue growing.

186) 유니콘(unicorn) 기업이란 기업 가치가 10억 달러(=1조원) 이상인 비상장 스타트업 기업을 말한다. 원래 유니콘이란 뿔이 하나 달린 말처럼 생긴 전설상의 동물을 말한다. 스타트업 기업이 성장하기도 전에 기업 가치가 1조원 이상이 되는 것은 마치 유니콘처럼 상상 속에서나 존재할 수 있다는 의미로 사용되었다. 2013년 여성 벤처 투자자인 [에일린 리](Aileen Lee)가 처음 사용한 용어이다. 유니콘 기업에는 미국의 우버, 에어비앤비, 핀터레스트, 깃허브, 몽고DB, 슬랙, 에버노트, 중국의 샤오미, 디디추싱, DJI, 한국의 빗썸, 쿠팡, 우아한형제들(배달의민족), 비바리퍼블리카(토스), 야놀자, 지피클럽 등이 있다. 이와 관련하

장 외에 불안정하게 성장하는 다양하고 이질적인 기업 성장사례를 포함하는 것이 특징이다. 가젤이나 유니콘 기업들이 한 나라의 경제성장과 일자리 창출에 큰 영향을 미친다는 것은 이미 잘 알려져 있는 바, 이와 비슷한 맥락에서 역동적 기업가정신 또한 경제성장에 미치는 긍정적인 기여의 측면을 강조하고 있다.

역동적 기업가정신은 엄격한 기준의 가젤기업(최근 3년간 매출액과 상용근로자 수가 연평균 20% 이상 성장한 기업)과 달리, 개발도상국들의 현실을 고려하고 기업 성장과정의 복잡성을 고려하여 개발되었다. 새롭게 나타나는 기업들 중에는 비교적 안정세를 유지하며 급속한 성장을 보이는 기업 유형이나 혹은 위기와 함께 급속하게 성장하는 기업 등 여러 성장 유형들이 있을 수 있으며, 특히 최근에는 기업의 성장에 따른 안정성에 대한 이슈가 많은 관심을 끌고 있다. 따라서 기업 성장의 관점에서 기업의 유형을 정의할 때는 지금의 획일화된 정의에 따르기보다 다양화 할 필요성이 있으며, 역동적 기업가정신의 개념은 이와 같은 기업의 다양한 성장사례를 포함하고 있는 것이 차별적 특징이다.[188)]

역동적 기업가정신 지수(IDE)는 각 국가의 역동적 기업가정신 생태계를 측정하기 위하여 세계적으로 신뢰성 있는 2차 데이터의 출처에서 나온 40개 이상의 변수를 조합하여 산출하였고, 60개국에 대한 정보와 순위를 제공하여 기업가적 현상을 체계적으로 개념화하였다. 분석에 사용된 기초정보를 지역 차원에서도 이용할 수 있을 경우 국가차원이 아닌 지역적 차원의 기업가정신 생태계 분석에도 적용이 가능하다는 특징이 있다.

여 위키백과(2019), 유니콘 기업, 2019.06.27. 참조.

187) 가젤형 기업(Gazelles Company)이란 매출액 또는 고용자 수가 3년 연속 평균 20% 이상 지속적으로 고성장하는 기업을 의미한다. 이는 빠른 성장과 높은 순고용 증가율이 빨리 달리면서 높은 점프력을 갖고 있는 영양류의 일종인 '가젤'과 닮았다고 해서 붙여진 이름이다. 강소 기업을 말하는 '히든 챔피언'과는 차이가 있다. 히든 챔피언은 기업의 규모가 작아 눈에 띄지 않지만, 틈새시장을 집요하게 파고들어 세계 최강자 자리에 오른 회사를 뜻한다. 히든 챔피언은 매출 신장에 비중을 더 두는 데 비해 가젤형 기업은 안정적인 일자리 창출에 중추적인 역할을 하고 있다. 특히 가젤형 기업 중에서도 매출 1천억 원 이상의 기업은 '슈퍼 가젤형 기업'이라고 한다. 현재 핀란드와 덴마크, 영국, 호주 등이 고성장 기업에 대한 육성지원 정책을 펴고 있다. 가젤형 기업은 높은 성장률과 고용자 수의 증가라는 두 마리 토끼를 다 잡았다는 의미에서 요즘같이 어려운 시대에 더욱 더 각광 받고 있다. 이와 관련하여 연합인포맥스(2012), <시사금융용어> 가젤형 기업, 2012.01.18. 참조.

188) 역동적 기업가정신이 포함하는 다양한 성장사례는 다음과 같음. ▲급속하게, 그리고 꾸준하게 성장 ▲기업 성장기가 오기까지 다소 시간이 필요 ▲급속하게 성장하진 않지만 꾸준하게 성장 ▲급속하게 성장하지만 불안정함 ▲창업자의 다른 사업의 포트폴리오 덕에 성장

8.3 주요 결과 및 시사점

8.3.1 시사점

전 세계 60여 개국을 대상으로 조사한 금번 IDE 조사내용을 살펴보면 다음과 같은 시사점을 도출할 수 있다.

역동적인 기업가정신에 가장 적합한 환경은 미국 외에도 북유럽과 중앙유럽이 가장 우수한 반면, 중남미 및 아프리카는 가장 열악한 것으로 조사되었다.

미국, 네덜란드, 핀란드, 싱가포르가 역동적인 기업가정신을 위한 세계 최고의 환경을 보유, 선도하고 있는 것으로 나타났다. 사실 IDE 상위 4개 국가는 지리적 위치와 사회적 환경이 전혀 다른데, 이를 통해 기업가정신의 발전과 선진화는 지역적, 사회적, 문화적 특성에 좌우되기 보다는 다양한 사회적 맥락에서도 실현 가능함을 엿볼 수 있다.

한편 역동적인 기업가정신 생태계 조성 및 구축을 위해서는 무엇보다 네트워크 구축을 위한 자금 지원 및 사회적 자본에 대한 접근성이 중요한 것으로 분석되었다. 금융과 사회적 자본에 대한 효과적이고 원활한 접근이 기업의 비즈니스 관계망 구축과 사업성장에 매우 중요하고, 규제와 정책에 대한 정부의 노력 또한 기업의 성장과 성공을 위해서는 중요한 요인이 되는 것으로 조사되었다. 따라서 기업가정신 수준 향상 및 선진국으로 도약하기 위해서는 기업들의 자금과 사회적 자본에 대한 접근성을 향상시키고, 이와 함께 기업가를 위한 규제와 정책 개선

노력이 필요함을 시사해 주고 있다.

8.3.2 역동성 수준

우리나라 기업가정신 생태계의 역동성 수준은 중상위 그룹으로, 미국, 네덜란드, 싱가포르, 핀란드 수준에는 못 미치지만, 이스라엘, 홍콩, 덴마크, 프랑스 정도의 수준에는 근접한 것으로 조사됨

정부 정책과 환경적인 인프라(과학기술혁신 플랫폼, 규제, 수요조건 등) 수준에서는 양호한 편이나, 사회, 문화, 교육 환경적 측면(사회적 자본, 자금조달, 기업가적 인적자원, 사회적 조건, 교육, 문화 등)에서는 많은 개선노력이 필요한 것으로 나타났다. 특히 우수한 선도그룹의 가장 두드러진 특징으로 꼽힌 금융과 사회적 자본에 대한 효과적이고 원활한 접근 수준에서 한국은 41, 44위(60개국 중)로 나타나, 향후 우리나라의 기업가정신 활성화 및 발전을 위해서는 금융과 사회적 자본에 대한 접근성을 높이기 위한 고민과 노력이 필요하다 할 것이다.

제 5 장

기업가정신의 학제적 접근

1. 경영학적 접근[189)]

1.1 기업가정신 연구 흐름과 정의

초기 경영학에서의 기업가정신 연구는 기업가정신을 정의하지는 않고, 기업가의 특징 및 특질에 관한 연구와 신규 상업조직(start-up business, venture business, small business)을 대상으로 한 모든 연구로 이해되었다. 이후 1980년대를 전후로 하여 전략적 경영론과 기업가정신 이론이 접목되고, 조직이론과 기업가정신 이론이 접목되면서 경영학적 접근의 기업가정신 연구가 형성되고 발전하기 시작하였다.

1990년 Strategic Management Journal에서 Special Issue로 Corporate Entrepreneurship을 다루면서 경영학 분야에서 기업가정신 연구가 본격적으로 이루어지기 시작하였다. 특히 Corporate Entrepreneurship은 기존 대기업의 전략갱신과 성장의 수단으로 연구되기 시작했다.

경영학, 경제학, 사회학은 기업가의 개념과 기업가정신의 개념을 명확하게 구분하지 않고 개인차원 및 조직차원, 산업·경제·사회 차원의 연구수준을 혼합하거나, 심리적 특질, 활동방식, 전략론, 조직이론의 조직경영 프로세스 등의 관점에서 다양하게 정의함으로써 혼선을 초래했다.

경영학 분야에서도 기업가정신을 정의할 때, 경제학자들에 의해 정의된 기업가정신 개념을 기본으로 하면서, 사회학에서의 기업가와 기업가정신 연구 흐름, 심리학에서의 기업가의 행동 심리적 특질 연구 흐름이 뒤섞이면서 복잡하게 전개되었다.

경영학에서의 기업가정신 개념은 시장기회의 포착과 기회추구를 위한 자원의 결합 행동을 포함하는 정의와 프로세스 관점에서의 정의(혁신성, 위험감수성, 선도성, 자주독립성, 경쟁적 공격성)가 결합된 조직 기업가정신(Corporate Entrepreneurship)으로 정의되고 있다. 기업가정신은 개인으로서 기업가만의 현상이 아니라, 기존 조직 안의 개인, 집단 및 조직전체 차원에서도 나타나는 현상이며, 조직차원의 기업가정신은 기업가정신 연구 개념이 적용되는 대상을 개인 및 소규모 창업조직뿐만 아니라 대규모의 기존 조직으로까지 확장하고 있다. 기업가정신은 경제 시스템 내 다양한 자원들을 창조적으로 조합하거나 결합시키는 활동을 통해 기존의 경제 질서를 건설적으로 대체하며, 혁신적인 제품이나 서비스를 산출하는 것을 말한다.

---

189) 이춘우 외(2015), 경영학적 접근에서의 한국 기업가정신의 변천과정과 재활성화 방안 연구, (재)한국청년기업가정신재단, 2015.10.

1.2 한국 주요 재벌기업 창업자의 기업가정신의 시대별 특징 변화

재벌 창업자들의 경영 이념과 중시 가치를 살펴보면, 일제강점기와 해방기의 사회적 혼란, 그리고 6.25 동란이라는 시대적 환경의 영향으로 대부분 유교주의적 대가족주의 정서를 바탕으로 '인화단결', '노사협동', '인간존중' 등의 가치관과 '사업보국주의'라는 경영이념과 같은 애국 민족주의적 정서 또한 공유하고 있음을 볼 수 있고, 또한 도전정신, 개척정신, 신념주의 등을 강조하는 공통점을 발견할 수 있다. 이러한 경영이념과 중시가치는 2, 3세 경영인들의 시대인 글로벌 경제의 시대에 이르러 인류 사회 공헌과 이해관계자 배려 등 지속가능 경영 추구의 모습으로 계승되어 발전하였고, 글로벌 무한경쟁의 시기를 맞이하여 도전정신 또한 여전히 중시가치로 이어져 오게 되었다.

해방부터 1980년대 초반까지 폐허 속에서 경제 성장을 이루어 낸 재벌 창업가들의 시대에는 해외로부터 생필품을 수입 판매하거나 단순한 기술 모방 혹은 기술 원조를 통해 기초적인 공산품을 제조하여 판매하는 상인형 및 장인형 기업가정신으로 표현될 수 있는 경영 양태를 보여 왔으나, 1980년대 중반부터는 기술투자 및 혁신을 통해 세계 시장을 개척하고 경쟁력을 확보하는 발명가형 기업가정신의 경영 양태를 보이게 되었다.

한국의 재벌 기업은 창업 초기 국가경제 재건이라는 시대적 목표 아래 도전적 기질과 위험감수 기질을 발휘하는 경영 형태보다는 차익거래(arbitrage) 기회를 포착하여 시장을 선점하는 기업가적 특성을 보여 온 반면, 2, 3세 승계자들의 글로벌 경쟁시대에 이르러 스스로 위험감수하며 모험적 기술개발 투자를 감행하고, 혁신을 통해 글로벌 경쟁 속에 이익을 창출하는 기업가적 특성을 발휘하게 되었음을 볼 수 있다.

한국 재벌 기업가들의 기업가정신의 특징이 주는 시사점을 몇 가지 살펴보면, 첫째 기업가정신을 발휘하고 창업을 실행해 내는 기업가가 탄생하는 데에 사회경제적 배경이 주는 영향은 상대적으로 제한적일 수 있으며, 오히려 미래의 창업자들을 육성하기 위해서는 높은 수준의 성취 욕구와 야망 등 호연지기를 기르고 창업의 가치를 높이 평가하게 만드는 사회적 분위기 조성과 창업과 경영에 확신과 자신감을 가질 수 있도록 교육 및 창업 환경 개선 정책을 제공하는 노력이 필요하다 볼 수 있다.

1.3 한국 벤처기업의 기업가정신의 변화

벤처 창업가들의 세대는 3개로 구분해 볼 수 있다. 이들 세대 구분은 기회와 위험이 공존한 우리나라 및 세계 경제 현대사를 반영한 구분이라고 할 수 있다. 1세대 벤처기업가들은 1980년대부터 1997년의 IMF 이전까지의 창업자들로, 재벌 중심의 경제구조 속에서 자신이 개발한 기술을 활용하여 창업에 도전한 세대들이다. 2세대 벤처기업가들은 IMF 위기를 돌파하기 위한 정책수단으로 정부에서 처음으로 벤처기업 육성정책을 펼치면서 나타난 창업 세대들이다. 이 세대들은 IMF 위기 극복과 함께 인터넷 혁명이라는 정보화 시대를 개척한 세대들이다. 3세대 벤처기업가들은 글로벌 금융위기라는 위기와 모바일 혁명이라는 기회가 공존하는 시기에 나타난 창업자들이다.

1세대 벤처기업가들은 유교적 시회분위기에서 태어나고, 교육을 받은 세대들이다. 이들은 가부장적인 사회분위기와 수직적인 기업문화를 탈피하고, 자신의 꿈을 실현하기 위해 창업에 도전한 세대들이라고 할 수 있다. 기존 대기업들보다는 자유롭고 창의적 조직구조와 기업문화를 도입하였지만, 여전히 온정주의적이고 공동체 중심의 문화를 보유한 세대이다.

2세대 벤처기업가들은 공동체적이고 유교적 문화에서 태어나고 교육을 받은 세대들이지만 민주화 운동에 앞장선 세대들이다. 경제적 성장에 기반 하여 정치 및 사회적 민주화를 위해 투신한 세대들로 자기주장이 강하며, 신념을 굽히지 않는 성향을 보이는 세대들이다. 반면 이 세대들은 이성적이고 절차적 민주주의에 국한된 세대들로 정의로움에 민감하지만, 다양성을 감성적인 관점에서 이해하고 해결하지 못하는 세대들이다.

3세대 벤처기업가들은 절차적 민주주의가 완성된 시대에 태어나 민주화를 몸으로 느끼고, 다양성을 인정할 수 있는 사회적 여유가 생긴 시대에 성장한 세대들이다. 이들은 1·2세대 벤처 창업자들과 달리 개인주의적이며, 자신의 자유를 속박하는 것을 강하게 거부하는 세대들이다.

1.4 한국의 기업가정신 수준의 진단 및 활성화 방안

1996년 5월 피터 드러커는 INC.紙와의 인터뷰를 통해 기업가정신이 가장 활성화된 국가로 한국을 꼽았다. 일본 식민지 시기와 전쟁을 거치며, 아무런 산업적 기반이나 교육받은 인적자원도 없는 상태에서 40여년 만에 조선 분야 등 20여개 이상 산업분야에서 세계적 수준의 산업국가로 성장한 것 자체가 바로 기업가정신이 실제적으로 발현된 것임을 강조한 것이다. 이렇듯 세계에서 손꼽힐 정도로 기업가정신이 활성화된 국가라는 평가가 있는데 반해, 몇 가지 관련 지표들에서는 OECD 국가들 중 최하위권으로 분류되기도 하는 등 한국의 기업가정신에 대한 해석과 평가가 다양하게 존재한다. 이는 평가 방법에 의한 문제일 수도 있고, 아직은 국가적 측면에서 기업가정신에 대한 이해와 정립이 체계적으로 이루어지지 못하였기 때문일 수도 있다.

현재 "한국의 기업가정신이 침체되었다"라고 표현하는 것의 의미를 축약해 본다면, 기회추구형 창업활동(innovative startups)이 활성화 되지 않았으며, 기존 기업들의 '조직 기업가정신(Corporate Entrepreneurship)'이 활발하지 않다는 것을 의미한다. 창업과 같은 독립적 기업가정신과 조직 기업가정신 모두가 활발하게 상호작용을 하며 공진화(coevolution)의 흐름을 이어가야 하나, 현재 창업은 정부의 집중적인 촉진 정책으로 가시적 증가흐름을 보이고 있는데 반해, 조직 기업가정신의 경우 2000년대 초반 이래 침체해 있다고 할 수 있다.

한국 기업가정신의 재활성화하기 위한 방안으로는 창업교육 투자, 산업기술 활용형 창업 촉진으로 창업 수준을 고도화하여야 할 것이다. 기회추구형 창업을 증진하기 위해 미국의 i-Corps형 창업프로그램[190] 도입을 검토할 필요가 있다. 이는 현 TIPS 프로그램[191]의 보강차원이며, 정부가 참여하여 영향력 있는 창업사례를 만들어 줌으로써 우수 인력 및 집단이 보다 창업 지향적 도전을 할 수 있도록 할 필요가 있겠다.

한편 현 청년창업사관학교[192]를 개편하여 재창업 전문기관화로 변혁할 필요가 있다. 최근 부실기업의 증가 흐름, 청년창업촉진 정책으로 인한 실패 기업인들의 증가 흐름 등은 이에 대한 보다 전문적이고 입체적인 '실패의 체계적 흡수' 및 '재창업의 효과적 지원' 관련 대응체계를 조속히 구축해야 함을 시사하고 있다.

또한 최근 부상하고 있는 '재벌개혁' 이슈를 '사내 기업가정신 촉진'으로 전환하여 생산적 문제해결로 승화시키는 지혜가 필요하다. 이는 기업생태계 혁신 및 사회혁신의 대부분의 문제를 담고 있는 핵심적 어젠다라고 할 수 있겠다.

---

190) I-corps 프로그램: 오바마 대통령이 발표(2011년)하고 적극 추진했던 '미국 창업 이니셔티브(Startup America Initiative)'의 일환으로 미 국립과학재단(NSF)이 추진하는 프로그램이다. 정부지원 연구결과물로 창출된 기술의 상업화를 유도하고 기업가 문화 배양을 목적으로 추진하는 창업지원 프로그램으로, 미국 전역의 대학 및 정부 출연연구소의 개별 연구실 단위를 네트워크로 연결하여 유망한 연구 결과를 발굴하고, 즉시적으로 사업화 시킬 수 있도록 지원하는 체계이다. 매해 최대 100개 팀에 프로젝트 당 5만 달러를 지원하고 있다. 이와 관련하여 미래창조과학부 보도자료(2015), 미래부, 청년과학자 글로벌 창업 육성 시스템 본격 가동, 2015.06.17. 참조.

191) TIPS(Tech Incubator Program for Startup) 프로그램(민간투자주도형 기술창업지원, 이스라엘式)은 세계시장을 선도할 기술아이템을 보유한 창업팀을 민간주도로 선발하여 미래 유망 창업기업을 집중 육성하는 프로그램이다. 글로벌 시장을 지향하는 기술력을 갖춘 유망한 창업팀에게 과감한 창업 도전 기회를 제공하기 위하여 성공벤처인 중심의 엔젤투자社, 초기전문 VC, 기술대기업 등을 운영사로 지정하여 엔젤투자·보육·멘토링과 함께 R&D자금 등을 매칭하여 일괄 지원한다. 이와 관련하여 www.jointips.or.kr/about.php 참조.

192) 중진공(중소벤처기업진흥공단, 舊중소기업진흥공단) 청년창업사관학교는 기본기를 제대로 갖춘 도전의식과 창의정신이 넘치는 청년CEO를 길러낸다는 목표로 2011년 경기도 안산시에서 개교하였다. 우수기술을 보유한 청년창업자를 발굴, 사업계획 수립부터 사업화까지 창업의 전 과정을 지원하여 혁신적인 "청년창업CEO" 양성을 목표로 하고 있다. 이와 관련하여 청년창업사관학교 홈페이지 (https://start.kosmes.or.kr/) 참조.

2. 경제학적 접근[193)]

2.1 기업가정신의 중요성

기업가정신이 선진국 경제성장의 중요한 활력이 되고 있다는 점이 널리 알려져 있다. 하지만 실제 기업가적인 행동이 무엇인지에 대해서는 구체적으로 합의된 개념이 없다고 할 수 있다. 많은 경제학자들이 기업가정신에 대해 다양한 정의를 내리며, 실제 측정지표로도 아주 상이한 자료를 제시하고 있다.

기업가정신에 대한 연구가 없을 경우 시장, 기업, 조직, 변화에 있어서 기업의 본질에 대한 이해가 불완전해진다. 그리고 기술변화, 경제의 글로벌화, 근로의 유연성 증대, 소비자 기호변화, 규제완화, 혁신의 중요성이 강조되면서 중소기업에 대한 정책적 중요성이 부각되고, 그에 따라 기업가정신에 대한 사회적 관심도가 증가한다. 마지막으로 경제의 글로벌화에 따른 지식기반 경제로의 이행에 따라 기업가정신의 중요성이 더욱 부각되기 시작하는데, 중소기업은 글로벌화의 결과로 진부화 되어 가는 것이 아니라 중소기업의 비교우위 요인인 지식기반 경제활동으로 이동함에 따라 그 역할이 변화하게 된다.

2.2 경제학에서 기업가정신 개념에 대한 역사적 고찰

2.2.1 경제학에서 기업가정신의 정의

경제학에서는 경제 시스템 내에서의 역할(기능)로 정의를 내리고 있다. 경제학적 관점에서의 기업가정신의 개념은 시장에서의 기능 측면에서 초점을 두어 균형달성을 하거나 혁신하는 메커니즘과 같이 시장 내에서의 기업가의 역할에 초점을 둔 정의와 기업가의 상업적 행동에 초점을 두어 시장 기회의 포착과 기회추구를 위한 자원의 결합 행동으로 정의한다.

지금까지의 기업가정신에 대한 많은 연구 결과들을 검토해볼 때, 기업가정신은 다양한 측면을 가지면서 그 역할 또한 다양한 것으로 볼 수 있다. 경제학 논문에서 찾을 수 있는 기업가는 대충 12개의 형태를 가지고 있다.[194)]

193) 박승록(2015), 경제학적 접근에서의 한국 기업가정신의 변천과정과 재활성화 방안 연구, (재)한국청년기업가정신재단, 2015.10.

① 금융자본의 공급자
② 관리자 또는 감독자
③ 기업의 소유자
④ 생산요소의 고용자
⑤ 불확실성과 관련된 위험 감수자
⑥ 혁신가
⑦ 의사결정자
⑧ 산업지도자
⑨ 경제자원의 조정자
⑩ 계약자
⑪ 중재자
⑫ 여러 용도에 대한 자원 할당자

기업가정신에 대한 이론들은 정태적이거나 동태적인데, 기업가정신은 단지 동태적인 기업가 이론에서 의미를 갖는다. 왜냐하면 정태적 세계에서는 경제에서 변화나 불확실성이 없기 때문이다. 정태적 상태에서 기업가의 역할은 12개의 기업가 형태 가운데 처음 4가지 형태를 수행하는 존재에 불과하다. 이 경우 기업가의 행동은 단지 이미 배워서 알고 있고 실행되고 있는 과거의 절차를 반복하는 행위에 불과하다. 반면 동태적인 세계에서 기업가는 보다 강한 모습을 가진다. 이 경우 기업가는 나머지 8개의 동태적인 역할을 하는 존재가 된다.

2.2.2 기업가정신에 대한 고전적 정의

1) 위험 감수자

리샤르 캉티용(R. Cantillon)이 정의한 기업가는 중재자 혹은 경제에서 수요와 공급을 일치시키는 기능을 하면서 위험과 불확실성을 감수하는 존재이다. 그는 기업가를 매우 중요한 경제적 요소로 간주하여 기업가를 경제에서의 모든 교환과 순환에 대해 책임지는 존재로 보았다.

2) 기업 관리자

장 밥티스트 세이(Jean-Baptiste Say, 1767-1832)는 기업가의 역할에 대해 경제에서 중요한 역할을 하는 생산주체로서 위험 감수자라기보다는 "훌륭한 판단"을 하는데 훌륭한 자질을 가진 "기업의 관리자"라고 정의하였다.

3) 혁신가

1911년에 발간된 『경제개발이론(The Theory of Economic Development』에서 슘페터는 기업가를 다음의 신결합(new combinations)을 수행함으로써 시장의 변화를 가져오는 혁신가로 정의하였다.

194) Hebert, R. F., Link, A. N.(2006), The Entrepreneur as Innovator, The Journal of Technology Transfer, 2006, vol. 31, issue 5, 589-597.

① 새로운 상품, 혹은 새로운 품질의 창조
② 새로운 생산방법의 도입
③ 새로운 시장의 개척
④ 새로운 중간재, 부품의 새로운 공급원의 정복
⑤ 어떤 산업에서 새로운 시장조직의 수행

4) 불확실성 감수자

기업가의 주된 기능을 불확실성을 책임지고 해결함으로써 궁극적으로 다른 이해관계자를 이런 불확실성으로부터 보호하는 것이라고 보았다. 프랭크 나이트(Frank Knight)가 1921년에 『위험, 불확실성과 이윤(Risk, Uncertainty and Profit)』에서 제시하였다.

5) 경제체제의 안정화 주체(커즈너와 슐츠)

커즈너(Kirzner)는 1973년에 발간된 『경쟁과 기업가정신(Competition and Entrepreneurship)』에서 기업가정신에 대해 오스트리아 학파들의 접근방법을 활용하여 경제는 끊임없이 경제에 충격을 주는 요인들로 인해 지속적인 불균형상태에 있다고 주장하면서 경제주체는 "철저한 무지(utter ignorance)"로부터 어려움을 겪고 있는데, 이런 상태에서 기업가는 새로운 사업기회를 발견하고 활용해서 "철저한 무지"의 일부를 해소하는 역할을 한다고 언급하였다. 한편 슐츠(Schultz)는 1975년 "불균형에 대처하는 능력의 가치(The Value of Ability to Deal with Diseqilibra)"에서 기업가정신은 불균형 상황과 밀접히 관련되어 있고, 기업가정신은 이런 상황에 대처하는 능력이라고 주장하였다.

6) X-비효율성의 개선

라이벤슈타인(Leibenstein)의 X-비효율성 이론(X-efficiency theory)은 원래 다른 목적에 의해 개발되었지만 기업가의 역할을 분석하는데 활용되고 있다. 라이벤슈타인은 "배분적 효율성과 X-효율성"에서 X-효율성이란 기업 내의 자원 활용에 있어서 비효율성 정도를 나타낸다고 하였다. 라이벤슈타인은 기업가의 2가지 역할을 제시하였는데, 하나는 현재 존재하고 있는 생산방법이 효율성을 개선하거나, 새로운 생산방법의 도입을 용이하게 하는 생산요소를 이용가능하게 하는 소위 "요소투입완결(input completion)" 기능의 수행이며, 다른 하나는 시장의 결함을 보완하는 기능의 수행을 말한다.

2.3 기업가정신의 분석체계와 기업가정신의 측정

2.3.1 기업가정신의 분석체계

국가차원에서 기업가정신의 측정을 위한 3가지 접근방법은 성과지표(Output indicator), 태도지표(Attitude indicator), 체계지표(Framework indicator)의 관점에서 이루어지고 있다.

1) 성과지표

기업가정신을 성과지표를 통해 측정하려는 시도는 가장 오래된 연구방법이다. 주로 주어진 인구규모 내지 새로운 자영업(self-employment) 또는 신생기업(new firms)의 출현을 중요시한다.

2) 태도지표

전 세계적으로 여러 형태의 견해 또는 가치에 대한 조사가 진행되고 있다. 2000년부터 시작된 유로바로미터의 서베이(Eurobarometer survey), 1999년부터 시작된 GEM의 서베이 자료와 1997년부터 시작된 국제사회서베이(International Social Survey : ISSP)가 있다. 서베이 자료에 의존할 경우 기업가정신에 대한 태도조사는 기업가정신에 대한 다양한 범위의 태도를 조사하게 되는 장점이 있다.

3) 체계지표

보다 체계적인 분석틀을 이용해서 기업가정신을 설명하려는 노력으로서 보다 많은 자료를 사용하고 다양한 변수들 간의 인과관계가 명시적, 묵시적으로 설정된다. GEM의 접근방법, 세계은행(World Bank)의 접근방법, OECD의 접근방법, GEDI의 접근방법 등이 있다.

2.3.2 기업가정신의 주요 분석체계와 특징

1) GEM의 분석체계

2014년부터 종래에 작성되던 기업가정신을 나타내는 태도(Attitudes), 능력(Activity), 열정(Aspirations)에 대한 측정을 중단하고, 그 대신 총초기단계 기업가적 활동(Total Early-Stage Entrepreneurial Activity : TEA), 사회적 기업가적 활동(Social Entrepreneurial Activity : SEA), 고용자 기업가적 활동(Employee Entrepreneurial Activity : EEA)에 대한 지표를 측정 발표하고 있다. 기업가정신의 측정과 관련된 분석체계를 구축함으로써 OECD나 GEDI와 같은 다른 기관의 기업가정신의 분석체계에 영향을 미치고, GEM의 전문가조사자료는 OECD나 GEDI에서의 기업가정신 측정에 활용되고 있다.

과거 GEM에서의 기업가정신 측정체계에서 하위 지수였던 태도, 능력, 열정 관련 지표는 GEDI의 기업가정신 지표가 되었다.

GEM에서 사용되는 국가분석체계조건이라는 지표로 사용되는 자료는 세계경제포럼(WEF)의 국가경쟁력지수의 하위지표 전체이므로 한 나라의 국가경쟁력 수준이 기업가정신에 영향을 미치는 인과관계로 설정되고 있어서 국가경쟁력 구성요인의 하나로서 기업가정신이 고려되어야 한다는 것과 반대되는 논리로 구성되어 있다.

2.4 한국 기업가정신의 변천

2.4.1 한국의 기업가정신 변천사를 위한 시대구분

한국경제의 발전과정에서의 시대구분은 경제정책이라는 요인이 크게 작용하였기 때문에 경제학적인 측면에서 기업가정신을 시대별로 살펴봄에 있어서도 경제정책과 더불어 대체로 10년 단위로 살펴볼 수 있다.

따라서 시대구분은 ① 해방 후 및 전후 복구기(해방-1962년), ② 경제개발계획을 통한 산업기반 형성기(1962-72년), ③ 고도성장기(1973-87년), ④ 개방화를 통한 경제 패러다임 전환기(1988-97년), ⑤ 외환위기 극복 및 재도약기(1998-2007년), ⑥ 성숙기(2008년 이후)로 구분할 수 있다.

각 시대구분의 분기점들은 한국의 경제성장 과정에서 중요한 계기가 되었던 경제개발계획의 시작(1962년), 중화학 산업육성정책의 시작(1973년), 개방화와 올림픽 개최(1988년), 외환위기(1997년), 세계금융위기(2007년)와 같은 큰 변화가 있었던 연도라 할 수 있다.

2.4.2 주요 시기별 기업가정신

1) 해방 후 전후 복구기(해방~1962년)

우리나라에서는 해방 이후 비로소 근대적인 의미의 기업이 대두되기 시작하였는데, 당시 우리나라의 현실은 농업국가로서 기껏 미곡상, 정미소, 주류제조, 포목상이 초기의 기업형태라고 할 수 있다. 하지만 해방 후 미군정 치하, 한국전쟁, 그리고 전후 복구과정에서 무역, 사회간접자본의 복구, 민생관련 업종에서의 다양한 기회가 창출되면서 근대적인 의미의 기업이 출현하게 되었고, 이 과정에서 기업가들의 활동이 두드러지게 나타나기 시작한다.

2) 경제개발계획을 통한 산업기반 형성기(1962~1971년)

1961년 군사정권의 시작과 함께 본격적으로 추진된 경제개발계획은 한국경제에서 산업기반을 형성한 시기라고 할 수 있으며, 한국의 화려한 경제성과를 가져온 경제적 기반을 구축한 시기라고도 할 수 있다. 하지만 다른 한편으로는 오늘날 심각한 문제로 제기되고 있는 재벌체제의 고착화에 따른 창업 기업가정신의 장애요인으로 작용하는 원인을 제공하는 계기가 되는 시기이기도 하다.

3) 고도성장기(1972~1982년) : 중화학산업 육성과 안정화

정부에 의한 중화학공업정책의 추진은 많은 기업들에서 새로운 산업에의 진출과 새로운 상품의 생산이라는 기회를 제공하였다. 많은 기업인들은 중화학공업에의 진출이 기업성장의 계기가 될 것임을 확신하고 정부정책에 적극 호응하였으며, 많은 중화학 제품들이 수입대체와 더불어 주요 수출품이 되었다. 중화학공업육성정책이 비록 수입대체를 강조하기는 하였어도 수출 역시 중요시 되었는데, 이때 해외시장 개척은 종합상사를 통해 이루어졌다. 해외시장의 개척은 건설부문에서도 활발하였는데 베트남 전쟁 참여와 국내 건설업체의 경험축적, 국내에서 고속도로 건설의 경험은 중동전쟁 이후 중동에서 건설 붐이 일어나자 중동지역은 한국기업의 좋은 진출지역이 되어 외화획득을 통한 자본축적의 기회가 되었다. 중화학공업육성 과정은 광범위한 중간재 분야의 수입대체를 지속적으로 가능하게 함으로써 국내시장을 형성하였을 뿐만 아니라 수출로 이어지게 되었다. 중화학공업 과잉투자의 비판에도 불구하고 결과적으로 오늘날 우리나라의 경제성장을 주도해왔던 자동차, 철강, 조선, 반도체, 석유화학, 기계와 같은 산업의 하부구조가 완성되었다.

당시 기업인들은 기업가적인 모험심을 가장 강하게 발휘하였고, 이후 이병철, 정주영, 김우중, 구본무 등이 한국의 대표적 기업인 이미지로 각인되었다.

4) 개방화를 통한 경제 패러다임 전환기(1988~1997년)

한국경제의 패러다임 전환은 중화학공업 육성기를 지나 1980년부터 경제 관료들 가운데 경제정책에 있어서 미국출신 경제학자들의 영향력이 커지면서 시작되었다.

하지만 본격적인 경제사회의 변화는 1986년 이전 중화학공업의 과잉투자로부터 불안한 경제상황이 전개되는 가운데 한국경제에 찾아온 저환율 기조, 원유가의 하락, 저금리의 현상으로 일거에 한국경제의 문제가 해소되면서 시작되었다.

제5공화국의 정권 말기에 이르자 한국사회는 정치·사회적으로 매우 불안정하였는데 이것이 민주항쟁으로 확산되면서 노태우 대통령 후보의 6·29선언이 일어나고, 산업현장에서는 임금인상, 근로환경의 개선, 복지증진과 같은 노동조건의 개선욕구의 분출을 필두로 노사분규가 빈발하는 등 많은 문제가 나타나기 시작하면서 민주화의 노정이 시작되었다. 아울러 1970년대 중화학공업 육성기부터 고착화된 기업집단의 경제력 집중에 따른 문제점과 불공정거래행위에 대한 규제의 필요성이 크게 대두되면서 시장경제의 규율을 위한 독점규제 및 공정거래에 관한 법률이 제정되어 대규모기업집단에 대한 규제가 도입되기 시작하였다.

5) 외환위기 극복 및 재도약기(1998~2007년)

1997년 한국의 외환위기는 1997년 8월 태국, 인도네시아를 비롯한 동남아 여러 국가들이 수출위주의 경제정책을 추구하던 중 중국의 고도성장 과정에서 상대적으로 경쟁력을 상실하면서 국제수지 적자가 누적되는 가운데 외국인 투자를 유치하기 위해 자국화폐에 대한 고환율 정책을 추진하면서 야기되었다. 이후 자본시장의 개방은 금융관련 법률제도, 금융부문의 경쟁 환경, 국내 또는 해외시장 접근성, 부채조달, 주식시장의 발전에 영향을 미쳤으며, 기업구조개혁정책은 기업의 시장진입과 성장에 있어서 행정비용 부담, 파산제도, 공정거래제도, 경쟁 환경, 부채조달, 회사채 발행 관련제도의 변화를 초래하였다.

6) 성숙기(2008~현재)

세계 금융위기는 한국의 금융시장에 커다란 충격을 미쳤으나 한국은 이를 현명하게 극복하였으며, 이후 한국경제를 본격적인 성숙기로 진입시키게 된다. 그러나 성숙기에 접어든 한국경제는 좀처럼 경제성장의 동력을 찾지 못한 채, 답보상태에 머물러 있다. 이런 가운데 대내적 경제이슈 중 하이라이트인 계층·지역·세대 간 양극화 문제의 해결을 위해 탄핵정국 이후에 등장한 문재인 정부는 최저임금 인상과 소득주도성장 등의 경제정책을 추진하고 있으나 아직 가시적 성과가 나타나지 않고 있다. 아울러 특히 청년 일자리 창출 관련 정책의 추진 역시 실질적 성과가 미흡한 실정이다.

2.5 한국 기업가정신의 결정요인, 성과와 발현 사이의 인과관계

2.5.1 통계적 인과관계 분석은 매우 도전적 과제

기업가정신의 OECD 분석체계를 완성한 Ahmad and Hoffmann(2008)[195]은 OECD 분석체계에 있어서 기업가정신의 결정요인과 기업가적 성과의 관계는 추측에 의한 것이지 통계적으로 확립된 관계가 아니므로 이들의 인과관계를 통계적으로 규명하는 것은 매우 도전적인 과제가 될 것이라고 하였다.

2.5.2 주요 변수들의 인과관계와 시사점

신생기업의 탄생은 경제성장과 같은 기업가정신의 발현에 큰 영향을 못 미치는 것으로 보이는데, 이는 경제성장이나 일자리 창출을 위해서 창업기업의 활성화에 큰 기대를 할 수 없다는 것을 의미한다. 많은 나라에서 공통적으로 경제성장이나 일자리 창출은 신생기업의 탄생과 같은 창업 기업가정신에 의한 것이 아니라 기존 기업의 기업가정신, 즉 사내 기업가정신에 의해 일어나고 있을 가능성을 보여준다.

신생기업의 탄생은 기업가적 역량에 의해 큰 성과를 거두기 힘들다는 사실이 발견되었는데, 이는 기업가적 역량이 풍부하더라도 이것이 창업으로 연결되지 않는다는 의미이다. 기업가적 역량을 키우는 데는 지식의 창조 및 확산이 매우 큰 역할을 하고 있음을 발견하였지만, 이것이 창업으로 연결되지 않는다는 점에서 기업가적 역량을 창업이나 성장으로 연결시키는 고리를 강화하는 것이 필요하다는 시사점을 얻을 수 있다.

시장조건은 신생기업의 탄생이나 경제성장과 일자리 창출에 매우 중요한 역할을 하고 있다. 시장여건을 나타내는 반독점법 효율성, 노사관계, 사회간접자본, 시장지배력과 같은 요인들이 기업가정신의 성과와 발현에 매우 큰 역할을 한다는 것을 의미한다. 시장조건은 창업뿐만 아니라 경제성장과 같은 기업가정신의 발현에 보다 직접적으로 작용한다는 점도 현실과 합치하는 분석결과를 보여주고 있다. 시장조건에는 규제체계와 금융 접근성이 매우 중요한 역할을 하고 있음을 발견하였다. 경제활동의 하부구조를 형성하고 있는 규제체계와 금융부분의 역할이 시장조건의 개선에 큰 영향을 미치고, 이것이 바로 창업이나 경제성장에 큰 영향을 미친다는 것을 의미한다.

---

195) Ahmad, Nadim, and Anders N. Hoffmann(2008), A framework for addressing and measuring entrepreneurship, OECD statistics directorate, working paper, 2008/2, OECD publishing.

3. 사회학적 관점에서의 기업가정신[196)]

기업가정신은 오늘날 한국 사회의 여러 문제를 해결하는 방안으로 대두되고 있다. 뿐만 아니라 글로벌 차원에서도 기업가정신은 경제적 활력과 혁신, 사회적 이동기회 제공 및 취업확대 등 여러 방면에서 중요한 기여를 하고 있다. 따라서 기업가정신을 활성화시키는 것은 현재의 당면 과제의 해결뿐만 아니라 향후 미래의 사회와 경제를 준비하는데 있어 매우 중요하다.

사회학에서는 기업가정신의 정의를 내리는 것에는 크게 노력을 기울이지 않고 신생 상업적 조직의 탄생을 기업가정신이라고 전제한 후, 신생 사업조직의 탄생을 촉발하는 요인을 사회구조적 측면이나 사회문화적 요인으로 설명하는데 주안점을 두었다.[197)]

사회학에서는 기업가정신을 '사회경제 내에서 상업적인 역할(경제적 역할)을 수행하기 위한 (산업)조직을 만들어 내는 것'이라고 정의하고 있다. 그리고 기업가는 상업적인 역할을 수행하는 조직을 만들어 내는 활동을 하는 개인이라고 정의하고 있다. 사회학은 누가(어떤 사회적 배경을 가진 사람들의 집단이나 사회적 집단) 상업적 역할을 수행하는 조직을 만들어 내려고 하는가를 규명하려는데 초점을 맞춘다. 또한 상업적 역할을 수행하는 조직을 만들어내도록 촉진하는 사회적 구조나 제도 등에 초점을 맞춘다.

사회학의 특징적 접근 가운데 하나는 개인적 수준과 거시・구조적 수준을 연결시켜 생각하는 '사회학적 상상력'의 발휘이다. 그동안 기업가정신에 대한 많은 연구들이 개인의 수준에서 배경과 동기에 주로 초점을 맞춰 왔던 것에 비해 사회학에서는 이를 거시적 환경 및 조건과 연결시키고자 한다. 따라서 사회학에서는 기업가정신의 측정 역시 개별적 시도와 성공 여부로부터 더 나아가 거시적 수준에서의 시도와 성공의 빈도 혹은 비율, 그리고 패턴에 주목한다.

또한 사회학에서는 기업가정신을 경제적 가치의 창출만이 아닌 사회적 가치의 창출도 포함하는 것으로 확장시켜 생각하는 경향이 강하다. 사회적 가치의 창출은 새로운 문제해결의 가능성과 해법을 추구하고자 하는 것이며, 이를 통해 본인과 주변 사람들은 물론 많은 사람들에게 이익이 될 수 있는 것이다. 이러한 의미에서 기업가

196) 한준·김수한(2015), 사회학적 접근에서의 한국 기업가정신의 변천과정과 재활성화 방안 연구, (재)한국청년기업가정신재단, 2015.10.

197) 이춘우(1999), 조직앙트라프러뉴십과 조직성과, 서울대학교 대학원 경영학과 박사학위 논문.

정신의 핵심은 경제적, 사회적 가치의 창출을 새로운 조직을 통해 가능케 하는 것이라고 할 수 있다.

사회학적 관점에서 볼 때 기업가정신은 기본적으로 새로운 조직들이 얼마나 많이 설립되는가, 그리고 어떻게 설립되는가의 문제라고 할 수 있는데, 왜냐하면 새로운 종류의 조직들, 그리고 새로운 조직들의 등장은 문제에 대한 새로운 해결책의 제시와 연결된 경우가 많기 때문이다.

그런데 최근 사회학의 연구 성과들에 따르면 기업가정신을 이미 실현된 결과, 즉 창업의 결과만을 통해 현상을 접근하는 데에는 한계가 있다고 본다. 따라서 현실적으로 나타난 모습만이 아니라 잠재적 시도와 의도까지 염두에 두고 생각해 본다면 기업가정신은 의도와 시도, 조직설립 노력과 성공, 신설된 조직의 생존을 모두 포괄해야 한다.

기업가정신 발휘의 과정에 도움이 되는 조건들은 객관적이고 물질적인 것들이 많지만, 동시에 사회적이고 문화적인 요인들도 많다. 기업가정신의 결과 역시 개인, 지역, 전체 경제에서의 부의 증대 외에도 사회적 가치와 아울러 사회적 이동, 즉 지위의 상승이 포함된다. 따라서 이러한 조건과 결과의 측면들을 사회학적으로 분석하고자 할 때 사회학적 관점에서 본 기업가정신은 기존의 기업가정신에 대한 논의를 보다 확장하는 것을 특징으로 한다고 하겠다.

4. 심리학적 관점에서의 기업가정신

심리학 분야에서는 기업가의 심리적 특질과 벤처기업의 성과간의 관계를 연구하는 흐름이 매우 오랫동안 지속되어 왔다.[198]

---

198) [연구의 예] ① Pandey, J., and Tewary, N. B.(1979), Locus of control and achievement values of entrepreneurs, Journal of Occupational Psychology 52: 107-111. ② Baum J. Robert and Locke Edwin A.(2004), The Relationship of Entrepreneurial Traits, Skill, and Motivation to Subsequent Venture Growth, Journal of Applied Psychology, vol. 89, no. 4, 587-598.

4.1 개인 수준 기업가정신 측정의 효용성 증대[199)]

기업가정신(Entrepreneurship)은 무엇인가? 사실, 여기에 대해서는 국내외적으로 뜨겁게 논쟁하고 있다. 마치 '리더십은 무엇인가?'라는 것과 같이 논의가 좀처럼 하나로 모이지 않는다. 그러나 대체적으로는 '개인이 새로운 일자리를 창출하고 비즈니스를 성장시키기 위한 기회를 추구하며(이를 위해 필요한) 자원을 조직화하는 과정'으로 정의할 수 있다. 그래서 언제나 기업가정신은 '개인 수준'에서 분석되어야 하고, '개인 수준의 특질(individual level trait)'로만 취급해야 한다.[200)]

전통적으로 기업가정신은 Schumpeter가 주장한 Entrepreneurship 3요인 이론이 가장 많이 알려졌으며, 혁신성, 진취성(또는 적극성), 위험 감수성으로 알려졌다. 이 세 가지 요인을 확장한 것이 Lumpkin과 Dess의 Entrepreneurial Orientation 5요인 이론[201)]인데, 기존의 이론에 자율성과 경쟁적 공격성을 추가한 모습이다. 따라서 Schumpeter의 주장을 따르는 학계의 연구자들은 Lumpkin과 Dess의 Entrepreneurial Orientation 이론을 점차 지지하고 있는 추세로 보인다.

학계 관점에서 기업가정신을 측정하는 이유는, 스타트업 성장의 가장 핵심적인 요소가 기업가정신이라고 믿기 때문이다. 실제로 관련 연구들을 통합분석(meta-analysis)을 통해 통합하여 벤처기업의 기업가정신과 기업성과 간 관련성을 약 10개 연구를 근거로 분석해보면, 교정된 평균 상관관계(이 값은 0에서 1까지의 범위를 가지며, 1에 가까울수록 관련성이 높음을 뜻한다.) 값이 0.4에서 0.6 사이로 계산되어 중간 정도의 관련성이 나오는 것을 확인할 수 있다. 연구에 응답한 사람의 수는 1,578명에서 1,828명이었다. 결과는 상황에 따라서 기업가정신이 기업성과와 높은 관계(최대 0.7263)를 가지기도 하지만, 그렇지 않을 수도 있음(최저 0.211)을 통계치는 보여주고 있으며, 오차 교정 후 분산 비율이 75%에 도달하지 못하므로 기업가정신이 발휘되거나 발휘를 저해하는 인적자본적·환경적 배경이 있을 수 있음을 고려할 수 있다.

요약하자면, 기업가정신 측정은 창업자 선발에서 중요하게 고려할 만한 근거가 있으며, 기업가정신이 높은 대표자가 있을수록 기업성과가 높아진다고 이야기할 수 있다.

---

199) Seongho(2013a), 산업심리학으로 기업가정신(Entrepreneurship) 측정하기, beSUCCESS, 2013.01.08.

200) 팀 수준 기업가정신, 조직 수준 기업가정신은 조직심리학적 접근으로 보면 고쳐야 할 점들이 있다. 기존 연구들을 살펴보면 개인 수준의 설문 문항을 가지고 팀과 조직을 측정하려고 하는데, 사실은 팀 수준 기업가정신과 조직 수준 기업가정신은 개인의 영향력으로 발휘된 '기업가적 풍토로서의 조직 풍토'이다.

201) Lumpkin G. T., and Gregory G. Dess(1996), op. cit.

그런데 슘페터가 제시한 기업가정신 3요소 간의 관계성이 너무 높게 나타났기 때문에 기업가정신 이론의 대부분을 차지하는 Schumpeter의 이론을 채택해서 쓰기에는 통계학적으로 무리가 있다는 결론에 다다른다. 따라서 산업심리학에서 사람을 뽑을 때 사용하는 '직무 분석'과 '역량 모델링'을 사용하는 것이 그 대안이 될 수 있을 것이라고 생각한다. 이 두 가지 기법을 사용해서 기업가정신을 새롭게, 그리고 종합적으로 구성하고, 실제 과업을 주어 평가하는 인사선발 체계를 만들면 충분히 가능성이 있다.

지금까지는 새로운 벤처기업을 시작하는 과정에서 엔젤 투자자나 국가 기관이 창업자를 선발할 때 단 한 번도 기업가정신을 고려하지 않았던 것 같다. 기업가정신은 경제가 어려울 때에만 나타나거나, 자본가들이 법망을 피하고자 '처벌을 통해 기업가정신을 쇠퇴하게 하지 말라'고 하는 핑계로만 쓰이곤 했다. 실제로는 항상 사업계획서를 통해 사업 아이템의 독창성과 실현 가능성, 유행 가능성만을 측정해왔지, 창업자의 기업가정신을 측정한 일은 없었다. 그 때문에 정부 기관에서 100명의 개인에게 투자하면 단 1명만이 수익을 내며, 창업 기업 100개 중 단 1개의 회사만 성장하여, 1년에 약 5000억의 창업 예산이 낭비됨으로써 예산 집행의 비효율을 보여주었다.

100명 중 1명이 성공하는 것을 산업심리학의 단어로 바꾸면 '기초율 0.01'이라고 부른다. 선발한 사람 중 성공하는 사람의 비율을 나타내는 것이다. 산업심리학의 전통에서 일반적으로 기초율이 낮은 검사는 효용 가치가 낮다고 하여, 전면적인 수정을 요구한다. 심사를 통해 100명을 뽑으면 50명이 성공하여야 한다. 그러므로 기업가정신을 측정하는 새로운 인사선발 검사를 개발할 필요성이 있다. 어떤 기사를 보면 외국에서는 장시간에 걸쳐 평가자가 따라다니면서 창업 지원을 결정한다고 하는데, 이것보다는 실제로 하루라는 시간 안에 다수의 모의 과제를 다양한 방법으로 주고, 이를 풀어가는 과정을 평가하면 더 효과적이다.

산업 및 조직심리학의 전통 위에서 정밀하게 만든다면, 성공을 예측할 수 있을 뿐만 아니라, 자격에 미달하는 사람을 효과적으로 교육할 수 있게 된다. 그리고 무엇보다 중요한 점은 기업가정신이 지난 100년간 연구되었지만, 그간 방법을 몰라서 활용하지 못한 비극을 이젠 종식하여 누구든지 창업을 통하여 자신의 꿈을 이룰 수 있게 만들 수 있다는 것이다. 이제 인간의 수명은 100세라고 한다. 보통 조직에서 퇴직하는 때는 50세 전후이고, 퇴직금으로 창업하면 망하는 데 걸리는 시간은 단 3년이라 한다. 이 비극을 막기 위해서라도 새로운 기업가정신 측정 시스템을 개발하는 데 모두 협력하여야 할 필요가 있다.

4.2 빅 데이터로 분석한 기업가정신의 시각 차이[202)]

최근 기업가정신이 뜨거운 감자로 떠올랐다. 정부에서는 기업가정신 진흥을 위하여 여러 가지 투자를 요구하고, 정책을 수립한다. 창업자(entrepreneur)들은 기업가정신을 발휘해 새롭고 유용한 아이디어를 창업을 통해 실현하기 위해 투자를 받고, 네트워크를 쌓아가며, 멘토링 및 액셀러레이션[203)]을 받는 등 부단한 노력을 한다. 그러면서 자체적으로 생존할 수 있는 생태계를 만드는 데 중점을 둔다.

경영학 또는 창업학계에선 기업가정신이 무엇인지에 대한 논의가 활발하다. 동시에 기업가정신을 논할 때는 심리학이 빠지지 않는다. 창업자로서 성공하기 위한 인지적, 정서적, 행동적, 동기적 접근들을 취하고 있다. 위험추구성향, 성취동기, 통제소재 등은 창업학계에서도 심리학적 관점을 언급하면서 빼놓지 않는 단골 소재라 할 수 있다.

그런데 앞서 언급된 기업가정신(entrepreneurship)은 모두 하나인가? 그렇다. 부르는 단어는 하나이다. 하지만 실상은 그렇지 않다. 결론적으로 빅 데이터를 토대로 분석하면 기업가정신을 부르는 의미가 제각각이다. 화려한 미사여구 뒤에 숨은 기업가정신의 민낯을 본다면, 각 주체가 바라보는 관점을 더 이해하기 쉽지 않을까? 그래서 이를 빅 데이터 분석을 통해 실증적(empirically)으로 검증한 결과, 각 이해당사자가 기업가정신을 이해하는 민낯을 알 수 있다. 시선들이 확연히 다른데, 이를 한 문장으로 요약하면 아래와 같이 표현할 수 있다.

먼저 정부는 한 마디로 “창업자가 창업해서 일자리를 만들어 달라.”는 주문뿐이다. 창업자가 제품과 서비스를 만들어서, 경제를 활성화하고 일자리를 만들기만 하면 그만이다. 이후에 창업자 개인 수준에서 창업자가 장기적인 성장을 하는 건 부차적인 문제일 뿐이다. 이것이 정부가 바라보는 기업가정신의 단면이다. 두 번째로 창업자(Entrepreneur)는 “아이디어 실현과 세계적 성장을 위해 네트워크 지원과 자금 투자를 받고 싶다.”는 것이다. 이 과정에서 종종 정부 지원을 바라기도 하는 눈치다. 액셀러레이션을 원하고, 창업 보육을 바라기도 한다. 투자를 받고 싶어 한다. 그렇게 새로운 비즈니스가 성장하면서 자신이 원하는 목표를 이룬다면, 성공한 것이

---

202) Seongho(2013b), 기업가정신의 민낯: 빅 데이터로 확인한 시각 차이, beSUCCESS, 2013.07.26.

203) 인큐베이팅이나 액셀러레이팅 모두 스타트업(특히 초기단계)을 지원하는 관점의 프로그램이다. 다만 인큐베이션이 공간이나 설비, 업무 보조 등 하드웨어 중심의 지원이라면 액셀러레이션은 창업의 지식과 경험, 비즈니스 인사이트를 알려주는 등 소프트웨어 중심의 지원이라는 점에서 약간의 차이는 있다. 액셀러레이션이 조금 더 집중적이고 체계적이라는 소견이다. 이와 관련하여 플래텀(2014), “스타트업... 그게 뭔데?” 헷갈리는 스타트업 관련 용어, 한 번에 정리하기...,
(https://platum.kr/archives/21703), 2014.05.30. 참조.

다. 이것이 창업자가 바라보는 기업자정신의 단면이다. 세 번째로 경영학자(혹은 창업학자)는 정부와 실제 창업자들이 창업 관련 활동을 하면서 '무슨 일이 벌어지고 있는가?'에 관심을 갖는다. 그래서 그들은 "혁신하고, 기술적 진보를 하고, 전략을 세워서 성과를 내는 것이 기업가정신의 실체이다."라고 본다. 그 과정에서 대학이 자신들이 바라보는 기업가정신 진흥을 위하여 산학협력과 교육이 필요하다고 주장한다. 마지막으로 심리학자는 "기업가정신은 개인의 어떤 측면을 일컫는 개념인가? 또한 어떤 사람이 창업해야 성공할 수 있는가?"에 관심이 있다. 창업자에게 필요한 지식, 기술, 능력, 기타 특성, 성격적 요소, 동기적 측면 등을 측정해서 수리적 모형으로 성공 가능성을 예측한다. 산업 및 조직심리학자들은 꾸준히 개인적인 역량과 성격, 동기가 중요함을 강조하고 있다.

네 가지 민낯 모두 우리가 창업 관련 활동을 하면서 알아가고, 도움을 받으면 좋다. 정부가 바라보는 관점에 맞추어서 역량 있는 많은 사람을 고용하고, 똑똑하게 투자받고, 산학협력을 통해 경영 전략과 마케팅 전략, 그리고 혁신에 대한 조언을 지속해서 받는 일이 필요하다. 마지막으로 심리학자들에게 창업자 자신에 대한 창업 관련 역량을 진단받고, 역량을 증진할 수 있는 훈련을 받는다면 이보다 좋을 순 없을 것이다. 우리에겐 기업가정신에 대한 이해가 어느 한 쪽에 편중되기보다, 더 다양한 관점을 수용하는 작업이 필요하다.

5. 마무리

지금까지 학제적 접근을 통해 기업가정신을 간단히 살펴보았다. 그 결과 우리는 어느 한 쪽으로 편향되기 보다는 좀 더 다양한 관점에서 기업가정신을 바라볼 필요가 있음을 확인할 수 있었다. 다시 말해 기업가정신이 가져다주는 경제 · 사회 · 문화적 제 측면의 긍정적 효과를 충분히 인식하고, 이를 바탕으로 각 경제주체들이 시대에 부합하는 융합적 사고와 실천을 한다면 현재보다 다가올 미래는 보다 역동적이고 생산적인 사회가 될 것이다.

제 6 장

기업가정신의 사례

1. 기업가에게 요구되는 역량[204)]

1.1 기업가의 역량

기업가의 성장 배경, 일을 하는 방식, 위험과 역경을 견디는 '인내력'과 '회복 탄력성', 관계 관리능력 등 비즈니스를 만들고 이끌어가는 기업가에게는 생각보다 많은 역량들이 필요하다. 대표적인 역량들은 다음과 같다.

- 도전과 혁신
- 기회 포착과 추구
- 위험 관리
- 경영자원의 확보와 운영
- 리더십
- 책임의식
- 열정과 신념
- 추진력
- 정보습득과 판단
- 네트워크

1.2 기업가의 역량 구축 방안

우선 '기업가'로의 성장에 대한 확고한 의지가 중요하다. 둘째 가장 필요한 부분부터 우선적으로 확보하고, 부족한 순서로 이동한다. 셋째 모든 역량을 갖추거나 보유할 수는 없기 때문에 '위임'의 필요성과 중요성을 인식해야 한다. 넷째 습득된 지식은 '실행'을 만날 때, 활용 가능한 '역량'으로 전환된다는 사실을 명심해야 한다. 다섯째 단계적으로 그리고 지속적으로 역량을 보충하고 보강하라. 여섯째 '역량'은 습득되는 것이 아니라, 스스로 만들어가는 것이라는 점을 잊지 말아야 한다. 이제 스스로 기업가로서 부족한 역량은 무엇이며, 이를 어떻게 보완할 것인가를 생각해 보자.

204) CampSpark Jr.(2014), op. cit.

2. 시대정신으로 바라본 기업가정신 사례

2.1 실패에 대한 현명한 대처는 성공의 필요조건[205)]

영국 파이낸셜 타임스의 칼럼니스트이자 베스트셀러인 『경제학 콘서트』의 저자로 유명한 팀 하포드(Tim Harford)가 '기업가정신'에서 강조한 것은 '실패'였다. 그는 "실패는 피할 수 없다"며 "빨리 실패하고, 실패를 인정하고, 그를 통해 배우는 것이 중요하다"고 말했다.

기업이 실패를 겪을 때는 일종의 '기술'이 필요하다는 것이 그의 주장이다. 그는 "실험 삼아 실패할 수 있는 회사는 많지 않다"며 "실패를 하더라도 위험을 최대한 줄여가면서 해야 한다"고 말했다. 실패한 후 어떻게 대처하느냐 하는 것도 중요한 문제다. 그는 "한 번 실패하면 이성을 잃고 잘못된 의사결정을 하는 경우가 대부분"이라며 "실패에 어떻게 대응하는지가 기업의 성공을 결정한다"고 강조했다. 실패를 딛고 일어선 사례로 미국의 구글을 들었다.

"성공적인 기업의 대표 사례로 꼽는 곳이 구글이다. 하지만 구글은 실패하는 서비스도 많이 내놓았다. 그래도 우뚝 살아있다. 실패했다고 좌절하지 않고 실패로부터 끊임없이 배우기 때문이다." 실패도 업종에 따라 다르다. 그는 "석유·화학 업종처럼 실패하면 대가가 큰 산업일수록 미리 작은 실패를 겪어야 손해를 줄일 수 있다"며 "한국에서 발달한 인터넷 관련 산업의 경우 쉽게 실패하지만 그만큼 실패로부터 배우기 좋은 환경"이라고 말했다.

기업이 실패를 바로잡기 어려운 이유로는 조직의 특성을 들었다. 그는 "개인보다 조직이 실패를 인정하기 어려운 구조"라며 "실패를 발견했을 때 즉시 공유할 수 있는 시스템을 갖춰야 한다"고 말했다. 기업의 성공과 실패는 동전의 양면과 같다는 것이 그의 생각이다. 그는 "사회가 복잡해질수록 실패하기 쉽다"며 "실패를 두려워하지 않는 기업가정신과 실패는 밀접한 관련이 있다"고 말했다. 이어 "앞으로 기업가들은 성공 여부가 아니라 실패에 어떻게 대처했는지에 따라 평가받게 될 것"이라고 전망했다.[206)]

결국 한 가지 분명한 것은 실패 없는 성공은 없다는 것이다. 실패를 분석해 성공의 자양으로 삼아야 하는 이유가 바로 여기에 있다.

---

205) 중앙일보(2010.10.), "기업의 성공은 실패에 어떻게 대응하느냐에 달렸다", 2010.10.12.
206) 중앙일보(2010.10.), op. cit.

2.2 해외사례의 교훈[207)]

2.2.1 코닝의 사례

코닝은 지난 150년 동안 창의적인 제품을 만들어 선도적인 역할을 했다. 이런 배경에는 몇 가지 특징이 있다. 지난 100년 동안 8명의 CTO(최고기술책임자)가 재임했다. 평균 12년 이상의 시간을 부여하며 연구개발을 진두지휘하게 했다. 신기술 투자의 성공여부에 대한 판단을 멀찌감치 뒤로 미뤄놓고 성공할 수 있는 충분한 시간을 부여했다. 자료에 따르면 코닝은 CEO 재임 기간을 초월해 투자기간을 설정했던 사례가 많다. 미래 기술투자를 결정할 때는 성공자와 실패자를 동시에 기술전략위원회에 참석시키는 것은 오래된 전통이다.

이에 반해 한국은 1년 단위의 성과 평가를 통해 임원들의 거취를 결정한다. 단기적인 성과에 치중할 수밖에 없다. 전문경영인의 평가도 기술개발보다는 실적에 기반한 경우가 대부분이다. 연구개발(R&D)에 사용된 돈은 여타 설비투자가 자산처리 되는 것과 달리 전액 비용 처리된다. K-IFRS가 도입[208)]되면서 연구개발에 성공했을 때 특허비용 정도만 자산화될 뿐이다. 이런 상황에서 경영적 성과를 내야만 하는 전문경영인이 영업이익이 줄어드는 연구개발에 과감한 투자 결정을 내리기가 쉽지 않다. 연구개발의 경우 산업에 따라 편차가 있지만 일반적으로 10~25% 정도의 확률을 가지고 있다. 실패자 역시 실패자로서의 축적된 경험과 노하우가 있다. 이 역시 다음 성공을 위한 중요한 자산이다.

그러나 한국기업은 실패를 무능력의 결과물로 판단한다. 예외적으로 총수의 실패만 이런 통계를 들어 너그러운 면죄부를 부여받는 것이 현실이다. 실패자가 퇴사하거나 한직으로 밀려나는 분위기에서 그 경험을 공유해 더욱 발전적으로 계승시키기는 쉽지 않다.

---

207) 타이쿤포스트(2015), [COVER STORY] 시대정신으로 바라본 '대를 잇는 기업가정신'④… 해외사례, 2015.12.09.

208) K-IFRS란 "Korean International Financial Reporting Standards"의 약어로 국내 관계자들이 국제회계기준(IFRS)를 한국어로 번역한 것이다. K-IFRS 도입배경: K-IFRS가 도입되기 전 쓰던 회계기준을 GAAP(Generally Accepted Accounting Principle, 일반적으로 인정된 회계원칙)이라 불렀다. GAAP는 각 나라마다 특수한 역사와 경제상황을 반영하여 각각 사용해 왔다. 자본시장이 국제화됨에 따라 해외로 기업이 진출할 때 그 나라의 GAAP에 맞게 재무보고를 해야 하므로 추가비용이 들고, 또 투자자 입장에서는 타국의 상이한 재무제표를 이해할 수 없어 투자를 포기하거나 추가비용이 들기 때문에 IFRS(국제회계기준)을 마련하게 되었다. K-IFRS 도입현황: K-IFRS는 2011년부터 상장회사는 의무적으로 적용해야 된다. 이와 관련하여 한울에듀(2011), [K-IFRS, 한국채택 국제회계기준] K-IFRS란?, 2011.11.17. 참조.

2.2.2 3M의 사례

3M은 미국의 다국적기업이다. 누구에게나 익숙한 포스트잇과 스카치테이프가 바로 이 회사 제품이다. 어느 기업에나 최고경영자가 있지만 모든 상황의 구체적인 변화의 내용을 결정하기에는 현실적인 한계가 있다. 3M의 최고경영자는 포괄적인 개념의 전략적 방향만을 설정해 준다. 중간관리자는 자율적으로 이 전략적 비전을 해석해 구체화한다. 그리고 끊임없이 중간관리자와 경영진과 소통의 과정을 거치며 전폭적인 지지를 받고 증폭되는 가치창출 프로세스를 가지고 있다. 사실상 기업 혁신에 필요한 제품개발의 아이디어가 중간관리자를 통해서 창출된다. 이를 통해 3M은 25%가 넘는 신제품 비율을 유지하는 혁신적 기업의 아이콘이 됐다.

상명하복 문화가 팽배해 있는 한국의 조직문화를 생각해보면 3M의 기업운영 방식은 대단히 혁신적이다. 상사가 시키면 무조건 해야만 하는 상황에 놓여있다. 이견이나 반론을 제기하는 건 '직'을 걸고 하는 행위와 동일시된다. '튀면 죽는다'는 조직문화는 회사 임원들의 대표적인 처세술로 오래전부터 자리 잡았다. 국내기업들이 적절한 실무능력과 창의력이 발현될 수 있는 중간관리자에게 수동적인 업무수행만을 강요하는 것은 기업뿐만 아니라 국가적으로나 사회적으로도 큰 손실이다.

2.2.3 구글의 사례

구글이 만들어가는 세상은 특별하다. 검색엔진과 모바일 OS로 큰 성공을 거뒀지만 그들의 미래전략은 인류 진보와 궤를 같이하고 있다. 구글 글래스는 작은 안경에 초소형 컴퓨터를 탑재하는 프로젝트다. 눈깜박임 등을 이용해 버튼을 조작하는 방식이다. 최근엔 생각만으로 구글 글라스를 작동시키는 '뇌파 인식 앱'까지 나왔다. 이를 개발한 사람은 태드 스타너(Thad Staner)로 무려 21년간 몸에 컴퓨터를 달고 다니며 웨어러블 컴퓨터 개발에 매진했던 괴짜였다. 한국의 기업문화가 이런 사람들을 수용할 정도의 포용력이 있는가에 대해 반문해볼 필요가 있다.

구글이 자율주행차(무인차) 개발에 천문학적인 비용이 투자되고 있다는 사실이 알려졌을 때 성공한 사업가의 몽상에 불과하다는 혹평을 늘어놨다. 그러나 교통사고를 획기적으로 줄이고 장애인들도 개인 교통수단을 가질 수 있다는 선한 목적에서 출발한 이 프로젝트는 매번 새로운 자율주행차를 공개할 때마다 기대감을 높여주고 있다.

또 구글은 풍력회사를 인수해 고도 2000피트 상공에 비행기를 띄워 대형 프로펠러를 돌리는 방법으로 전기 발전을 시도하고 있다. 구글 네스트에서 나온 온도계는 온도계 근처 온도와 실내 온도 차이로 인한 에너지 낭비를 막고자 개발되었다. 이제는 단순히 스위치를 켜고 끄는데 그치지 않고 기기들이 상호 연결되어 저절로 동작하는 스마트 홈으로 나아가고 있다.

그들의 성공은 구글이란 기업뿐만 아니라 인류 모두가 혜택을 볼 수 있다. 인류가 꿈꾸는 미래를 기업이 실현시키기 위해 노력하고 있는 것이다.

반면 국내 대기업들은 골목 상권까지 뺏어 외형성장을 이뤄나가고 있다. 과거 1970~80년대 대한민국의 경제성장과 글로벌 경쟁력을 확보하기 위해 1세대 기업가들이 기업가정신을 유감없이 발현했다면, 이제 글로벌 경쟁력을 보유한 국내 대기업 총수들의 기업가정신은 뒷골목이 아니라 인류의 미래에 초점을 두고 있어야 한다. 다만 최근 이러한 변화의 움직임, 즉 기업의 사회적 책임 및 역할 의식 증대와 4차 산업혁명 시대에 부합하는 미래 성장동력 산업에 대한 과감한 투자 결정 등은 기업가정신의 부활을 예고하는 조짐이 아닐 수 없어 기대가 크다.

2.2.4 테슬라자동차의 사례

앨런 머스크는 영화 '아이언맨'의 실제 모델로 유명세를 떨쳤다. 그가 2014년 6월 통 큰 결정을 했다. 자신의 블로그를 통해 테슬라 자동차가 보유한 모든 특허를 풀겠다고 했다. 이러한 전례 없는 특허 개방에 전기차 후발업체들은 일제히 앨런 머스크의 결정에 환영 의사를 표했다. 그는 블로그에서 '오픈소스(Open Source) 정신'을 언급하며 "우리 기술을 이용하고 싶어 하는 사람을 위한 특허 소송을 진행하지 않겠다"고 공언했다. 이로써 경쟁사들은 테슬라의 전기배터리, 고속충전 기술을 모두 이용할 수 있게 되었다.

앨런 머스크의 특허발표에 대다수가 그의 뒷속셈을 궁금해 하면서 각자 계산기를 두드리는데 치중했다. 그러나 더욱 중요한 것은 그의 결정이 전기차 대중화를 앞당기고 인류가 진보하는데 중요한 역할을 할 것이란 사실이다.

전통적인 관점의 기업가정신은 혁신을 발굴하고 창조해 그 이익을 독점하는데 그쳤다면, 앨런 머스크가 보여준 혁신을 나누어 더 큰 이익을 창출해나가는 방법에 대해서도 미래 기업인들은 고민해 볼 필요가 있다.

2.3 환경적 요인의 중요성[209)]

2.3.1 한국과 일본의 과거 상황

미국의 경제잡지 포브스는 2013년 1월 '일본의 기업가정신 약화에 환경적 요인

209) 타이쿤포스트(2015), op. cit.

(Forbes, 'The Entrepreneurship Vacuum in Japan: Why It Matters and How to Address It')을 분석기사로 다뤘다. 자료에 따르면 크게 다섯 가지 요인에 기인한다고 언급하였다.

우선적으로 문화적 요인을 들고 있는데, 관습, 전통, 일관성을 중시하는 집단적 문화로 위험을 수반한 도전적 정신이 결여돼 있다고 분석했다. 사회적인 측면에서는 가장의 안정적 가족 부양 의무를 지나치게 강조한 나머지 기업가의 사회적 위상이 높지 않다는 점을 꼬집었다. 교육적으로도 기업가정신 및 창업 교육 프로그램이 부재하며 영어와 같은 외국어 능력이 동아시아 다른 국가와 비교해 떨어지는 것을 주요 원인으로 지목했다. 한 기업가의 실패가 개인, 연대 보증인 및 그 가족까지 채무 변제 책임이 이전되는 도산법이 기업가정신이 발휘되지 못하는 대표적 법적 규제로 소개되었다. 금융환경 역시 기업가정신이 발휘되는 시장 환경과는 거리가 있다. 충분한 담보 없이는 대출해 주지 않는 금융기관의 관행 및 벤처 투자시장의 미성숙도 기업가정신이 발현되기 어려운 금융적 요인이다.

이는 국내 환경과도 크게 다르지 않다. 우리나라에서는 창업에 한 번 실패하면 신용불량자로 전락한다. 예나 지금이나 가장 똑똑한 젊은이들은 고시공부나 대기업, 최근에는 공직(혹은 공기업)에 취업하는 걸 선호하고 있다.

미국의 실리콘밸리는 실패를 용인해 주는 분위기이며, 창업투자에 적극적인 엔젤투자가 활성화돼 있다. 이스라엘에서는 정부가 기업 지원에 앞서 2~3개월 정도 기업에 파견을 나가 파악을 한 후 투자를 결정한다. 그렇게 매년 500개의 기업이 정부 지원을 받으며 이스라엘의 미래 성장 동력으로 자라나고 있다.

부연설명하면, 국가 차원에서 기업가정신이 가장 활발한 곳은 미국과 이스라엘 등을 꼽을 수 있다. 이들 나라는 사회, 문화, 법률, 교육 등의 인프라에서 창업이나 기업 활동이 활발하게 일어나기 좋은 여건을 갖추고 있다. 특히 미국은 기업가정신이 가장 활발한 나라로 매년 창업으로 수많은 일자리와 기업이 만들어지면서 국가경제의 역동성을 유지하고 있다. 양적으로 따지면 이스라엘이 단연 발군이다. 2008년 기준으로 이스라엘 벤처자금 투자 액수는 미국보다 2.5배, 유럽의 30배, 중국의 80배보다 높다. 미국을 제외하고 나스닥 상장 기업이 가장 많은 국가 중 하나이자 GDP 대비 연구개발비 비중도 4.5%로 세계에서 가장 높은 수준을 보이는 곳도 이스라엘이다. 특히 이스라엘은 사회적으로 미지의 세계에 대한 도전의식과 실패를 두려워하지 않는 용기를 격려한다. 특히 이스라엘 회사법은 회사가 파산했어도 신규 회사를 만들어 재기하는 것에 대해 전 세계적으로 가장 관대한 축에 속한다. 또 두드러진 특징은 주변의 적대적 환경에 둘러싸인 지정학적 특성 하에 엘리트 군대 양성 과정에서 기술과 지식의 습득 기회가 생겨났고, 이를 벤처 회사 네트워크로 연결해 창업국가로 거듭난 점이라 할 수 있다. 사회적·정책적·상업적 자본을 벤처 네트워크로 집중한 결과다.

우리나라도 전 세계적 기준으로 볼 때 정책 지원이 활발한 편이다. 하지만 사회적으로 여전히 사업 실패 시 개인이 부담하는 위험이 높고, 창업에 대한 규제 요소도 많아 창업 생태계가 상대적으로 위축돼 있는 것도 사실이다. 지원도 정책 나열식의 형식주의가 많다는 지적이 많다. 제도 환경을 혁신해 기업가정신을 고양시키는 정부 차원의 노력이 절실하다.[210)]

과거 정부, 특히 박근혜 정부 들어서 줄기차게 창조경제를 부르짖었지만, 기업가정신이 발현될 만한 환경적 요인 개선에 얼마나 많은 공을 들였는지 반문하지 않을 수 없다. 하지만 진전의 속도가 더뎌 미흡하긴 했으나, 환경적 제약 요인이 해소되는 방향으로 과거 정부의 정책적 노력의 결과, 이제 국내 상황도 이전과는 많이 달라진 게 사실이다. 급변하는 경영환경의 변화에 맞춰 기업가정신의 발현을 위한 환경적 제 요인의 개선 및 의식 변화가 상당히 이루어지고 있음은 긍정적으로 평가할 만하다.

2.3.2 노키아의 사례

노키아로 유명세를 떨쳤던 핀란드가 바로 좋은 예다. 2007년 애플의 아이폰이 출시되면서 세계1위 핸드폰 제조회사 노키아의 위상은 크게 흔들렸다. 마이크로소프트社의 윈도우폰으로 애플과 구글 기반의 스마트폰에 맞대응했지만 2009년부터는 급격히 몰락했다.[211)] 핀란드 GDP의 20%를 차지했던 노키아의 몰락은 4만 명의 해고자를 양산했다. 급기야 핀란드의 2009년 GDP성장률은 -8.3%까지 떨어졌다. 그러한 핀란드 GDP성장률은 유럽발 재정위기로 인한 경기침체에도 불구하고 2012년

210) 김재진(2017), 기업가정신 살아나야 국가경제 회복된다, 매일경제, 2017.03.02.

211) 노키아는 2000년대 초반까지만 해도 세계 IT업계의 절대 강자였다. 1989년 미국 모토로라를 재치고 1위 자리에 오른 노키아는 1990년대 전 세계 휴대전화 시장의 50퍼센트 이상을 점유했다. 초창기 스마트폰 분야에서도 노키아의 심비안 플랫폼은 40퍼센트 이상 점유율을 자랑하고 있었다. 노키아는 자신감이 넘쳐났다. 바로 그 자신감이 노키아의 발목을 잡았다. 노키아는 휴대전화는 싸고 잘 터지기만 하면 잘 팔릴 것이라고 하는 사고에 푹 젖어 있었다. 그 결과 스마트폰으로 대세가 전환되는 것에 제대로 대응하지 못했다. 심비안 기반의 스마트폰으로 초기 기세를 올렸으나 여전히 하드웨어 중심 사고에서 벗어나지 못했다. 스마트폰의 경쟁력은 하드웨어가 아니라 소프트웨어인 플랫폼 기반에 있음을 충분히 파악 못한 것이었다. 노키아의 약점은 2007년 애플의 아이폰이 등장하면서 여지없이 드러났다. 낡은 심비안은 터치식 UI에는 맞지 않았고, 자체 앱 시장인 오비(OVI)스토어는 애플 앱스토어의 상대가 되지 못했다. 애플 플랫폼의 강력한 대항마로 구글 안드로이드가 등장했으나 삼성처럼 안드로이드로 재빨리 갈아타는 민첩성도 발휘하지 못했다. 노키아의 구식 휴대전화는 스마트폰에 밀려 일거에 시장을 상실했다. 심비안 플랫폼의 세계시장 점유율도 2009년 4분기 44.4퍼센트에서 2011년 2분기 22퍼센트로 내려앉았다. 다급해진 노키아는 플랫폼을 MS의 윈도로 전환했으나 도리어 치명타가 되었다. 결국 노키아는 2013년 휴대전화 사업을 MS에 매각했다. 오마이뉴스(2017.02.), [연재] 역사의 프리즘을 통해 본 오늘⑫-소니와 노키아의 몰락, 남의 일이 아니다, 2017.02.15.

+2.3%까지 회복되었다. 이는 당시 해고됐던 젊은이들이 대부분 창업에 나서 수백 개의 회사를 만들어냈기 때문이다.

우리에게 두 가지 부분에서 시사해 주는 바가 크다. 우선 젊은이들이 노키아 내에서는 혁신역량을 전혀 발휘하지 못했지만, 창업에서는 가능했다. 경직된 조직문화에서는 창의적 인재도 역량을 발휘할 수 없다는 것이다. 두 번째는 창업을 통해 기업가 정신을 발휘할 수 있는 사회적 토대가 잘 갖춰져 있다는 것이 확인되었다. 이러한 사회적 환경이 갖춰져 있지 않으면 동시다발적으로 수백 개의 벤처가 생겨날 수 없다.

3. 대표적 기업(혹은 기업가)들

3.1 자만의 덫 경계와 창업교육의 중요성[212)]

"애플 창업주 스티브 잡스가 한국에서 태어났다면 대학도 졸업 못한 낙오자가 됐을 것이다. 폐쇄적인 사회 시스템에 묻혀 아무것도 하지 못할 게 뻔하다." '실패학'의 대가이자 '수퍼보스'의 창시자인 시드니 핑켈스타인(Finkelstein) 미국 다트머스대 터크경영대학원 교수는 "기업가정신을 육성하지 못하는 한국경제는 조만간 위기를 맞을 것"이라며 "이제는 기업가정신과 창의력이 무엇보다 중요한 시대"라고 단호하게 말했다.

핑켈스타인 교수는 청년이 공무원 혹은 대기업에 취직하는 게 꿈인 나라는 희망이 없다고 말했다. "지금 한국경제는 두 가지 위기 요인을 안고 있다. 인구 고령화와 수출 중심 경제구조다. 이 두 가지 요인이 앞으로 한국 경제성장의 발목을 잡는 큰 장애가 될 것이다. 그럼에도 한국의 기업과 구직자들은 리스크를 피하려고만 해서 매우 안타깝다."고 말했다.

핑켈스타인 교수는 "실패를 두려워하지 말라"는 말을 반복했다. 그는 "무능해서가 아니라 확신에 사로잡혀 변화할 생각이 없는 지도자가 결국 실패한다"고 말했다. 이하 내용 역시 핑켈스타인 교수의 인터뷰 답변 내용임을 밝힌다.

---

212) 조선일보(2016.12.), "내 방식은 이미 시장에서 통했어" 성공에 도취하는 순간 실패의 길 걷는다, WEEKLY BIZ, 2016.12.31.

"많은 사람이 성공 원인에 대해서만 얘기할 뿐 실패에 대해서는 제대로 설명하지 않는다. 흔히 '실패로부터 배운다'고 말하지만, 실제로 실패를 연구한 사례는 거의 없다. 사실 실패한 원인을 파고들다 보면 성공을 위한 아이디어가 더 많이 떠오르는 데도 말이다."

"기업마다 실패 원인이 각기 다르지만, 공통된 요인이 하나 있었다. 초기 성공에 대해 자만했기 때문이다. 실패한 기업들은 보통 상당한 규모의 성과를 거뒀던 과거가 있다. 예를 들어 소니, 모토로라, 존슨앤드존슨 등 유수의 글로벌 기업들은 추락하기 전까지 큰 성공을 거뒀다. 이미 성공을 맛본 경영자는 자신의 전략과 결과를 자랑스럽게 여기며 시장의 변화를 무시하기 쉽다. 이런 태도는 새로운 학습을 방해하고 '내 방식은 시장에서 이미 먹혔다'라는 식의 자아도취에 빠지게 된다. 하지만 시장은 무서운 속도로 변하고 있으며, 더 무서운 속도로 경쟁자가 등장한다. 잠시 방심한 틈에 기업은 그간 쌓아온 공로가 무색할 정도로 순식간에 무너지게 된다. 이 때문에 크게 성공한 기업은 많아도, 장기간 명맥을 이어가는 기업은 드문 것이다. 지식이 부족해서 실패했다고 말하는 리더는 많지 않다. 오만했기 때문에 실패한 것이다. 성공은 어떻게 보면 실패에 대한 '잠재적 경고'라고 볼 수 있다."

핑켈스타인 교수가 재차 강조한 말은 이렇다. "지금 한국경제는 위기를 앞두고 있다. 고령화와 수출 중심 경제는 앞으로 경제성장의 발목을 잡는 큰 장애가 될 것이다. 기업가정신과 창조성이 무엇보다 중요한 시대다. 하지만 한국의 기업문화는 단점이 많다. 만약 스티브 잡스가 한국에서 태어났다면 뭘 할 수 있었겠나. 아마 대학도 졸업 못한 낙오자가 됐을 거다. 시스템에 묻혀서 아무런 시도도 못했을 상황이 뻔하다. 이에 한국 정부가 적극적으로 해결할 문제가 많다. 가장 먼저 창업을 장려하는 정책이 필요하다. 창업은 기업에 취직하지 못한 사람의 두 번째 선택이 아니라 모든 훌륭한 인재가 꿈꾸는 일이 되도록 환경을 조성해야 한다. 그리고 창업을 위한 교육을 어릴 때부터 받을 수 있도록 교육 시스템을 개선해야 한다. 한국의 교육열은 상당하지만, 정작 필요한 기술은 배우지 못한 채 사회에 나오게 된다."

3.2 실패 사례

3.2.1 소상공인 사례[213)]

사업의 5요소라고 하면 사업자, 아이템, 자본, 상권입지, 마케팅전략이라고 말한

213) 소상공인 정보광장(2013), [창업실패사례] 기업가정신이 부족하면 대박집도 망한다, 서울시 자영업지원센터, 2013.02.22.

다. 이 가운데 흔히 3요소라고 하여 사업자, 아이템, 자본을 가장 중요하게 생각한다. 그렇다면 첫 번째에 해당하는 사업자는 무엇이 갖춰져야 할까?

거주 가구 수가 2~3만세대 이상인 상권에서 중국집을 하던 사례이다. 중국집을 창업한 이씨(45)는 지역적 연고가 없이 자본에만 맞추어 가게를 시작했다. 연고가 없다보니 상권에 대해 정확한 파악이 이루어지지 않았고, 막상 창업을 하고보니 그곳엔 이씨의 가게 외에도 중국집이 무려 6개가 더 있는 상황이었다. 더욱이 어려운 점은 매출에 있어 1등 가게가 50%의 수익을 얻고, 나머지 6곳의 가게가 8% 정도를 나눠 가져 겨우 명맥 유지만 하는 정도인 것이었다.

고민 끝에 이씨는 자신의 가게를 포함한 7개 점포의 장·단점을 뽑아 비교분석을 하고 상대적으로 격차가 심한 1등 점포 공략에 나섰다. 우선 지역적 연고가 없는 이씨가 지역사회의 비중을 높이기 위해 지역봉사 및 방범대 활동을 하고, 1등 점포가 전단지를 2번 돌리면 이씨도 2번을 돌리는 등 다양한 전략으로 파고들었고, 차별화된 짜장면 맛은 다른 가게와 비교해 경쟁력이 있었다. 얼마 지나지 않아 1등 점포와 매출을 30%씩 나눠 갖는 구조로 성장했고, 그 사이 기존 1등 점포는 시장의 변화를 감지하지 못해 유지가 어려워지자 결국 문을 닫았다.

이씨가 날로 승승장구 하다 보니 주변에서 일명 대박집으로 불리며 지역사회에서의 비중은 점점 더 높아만 갔다. 1등이라는 현실에 안주하게 된 이씨는 창의와 혁신을 도모하던 초심을 잊고 지역모임에만 집중하게 되었고, 모임을 핑계로 자리를 비우는 날이 많아져 가게는 정체된 모습을 보이게 되었다. 그 후 경쟁력을 갖춘 새 중국집의 등장으로 이씨도 결국은 1등 자리를 내주어야만 했다.

일명 대박집으로 불리던 이씨의 가게도 문을 닫은 점에서 깨달을 수 있는 것은 1등 자리를 유지하기 위해서도 창의적인 생각과 혁신을 일으킬 줄 알아야 하는 기업가정신의 중요성이다.

현실에 안주하게 되면 정체되기 마련이고, 배달이 주를 이루는 업종의 경우 고객과의 직접적인 대화를 할 수도 없어 단골고객의 이탈율이 생길 수 있다는 것도 간과하지 말아야 할 부분이다. 사업은 타의적인 부분에 의해 성공과 실패가 판가름 나기도 한다. 그렇지만 제1요소인 사업자 자신에 대한 수련은 남을 탓할 수 없는 부분이기에 꾸준히 노력해야 한다는 점을 잊지 말아야 한다.

3.2.2 소니의 사례[214)]

1) 사일로 경영의 한계

경영학에서는 회사의 조직이 커지면서 사업별 책임 경영을 강조하다 생기는 문제

214) 이명우(2012), 사일로 경영 탓에… 소니, 아이팟 만들 기회 놓쳐, 조선비즈, 2012.05.03.

를 '사일로 현상(silo effect)'이라고 말한다.[215] '사일로'는 곡식을 저장해두는 원통형의 독립된 구조물로 조직 장벽과 부서 이기주의를 의미하는 용어로 쓰인다. 그런데 사실 '사일로 경영'은 책임 경영을 위해서는 효율적인 방법이다. 사업부가 제품별 특징과 실적에 따라 서로 다른 전략을 세우는 것은 불확실한 시장에서 살아남기 위해 필요한 일이다.

소니(Sony)는 일찍부터 사일로 경영을 시도한 회사다. 소니는 사업이 점점 확대되고 규모가 커지면서 급속한 환경 변화에 대해 각각의 사업이 신속히 대응할 수 있도록 사업부가 별도의 독립회사처럼 운영되도록 한 컴퍼니(Company) 제도를 도입하였다. 책임 경영과 현금 흐름을 개선하기 위해 해당 사업부가 손익에 대한 책임뿐 아니라 자산에 대한 책임까지 지는 가장 강력한 사업부 제도이다. 그러나 이후 각 컴퍼니가 독자적으로 운영되고 경쟁하면서 사일로 경영의 부작용에 잘 대처하지 못한 아쉬움이 있다. 호사가들이 제기하는 "왜 소니가 아이팟(iPod)을 만들지 못했는가?" 하는 질문의 답도 여기에 있지 않을까 한다.

소니의 경우 단말기 쪽에서는 PC 사업을 담당하는 바이오(Vaio)컴퍼니와 워크맨을 만들던 오디오컴퍼니, 그리고 자회사 형태로 존재하던 아이와(Aiwa), 3개 컴퍼니에서 뮤직클립, 디지털 워크맨, MP3라는 이름으로 엇비슷한 3개의 제품을 각각 거의 동시에 출시했다. 저마다 훌륭한 제품이긴 했지만, 아이팟에 비하면 조금씩 부족했다.

또 음원서비스 쪽에서는 음반 회사인 소니뮤직(Sony Music)을 내부에 가지고 있으면서도 컴퍼니 간에 협업이 이루어지지 않아 온라인 뮤직 스토어(애플의 앱스토어 같은 것)에서도 시너지를 내지 못했다. 그 결과 소니가 가진 수많은 강점에도 30여 년 지속해 온 워크맨 신화를 이어가지 못했다. 만약 소니가 컴퍼니의 경계를 넘어 각 조직의 역량을 한곳으로 모아 제품과 뮤직스토어 사업을 만들었다면, 아이팟을 능가하는 우수한 융·복합 제품을 만들 수 있지 않았을까?

세상이 변하고 있다. 사일로를 아우르는 회사의 핵심가치가 점점 중요한 자산으로 자리 잡고 있다. 또 각각의 분야에서 전문 제품을 만들기만 하던 전문성의 시대에서 서로 다른 기술을 합쳐 새로운 제품을 만들어내는 융·복합의 시대로 가고 있는 것이다. 이에 따라 이제 고객들은 사일로를 연결하는 새로운 비즈니스와 제품의 출시를 요구하고 있다. 사일로 간의 칸막이가 숨을 쉴 수 있어야 한다. 사일로 간의 소통으로 이기주의를 극복하고 각각의 사일로가 가진 강점을 엮어낼 때 성공의 공식(Winning Formula)을 만들어 낼 수 있다.

---

215) 사일로(silo): 곡식을 저장해두는 원통형 모양의 독립된 창고를 말함. 조직의 각 부서들이 사일로처럼 서로 다른 부서와 담을 쌓고 자기 부서의 이익만 추구하는 현상을 경영학 용어로 사일로 현상(혹은 효과), 즉 silo effect라고 함.

2) 혁신과 연구개발 등한시[216)]

2008년 초까지만 해도 A3연구소는 소니의 심장부로 불렸다. 최고 엔지니어들로 구성된 이 연구소에선 소니 TV의 핵심인 영상기술개발을 담당했다. 세계 최초의 디지털 현실감 생성기술(1997년)도 이 연구소의 작품이었다. 소니가 세계 시장에서 'TV의 대명사'로 불린 것도 바로 A3연구소에서 만들어진 기술 덕분에 가능했다.

하지만 2008년에 A3연구소에는 청천벽력 같은 소식이 전해졌다. 수익성을 높이기 위해 연구소를 해체한다는 통보였다. 당시 A3연구소를 이끌었던 곤도 데쓰지로씨는 "소니는 더 이상 기술을 중요시 하지 않는다"며 30년 가까이 몸담았던 회사에서 떠났다.

대체 무엇이 소니를 무너뜨렸을까. 전문가들은 A3연구소 해체 사례가 말해주듯, '기술을 버린 것'이 가장 큰 문제였다고 지적한다. 신규 투자 없이 기존 자산으로 최대한의 수익을 올리려고만 했다는 것이다.

이지평 LG경제연구원 수석연구위원은 "어느 순간부터 소니 안에는 리스크를 감내하면서까지 제품을 개발하려고 하는 용감한 기술책임자가 등장하지 못하게 된 것 같다"고 진단했다. 비용절감과 수익성에만 급급한 나머지, '혁신'을 위한 선행투자는 기피하고 기존제품 '개선'에만 집중했다는 설명이다.

소니는 지난 2005년 사상 첫 외국인 CEO로 하워드 스트링거 회장을 영입했다. 부진을 만회하려는 나름 극약처방이었는데, 결과적으로 독이 됐다는 평가를 듣는다. 스트링거 회장은 구조조정 차원에서 연구소 규모와 개발 비용을 지속적으로 줄여나갔는데, 그 결과 회사를 떠나는 인재들도 늘어났다. 일본의 경제주간지인 다이아몬드는 "소니에 염증을 느낀 핵심인력들이 경쟁업체인 한국의 삼성전자와 LG전자 등으로 빠져 나갔다"고 평했다.

무리한 사업다각화와 인수합병(M&A)도 마이너스 요인으로 지목 받고 있다. 소니는 거액을 들여 미국 컬럼비아영화사와 유니버설 스튜디오를 인수하는 등 엔터테인먼트 사업에 주력했는데, 일본 내에선 "전자와 영화, 음악, 금융까지 여러 분야에서 손을 대고 있지만 제대로 수익을 내지 못하고 있다"는 지적이 쏟아졌다.

일각에선 소니가 코닥을 닮아갔다고 평한다. 세계 최대 필름회사였던 코닥은 디지털 카메라를 가장 먼저 개발했으면서도, 기존 필름사업 위축을 우려해 디지털 전환을 게을리 하다 결국 파산보호신청까지 가게 됐다. 이가근 하나대투증권 연구원은 "CD음반을 판매했던 소니는 음악사업 타격을 우려해 애플 아이튠즈(온라인 음원시장)와 같은 신시장 개척을 소홀히 했다"고 평가했다.

경영진 구성도 문제였다. 소니의 이사 15명 중 13명이 전문성이 떨어지는 사외이

216) 네이버 블로그(http://blog.naver.com/gisung65/120153098582), 일본 소니의 실패사례, 2012.02.20.

사로 알려졌다. 대부분 해외에서 화상회의에만 참석하는 이들이 소니의 사업 전반을 이해하기엔 역부족이란 평가였다. 한 국내 전자업체 고위관계자는 "기술로 세계를 지배했던 소니가 기술개발을 소홀히 해 무너지고 있다는 건 아이러니일 수밖에 없다"면서 "경영적 판단이 얼마나 중요한 것인가를 보여주는 사례"라고 말했다.

3) 자만의 덫217)

일본의 대표적인 전자업체였던 소니는 1950년대에서 1980년대에 이르기까지 승승장구를 거듭했다. 소니는 1950년대 자신들이 최초로 개발한 트랜지스터 소형 라디오로 미국 시장에 진출했다. 소니는 불과 5년 만에 미국 트랜지스터 라디오 시장을 평정했다. 1960년대 이르러 소니는 독자 개발한 브라운관을 내세워 컬러TV 시장까지 석권했다. 1980년대에 와서는 이동하면서 들을 수 있는 휴대용 음향기기 워크맨을 출시해 새로운 신화를 창조했다. 워크맨은 오랫동안 경영학에서 기존 시장 판도를 뒤바꾸어 놓은 '와해성 제품'의 대표적인 사례로 거론되었다.

소니가 1983년 필립스와 공동 개발한 CD는 기존 LP를 퇴출시키며 음향 매체의 새로운 표준으로 떠올랐다. 자신감을 가진 소니는 1991년 CD마저 대체할 미니디스크(MD)를 출시하는 면모를 과시했다. MD는 여러 가지 점에서 CD를 압도하는 장점이 있었다. 먼저 MD는 크기가 CD의 절반도 안 되었다. 이는 MD를 장착한 휴대용 음향기를 더욱 소형화할 수 있음을 의미하는 것이었다. 게다가 MD는 CD에 없는 녹음 기능까지 있었다. 사용자가 원하는 음악을 녹음한 뒤 이동하며 들을 수 있었던 것이다. 제작비용도 CD에 비해 훨씬 저렴했다. MD의 대박 성공은 확정적인 것처럼 보였다. 하지만 결과는 참담했다. MD플레이어는 시장에서 찬밥 신세가 되고 말았다. 도대체 그 이유가 무엇이었을까?

결정적 요인은 음악 시장이 급속하게 아날로그에서 디지털로 변화했다는 데 있었다. 1990년대 중반을 거치면서 PC가 일반화되고 초고속 인터넷이 등장하면서 음악을 듣는 형태가 혁명적으로 바뀌었다. LP나 CD, 카세트테이프 등 아날로그 매체를 재생해 듣던 것에서 음악 파일을 재생해 듣는 것으로 바뀐 것이다. 휴대용 MP3플레이어가 출시됨으로써 변화는 더욱 가속화되었다. 소니의 MD는 아날로그 관점에서 보면 분명 최고의 기술력을 보여준 것이었다. 그러나 결정적으로 디지털 시대에 필요한 네트워크 기능이 없었다. MD는 시대에 뒤떨어진 고물딱지에 불과했던 것이다.

지나친 자신감은 자만을 낳고 자만은 해 왔던 대로 하려고 하는 관성을 낳는다. 관성은 급격히 방향이 바뀌는 시기에 기존 방향을 고수하게 함으로써 치명적 결과를 낳는다. 소니가 바로 그런 운명을 겪었다.

---

217) 오마이뉴스(2017.02.), op. cit.

3.2.3 모토로라의 사례[218)]

스마트폰 시대에 적응하지 못하다 2011년 구글에 인수된 모토로라. 잘 나가던 모토로라가 휘청거리기 시작한 것은 한참 전으로 거슬러 올라간다.

지난 1995년 모토로라 경영진은 조개껍질을 본떠 만든 세련된 디자인의 '스타텍(StarTAC)' 출시를 앞두고 한껏 고무돼 있었다. 문제는 하나. 당시 무선통신 시장이 디지털 기술로 이동하고 있는데 스타텍은 아날로그에 기반을 두고 있었다.

모토로라를 밀착 취재한 비즈니스위크에 따르면 당시 고위 경영자 중 한명은 디지털 위협을 무시하며 "4300만 명의 아날로그 고객이 있는데 뭐가 문제란 말인가"라고 말했다고 한다. 모토로라는 이동통신 업체들에 대해 '스타텍 단말기를 단독으로 전시할 수 있는 공간을 마련하라'는 강압적인 요구를 해 반발을 사기도 했다. 스타텍 흥행 성공에 힘입어 기고만장해진 모토로라는 앞을 보는 눈이 점차 어두워지고 있었다.

1990년대 중반까지 시장점유율이 50%에 육박하던 세계 1위 휴대폰 제조사 모토로라는 1999년에는 17%까지 추락했다. 경영의 '구루' 짐 콜린스는 이를 두고 "모토로라는 성공으로 인해 자만심이 생겨나는 몰락의 1단계로 접어들었다"고 평가한다. 대부분 선도기업 경영자는 성공에 취해 자신만의 '성공 방정식'을 만든다. 이러다 보면 다른 생각을 쉽게 받아들이지 못하는 '확증 편향'이라 부르는 행태 오류에 빠져든다. 확증 편향은 자기 생각에 옳다고 여기는 정보만 받아들이는 것을 말한다. 짐 콜린스는 기업이 몰락하는 단계를 살펴보면 여러 가지 형태의 자만을 볼 수 있다고 지적한다. 최고가 될 수 없는 분야에 역량을 갖추지 못하고 뛰어드는 자만, 모순적이거나 부정적 증거가 뻔히 보이면서도 과감하게 위험한 결정을 내리는 자만 등이다. 그중에서도 경계할만한 자만은 오만하게 기존 사업을 방치하는 것을 꼽는다.[219)]

---

218) 임일곤(2013), [실패에서 배운다]모토로라의 몰락 원인 '자만', 비즈니스워치, 2013.11.10.

219) 이스트먼 코닥(Eastman Kodak)의 사례도 유사함. 1888년 세계 최초로 필름 카메라를 발명한 코닥은 디지털 환경에 적응하지 못해 급속한 실적 저하를 경험. 1980년대에 주력한 사업 다각화는 시너지 창출에 실패하였고, 저효율을 극복하기 위한 다섯 차례에 걸친 리스트럭처링에도 실적 개선이 없었음. 1994년에 외부 CEO 영입으로 변화를 모색했으나 개혁에 실패하였음. 실패의 주원인은 신규투자보다 안정적인 사업에 안주하였으며 시장 변화를 제대로 읽지 못하였기 때문임. 불황기에 디지털 이미지 제품과 같은 차세대 사업 투자는 무리라고 판단하고 필름 사업의 안정적인 수익선 확보에 주력하였음. .내부적으로도 필름 및 카메라 시장에서의 독점 지위를 유지했던 과거에 안주하여 경영 효율과 스피드가 저하되어 있었음. 현대경제연구원(2004), 환경 적응에의 성공 및 실패 기업, Management Insight, 2004.08.

3.2.4 존슨앤드존슨의 사례[220)]

존슨앤드존슨의 1982년 타이레놀 리콜사건은 아직까지도 기업윤리에 입각한 위험관리 모범사례로 회자되고 있다. 당시 존슨앤드존슨은 미국 시카고에서 타이레놀을 복용한 환자 8명이 사망한 데 대해 미국 FDA가 시카고 지역의 제품을 회수할 것을 권고했지만, 회사는 전 지역의 타이레놀 3,100만병을 즉각 회수하고 병원과 소비자에 적극적으로 리콜 사실을 알렸다. 이후 소매단계에서 누군가의 음모로 제품에 청산가리를 넣은 사실이 밝혀지면서, 회사의 성실한 조치는 더 빛을 발했다. 빠르고 적극적이며 성실하기까지 했던 조치로 존슨앤드존슨은 이후 소비자들로부터 더욱 신뢰를 받는 회사가 됐다.

그로부터 약 28년이 지난 2010년 자회사인 드퓨(Depuy)가 만든 ASR 인공고관절(ASR)에 부작용 발생이 높다는 사실이 드러나며 다시 한 번 대규모 글로벌 리콜사태가 발생했다. 자발적인 리콜이란 점은 1982년 당시와 같았지만, 이번엔 많은 비판을 받았다.

존슨앤드존슨 의료기기 사업부인 존슨앤드존슨메디칼이 처벌규정이 비교적 약한 한국에서 리콜조치와 부작용 보고가 미흡했고 보상 등에 소극적인 모습을 보였기 때문이다. 일단 6년이 지났는데도 리콜사실을 아는 환자가 절반가량에 불과했다. 존슨앤드존슨은 해당 제품으로 수술 받은 환자들이 추후 부작용 발생 시 검사비와 진료비 모두 보상 받기 위해선 제시한 보상프로그램에 2017년 8월24일까지 등록해야 한다고 했지만, 2016년 10월 중순까지도 등록된 사람은 수술을 받은 320명 중 162명에 불과했다.

결국 규제당국인 식품의약품안전처가 보상프로그램에 등록하지 못한 나머지 환자의 연락처를 확보해 리콜을 알리기로 했다. 이로써 존슨앤드존슨 인공관절 리콜사건은 6년여 만에야 마무리 되었다. 1982년과는 달리 회사의 실수가 분명하고, 대상은 훨씬 적었음에도 말이다.

리콜 대상 환자 정보를 확보하는데 어려움이 있었을 수는 있다. 그러나 이 문제는 정부나 의료기관 등에 보다 적극적으로 도움을 요청했다면 해결할 수 있었을 것이다. 이번의 존슨앤드존슨의 태도를 보면 1982년에는 그곳이 미국이기 때문이었을까? 라는 생각마저 든다.

기업의 비윤리적 행태는 결과적으로 기업의 이미지 훼손을 초래함으로써 궁극적으로 기업의 쇠락으로 연결될 수 있음을 명심해야 한다. 최근 우리 사회에서 큰 파장을 불러일으킨 일부 기업 CEO들의 각종 갑질 행태는 올바른 기업가정신의 의미를 재차 되새겨 보는 기회를 제공해 주었다.

---

220) 남두현(2016.10.), [기자수첩] 존슨앤존슨은 1982년을 잊었나, 청년의사, 2016.10.19.

3.3 성공 사례

3.3.1 정주영의 사례[221]

돈도 기술도 없었던 1970년대, 아산 정주영은 기적을 만들어낸다. 울산 백사장 사진과 지도, 그리고 거북선이 그려진 500원짜리 지폐 한 장을 들고 유럽으로 날아가 조선소 지을 돈을 빌리고 선박까지 수주했다.[222] 오늘날 세계적인 기업 현대중공업은 아산의 도전정신과 배짱이 어우러져 만들어낸 회사이다. 이처럼 정주영 회장은 성공한 기업가로 기억되고 있다. 그러나 성공한 만큼 실패한 경험도 많은 경영자이기도 했다.

1940년 아도서비스 자동차 수리 공장을 세웠지만 설립 25일 만에 화재로 잿더미가 됐고, 1953년에 대구-거창을 잇는 고령교 복구공사를 맡았지만, 건설 자재 값이 폭등해 자동차 수리 공장과 동생들 집을 포함해 네 채의 집을 팔아야 했다. 해외 첫 건설 프로젝트였던 태국 고속도로 건설도 정주영 회장에게 큰 손실을 안겼다.[223] 조선소도 드라마틱한 출발과 달리 한동안 일감이 없고, 선주가 배를 찾아가지 않아 직원들이 쉬는 날이 잦았다.[224]

하지만 태국 고속도로의 실패 경험은 경부고속도롤 건설하는 노하우로 이어졌다. 조선소에 일감이 없던 상황은 아예 배를 발주하는 해운회사인 현대상선을 세우는 계기가 됐다. 실패한 덕분에 결국 성공한 것이라는 아산의 기업가정신을 보여준 대표적 사례들이다.

1998년 6월, 정주영 회장의 소떼 방북도 남북 관계의 역사적 장면으로 남아 있지만 과정은 순탄치 않았다. 언론에 방북 사실이 공개된 게 화근이었다.[225] 소떼 방북이 무산될 위기에서 정주영 회장의 도전정신이 빛을 낸다. 이 정도 어려움 없이 어

221) 곽준영(2015), [정주영을 통해 본 기업가정신] “실패는 있었지만, 포기는 없었다”, SBS CNBC, 2015.11.25.

222) 고 정주영 회장의 말: 그 5만의 1짜리 지도, 그 다음에는 조선소 짓겠다는 백사장 사진, 그걸 들고 가서 여기다 조선소를 지어서 네 배를 만들어 줄 테니 사라 이런 얘기죠.

223) 박정웅(전 전경련 국제담당 상무)의 말: 1965년인가, 물론 짧은 구간이지만 나갔는데 경험이 없고 장비를 제대로 쓸 줄 모르고, 현지 기후·토질 조사가 제대로 되지 않고 현지 노무관리도 되지 않아 그야말로 엄청난 손해를 보고 왔어요.

224) 김정홍(현대중공업 기정)의 말: 선주가 배를 인도하지 않으니깐 우리가 걱정을 많이 했죠. 회사가 망하는 거 아니냐고 배를 고생해서 건조했는데 인도를 못시키니깐 뭐 여러 가지 원인이 있겠지만….]

225) 김고중(전 현대아산 부사장)의 말: 갑자기 서울에서 어느 날 북경에 있는 대표가 나한테 허겁지겁 연락이 와서 큰일 났다고 하는 거예요. 평양에서 연락이 왔는데 너희 네 놈이 뭐 하고 있냐고 하는 거예요. 오늘 아침에 국내 일간지에 방북 일정이 다 보도됐다는 거예요. 평양은 열을 받은 대로 받은 거죠.

떻게 사업을 하느냐는 게 정주영 회장이 던진 화두였다.[226] 정주영 회장은 수많은 실패를 경험했지만, 결코 좌절하지 않았다.

3.3.2 기업가정신으로 무장한 CEO[227]

흔히 기업가정신은 미래를 예측할 수 있는 통찰력과 새로운 것에 과감히 도전하는 혁신적이고 창의적인 정신을 말하며, 고객 제일주의, 산업보국, 인재양성, 공정한 경쟁, 근로자 후생복지, 사회적 책임의식까지 겸비한 기업가를 우리는 진정한 CEO라고 부른다. '존경할 만한 리더십의 모델'의 저자인 짐 콜린스는 진정한 CEO는 회사의 가치관 앞에서 겸손해야 하고, 회사의 핵심가치를 위배해서는 안 되며, 회사의 비전과 공유가치 달성을 위해 헌신해야 하는 등 고객 앞에선 겸손한 리더가 되어야 한다고 말했다. 겸손함을 잊는 많은 CEO의 기업들은 위기에 빠지게 된다는 것이다.

1) 유일한의 사례

유한양행의 창업주 유일한 선생은 자아도취를 경계하고 겸손한 리더로 성장하면서, 회사가 국민건강증진에 이바지한다는 사명 앞에서 겸손하게 자신을 낮추었고, 훌륭한 기업을 만들어 낸 아주 보기 좋은 기업가정신 사례로 회자되고 있다.

2) 마크 큐반의 사례

미국 프로농구 댈러스 매버릭스의 구단주이자, 세계최초 고화질(HD) 영상전문 TV 네트워크업체를 소유한 마크 큐반(Mark Cuban)은 무일푼에서 억만장자로 변신했을 뿐만 아니라, 평생을 창업가로 살았으며 바텐더 등 다양한 직업을 경험하였다. 마크 큐반은 언제나 자신이 즐길 수 있는 직업을 찾았고 성공을 위해 부단히 노력하였으며, 자신의 성공비결은 "새로운 직업을 가질 때마다 모든 경험이 도움이 된다고 하는 긍정적인 마인드와 자신에 대한 정확한 판단, 현실에 안주하지 않는 마음"이라고 말하였다. 동시에 실패를 두려워하지 않고 실패를 통해서 많은 것을 배울 수 있다는 자신감과 도전정신을 기업가정신의 덕목으로 삼았다.

---

226) 김고중(전 현대아산 부사장)의 말: "여봐, 내가 북한 사람들이 어떤 사람들인지 모르고 이 사업 시작했어? 내가 이 사업이 얼마나 어려운 사업인지 모르고 시작했겠나. 그러나 나는 이 사업을 할 거야" 이 분은 그런 생각으로 이 사업을 시작한 것으로 알려져 있어요.

227) 홍기운(2014), [월요논단] "기업가정신으로 무장한 CEO의 성공사례", 식품외식경제, 2014.06.27.

3) 제이미 올리버의 사례

유명 요리사이자 음식 활동가로 알려진 제이미 올리버(Jamie Oliver)는 세계 50개국에서 방영된 프로그램을 통해, 자연의 맛을 살리는 요리법을 소개하면서 명성을 쌓았다. 그 요리책은 세계에서 2천 만부 이상 팔리는 대성공을 기록하면서 대영제국 훈장을 받았는데, 성공비결은 "매일 요리만 생각하고 요리만 했다"라고 하는 것이다. "어릴 적부터 음식이 너무 좋았고, 잠자리에 들 때 아침식사가 기다려졌고, 아침을 먹고 나면 점심이, 오후가 되면 저녁이 기다려질 정도로 난 요리를 사랑했다. 요리할 때 살아 있다는 것을 느꼈으며, 살기 위해 먹는 것이 아니라 먹기 위해 살았다"라고 말하면서 세계에서 가장 유명한 요리사가 된 것이다.

4) 하워드 슐츠와 제이버(Jaber) 부자의 사례[228)]

"조직원의 열정을 키워라"라고 하는 말은 스타벅스 기업가정신의 결정체다.[229)] 스타벅스는 자신들의 사업을 커피를 서빙하는 사람이 아니라, 커피를 서빙하는 사람사업에 종사하고 있다고 말할 정도로 기업에 대한 애착이 강하고 절대적이다. 아울러 사업성공의 열쇠는 고객을 최우선시 하는데 있으며, 하워드 슐츠(Howard Schultz)의 경영철학은 종업원의 열정, 전문성, 근무환경, 조직문화가 가장 중요하다고 강조, 모든 사원들에게 소유권을 주는 스톡옵션까지 확대시켰다.

슐츠는 2000년 최고경영자(CEO) 자리에서 물러나 이사회 의장직을 맡다가 위기에 빠진 회사를 구하기 위해 2008년 경영 일선으로 복귀했다. 이후 2년 동안 혁신 어젠다를 실행해 쓰러지려던 스타벅스를 다시 일으켜 세웠다. 2008년 2월 26일, 미국 전역의 스타벅스 매장 문을 닫고 모든 바리스타들에게 에스프레소 제조와 고객 서비스에 대한 재교육을 실시한 사건은 슐츠의 혁신을 상징하는 유명한 일화다. 70억 원의 매출을 포기하고 경영진과 이사회, 주주들의 반대를 무릅써야 했지만 그는 초심을 회복하기 위해 과감한 결단을 내렸다.

슐츠의 승부수는 통했다. 2010년 스타벅스는 11조원이라는 사상 최대의 매출을 기록하며 제2의 전성기를 맞았다. '사람 중심의 문화 창조 기업'이란 핵심 가치를 포기하지 않은 결과였다. 그는 당시를 기록한 저서 '온워드(Onward : 전진)'에서 "스타벅스가 재정적 성과를 거둘 수 있었던 것은 그 효과를 수량화하기 어려운 여러 조치들 덕분이었다고 회고했다. 월스트리트의 애널리스트나 냉소주의자들도 "이러한 무형자산이나 활동들을 무시하기 쉽지만, 이것이 없었다면 스타벅스가 지난 1

---

228) 바리스타뉴스(2017), 스타벅스와 필즈 커피로부터 배울 수 있는 기업가정신 5가지, 2017.02.20.

229) 누구나 할 수 있는 커피 판매가 아니라 '커피를 통한 문화 판매'라는 남다른 기업가적 사고와 접근 방식이 해가 지지 않는 커피제국을 탄생시킨 것임.

년 반 동안 그 많은 힘겨운 과제들을 완수할 수는 없었을 것"이라고 평가했다. 슐츠는 직원에 기업의 성패가 달렸다고 믿었다. 그래서 항상 "직원이 첫 번째고, 고객은 두 번째"라고 강조해왔다. 행복한 직원이 훌륭한 서비스를 제공하고, 행복한 고객을 만든다는 믿음으로 직원들을 피고용인이 아닌 '파트너'로 대우했다. 스타벅스는 차를 특화시킨 '티바나' 매장을 개설하고, 스페셜티 커피 경험을 강화한 '리저브' 매장을 확대하는 등 도전을 멈추지 않고 있다. 2018년 9월엔 에스프레소 커피의 본고장인 이탈리아에 첫 매장을 열었다. 스타벅스의 혁신은 여전히 진행 중이다.[230]

커피 브랜드들은 우리의 입맛뿐만 아니라 문화를 변화시키면서 상업적으로 큰 성공을 이뤘다. 특히 스타벅스와 필즈 커피가 그렇다. 이 두 커피 대기업은 커피업계를 개척했으며 소규모 카페도 모델로 삼을 수 있는 기업가정신을 가르쳐준다. 이제 스타벅스와 필즈 커피[231]로부터 배울 수 있는 기업가정신 5가지를 소개해 본다.

(1) 고객들을 편리하게 할 획기적인 시스템을 제공하라

스타벅스는 리워드 프로그램과 기발한 모바일 결제시스템 앱을 통해 카페 경영에 새로운 혁신을 불러일으켰다. 고객들은 스타벅스 앱을 통해 미리 주문한 후 매장에서 바로 픽업 가능하며 긴 줄을 서서 기다리지 않아도 된다. 현재 스타벅스의 총 거래 중 25%가 앱으로 진행되고 있으며 이는 점점 증가할 전망이다. 스타벅스는 리워드 프로그램, 브랜드 앱, 모바일 결제 시스템을 통합해 레스토랑 산업의 수준 또한 높였다.

(2) 음료뿐만 아니라 경험까지 제공하라

데이트, 오랜 지인과의 만남에서부터 면접까지 스타벅스와 필즈 커피는 고객이 매장에서 커피를 마시며 얻는 경험을 매우 중요하게 생각한다. 기업가정신이 투철한 이 두 업체는 단순히 상품뿐만이 아니라 고객들의 감성을 자극하는 방법도 꿰뚫고 있다. 또한 커뮤니티를 형성하며 매장에서 긍정적인 경험을 한 고객들을 중심으로 사업에 집중한다. 스타벅스 CEO 하워드 슐츠는 이탈리아 커피 문화와 이탈리아 사람들이 커피 문화를 하나의 소규모 커뮤니티로 받아들인다는 것으로부터 영감을 받았다. 필즈 커피의 설립자 필 제이버(Phil Jaber)는 독특한 메뉴 이름부터 주문하는 방식, 그리고 커피를 추출하는 방식으로 사람들의 이목을 끄는 것과 더불어 그들이 카페에서 얻는 즐거운 경험을 제공하고자 카페를 오픈했다.

---

230) 헤럴드경제(2019.02.), [세계의 기업가 ③하워드 슐츠 前 스타벅스 CEO] 커피 한잔 한잔에 마음 쏟아 부어…스타벅스 '공간'을 팔다, 2019.02.22.

231) 필즈 커피는 2003년 팔레스타인 이민자 출신 패이살 필 제이버(Faisal Phil Jaber)가 샌프란시스코에 차린 스페셜티 커피(SCAA 평가를 거친 최상위 등급의 원두로 만든 커피) 브랜드임.

(3) 고객들 간의 소통을 SNS 상에서 유도하라

온라인을 기반으로 한 미디어 콘텐츠가 마케팅의 중심인 시대에 스타벅스는 훌륭항 마케팅 전술을 펼치는 것으로 유명하다. 특히 SNS 상에서 고객들과의 소통 능력 또한 뛰어나다. 스타벅스는 고객들이 만든 콘텐츠와 재미있는 콘테스트를 통해 소통을 유도한다(크리스마스 컵 디자인 콘테스트[232]가 그 예임). 스타벅스는 SNS 인플루언서 마케팅에서도 선두를 달리고 있다. 인플루언서 마케팅은 영향력 있는 사람들을 마케팅 주인공으로 내세워 브랜드의 의식과 고객들과의 소통을 높이는 것이다. 기업가정신에 있어 무슨 제품을 판매하는 것만이 중요한 것이 아니다. 당신 대신 카페를 지지하는 팬(fan)들이 필요하다.[233]

(4) 고객들에게 진정성 있게 다가가라

스타벅스와 필즈 커피는 고객들에게 진정성 있게 다가가 소통하는데 득도의 경지에 올랐다. 하지만 당신은 속으로 이렇게 생각할 수도 있겠다: “어떻게 스타벅스가 진정성이 있는 기업이 될 수 있는 거죠? 스타벅스는 대기업이잖습니까!” 하지만 하워드 슐츠는 사회적 문제가 되는 것들을 직접적으로 개선함으로써 타 업체들에게 좋은 본보기가 되었다. 그는 풀타임뿐만 아니라 파트타이머들에게까지도 건강보험을 제공해 타 대기업들은 상상도 할 수 없는 일을 해냈다. 한편 필즈 커피는 그들의 설립 배경[234]을 고객들과 공유하며 소통한다. Jaber 부자의 카리스마와 사람을 이끄는

---

232) 스타벅스는 크리스마스가 다가올 때마다 매년 다른 ‘레드컵’ 디자인을 출시하는 것으로 유명하다. 이와 관련된 기사를 하나 소개해 본다. 한국인 주부가 디자인한 컵이 전 세계 스타벅스 매장에서 사용된다. 스타벅스커피 코리아는 대전에 거주하는 권은주씨가 출품한 디자인이 스타벅스의 ‘레드 컵 아트 콘테스트’에서 최종작품 중 하나로 선정, 세계 75개국 2만3000여 매장에서 사용된다고 2016년 11월 11일 밝혔다. 스타벅스는 1997년부터 매년 특별한 레드 컵 디자인과 함께 크리스마스 시즌을 기념하고 있다. 2015년 12월 소셜네트워크서비스(SNS)상에서 진행된 레드 컵 아트 콘테스트에 1200여개 작품이 출품됐다. 이 중 한국과 미국, 인도네시아, 캐나다, 러시아, 아랍에미리트연합 등 6개 국가가 제출한 13개 디자인이 선정됐다. 스타벅스 레드 컵은 음료 주문 시 음료와 함께 제공되며, 여러 디자인이 섞여 포장돼 특정 디자인의 컵을 고르는 것은 불가능하다. 스타벅스는 레드 컵 공개를 기념해 2016년 11월 23일까지 ‘레드 컵 산타가 전하는 위시 리스트’ 이벤트를 전개한다. 스타벅스 레드 컵에 크리스마스에 기대하는 일을 자유롭게 적고 인증 사진을 스타벅스레드컵 위시리스트 레드컵산타 해시태그와 함께 인스타그램 계정에 올리면 선정 후 다양한 상품을 증정한다. 경향신문(2016.11.), 한국인 주부가 디자인한 스타벅스 레드 컵 전 세계에서 쓰인다, 2016.11.11. 참조.

233) SNS 마케팅은 전파되는 속도가 빠르다는 특징이 있다. 이는 장점이 될 수도 있지만, 단점이 될 수도 있는 양날의 검이다. 모바일 시장의 확대로 인해 정보 공유가 빠르게 SNS 공간에서 이루어지고 있는데, 기업에 대한 좋은 정보가 확산되어 웃는 기업이 있는 반면에, 기업의 이미지에 치명적인 정보가 확산되어 우는 기업도 함께 공존하고 있다.

234) 페이스북 창업자이자 최고경영자(CEO) 마크 저커버그가 멘로파크 페이스북 본사에 임대료도 받지 않고 입점 시킨 커피전문점이 있다. 저커버그가 “제발 오픈해 달라” 부탁까지 하게 만든 곳은 바로 ‘필즈커피(Philz Coffee)’다. 심지어 저커버그의 집 뒷마당에서 열린 깜

매력은 고객들에게 진정성 있게 다가가 소통한다는 느낌을 받게 한다.

(5) 고객들과 정서적으로 유대감을 형성하라

고객들과의 정서적 유대감 형성은 필즈 커피가 커피 대기업으로 성장할 수 있는 큰 역할을 했다. 또한 필즈 커피는 Yelp(옐프)와 같은 레스토랑, 카페 리뷰 사이트를 통한 입소문을 통해 카페의 명성을 높이는데 앞장섰다. 스타벅스는 사람들이 커피에 대해 느끼는 정서적 유대감을 통해 이를 형성하는 전략을 사용한다. 추운 겨울 아늑한 공간에서 친구들과 함께 따뜻한 커피를 마시는 것을 생각하면 기분이 좋아진다. 스타벅스는 고객들이 이를 생각할 때 스타벅스가 함께 있다는 것을 느낄 수 있도록 유대감을 형성한다. 커피는 단순한 음료가 아닌 세계적인 문화로 자리 잡았다. 커피는 몇 천 킬로미터 떨어진 사람들을 같은 동네 사는 사람들과 연결해주는 것과 같이 쉽게 커뮤니티를 형성할 수 있게 도와준다. 스타벅스와 필즈 커피는 창의적인 커피 브랜드로서 카페를 창업하는 사람들에게 성공적인 기업가정신을 보여주는 교과서와 같다. 특히 그들은 브랜드를 넘어 커피업계 전체가 대중을 사로잡을 수 있는 방법을 너무나도 잘 알고 있다. 카페 창업 또는 운영 중이라면 위에서 다룬 그들만의 성공 노하우를 당신의 카페에 녹여 보는 건 어떨까?

3.3.3 저커버그의 사례[235)]

저커버그(Zuckerberg)는 페이스북 본사 벽면 여기저기에 '구태의연함을 깨고 빨리 움직이자(Move fast and break things). 실행이 완벽보다 낫다(Done is better than perfect)'라고 써 붙였다. 실제로 그는 끊임없이 변화를 선도해 나갔다. 페이스북의 핵심가치는 '임팩트에 집중하라, 신속하게 움직여라, 과감해져라, 열린 자세를 취하라, 사회적 가치를 추구하라'이다.

저커버그는 "내가 진정 추구하는 것은 세계를 열린 공간으로 만드는 것이다. 언

짝 비밀 결혼식도 '필즈커피'의 창업자인 제이버 부자는 미리 알고 커피를 준비했다는 후문이다. 필즈커피는 지난 2003년 팔레스타인 이민자 출신 패이살 필 제이버(Faisal Phil Jaber)가 샌프란시스코에 차린 스페셜티 커피(SCAA 평가를 거친 최상위 등급의 원두로 만든 커피) 브랜드다. 슈퍼마켓을 운영하다 어린 시절 할머니로부터 배웠던 커피에 대한 열정을 접지 못하고 필즈커피 1호점을 차린 게 시작이 됐다. 모든 커피를 드립 방식(끓는 물을 넣어 걸러내는 것)으로 추출하고 샷, 크림, 시럽, 심지어 커피의 온도까지 고객들 기호에 따라 제조하는 것이 필즈커피의 특징이다. 이런 차별화 전략으로 필즈커피는 입소문을 탔고, 2009년 필의 아들인 제이콥 제이버(Jacob Jaber)가 커피사업에 합류하면서 매장 확대가 본격화됐다. 현재는 미국 전역 51개 매장을 보유하고 있으며 시카고에 3개 매장을 추가할 계획이다. 아시아경제(2019), 페이스북이 모셔온 세상에서 가장 맛있는 커피, '필즈커피', 2019.06.25. 참조.

235) 이근미(2017), 질주하는 페이스북-마크 저커버그의 영리한 선택, 자유기업원, 2017.01.24.

제 어디서든 무엇이든 모두와 공유할 수 있는 서비스를 실현 시키겠다"라는 자신의 의지를 실천해왔다. 수많은 유혹이 있었지만, 돈이 아닌 기업의 목표를 생각하고 달려왔고 그 결과 '돈'도 획득하게 되었다.

저커버그는 본래 회사를 창업하려는 목적으로 페이스북을 만든 것이 아니다. 하버드대학에서 치기어린 마음에 만든 것이 전문화된 것이다. 저커버그는 "좀 더 열린사회, 좀 더 연결된 세상을 만들려는 사회적 사명을 실현하기 위해 세워진 것"이라고 스스로에게 사명을 부여했다. "돈을 벌기 위해 서비스를 구축하는 것이 아닌 더 나은 서비스를 구축하기 위해 돈을 버는 것이다"라고 했는데 결국 '더 나은 서비스'가 사용자에게 만족감을 주면서 회사가 발전했다. 처음 목표가 변질되지 않고 계속되었으며 곁가지를 치지 않고 한길을 걸어온 것이 성공을 가져왔다.

저커버그는 기존 단어에 새로운 의미를 입혔다. 프렌드(friend)라는 단어를 '동사'로 만들었다. 페이스북 사용자가 누군가를 프렌드(친구추가)하면 그 사람들은 당신의 친구목록에 추가되어 서로의 프로필을 볼 수 있게 된다. 친구관계를 새롭게 하거나 로맨틱한 관계를 다시 불태우는 사람을 리트로섹슈얼(retrosexual)이라고 부른다. 많은 사람이 페이스북을 통해 예전에 만났던 사람들과 다시 연락하고 싶다는 유혹을 받는다. 페이스북을 통해 오래 전에 알고 지내던 옛 친구들의 이름이나 얼굴을 갑자기 보게 되었을 때의 느낌을 표현하는 페이스북 현기증(Facebook vertigo)이라는 말도 생겼다.

페이스북 신드롬을 몰고 온 마크 저커버그, 그의 존재가 도전을 꿈꾸는 젊은이들의 희망이 된다는 것만으로도 그는 할 일을 다 했다.

3.3.4 스타트업 성공 신화를 쓴 창업자들[236)]

창업 생태계가 얼마나 활성화됐는지 파악하는 지표로 '유니콘(비상장 스타트업 중 기업 가치가 1조원을 돌파한 곳)'의 탄생을 잣대로 삼곤 한다. 한국은 2018년 두 곳의 스타트업이 새로 유니콘 대열에 합류했다. 정부도 최근 '제2의 벤처 붐'을 조성하기 위해 4년간 12조원 규모의 대형 전용 펀드 조성 등 지원책을 내놓으며 2020년까지 유니콘 기업 20곳을 육성하겠다고 밝혔다. 하지만 유니콘은 투자만으로 키워낼 수 있는 것은 아니다. 번뜩이는 아이디어로 생활 속 불편을 해결하고 잠재력이 큰 시장을 선점하는 순발력도 필요하다. 김범석 쿠팡 대표, 이승건 비바리퍼블리카 대표, 김봉진 우아한형제들 대표는 '칠전팔기'의 정신으로 유니콘 기업을 키워 냈다. 이들은 벤처 1세대에 이어 한국 스타트업계에 성공 DNA를 전파하고 있다.

236) 한경비즈니스(2019.03.), [커버스토리=기업가정신이 희망이다] 2부 재도약의 성장 엔진 '기업가정신'- '기업 가치 1조' 스타트업 성공 신화를 쓴 창업자들, 제1217호, 2019.03.

1) 쿠팡 김범석, 과감한 투자로 '한국의 아마존' 키운다

대기업 주재원이었던 아버지를 따라 유년 시절을 외국에서 보낸 김범석 대표는 미국 하버드대 재학 시절 대학생 잡지 '커런트'를 만들어 미국 시사 주간지 뉴스위크에 매각했다. 하버드대를 졸업한 김 대표는 보스턴컨설팅그룹에 입사했지만 곧 회사를 그만두고 다시 한 번 창업에 뛰어들었다. 2004년 명문대 출신 독자들을 위한 월간지 '빈티지미디어'를 설립한 김 대표는 4년간 경영에 매진하다가 다시 매각했다.

김 대표가 쿠팡을 설립한 것은 2010년이다. 김 대표는 하버드비즈니스스쿨(MBA)에서 공부하던 중 미국 그루폰과 같은 회사를 만들겠다는 목표를 안고 MBA를 중퇴한 후 한국으로 돌아왔다. 미국 그루폰은 쿠팡의 초기 모델이었던 소셜 커머스의 원조로 여겨진다. 모바일을 매개체로 삼을 수 있는 창업을 고민하던 김 대표에게 그루폰의 성공 사례는 한국에서 꼭 한번 시도해 보고 싶은 아이템이었다.

초창기 쿠팡은 그루폰처럼 소셜 커머스에 주력했다. 레스토랑 할인 티켓부터 미술관 입장권까지 공동구매를 통해 할인 혜택을 제공하며 입소문을 탔다. 그 결과 쿠팡은 설립 2년 만에 손익분기점을 넘어서고 설립 6년 만에 거래 규모가 약 300배 이상 증가했다. 2015년에는 기업 가치 1조원을 넘어서며 옐로모바일에 이어 국내 둘째로 유니콘으로 등극했다. 하지만 소셜 커머스는 초기 자본이 많이 필요하지 않고 진입 장벽이 낮아 다수의 경쟁 업체가 난립할 수 있다는 약점이 있다. 이에 따라 쿠팡은 2017년 2월 소셜 커머스가 아닌 이커머스로 전환할 것이라고 선언했다.

쿠팡의 '로켓배송'은 쿠팡을 성장시킨 동력이자 발목을 잡고 있는 요소다. 밤 12시 이전에 주문하면 그 다음 날 배송해 주는 '로켓배송'은 유통업계의 배송 전쟁에 불을 지폈다. 여기에 쿠팡은 자체 배송 인력 '쿠팡맨'에게 배송을 맡김으로써 서비스의 질을 향상시켰다. 하지만 자체 인력 채용과 거점 물류센터 운영 등 천문학적인 투자비용으로 쿠팡의 적자는 좀처럼 줄어들 기미가 보이지 않고 있다. 이러한 위기에도 불구하고 김 대표는 "쿠팡을 매각하는 일은 절대 없다"며 지금의 영업 적자가 신규 투자 과정에 따른 계획된 적자라고 연일 강조하고 있다. 2018년 11월 손정의 소프트뱅크 회장으로부터 20억 달러(약 2조2600억원)의 투자 유치를 성공시킴으로써 한숨을 돌릴 수 있게 됐다.

김 대표가 그리는 최종 모델은 '한국의 아마존'이다. 이미 쿠팡의 기업 가치는 10조원에 육박했지만 눈덩이처럼 불어나는 적자는 여전한 고민거리다. 향후 김 대표가 이어 갈 쿠팡의 행보가 더욱 주목받는 이유다.

2) 비바리퍼블리카 이승건, 의사 직업 버리고 칠전팔기 끝 '유니콘 등극'

안정적인 치과의사 직업을 버리고 과감히 '창업'의 길을 택했다. 창업 3년 만에 기업체를 1조원의 가치로 끌어올렸다. 이승건 비바리퍼블리카 대표는 최근 언론의 주목을 가장 많이 받는 최고경영자(CEO)다. 서울대 치대를 졸업한 이승건 대표는 삼성의료원에서 전문의로 일하다가 창업 전선에 뛰어들었다. 한국 사회에서 최고로 선망 받는 '의사'라는 직업을 그만두고 창업을 시작했다는 점에서 그의 이력은 더욱 주목받는다. 하지만 그가 처음부터 성공 가도를 달린 것은 아니었다. 2011년 야심차게 시작한 신개념 소셜 네트워크 서비스(SNS) '울라블라'는 결국 실패로 돌아갔다.

실패를 경험한 이 대표는 창업 아이템을 찾을 때 '생활 속의 불편'을 해결하는 것에 초점을 맞췄다. 그러던 이 대표의 눈에 인터넷 송금이 들어왔다. 인터넷 송금은 각종 공인인증서와 보안카드로 십여 분이 넘는 시간 동안 휴대전화를 붙잡고 있어야만 가능했다. 이 대표는 2013년 '비바리퍼블리카'를 설립한 후 간편 결제 서비스 '토스'를 출시했다. 보안카드나 공인인증서가 없어도 상대방의 전화번호만 알면 송금이 가능한 이 서비스는 핀테크의 한 획을 그으며 성공 가도를 달리기 시작했다. 이 대표의 '칠전팔기'가 드디어 꽃을 피운 것이다. '토스'는 더치페이 문화에 익숙한 2030 젊은 층의 탄탄한 지지로 성장했다. 비바리퍼블리카에 따르면 토스 가입자의 45%는 20대, 21%는 30대다. 대한민국 20대 전체 인구의 약 60%는 토스를 쓰고 있는 셈이다. 2019년 2월 기준 토스의 누적 송금액은 33조원을 돌파했다.

비바리퍼블리카는 간편 송금을 넘어 계좌·카드·신용·보험 등 각종 조회 서비스와 적금, 대출, 금융 상품 개설, 해외 주식 등 다양한 투자 서비스로 플랫폼을 넓혔다. 비바리퍼블리카는 2018년 12월 글로벌 투자사 클라이너퍼킨스·리빗캐피털과 기존 투자사들로부터 총 8000만 달러(약 900억 원)의 투자를 유치하며 기업 가치를 12억 달러(1조3000억 원)로 인정받았다. 가장 성공한 핀테크 기업에 이어 유니콘 반열에까지 오른 비바리퍼블리카는 2019년 2월 인터넷 전문은행 사업에 뛰어들 것을 공식 선언했다.

3) 우아한 형제들 김봉진, 배달 앱 넘어 '푸드테크'로 진화 중

어느덧 국내 스타트업계의 맏형으로 자리 잡은 김봉진 우아한 형제들 대표는 디자이너 출신의 IT기업 CEO다. 서울예술전문대를 졸업하고 네이버 등에서 디자이너로 10년간 일하던 김 대표는 2011년 '음식점 전단지를 모바일로 옮겨 오겠다'는 발상을 갖고 우아한 형제들을 창업했다.

천리 길도 한 걸음부터다. 전단지를 모바일로 옮겨 놓는 작업을 위해선 아이로니컬하게도 전단지 수거가 선행돼야 했다. 김 대표를 포함한 우아한 형제들의 초기 멤버들은 길거리를 돌아다니며 전단지를 주웠다. 이렇게 모은 음식점 5만 개의 전화번호를 모바일로 정리했다. 한 디자이너의 발상 전환은 전단지 위주의 배달 시장을 '배달 애플리케이션(앱)'으로 재편시켰다. 여기에 디자이너 출신 김 대표가 전공을 발휘한 'B급 감성'의 디자인·광고·서체가 젊은 층에게 큰 반향을 일으켰다. 배달의 민족[237]이 이끈 한국 배달 앱 시장의 규모는 2008년 10조원에서 2019년 20조원으로 급성장했다. 업계 1위를 달리고 있는 배달의 민족의 연간 거래액은 약 5조원이다. 배민 앱을 통한 주문 건수는 2018년 12월 기준으로 2700만 건을 돌파했다.

최근 우아한 형제들의 사업 영역은 배달을 넘어서고 있다. 배달이 되지 않는 맛집의 음식을 배달해 주는 '배민라이더스'[238]와 음식업 자영업자에게 배달 용품과 식자재를 합리적 가격에 제공하는 쇼핑몰 '배민상회'로 외형을 넓혔다. 특히 인공지능(AI)과 로봇 등 신기술을 접목하며 대한민국에 '푸드테크'라는 새로운 영역을 써 내려가고 있다. 2018년에는 푸드코트 배달 로봇 '딜리'와 식당 내 서빙을 대신하는 로봇 '딜리 플레이트'를 개발해 시연했다. 이런 성과에 힘입어 우아한 형제들은 2018년 12월 공식적인 유니콘의 지위를 인정받았다. 힐하우스캐피탈·세콰이어캐피탈·싱가포르투자청으로부터 총 3억2000만 달러의 투자를 유치하며 기업 가치 3조원을 인정받은 것이다.

김 대표는 소상공인과의 상생에도 앞장서고 있다. 2015년 우아한 형제들은 주문 건당 발생하는 중개 수수료를 전면 폐지했다. 당시만 해도 우아한 형제들의 사업 모델에 대해 '수수료로 배불린다'는 곱지 않은 시선이 있던 때였다. 눈앞의 이익보다 상생을 추구한 김 대표의 과감한 결정으로 배달의 민족은 음식점과 소비자 모두의 마음을 사로잡으며 시장 1위로 자리 잡았다.

4. 배우고 싶은 기업가정신[239]

기업가정신은 이 세상에 없었던 새로운 가치나 문제해결을 위해 많은 위험에도 불구하고 도전과 실패, 그리고 인내를 반복, 마침내 꿈을 이룬 기업가의 사례를 통해 인간승리의 드라마를 배우는 것이다.

237) 이름이 배달의 민족인 이유는 브랜드를 다룬 책 『배민다움』(홍성태 지음, 넥스콘 출판)에서 "젊은 친구들이 이것저것 많이 배달 음식을 시켜먹는다는 의미에서 배달의 민족이라고도 하고 밝은 땅에 사는 민족이라는 중의적 의미가 있다"고 김봉진 대표는 말하였다.

238) 2015년 8월부터 시작한 프리미엄 외식 배달 서비스로서 기존 배달 대행서비스 '두바퀴콜' 인수를 통해 배민라이더스라는 브랜드를 런칭하였음.

239) 이재영(2015), 창업, 기업가정신은 실행력, 열린창업신문, 2015.03.07.

창업은 단순히 새로운 일을 시작하는 것을 말하지 않는다. 자기 책임 하에 자유 의사결정을 주요 업으로, 타인에게 종속되거나 기존의 조직에서 역할을 담당하는 것과 다르다. 기업가정신 배양이란 사업기회를 발견하기 위한 정신적·육체적 근육의 단련의 과정으로 정의할 수도 있고, 구체적으로 표현해보면 자조, 자립, 자영, 불굴, 인내, 열정, 도전, 탐구, 창의 등이 연상된다.

기업가정신을 공부하는 데 있어 성공은 하늘에서 단번에 떨어지지 않는다는 것을 잊지 말아야 한다. 수없는 도전과 실패 속에서 그 실패를 통해서 진화하고 적응해 배우고 연구해 성공의 길로 들어섰을 것이다. 따라서 기업가정신에서 간과해서는 안 될 주요 덕목은 실패에 대한 개념이다. 도전과 실패와 성공은 패키지로 연결돼 있다.

성공한 사람들도 대부분 많은 실패를 겪은 사람들이다. 따라서 실패를 사회적 자산화하는 사회적 합의가 이뤄져야 하고, 창업에 대한 부담감을 경감해주는 국가 차원의 대책도 고려해봐야 할 것이다.

기업가정신의 사례로 자주 활용되는 에디슨, 라이트 형제, 하워드 슐츠, 크리스티앙 디오르 등도 실패를 거울삼아 지속적인 개선과 도전으로 꿈을 이룬 인간승리 드라마이다.

에디슨은 철광석을 캐내는 광산업에 손을 댔다가 5년 만에 완전 망했으나 용기를 잃지 않고 다시 재기해 시멘트 사업에 성공했으며, 백열전구의 필라멘트를 발견하기까지 1200번의 실패 후에 그것이 가능했다. 스타벅스의 하워드 슐츠의 사업계획은 투자 제의를 거절당하는 수모를 217번이나 당했다고 술회했다.[240] 패션의 전설 크리스티앙 디오르는 수십 곳의 의상실로부터 당신은 절대로 패션 디자이너가 될 수 없다는 모욕을 받았다. 교보생명 고 신용호 창업자는 저명인사 99명으로부터 당신이 하는 사업은 무조건 실패한다는 악담을 들었다고 한다.

기업가정신은 만물을 느끼고 생각하며 판단하는 독립적 능력을 배양하고 정성을 다하여 실행하는 행동력이라 할 수 있다. 기업가정신은 실패를 통해 진화, 발전, 성공에 이르는 것이다. 우리나라가 기업가정신 지수를 높이기 위해서는 실패 후에도 재기할 수 있는 환경 조성, 대표이사 연대 보증제, 불공정거래 개선, 정부의 공정 투명한 지원과 감시 강화 등 도전을 통해 성공에 이를 수 있는 기회의 폭을 넓히는 것이 필요하다.

240) 242명 중 217명 투자 거절, 10명 중 9명이 성공 가능성이 없다 말하는 상황에서 포기하지 않았던 사람. 수많은 장애와 좌절에도 끝까지 용기를 잃지 않았던 사람은 결국 매출 24조원(210억 달러)의 커피제국을 건설했다. 바로 스타벅스(Starbucks) 창업자 하워드 슐츠(Howard Shultz)이다. 하워드 슐츠는 기업가정신의 대명사로 불린다. 슐츠는 뉴욕의 브루클린 빈민가 출신이다.

5. 마무리

기업가정신이 개인의 '삶'속에서 그 중요성이 커지고 있다. 개인의 삶 혹은 업무, 일상속의 다양한 기회발굴과 문제해결을 창의적 방법으로 스스로 수행해 나가는 방법을 배우는 일은 나이와 상관이 없다. 누구나 인생에서 한번 이상 '기업가'가 될 것으로 예측되는 '미래'를 대비하는 것이야말로 가장 빠르고 효과적인 경쟁력 강화 방법이다.

기업가로서의 자세를 가졌다고 반드시 비즈니스를 해야 하는 것은 아니다. 중요한 것은 변화된 세상이 우리에게 기업가적 마인드를 요구하고 있다는 점이다. 기업가의 마인드로 주변과 세상을 살피고 관찰하며, 필요한 변화를 만들고 그 일부가 될 기회는 이제 누구에게나 열려있다. 모두에게 열려있는 기회를 성공으로 연결시키기 위한 성공 DNA가 바로 기업가정신이다. 동시에 우리는 언급된 사례들을 통해 기업가정신은 배움이 아닌 실행에서 진정한 가치가 발현된다는 점도 알 수 있었다.

[부록] 기업가정신 추가 사례

1. 선구자 기업가정신

1.1 LG그룹 창업주 구인회[241)]

연암 구인회의 '개척정신', '연구개발', '인화·단결'이라는 창업이념을 바탕으로 한 경영이념의 실천은 한국 경제를 주도해온 대표적 기업 LG그룹을 탄생시켰다. LG그룹은 1947년 경제적 불모지였던 이 땅에 화학 산업의 첫 밑거름이 되고 전자산업을 최초로 시작한 그룹이다. LG그룹은 화학과 전자산업을 주요 산업으로 하여 전선, 정유, 통신 등 국가의 전반적인 기간산업에 참여함으로써 석유화학, 정밀공업, 반도체, 전자 등의 제조업에서부터 건설, 무역, 금융, 유통과 같은 서비스 산업에 이르기까지 한국경제를 이끌어가는 기업군을 형성하고 있다.

세계적인 기업 LG그룹의 역사는 도전과 개척의 산물이라고 할 수 있다. 도전과 개척을 통한 성장의 밑바탕에는 LG의 기업문화가 기초하고 있다고 볼 수 있다. 남들이 불가능하다는 산업을 과감히 개척하여 성장의 기틀을 다져간 도전적 개척주의 문화, 항상 고객의 입장에서 생각하고 행동하여 고객지향적인 이타주의문화 및 인재육성을 지상과제로 삼았다. 이를 통하여 최고의 성과를 추구하는 인본주의적 성과지향 문화와 어떤 자리에서든지 일등을 고집하는 일등주의 문화, 기본에 충실하여 정정당당히 바른 길로 나아가게 하는 정도경영이다. 이와 같은 기업문화가 반세기가 넘어가는 한국 기업사 속에서 오늘의 LG그룹으로 자리 매김한 원동력이었던 것이다. 이것은 혁신적인 기업가로 일컬어지는 연암 구인회의 경영행동과 기업가 활동을 통해 만들어진 것이다. 연암의 정신이 지금까지 LG그룹의 경영이념에 숨겨져 있고 LG정신으로 승화되어서 LG기업인들의 공유가치인 LG그룹문화로 나타나는 것이다.

연암 구인회 LG그룹 창업회장의 창업이념과 기업가정신은 현대사회에 다음과 같은 점들을 시사해 주고 있다.

첫째 '개척정신'을 바탕으로 한 도전과 열정, 그리고 노력이다. 연암은 항상 새로

241) 손용석(2019), LG그룹 구인회 창업회장의 기업가정신과 기업경영, 한국 주요 그룹 기업가정신-기업가정신 컬렉션(Entrepreneurship Collection), 경희대학교 중앙도서관 (KHU Library),(available at https://library.khu.ac.kr/seoul/entrepreneurship/entrepreneurs), 2019.03.15.

운 분야에 대하여 관심을 가졌고, 관심 분야의 개척 사업을 시작할 때에는 열정을 갖고 철저한 준비와 연구, 노력을 하였다. 연암의 개척정신은 단순히 생각에서 머무른 것이 아니라 신속한 결정과 발 빠른 행동 속에서 이루어졌다는 점, 실패와 좌절 속에서도 희망을 잃지 않고 한 번 시작하면 무슨 일이든 할 수 있다는 신념으로 끊임없는 열정적 도전을 했다는 점, 최초이자 최고가 되고자 하는 일념 속에서 끝없는 노력을 했다는 점들은 현대사회의 귀감이 되고 있다.

둘째 '연구개발'을 중시함을 통해 고품질의 상품과 서비스를 바탕으로 한 고객과 동업자의 신뢰와 신의는 현대 기업경영의 기초를 보여주고 있다. 연암은 신뢰와 신의를 바탕으로 한 최고의 품질과 서비스가 기업 경영의 시작이라고 생각하며 락희화학공업사의 럭키치약, 금성사의 라디오 A-501 등 국내 최고의 상품들을 만들어 냈다. 연암의 이러한 기업가 이념은 기업의 성장기에 더욱 빛을 발휘하여 LG그룹을 세계의 기업으로 성장하는 데 기여하였다. 기본에 충실한 연암의 성공적 기업경영은 편법과 부정한 방법으로 기업을 경영하는 기업가들에게 일침을 가하고 있다.

셋째 '인화단결'을 통한 인재양성과 기업경영은 기업의 내적 안정성에 기여함으로써 LG그룹의 외적 성장에 이바지할 수 있게 한 원동력이다. "기업은 사람이 사람을 위해서 하는 활동이다. 기업을 하는 데는 내부의 인화가 무엇보다 서야 한다. 인화로 단결하면 무엇인들 불가능하겠는가. 만사가 모두 잘되더라. 인화가 깨지면 결국 망하게 되는 것이 세상의 도리다."라는 신념을 갖고 연암은 공개채용시스템과 인재육성프로그램을 정착화 시켜 LG그룹을 양적 성장에서 질적 성장으로의 변화를 가능하게 하였다. 또한 연암은 "사람이 기쁘게 만나기는 쉽다. 그러나 기쁘게 헤어지기는 어렵다. 만나면 되도록 헤어지지 말아야 하고, 할 수 없이 헤어지게 되더라도 따듯하게 손잡고 웃으면서 헤어지도록 하라. 헤어진 뒤 등을 돌리고 사는 것은 졸장부의 짓이다."라고 말하며 동업자 관계를 중시하여 LG그룹이 연암의 사후, 2005년 GS그룹과 분리경영을 결정할 때에도 구씨 가문과 허씨 가문 간의 큰 마찰이 없이 원활히 진행되었다는 사실과 현재도 돈독한 협력관계를 이루고 있다는 점은 현대사회 동업자형 기업경영을 하는 기업가들에게 큰 귀감으로 다가온다.

LG그룹은 21세기를 창조하는 세계적인 초우량 기업으로 도약하기 위한 슬로건을 내걸고, 글로벌 경영체제구축의 경영전략을 제시하고 있다. LG그룹이 21세기의 세계적인 초우량 기업으로 거듭나기 위해서는 기존의 기업문화적인 특성에 새로운 문화가치가 보완될 수 있도록 창의적인 노력을 지속해야만 한다. 지금과 같은 초우량 기업으로 지속하기 위해서는 합리적인 경영체제와 인간적이고 세련된 경영행동이 요구된다.

LG그룹의 전략적 경영혁신이 경영성과에 어느 정도로 기여할 것인지는 앞으로 장기간에 걸쳐 관찰해야할 것이다. 정도경영과 세계적인 초우량기업을 목적으로 개시된 LG그룹 경영 혁신은 앞으로도 지속적으로 진행되어야 함은 물론, 새롭게 등장하는 경영환경에 적응하기 위한 기업변신을 위하여 많은 노력이 이루어져야 기대효과를 달성할 수 있게 될 것이다. LG그룹의 창업자 연암 구인회 창업회장의 창업정신과 기업가정신에 큰 영향을 받고 있는 LG그룹은 급변하는 세계적 기업환경에 대한 기업변신에 어느 기업보다도 적극적으로 부응해 왔으며, LG경영혁신과정과 진화과정으로 만들어낸 변화는 한국기업의 선진화에 큰 영향을 끼칠 것이다.

1.2 GS그룹 창업주 허만정[242)]

허만정 GS 창업주(1897~1952)는 구인회 LG그룹 창업 회장의 동업자로 유명하지만 사실 허씨와 구씨가 동업을 시작하기 전부터 이 가문은 노블레스 오블리주를 실천해오고 있었다.

삼성・LG・효성의 창업주들이 모두 거쳐 간 진주시 지수면 지수보통학교 역시 허만정 창업주의 부친인 허준 선생이 기증해 설립됐다. 허만정 창업주는 1897년 지수보통학교가 있는 승내리에서 허준 선생의 둘째 아들로 태어났다. 그는 1919년 22세 젊은 나이에 3·1만세운동을 서울에서 경험하고 고향으로 돌아와 우리나라가 일본으로부터 독립하기 위해선 먼저 교육이 바로 서야 한다는 신념을 갖게 된다. 3·1운동 이후에는 민족정신을 교육할 목적으로 고등보통학교를 설립하기 위해 그의 부친과 나눴다는 대화가 전해져 내려온다.[243)] 이후로도 그는 백정들의 신분 해방 운동인 '형평사 운동'에도 지원을 아끼지 않았고 독립운동단체인 백산상회에 독립자금을 기부하기도 한 것으로 전해진다.

1914년 부산에 백산상회라는 가게가 문을 여는데, 이 가게는 곡물·면직물·해산물을 판매하는 상회였지만 평범한 회사가 아니었다. 이 상회는 자본금을 나눠 출자하는 주식회사 형태였는데 그 주주들은 영남 지방의 대지주였다. 회사 설립에는 백산 안희제를 비롯해 이유석, 추한식, 경주 최부잣집의 최준 등이 참여했다. 백산상회는 표면상으로는 쌀과 옷감, 생선 등을 취급·판매하는 점포였지만 그 실상은 상하이 임시정부에 독립자금을 대던 자금 조달 본부였다.

---

242) 매일경제(2018.10.), 다시 기업가정신이다 - ⑥ GS그룹 창업주 허만정, 2018.10.03.

243) "이 나라의 독립을 회복하고 이 민족의 자유를 향유하기에 있는 힘을 다해야 하겠는데 먼저 이 나라에서 무지를 추방해야겠습니다. 그러기 위해서는 오직 교육이라는 한 가지 방법밖에 없는데 우리 진주에는 아직 고등보통학교 하나도 없는 실정입니다."(허만정 GS 창업주) "우리 집안의 재력이 허락만 한다면 단독으로라도 설립하겠지만 그리 되지 못하는 것이 유감이다. 네 소유 토지 중 함안에 있는 것 약 700석지기를 제공하기로 하고 친구들과 상의해서 실현되도록 힘써봐라."(허만정 창업주 부친 허준)

당시 백산상회에는 총 32명의 주주가 참여했고 허만정 창업주는 그중 한 명이었다. 이렇게 백산상회에서 거둔 돈은 1919년 설립된 상하이 임시정부 경비로 조달됐다. 1927년 조선총독부는 백산상회가 상하이 임시정부의 자금 공급처라는 사실을 알게 된다. 백산상회는 임직원이 고문을 당하는 등 고초를 겪다가 결국 조선총독부에 의해 문을 닫고 만다.

허만정 창업주가 시대의 고민과 함께한 자취는 그의 묘비명에 고스란히 새겨 있다. 그가 1952년 사망하고 부친의 지인에 의해 지어진 묘비명은 '선대의 뜻을 잘 계승하고 집안을 잘 이끈다는 말을 들었다. 사람들이 부자(父子)를 이야기할 때마다 칭찬해 마지않았다'고 쓰여 있다. 1920년 진주일신고등보통학교 설립을 주도했지만 조선총독부의 방해로 실패하게 되자 여자고등보통학교 설립을 추진했다. 그 결과 1925년 진주여고의 전신인 진주일신여자고등보통학교가 개교한다. 묘비명에 따르면 그는 사업이 완성 단계에 이르자 일의 완수를 다른 사람에게 맡기고 소유하지 않기로 했다고 한다.

허씨 집안은 크게 드러내지는 않았지만 상생 협력을 통해 훗날 큰 성공의 밑거름이 된 사례가 많다. 허만정 창업주의 제휴·협력·동업 등은 네트워킹 문화와 닮았다. 사업 초기에 과감한 투자를 하는 것은 벤처캐피털리스트들 전략과 비슷하다.

그의 기질이 가장 잘 발휘된 것이 오늘날 GS그룹을 있게 한 1946년 구인회 창업주와의 동업 제안이다. 이 제안으로 57여 년간 LG의 양 축을 이룬 동업 경영 체제가 시작됐으며, 이는 한국 대표 기업을 일구는 단초가 됐다. 허씨가의 투자금을 기반으로 구인회상회는 부산 흥아화학에서 생산하는 화장품인 아마쓰크림의 판매 대리점 사업을 시작했고 1947년에는 락희화학공업사 설립으로 이어져 화장품을 직접 생산하는 데 성공한다.

특히 허만정 창업주의 셋째 아들로, 구인회 창업주의 첫째 동생 철회 씨의 맏사위였던 허준구 GS건설 명예회장은 LG그룹의 모태인 LG화학 경영에도 관여하며 오늘날 GS가 있게 한 주역이 됐다. 락희화학공업 초기 시절 화장품을 팔기 위해 그는 검정 고무신을 신고 거래처를 누비고 다녔다. 당시 락희화학공업의 화장품은 없어서 못 팔정도로 인기를 누렸는데 허준구 회장은 직접 원료인 글리세린을 구하기 위해 온 부산 바닥을 샅샅이 누볐다. 변두리에 있던 공장 창고는 물론이고 미군부대에서 한두 개씩 흘러나오는 글리세린과 약방 진열장에 놓여 있던 글리세린까지 모두 찾아 공장으로 가지고 왔다. 1950년대 중반 이 회사가 국내에서 최초로 치약을 생산하자 이번에는 치약을 팔기 위해 손수레에 치약을 가득 싣고 시장 소매상들을 찾아다녔다.

그는 1953년 락희산업(현 LG상사), 1958년 금성사(현 LG전자) 설립 등에도 깊이 관여했다. 1957년 국내 최초로 라디오를 생산하고, 1966년 흑백TV를 생산해냈을 때 허준구 회장은 판매 일선에서 뛰었다. 1968년 LG그룹은 나날이 사세가 확장되면서 신규 사업을 기획하고 조종하며 발전시키는 일을 담당하는 부서가 필요해졌다. 기획조정실의 필요성이 대두됐고 현재 대기업의 컨트롤타워 역할을 하는 이 조직이 LG에 처음 생겼을 때 허준구 회장이 초대 기조실장을 맡았다. 그는 이듬해인 1969년 국내 민간기업 중에서는 최초로 증권거래소 상장을 통한 LG화학의 기업공개를 주장했다.

단단한 동업자 정신을 보였던 두 가문은 2000년대 들어 지주회사 체제로 전환하면서 분리 움직임을 보이기 시작했다. 시대의 변화로 지주회사 체제가 요구됐고 주력 핵심 사업을 중심으로 재편하기 위한 LG그룹의 분화가 추진됐다.

2004년 마침내 GS그룹이 공식 출범하게 된다. 양가의 동업은 형제나 친구 간이라 해도 결국 의를 상하고 갈라서게 된다는 편견을 뒤엎은 사례였다. 같은 마을에서 자라고 봐온 두 가문의 '신뢰와 의리'는 욕심에 제동을 걸고 먹을 것이 있으면 '저쪽'을 먼저 생각하는 미덕을 낳게 했다. 결국 사람을 중심으로 같이 키우고 더불어 나눠 가지는 기업 문화를 일궈냈다는 평가를 받고 있다.

2. 마이다스아이티(MIDAS IT)[244]

2.1 회사소개

마이다스아이티는 2000년 포스코 건설에서 사내 벤처기업 형태로 출범된 후 같은 해 9월 마이다스아이티(MIDAS Information Technology Co., ltd.)로 독립되어 설립되었다. 마이다스아이티는 공학기술용 소프트웨어 개발 및 보급 그리고 구조분야 엔지니어링 서비스와 웹 비즈니스 통합 솔루션 서비스를 제공하는 회사로서 35개국의 전 세계 네트워크를 통해 110여 개국에 공학 기술용 소프트웨어를 수출하는 세계적 기업이다.

공학해석 분야의 핵심 기술인 컴퓨터 그래픽 기반의 시뮬레이션 기술과 첨단 해석 및 최적화 설계분야에서 세계수준의 기술을 보유하고 있는데, 회사가 개발하고 보급하는 MIDAS Family Program은 모든 공학 및 산업 영역에서 안전성과 경제성 분석을 위한 해석과 설계에 적용 되고 있으며, 특히 건축, 토목, 지반 등 건설 분야에서의 시장점유율은 세계 1위라는 선도적인 위치에 있다. 세계 최고층 건물(828m)인 두바이의 부르즈칼리파, 건물면적 7만1000㎡의 상하이 엑스포 파빌리온, 9만

244) 김현정 외(2015), 최고경영자의 기업가정신이 기업 성과에 미치는 영향: '마이다스아이티(MIDASIT)', 경영사학 제30집 제4호(통권 76호), pp. 227~254, 2015.12.31.

1000명을 수용할 수 있는 베이징올림픽 메인스타디움, 세계 최장 대교인 중국 수퉁대교와 인천대교 등 최대·최장이라는 수식어가 붙은 건축물은 대부분 마이다스아이티의 소프트웨어로 설계됐다.

마이다스아이티는 건물·교량·플랜트 등을 시공하기 전에 안전성과 경제성을 평가하고 시뮬레이션 하는 솔루션인 AEC(Architecture Engineering & Construction) 분야의 글로벌 기업으로 특히 CAE(Computer Aided Engineering·컴퓨터지원공학) 기술은 전 세계적으로 7개국만이 보유한 기술로 창립 7년 만인 2007년부터 세계 1위 자리를 지키고 있다. 2002년 국내 최초로 과학기술 분야 S/W수출을 시작으로 2004년에는 국내 AEC (CAE부분) 시장점유율 90%로 121억 원의 매출을 기록하였으며, 2007년 세계 AEC (CAE부분) 시장점유율 15%를 기록하였다. 2012년 총 매출 556억 원, 글로벌 매출 777억 원의 기업이다.

조직구성은 최상의 효율로 최고의 효과를 창출하기 위해 실행 중심의 팀 조직인 경영기획부문, 소프트웨어 사업부문, 개발부문 (기술연구소), 엔지니어링 사업부문, e-Biz 사업부문으로 구성되어 있으며, 의사결정 및 회사 문화 정립을 위한 위원회 조직인 경영, 인사, 정보, 개발기획, 나눔, 엔지니어링 품질, SW사업전략 위원회를 운영하고 있다. 그리고 실행 지원 및 관리를 위한 기획실 조직으로 구성되어 있고, 직원의 수는 국내에 362명의 직원과 중국, 인도, 일본, 미국, 러시아, 영국 현지법인에서 근무하는 231명의 직원을 포함하여 총593명으로 구성되어 있다(2014년 1월 기준).

IT분야에서 기술혁신을 선도하는 중소기업으로 인정받았고 건설 IT분야 최고의 기술기업으로 평가받고 있다.

2.2 기업가정신

창업자이며 경영자인 이형우 대표의 기업가정신은 '자연주의 인본경영'이다. 이형우 대표는 경영이란 바람직한 미래를 얻기 위해 현재를 변화시키는 행위라고 정의하고 있는데, 이는 기업가정신에서 강조하고 있는 기회의 포착, 존재의 의미를 내포하고 있다. 또한 이형우 대표는 경영의 핵심은 사람이며 다양한 경영활동, 예를 들어 개인의 인생 경영, 가족의 행복 경영, 조직의 성과 경영, 국가의 미래 경영 등 모든 경영의 근원에는 사람이 있다고 강조한다.

마이다스아이티의 '자연주의 인본경영'을 기반으로 한 경영은 사람의 능력을 유용한 성과로 만드는 종합 예술이라고 말하며, 성과는 개인의 능력, 성격과 가치관 그리고 지적 능력에 따라 차이가 나며 가족, 조직, 사회, 문화의 복합적인 관계 요인이 성과에 영향을 미친다고 설명한다. 올바른 경영은 사람과 환경적 변수에 대한 자연과학적 이해가 전제될 때 비로소 가능하다. 따라서 기업경영은 생물학을 포함한 심리학, 문화인류학 그리고 사회학, 경제학, 경영학 등과 같은 자연과학과 사회과학을 두루 아우르는 통섭적인 접근이 필요하다고 이야기한다.

이를 정리하면 마이다스아이티에서 경영이란 '자연이 만든 자연의 결대로 행복 인재를 육성하는 것'이다. 마이다스아이티는 기술자로서의 사명감을 강조하는 기업이다. 사례기업에서는 기술자를 철학자이자 과학자이며 예술가로 보는데, "세상의 이치를 이해하고 현상의 의미를 끊임없이 모색한다는 점에서 철학자이고, 미지를 규명하기 위해 논리적·분석적으로 연구한다는 점에서 과학자이며, 창의성을 가지고 개발한다는 점에서 예술가이다. 또한 정체하지 않고 변화를 추구하는 개혁자이고, 안주하지 않고 세상을 열어가는 개척자이며, 현재보다 미래를 지향하는 선구자"(직원 인터뷰, 2014)라고 생각하고 있다.

자연주의 인본경영은 그러한 과학적 이해를 바탕으로 조직의 경영에 자연의 이치를 접목한 이형우 대표의 기업가정신이다. 따라서 마이다스아이티의 자연주의 인본경영은 자연 이치에 합당한 조직 가치관의 정립을 유도하고 세상을 향한 올바른 성과를 극대화하여 인간 행복의 시너지를 구현하는 것을 목적으로 하고 있다. 자연주의 인본경영이란 인간의 정체성과 행복에 대한 과학적 분석을 토대로 체계적이고 합리적인 의사결정을 행하는 것, 다시 말해 경영의 본분을 다하는 것이다. 마이다스아이티의 자연주의 경영은 과학적 경영이고 실사구시적 경영을 의미한다. 다시 말하면 근본적 사실을 바탕으로 올바른 이치를 구하여 사람을 이롭게 하는 것으로서 마이다스아이티는 존재의 목적을 구성원의 행복과 세상에 대한 기여를 영속시키는 데 두고 있다. 이러한 기업가정신을 토대로 회사가 추구할 핵심가치를 '행복, 보람, 나눔'으로 정하고 있고, 회사의 제반 경영 시스템(조직, 인사, 사업, 마케팅 등)은 자연주의 인본경영을 바탕으로 설계되고 운영되고 있다.

2.3 마무리

마이다스아이티 사례를 통해서 본 마이다스아이티 창업자 이형우 대표의 기업가정신은 '자연주의 인본경영'과 기업의 신념인 '세상을 향한 공동선의 정신', 그리고 비전인 '가치 중심 경영 체계의 핵심인 신뢰(불확실성제거), 성과(성공경험), 가치(동일시 범위확장)' 에서 찾아볼 수 있었다.

마이다스아이티의 기업문화는 리더십과 가족 친화적 기업문화를 포함하고 있는데, 특히 가치 중심 경영 체계는 창업자의 기업가정신을 조직과 인적자원관리에 연계한 기업의 노력이라고 할 수 있다. 위의 내용에서 다양한 각도로 확인한 마이다스아이티의 성공요인을 경영특성과 동기부여 측면에서 살펴보면 다음과 같다.

먼저 경영특성을 정리해 보면, 기업가정신인 '자연주의 인본사상'을 기반으로 자연의 이치를 경영원리에 접목시켰다는 것이다. 사례기업의 사업전략과 조직구조, 일하는 방식, 인사제도를 보면 기업이 자연이치와 인간본성을 얼마나 중요시하는지 확인할 수 있다. 기업은 사람을 이해하고 동기를 부여하여, 구성원 개개인을 경영의 주체로 하고 있고, 뇌 과학, 생물학, 다윈의 진화론, 매슬로의 욕구이론을 비롯한 심리학 등 학자들의 지혜와 마이다스아이티 대표의 통찰력을 바탕으로 경영원칙과 시스템을 설계했다. 마이다스아이티는 IT기반 소프트웨어 회사임에도 불구하고 기술적인 측면보다는 본질에 집중하여 나름의 경영철학을 정립하려 노력하고 있다.

다음은 조직 관리나 인사관리 측면에서 보았을 때 사례기업은 인재 육성에 중요한 의미를 두고 있다. 수익을 창출해야 하는 기업임에도 불구하고 자본이 아닌 사람을 통해 기업을 운영하고자 한다. 구성원 모두 회사의 주인이 되어 자발적으로 동기부여하고 스스로 결정하도록 독려하고 있다. 마이다스아이티의 '자연주의 인본사상'의 관점에서 보면, 마이다스아이티가 실행하는 인재채용 방식은 자본이 아닌 사람이 회사 경쟁력의 근간을 이룬다는 믿음을 주는 방식이다. 열정과 역량을 갖춘 인재에 대한 관심은 인본주의의 핵심이며 인재육성에 집중하고, 끝까지 책임지고 함께하는 인사 철학, 나아가 세상의 행복을 위해 전 구성원이 참여하는 다양한 나눔 활동이 바로 이러한 인본주의 경영철학을 가능하게 하고 있다. 이러한 경영철학을 기반으로 마이다스아이티는 구성원 모두가 창조적인 기술을 바탕으로 세상의 행복을 추구하며 세상을 옳게 변화시키는 주인이 되는 기술자의 길을 걷도록 동기부여를 하고 있다.

3. 청년들의 기업가정신[245]

기업가정신을 발휘해 큰 성공을 거둔 청년 창업가들, 예를 들면 앞서 언급된 '배달의 민족' 서비스로 유명한 '우아한 형제들'의 김봉진 대표, 쓰레기수거・관리 솔루션 제공업체 '이큐브랩'의 권순범 대표, 휴대용 미니 수력발전기로 세계시장 공략에 나선 '이노마드'의 박혜린 대표 등의 경우도 각자 조사해본 후 시사점과 교훈 등을 발표·토론해 보면 많은 도움이 될 것이다.

---

245) 바이널엑스(2014), 기업가정신의 필요성과 적용 방향: 기업가정신(Entrepreneurship) 컨퍼런스 후기, (available at http://blog.naver.com/vinylx/220149542406), UX 인사이트, 2014.10.15.

3.1 포기하지 않으면 꿈은 이루어진다 : 조용갑(복서 출신 성악가)

브레이크 타임 이후 강연장에서는 시끌벅적한 소리가 들렸다. 동양의 파바로티라는 수식어를 가진 복서 출신 성악가 조용갑 씨의 강연이었다. '오 솔레 미오' 노래처럼 지금이 힘들어도 참고 인내하면 찬란한 날이 온다는 내용을 전했다.

조용갑 씨는 이탈리아에서 타고난 노래 솜씨로 카페에서 노래를 시작하면 커피를 마시고도 돈을 내고 마신 적이 없었다는 재미있는 일화를 시작으로 다사다난한 인생 이야기를 들려주었다. 가거도 섬에서 태어난 소년은 복서로, 세계적인 성악가로 변신했다. 20대 후반까지는 권투 선수였지만, 파바로티의 테이프를 들으며 성악가를 꿈꿔온 조용갑 씨는 복서로서는 열악했던 신체 조건들이 오페라에서는 장점으로 다가온다는 것을 알게 되었다. 이를 바탕으로 포기하지 않으면 꿈은 이루어진다는 교훈을 얻었다고 한다. 어려웠던 유년 시절을 보내며 누구도 자신에게 기대하지 않았지만, 꿈을 가지고 그것을 포기하지 않았더니 현재의 자신이 있게 되었다고 한다. 꿈이 있는 사람은 힘들고 어려운 상황에서도 얼마든지 견딜 수 있으며, 그것이 나를 위한 욕심이 아닌 나와 모두가 행복해지는 진정한 꿈일 때 그것을 향해 절대 포기하지 말고 도전하라고 조언했다.

3.2 성공을 위한 준비-어떻게 할 것인가 : 최종일(아이코닉스 대표)

뽀로로와 타요 버스를 성공시키며 국산 애니메이션의 고정관념을 깬 최종일 대표는 '성공'이라는 것이 우연히 떨어지지 않는다고 말했다. 약 2~30년 전 외국 애니메이션의 제작, 하청업체에서 일했지만 인건비가 올라가 5번의 실패를 하면서 최종일 대표가 느낀 것은 성공하는 방법이 아니라 실패하는 방법이라고 한다.

최종일 대표에 따르면, 성공하는 방법에는 정답이 있는 게 아니다. 에디슨이 불이 켜지지 않는 백열전구를 밝혀낸 뒤 불이 켜지는 백열전구를 발견한 것처럼, 실패는 성공하는 과정이라는 것을 알아야 한다. 최종일 대표도 뽀로로와 타요 버스가 성공한 이유가 무엇이냐는 질문을 받으면 잘 모르겠다고 대답한다고 한다. 때로는 사람들의 이야기와 논문을 보고 이것 때문에 성공했구나, 하며 거꾸로 느낄 때도 있었다고 한다.

최종일 대표는 크고 작은 실패와 시행착오는 지금까지 경험해왔고, 원하든 원하지 않든 또 실패를 경험하게 될 것이라고 말한다. 하지만 그런 실패가 과연 가치가 없는 것일까? 지금 성공한 사람들도 대부분 수없이 실패를 경험한 사람들이며, 이러한 실패를 경험했다고 루저가 되는 것이 아니다. 실패해서 열악한 환경에서 살게 되어도 대가가 그 정도라면 도전해볼 만하다는 마음가짐이 필요하다.

또한 실패를 대비하는 것도 중요하다. 창업할 때 많은 반대가 있었으므로 최종일 대표는 만일을 생각하여 플랜B를 준비했다. 일에 목숨을 거는 것보다는 실패에 대한 가능성도 열어두고 그것에 대비해야 한다. 어떤 일을 할 때 올인 하지 않는 것도 중요한 것이다. 최 대표는 이렇게 '패자'와 '실패'에 대한 관점을 바꾸면 자신의 꿈을 실현할 수 있는 날이 올 것이라고 말했다.

3.3 꽃이 아닌 잡초는 없다 : 서수민(KBS 예능국 PD)

개그콘서트 출연자 개그맨 박성광 씨가 종종 언급했던 서수민 PD의 강연은 예상대로 하나의 코미디 프로그램처럼 유쾌했다. 1999년도에 만들어진 개그콘서트는 콘서트 방식이라는 새로움을 시도했던 한 사람으로 인해 만들어진 개그 프로그램이었다. 당시 조연출을 맡았던 서수민 PD는 개그콘서트에 대해 과연 이게 잘 될 수 있을까? 하는 염려만 했을 뿐 현재처럼 대한민국의 코미디 프로그램 중 가장 오랜 기간에 걸쳐 방영될 줄은 몰랐다고 한다. 서수민 PD는 일상처럼 되풀이되는 생각들은 어떤 것도 발전시킬 수 없지만 내가 그 일을 꽃으로 보는 순간, 그 아이디어는 정말 꽃처럼 보이기 시작한다고 말한다. 처음부터 성공이 보이는 아이디어는 없다. 실패해도 된다는 전제 하에 개그맨들의 아이디어를 받으니 다양한 시청층을 만족시킬 수 있는 개그코너가 탄생했다. 어떤 게 잘 될지, 안 될지는 아무도 모른다. 결과는 어차피 아무도 모르니, 자존감을 가지고 고집스럽게 밀어붙이면 성공을 만들 수 있다.

서수민 PD는 내가 무엇을 하고 싶은지 잊지 않고 한 우물만 판다면 당신이 가장 잘하는, 가장 즐거운 그것을 성공시킬 수 있다는 말로 강연을 마무리했다.

종합해보면 자신이 가진 창의적인 아이디어와 그것을 밀어붙일 수 있는 열정과 용기, 위험을 감수하고 도전하는 정신, 실패했을 때 다시 일어날 수 있는 끈기 등이 바탕이 된 기업가정신이 이 시대 청년들에게 반드시 필요하다는 이야기다. 굳이 창업을 준비하지 않아도 패기와 '깡'이 넘치는 젊은이들이라면 반드시 필요한 정신이라 생각된다. 마지막으로 덧붙이자면 '知之者 不如好之者 好之者 不如樂之者(지지자 불여 호 지자 호지자 불여 락 지자)'라는 말도 함께 새기면 좋을 것 같다. "알기만 하는 사람은 좋아하는 사람만 못하고, 좋아하는 사람은 즐기는 사람만 못하다"는 것이다. 위의 모든 것들에 다다르게 되면 진정 즐기는 사람이 될 것이다.

4. 미키타니 히로시 회장의 기업가정신[246)]

KT경제경영연구소는 최근 일본 최대 전자상거래업체인 라쿠텐의 이동통신 산업 진출과 관련한 분석 보고서를 내놓았다. 제목은 '일본 제4이통사 라쿠텐의 네트워크 전략을 통해 본 성공 가능성'이다. 요지는 이동통신 시장에 진출한 라쿠텐이 이전에 없었던 혁신을 통해 파격적인 수준으로 이동통신 요금을 끌어내릴 가능성이 높다는 것이다. '가상화된 무선 액세스 네트워크'와 '클라우드 네이티브 네트워크'가 4세대 통신망으로도 5세대 네트워크 서비스를 가능하게 만드는데 이것이 라쿠텐의 핵심 경쟁력으로 작용할 것이라는 설명이다. 다소 어려운 내용이지만 라쿠텐의 혁신을 새삼 되돌아보게 만드는 보고서다.

일본 이동통신 시장은 NTT도코모 등 새로운 사업자가 넘보기 어려운 강자들이 버티고 있는 영역이다. 전자상거래 분야에서 선두를 달리는 라쿠텐이라고 해도 성공을 담보하기 어렵다. 그럼에도 도전장을 던진 배경에는 기업가정신과 혁신으로 똘똘 뭉친 라쿠텐의 창업자 미키타니 히로시 회장이 있다.

우리나라는 세계에서 처음으로 5세대 이동통신 상용서비스에 들어가 가입자가 이미 100만 명을 넘었으나 일본 통신업체들은 도쿄올림픽이 열리는 2020년을 목표로 준비하고 있다. 라쿠텐은 2019년 10월부터 4세대 이동통신 서비스를 시작하되 기존 업체보다 빨리 5세대 상용화에 나선다는 전략을 세웠다. 상대적으로 쉽게 새로운 기술을 적용할 수 있는 후발주자의 이점을 살리겠다는 것이다.

미키타니 회장의 실험정신은 이동통신에 국한되지 않는다. 블록체인 기반의 암호화폐 시장도 개척하고 있다. 2018년에 인수한 '모두의 비트코인'을 '라쿠텐 지갑'으로 바꿔 2019년 3월 암호화폐 거래소를 열었다. 스마트폰으로 자유롭게 암호화폐를 거래하는 환경을 만드는 게 그의 목표다. 그가 언론 인터뷰에서 전 직원이 '코딩'을 배워야 한다고 밝힌 것도 이와 관련이 있다. "도요타 직원들은 엔진과 서스펜션 등 자동차 기본 구조를 이해하고 있다. 마찬가지로 정보기술 기업에서 일하는 사람은 코딩 같은 컴퓨터 기초 지식을 알고 있어야 한다. 10년 후 세상은 지금과 완전히 다를 것이다. 인간이 하는 서비스를 인공지능(AI)이 대체할 것인데 이를 이해하는 것은 매우 중요하다." 라쿠텐은 이미 모든 직원이 초급 이상의 코딩 능력을 갖출 수 있도록 교육 과정을 운영하고 있다.

그가 직원들을 대상으로 시도한 혁신 가운데 널리 알려진 것은 2010년 시작한 '영어화(Englishnization)'다. 그는 2년 안에 회사 공용어를 일본어에서 영어로 바꾼다는 계획을 세우고 밀어붙였다. 당시 업계에서는 바보 같은 짓이라며 비웃었다. 다

246) 장박원(2019.06.), 일본 최대 전자상거래업체 라쿠텐 제국을 건설한 미키타니 히로시 회장의 기업가정신, 매일경제, 2019.06.17.

른 일도 많은데 직원들이 언어를 배우는데 시간을 쓰게 한다는 것이다. 영어를 잘 한다고 기업이 성공한다는 보장도 없었다.

그러나 이 프로젝트는 라쿠텐이 글로벌 기업으로 도약하는 발판이 됐다. 영어에 능통한 인재들이 늘어나며 국내외 실적도 모두 좋아졌다. 미키타니 회장은 언론과 인터뷰하며 이때 교훈을 이렇게 자랑했다. “나는 은행을 그만두며 월급쟁이 규칙을 다시 썼다. 그리고 모든 라쿠텐 직원이 영어로 말하도록 할 때 또 규칙을 바꿨다. 이렇듯 오래된 규칙은 다시 쓰여 질 필요가 있다. 과거 유산에 매몰되지 않도록 눈과 귀를 활짝 열고 지금의 당신을 연구해 보라.”

그는 일본 재계에서는 보기 드문 혁신가다. 인터넷 개념이 생소했던 1997년 온라인 쇼핑몰 사업을 시작했고 이를 기반으로 금융과 여행, 스포츠, 이동통신 등 다양한 분야로 영역을 확장했다. 처음부터 사업에 뜻을 둔 것은 아니다. 창업에 대해 막연하게 생각하고 있었지만 열망이 크지는 않았다. 그는 도쿄 히토쓰바시대학을 졸업하고 투자은행에 입사했다. 일본에서 은행은 신(神)의 직장이다. 명석하고 성실했던 그는 은행에서 잘 나가는 인재였다.

그의 삶의 여정을 송두리째 바꿔놓은 것은 1995년 그의 고향인 고베에서 일어난 대지진이었다. 엄청난 참사를 겪으면서 그는 삶과 죽음에 대해 다시 생각했다. 수많은 이들이 허무하게 죽어가는 현장을 목격하며 삶의 진정한 의미를 되새겼던 것이다. “인생에 기회가 많지 않다. 죽음이 찾아오기 전에 내가 정말 하고 싶은 것을 해야 한다. 은행원은 나의 소명이 아니다.” 결단이 서자 그는 즉시 은행에 사표를 냈다. 이는 라쿠텐이 탄생한 시발점이 됐다. 다른 벤처기업들처럼 그도 사업 초기 많은 어려움을 겪었다. 그는 기발한 아이디어와 혁신으로 난관을 돌파했고 창업 4년째인 2000년 라쿠텐을 상장했다. 확보한 자본은 신용카드를 시작으로 ‘라쿠텐 생태계’를 구축하는 실탄으로 쓰였다.

그가 해마다 빠지지 않고 참석해 기업가정신과 혁신을 보여주는 행사가 있다. 스페인 바르셀로나에서 열리는 세계 최대 모바일 전시회 ‘모바일 월드 콩그레스(MWC)’다. 2019년에도 그는 기조 연설자로 나서 라쿠텐의 미래 사업과 혁신을 알렸다. 2018년에는 자체 가상통화를 발행하겠다고 밝혀 눈길을 끌었다.

이른바 ‘라쿠텐 코인’을 상품과 서비스 비용으로 쓰고 환전도 할 수 있도록 하겠다는 구상이었는데 이는 2019년 암호화폐 거래소 사업으로 이어졌다. 그의 실험은 현재진행형이다. 가장 큰 도전은 이동통신 사업일 것이다. 일본에서 5세대 상용서비스가 실시되는 2020년 이동통신도 라쿠텐 생태계에 안착할 수 있을까. 그가 구상하는 혁신이 성공하면 가능한 일이다.

5. 기업가정신이 발현된 기타 사례[247)]

기업가정신이 다방면에서 발현된 대표적인 사례, 몇 가지를 마지막으로 살펴보기로 하자.

5.1 기업가정신 발현 대표 사례

대표적으로 기업가정신은 창업을 통해 일자리 창출 및 국가 경제성장에 기여한다. 일례로 실리콘밸리를 지탱하는 스탠포드대학의 경우 기업가센터 활동을 통해 창업한 구글, 야후, 휴렛팩커드, 시스코, 나이키 등 동문기업의 수가 3만 9,900여개에 이르며, 540만개의 일자리 및 연간 매출액 2조 7천억 달러를 창출하는 등 프랑스 경제규모와 맞먹는 수준의 성과를 보이고 있다.

한 때 선풍적 인기를 누렸던 물에 뜨는 비누인 아이보리 비누의 경우도 기업가정신이 발현된 제품개발 사례라 할 수 있다. 아이보리 비누의 발명자는 미국의 P&G 혹은 일본의 후지무라로 알려져 있는데 그 원리는 거품으로 만들어 가볍고 안에 공기가 들어가 있어 물에 뜨게 되는 것이다. 아이보리 비누는 우연한 발명품으로 알려져 있듯이 애초 계획된 것이 아니었다. 비누 공장 직원이 졸다가 비누 원료가 끓어 넘쳐 거품이 많아져서 제품화하기 어렵게 된 실패작이었지만, 새로운 아이디어에 의해 성공제품으로 재탄생하게 된 것이다. 아이보리 비누를 발명한 아이디어 개발자는 예전 방콕 여행 시 사람들이 강에서 목욕하던 모습을 떠올리며 "강에서 목욕하다 비누를 빠뜨리면 어떻게 찾을까?"하는 생각 끝에 끓어 넘쳐 거품이 많아진 원료로 비누를 만들면 물에 뜨겠구나 하는 발상의 전환으로 개발하게 된 것이다.

3M의 포스트잇(Post-it)도 마찬가지인데, 실패를 실패로만 보지 않고 발상의 전환으로 아이디어 제품으로 변화시키는 것 또한 연구개발 분야에서의 기업가정신인 것이다.

옛날이야기이긴 하지만 지우개 달린 연필은 미국의 15세 화가지망생인 하이만이란 소년이 1867년에 발명하였다. 하이만은 건망증이 심해 지우개를 잘 잃어버리곤 하여 지우개를 안 잃어버리는 방법을 찾다 어느 날 거울 앞에서 모자를 쓰다가 아이디어를 개발하게 되었다고 한다. 다시 말해 지우개를 연필 머리 부분에 모자 씌우듯이 고정하는 아이디어로 특허를 출원하고 리버칩 연필회사에 특허를 팔아 막대한 수익을 얻게 되었다.

또한 문수엄마로 알려진 수원에 사는 소정화 주부는 부드러운 수세미와 깔깔한 수세미를 앞뒤로 붙인 양면수세미에 대한 아이디어를 정리해 3M코리아에 보냈고, 이 아이디어는 1998년에 신제품으로 개발돼 한국에서 성공적으로 출시되었으며, 이

247) 이윤준(2014), op. cit.

듬해부터 미국 3M 본사에서 적극적으로 전 세계에 제품을 출시했다고 한다. 지금은 어느 가정에서나 하나쯤 있는 양면수세미가 한국의 평범한 주부로부터 개발된 기업가정신 발현의 또 다른 사례인 것이다.

이처럼 기업가정신은 다방면에서 발현되는 것이며, 또한 남녀노소 누구에게나 필요한 것이다.

5.2 기업에 있어서의 기업가정신

5.2.1 노키아 사례

기업가정신 및 창업을 이야기하면서 핀란드 노키아의 사례를 많이 들곤 한다. 1998~2007년 동안 핀란드 국내총생산(GDP)의 25%를 담당했으며 핀란드 연구개발(R&D) 투자의 30%를 차지했었던 노키아가 쓰러진 후 핀란드 경제도 수렁에 빠질 것이라는 관측이 우세했으나, "노키아의 몰락이 핀란드의 이익이 되다(Nokia's losses become Finland's gain)"라는 워싱턴포스트지(WSJ)의 기사처럼 핀란드가 부활하고 있으며 그 배경은 기업가정신 및 창업이라 할 수 있다.

핀란드 정부는 '교육·연구발전 5개년 계획(2007~2012)을 통해 기업가정신 교육을 확대하였으며, 노키아는 회사가 어려움에도 불구하고 직원을 해고할 때 가능한 창업의 길을 열어주려 노력했다. 노키아는 '브릿지(bridge)'라는 해고자 창업지원 프로그램을 운영하여 해고자들이 창업에 대한 우수한 아이디어를 갖고 있는 경우 1인당 2만 5천유로(약 3천5백만 원)까지 지원해주며, 자금지원뿐만 아니라 팀을 짜주어 창업 자금의 크기도 키워주고 여러 사람이 모여 시너지 효과를 낼 수 있도록 컨설팅도 해주고 있다. 노키아의 해고자 창업지원 프로그램 또한 기업가정신의 또 다른 발로이며, 이러한 측면에서 우리나라 대기업 또한 위기의식을 갖고 기업가정신의 함양 및 대-중소기업 동반성장 차원에서 창업을 바라봐야 할 것이다.

5.2.2 3M의 포스트잇 사례[248]

1902년 사업에 문외한이던 철도회사 간부와 의사, 정육점 관리자, 변호사 등 5명이 미국 미네소타주에서 회사를 설립했다. 그 지역의 돌을 채취해 숫돌 제조업체에 공급하기 위해 설립한 회사의 이름은 미네소타 채광 제조회사(Minnesota Mining and Manufacturing Co.). 회사 이름의 머리글자에 M이 3개여서 3M으로 불렸다. 그 후 이 회사는 굴뚝산업 시대를 대표하는 혁신의 아이콘으로 떠올랐다. 각 대학의 경영학과에서는 창의성과 발상 전환의 대표적 학습 사례로서 3M을 단골 소재로 활용하곤 했다. 이처럼 3M과 혁신을 동일시하게 만든 대표적인 발명품이 바로 '포스

248) Science Times(2016), 실패한 접착제가 혁신을 낳다, 2016.01.27.

트잇'이다.

3M에서 개발한 포스트잇은 문서나 컴퓨터 모니터 등의 눈에 띄는 장소에 잠시 붙여놓는 조그만 메모지이다. 이 제품이 탄생한 배경은 한 연구원의 개발 실패에서 비롯됐다. 1970년 당시 3M의 중앙연구소에 근무하던 연구원 스펜서 실버는 3M의 기존 제품보다 더 강력한 접착제를 개발하기 위해 연구에 매달렸다. 결국 그가 개발한 것은 용해되지 않을 뿐더러 일부러 녹일 수도 없는 매우 특이한 성질을 지닌 접착제였다. 하지만 그 접착제는 그런 성질로 인해 다른 곳에 강하게 붙지 않았다. 접착력이 약해 끈적거리지 않는 접착제를 두고 실버 박사는 고민에 빠졌다. 자신의 실패한 발명품이 뭔가 다른 용도로 쓰일 수 있을 거라는 생각이 들었지만 구체적으로 어떻게 해야 할지는 몰랐던 것이다.

그는 새로운 접착제를 사내 기술 세미나에서 발표했으나 아무런 호응도 얻어내지 못했다. 그로부터 4년 후 3M의 테이프사업부에서 일하던 아서 프라이는 교회 성가대에서 노래를 부르기 위해 찬송가집을 뒤적이다 그 속에 끼워둔 종잇조각들을 떨어뜨리는 실수를 저질렀다. 그 종잇조각들은 그날 부를 찬송가를 쉽게 찾을 수 있도록 끼워둔 것이었다. 그는 어떻게 하면 끼워둔 종잇조각을 떨어지지 않을 수 있게 할까 고민하다 종이에 풀을 칠해 붙여 보았다. 그러자 쉽게 떨어지지는 않았지만 대신 종이를 떼어낼 때 찬송가의 책장도 함께 뜯어져 버렸다. 그때 아서 프라이의 머릿속을 스쳐간 아이디어가 바로 사내 세미나에서 보았던 실버 박사의 실패한 접착제였다. 그 접착제는 접착력이 약해 쉽게 떼어낼 수 있을 뿐 아니라 끈적거리지 않아 떼어낸 후에도 자국이 남지 않을 거라는 생각이 들었기 때문이다.

아서 프라이(Arthur Fry)는 자신의 아이디어를 회사에 보고한 후 정식으로 상품화를 제안했다. 그러나 회사의 초기 반응은 부정적이었다. 마케팅 부서에서 시장조사를 한 결과, 아직 아무도 써본 적이 없는 탓에 수요가 없을 거라는 전망이 나온 것. 제품을 완성시키기 위해 추가적 기술 개발이 이루어져야 한다는 점도 그 같은 회의적 반응에 한몫했다. 접착제를 바른 종이의 면과 바르지 않은 면이 같은 두께를 유지하기 위해서는 접착제를 도포할 종이 면을 아주 얇게 깎는 기술이 필요했다. 또 떼어냈을 때 책에 손상을 주지 않는 정확한 강도도 알아내야 했다.

아서 프라이는 회사의 회의적인 반응에도 불구하고 혼자 연구에 매달려 1977년 포스트잇을 출시했다. 그걸 본 경쟁사들은 비웃었다. 고작 메모지를 비싼 돈 주고 사서 쓰는 사람이 어디 있겠냐고 생각했기 때문이다. 실제로 포스트잇의 초기 시장 판매는 실패였다. 하지만 아서 프라이는 자신의 발명품에 대해 확신이 있었다. 그는 종합경제지 '포춘'이 선정한 500대 기업의 비서들에게 견본품을 보내는 홍보 전략을 취했다. 그 결과 비서들의 주문이 쇄도하기 시작했고, 1981년에는 캐나다와 유럽 등지로 수출까지 하게 됐다.

얼핏 보면 아서 프라이의 우연한 아이디어와 끈질긴 집념이 일궈낸 성과 같지만 포스트잇의 탄생에는 3M의 고유한 연구 풍토와 업무 분위기가 큰 역할을 했다. 3M

에서 가장 중요시하는 경영 이념은 직원들의 실패를 인정하는 것이다. 실패를 비판할 경우 직원들의 창의성 역시 말살된다는 것이 이 회사의 경영 방침이기 때문이다. 이 같은 기업 풍토로 인해 실버 박사는 자신의 실패작을 사내 세미나에서 떳떳하게 발표할 수 있었고, 아서 프라이는 거기서 포스트잇의 발명에 대한 아이디어를 얻을 수 있었다. 또 하나 3M에는 '15% 규칙'이라는 독특한 연구 문화가 있다. 이는 전 직원이 업무시간의 15%에 해당하는 시간을 자유롭게 개인 아이디어 구상에 사용할 수 있게끔 한 규칙이다. 그 시간 동안 구상한 내용은 자신의 상사를 포함해 그 어느 누구에게도 보고할 필요가 없다. 규칙이라곤 하지만 강요가 아니므로 굳이 15%의 시간을 개인 아이디어 구상에 사용하지 않아도 된다. 다른 부서에 소속되어 있던 아서 프라이가 포스트잇의 개발 연구에 매달릴 수 있었던 것은 15% 규칙 덕분이다. 구글에서 시행하고 있는 '20% 규칙'은 이를 벤치마킹한 시스템이다. 기술 연구와 제품 개발 현황 등을 공유하는 문화도 3M을 강하게 하는 비결이다. 매년 9월 미네소타주 3M 본사에서 열리는 '글로벌 테크 포럼'에는 전 세계에 흩어져 있는 연구 관련 인력들이 함께 모여 아이디어를 공유한다.

이처럼 창의성과 아이디어를 중시하는 3M에서는 아무리 경기가 좋지 않을 때에도 건드리지 않는 두 가지 불문율이 있다. 연구개발비와 개발인력이 바로 그것이다. 경기침체 시 비용절감을 위해 근로시간을 줄이거나 월급을 깎는 경우가 있어도 연구개발비와 개발인력만은 미래를 위해 그대로 유지한다. 덕분에 굴뚝산업 시대가 지난 최근에도 3M은 여전히 진화하고 있는 혁신 기업으로 꼽힌다. 2011년 4월 글로벌 경영 컨설팅 회사인 부즈앤컴퍼니가 글로벌 기업 임원들을 대상으로 '세계에서 가장 혁신적인 10대 기업'을 조사한 결과 3M은 애플과 구글에 이어 3위를 기록했다.

5.2.3 우리나라 대기업의 기업가정신

우리나라 대표적 대기업 종사자들을 대상으로 한 설문조사 결과, 우리나라 대기업의 네 가지 요소별 기업가정신[249] 수준을 살펴보면 전체적으로 보통 수준인 4점대에 근접함으로써 기업가정신 수준은 보통이라 하겠다. 특히 리더십(자기주도성)은 보통 수준을 밑도는 상황이다. 네 가지 요소를 좀 더 세분화하여 취약한 부분을 살펴보면 첫째 위험감수 성향(도전정신) 및 새로움 추구와 같은 창조성은 부족한 편이다. 둘째 우리나라 대기업은 혁신성은 양호하나, 개방형 혁신 특히 기술 및 정보의 사내 공유 및 내부기술의 외부 활용 측면은 낮은 수준이다. 셋째 우리나라 대기업은 대부분 Top-down식 의사결정이 주를 이루고 있어, 기업가정신의 한 요소라 할 수 있는 자율성 혹은 자기주도성이 가장 취약하다. 마지막으로 가치지향 측면에서 기업의 사회적 책임의식은 상당히 높은 반면, 발명보상은 약한 것으로 나타났다.

249) 네 가지 요소별 기업가정신을 도전정신, 창조성/혁신성, 리더십(자기주도성), 가치지향으로 특징지을 수 있다.

제 7 장

시대정신을 반영한 기업가정신

1. 등장 배경[250)]

1.1 기업가정신의 정의

이 시대가 필요로 하는 기업가정신은 도전정신, 창조성 및 혁신성, 리더십, 가치지향성[251)]이다. 이미 언급한 바와 같이 기업가정신이란 "미래의 불확실성과 높은 위험에도 불구하고 주도적으로 기회를 포착・도전하며, 혁신활동을 통해 개인적・사회적으로 새로운 가치를 창조하는 실천적 역량"을 말한다.

(Where) 불확실하고 위험한 상황에서 → 도전정신
(Who) 자신이 주도적으로 → 리더십
(When) 기회를 포착・도전하며 → 도전정신
(How) 혁신활동을 통해 → 혁신성
(Why) 개인적・사회적 편익을 위해 → 가치지향
(What) 새로운 가치를 창조 → 창조성

1.2 기업가정신의 구성요소

기업가정신의 정의에 따라 도전정신, 창조성 및 혁신성, 리더십, 가치지향성이 기업가정신의 주된 요소라 할 수 있는데, 특히 시대적 요청에 따라 기업가정신의 한 요소인 사회공헌 혹은 사회적 책임은 더욱 강조되어야 한다.

250) 이윤준(2017), 이 시대가 필요로 하는 기업가정신-한·미·일·중 4개국 비교, STEPI Insight 제206호,
2017.01.15.

251) 기업가정신 정의 및 구성 요소에 대한 자세한 내용은 이윤준(2016), 국내 대기업의 기업가정신 수준
진단과 과제, STEPI Insight 제188호, 2016.04.15. 참조.

〈표 7-1〉 기업가정신 구성요소[252)]

대분류	세부 요소		
	인성적 특성	행동적 특성	가치 및 신념
도전정신	• 위험감수 성향 • 모호성에 대한 인내	• 진취성(적극성)	• 미래지향성
창조성 혁신성	• 변화선호 성향 • 새로움 추구	• 유연성(융합적 사고) • 문제해결 능력/의지 • 외부수용성 (개방형 혁신)	• 기술 중시
리더십(자기 주도성)	• 자율성	• 사회적 네트워킹	• 자기 효능감
가치지향	• 성취욕구	• 목표지향성	• 사회공헌

1.3 시대에 부합하는 기업가정신

상기의 기업가정신은 4차 산업혁명 시대에 리더가 갖추어야 할 자질이라고 할 수 있다. 컨설팅그룹 맥킨지는 4차 산업혁명 시대에 리더가 갖추어야 할 자질을 민첩성, 변혁성, 연결성, 증폭성, 보편성의 다섯 가지 키워드로 요약(서울경제, 2017. 01.12.)[253)]한 바 있다.

[그림 7-1] 4차 산업혁명 시대의 5대 리더십

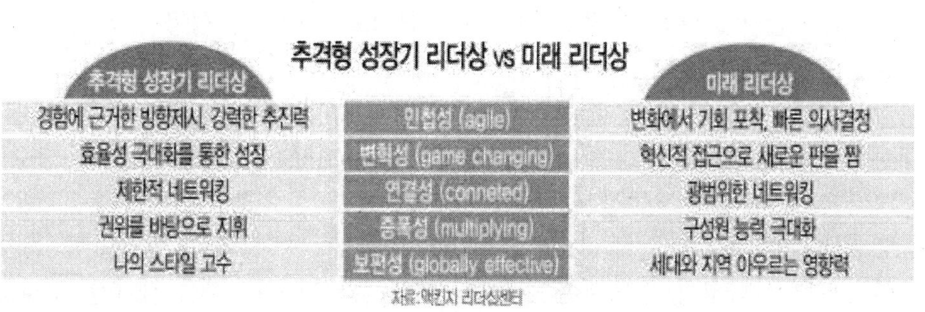

252) 이미 <표 2-1>에서 제시된 바 있으나 논의의 전개를 위해 다시 등장하였음.
253) 서울경제(2017.01.), [리더십4.0시대] 맥킨지가 뽑은 4차 산업혁명 시대 5대 리더십, 2017.01.12.

4차 산업혁명 시대의 5대 리더십은 도전정신, 창조성 및 혁신성, 리더십, 가치지향성으로 대표되는 기업가정신과도 부합된다.

[그림 7-2] 4차 산업혁명 시대의 5대 리더십과 기업가정신

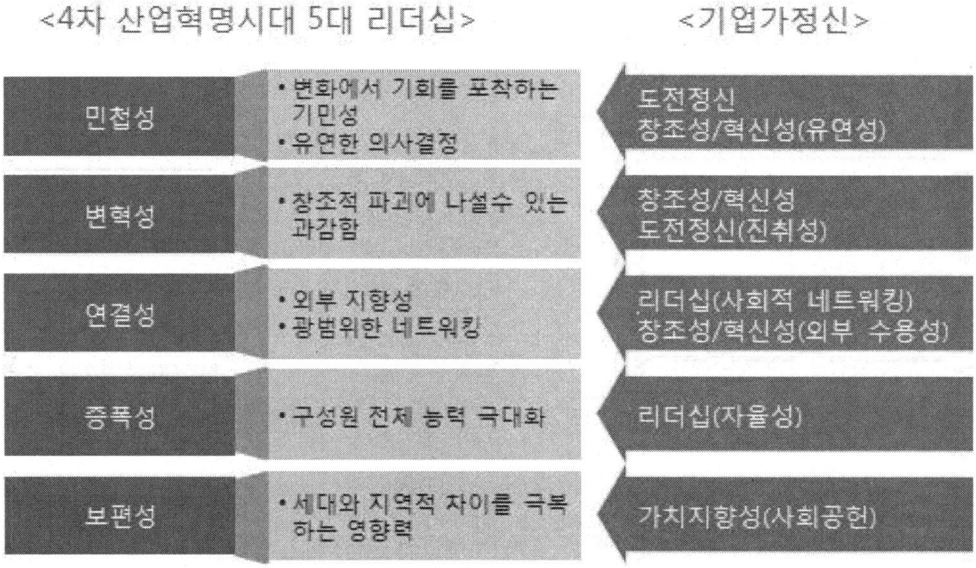

기업가정신은 창업뿐만 아니라 비즈니스, 연구, 창작 등 다방면에서 발현되는 것임에도 불구하고 '기업가정신=창업', '기업가정신=기업가'라는 근시안적이며 협소한 인식이 강한 게 사실이다. 이러한 근시안적이고 협소한 인식이 기업가정신 함양을 위한 정부지원의 축소로 이어져서는 안 될 것이다.

한편 불법과 편법으로 쌓아온 부와 경영권의 대물림 등이 최근 사회문제로 대두됨에 따라 기업인에 대한 부정적 인식이 확산되고 있다. 즉 성공한 기업인은 많으나 존경받는 기업인은 전무한 실정이다.

따라서 '기업가정신 = 창업'이라는 인식에서 탈피하여 4차 산업혁명을 대비하는 시대정신으로 기업가정신을 바라봐야 할 것이다. 첫째 무엇보다 속도가 중요한 4차 산업혁명을 위해서는 도전정신과 창조성/혁신성이 중요할 것이며, 둘째 공유경제, 주문형경제(On Demand Economy)가 부상함에 따라 사회적 책임의식 등 가치를 공유하는 가치지향성이 중요해질 것이며, 셋째 유연한 의사결정 체계를 갖추고 구성원 전체의 능력을 극대화하기 위해서는 자율성이 강조되는 새로운 리더십이 필요할 것이다.

2. 4차 산업혁명 시대의 기업가정신[254)]

2.1 기업가정신의 흐름과 변화

4차 산업혁명 시대에는 정보통신기술과 융합, 혁신이라는 키워드로 인하여 산업혁명 초반에 발생하는 문제점들, 이 중에서도 기술혁신의 혜택이 일부 계층에 집중되거나, 정보의 격차로 인한 사회적 차별의 확대와 혁신에 적응하지 못한 인간소외 등의 위험성을 고려해야 한다. 이러한 인간 중심의 관점에서 4차 산업혁명 시대의 문제를 해결하기 위해 우리가 고려할 수 있는 문화적, 사회적 키워드가 바로 '기업가정신'이다.

세계경제포럼은 기업가정신이 바로 우리 사회가 당면한 경제적 문제의 개선, 지속가능한 성장, 경제체제의 신규 전환과 삶의 질을 개선하는 등 다양한 문제점을 해결할 수 있는 수단이라고 제시하였다.

2018년 1월28일 세계 최대의 기업가정신 행사인 '글로벌 기업가정신 연구(GEM: Global Entrepreneurship Monitor)' 학술행사가 서울에서 열렸다. 특히 이번 총회에서는 기업가정신 교육의 중요성을 더욱 강조하였다. 이번 총회에서 발표한 내용에 따르면 54개국 가운데 한국의 기업가정신 교육은 3.94점(47위)으로 나타나 개선이 시급한 분야로 지적되었다. 앞서 언급한 바와 같이 4차 산업혁명 시대에는 불평등이 심화될 가능성이 크다. 이를 해결하기 위한 기업가정신 교육의 중요성은 더 말할 나위 없다.

기업가정신교육은 실제 2018년부터 기업가정신 교육이 중·고교 정규 교과에 포함되었고, 기업가정신 관련 통계가 국가 통계로 지정되는 등 변화가 일었다. 그러나 아직도 대학을 비롯한 고등교육기관에서는 기업가정신 교육이 피상적인 양적 확대, 그리고 창업교육이라는 카테고리에 묶여있다. 기회를 포착하고, 위험회피가 아닌 위험감수, 그리고 이를 통한 경제사회적 가치창출이라는 기업가정신 본연의 교육으로 돌아가야 한다.[255)]

4차 산업혁명의 기술이 컴퓨터나 네트워크를 기반으로 한다는 점에서 3차 산업혁명의 범주에서 벗어나지 않는다는 일각의 의견이 있다.[256)] 기술적 변화에 대한 전문

---

254) 김선우(2017), 4차 산업혁명 시대의 기업가정신, Entrepreneurship Korea, 2017. Vol. 5. 김선우·김영환·이정우·손하늬(2017.09.11.), op. cit.

255) 김경환(2018), 4차 산업혁명과 기업가정신 교육, 중부일보, 2018.02.19.

256) 인터넷과 재생에너지를 기반으로 한 수평적 경제체제의 도래를 주장한 제레미 리프킨 역

가들의 의견은 엇갈리지만 4차 산업혁명에서 거론되는 기술이 어떤 방향으로든 사회경제에 큰 변화를 가져올 것이라는 데는 이견이 없다. 4차 산업혁명이 단순히 기술적 진보가 아니라 정치적, 사회적 변화이자 인류의 도전으로 논의되는 배경은 장기화되는 경기불황을 극복할 기제로 받아들여지기 때문이다.[257]

4차 산업혁명은 인간과 기계의 융합, 가상과 현실의 융합, 스마트·네트워크·자율성과 같은 특징을 바탕으로 개인의 삶, 직업, 일하는 방식, 기업의 형태 등에 큰 변화를 주고 있다. 생산의 주체는 과거 기업(corporation)에서 최근 개인(individual)으로 바뀌고 있다. 기업의 목표가 과거 생산 활동의 효율성 극대화가 목표였다면 이제는 사용자 만족, 가치, 재미 등이 중요한 가치가 되었고, 대량생산 방식에서 니치(niche) 발굴 및 해결하는 방식으로 변화하였다. 또한 '일자리'가 중요하던 시대에서 '일'이 중요한 시대로 고정된 일터의 종말이라는 전환점에 도달했다.[258]

그렇다면 기업가정신은 어떻게 달라졌는가. 과거 성공의 개념은 창업을 해서 중견·대기업으로 성장시키는 것으로 이해되어졌으나 이제는 개인이 강조되고 있다. 즉 기업에 중요한 것은 지식(knowledge)인데, 결국 지식을 보유한 것이 '개인'이고 '개인성'을 강조하는 스타트업이 최근 급성장하는 이유이기도 하다. 린 스타트업(lean startup)[259]은 기업(corporation)으로의 진입장벽을 낮추고 있는 기제로, 액셀러레이터(accelerator)[260]는 개인을 키워 기업을 만드는 기제로 작용하고 있다.

시 '3차 산업혁명의 잠재력은 아직 끝나지 않았다'고 주장

257) 세계경기불황이 지속되면서 경제학계에서는 고성장의 시대가 저물고, 저성장이 필연으로 자리 잡을 것인가에 대한 논쟁이 있음. R.Gordon은 경제성장은 3차 산업혁명 시대까지가 정점이고 저성장이 지속될 것이라고 주장하는 반면, J.Mokyr는 과거 과학발전과 기술변화가 경제성장의 동력으로 작용했듯이 미래에도 그럴 것이라고 주장

258) 「21세기 시민경제학의 탄생」을 쓴 S.Zamagni와 L.Bruni는 '탈일자리(dejobbing)' 시대가 도래했다고 말하는데, 이는 활동으로서의 일이 끝났다는 의미라기보다는 개인 각자가 '일의 포트폴리오'를 꾸려가며 사는 시대로서 하나의 일자리, 하나의 직업으로 자신을 정체화할 수 있는 시대를 지나 일하는 생애에 걸쳐 이뤄지는 활동으로 자신의 노동을 재구성해야 하는 시대라고 제시

259) 린 스타트업에서는 스타트업을 '가설로 만들어진 비즈니스 모델을 실행하면서 이것이 수익을 낼 수 있는지 검증해 나가는 임시조직'이라 규정하며, 그러한 가설을 보다 체계적으로, 보다 신속하게, 보다 효과적으로 할 수 있게 가이드 해주는 방법론을 '린 스타트업(Lean Startup)'이라 말한다.

260) 엑셀러레이터(Accelerator)란 초기창업자를 선별하여 3개월 내외의 짧은 기간 동안 집중 보육하는 기관을 뜻하며 스타트업을 만들어 내는 '공장'에 비유하여 '스타트업 팩토리'라고도 불린다. 엑셀러레이터는 웹, 모바일 등 플랫폼 기반 비즈니스 발달에 따른 창업비용 감소 등 최근의 창업환경 변화에 따라 2000년 후반부터 태동하였으며, 다음과 같은 특징을 가진다. ▲누구에게나 개방적이지만 매우 경쟁적인 선발 절차 ▲초기 창업 준비금(pre-seed) 투자와 보육 공간 제공 ▲개인 창업자보다는 소규모 팀에 '기수(시즌)'별 집중 지원 ▲교육과 멘토링을 포함하여 기수 내의 모든 창업팀 지원

2.2 4차 산업혁명 시대 기업가정신의 발현을 위한 과제

2.2.1 개인의 기업가정신

우선 개인은 구직하는 시대의 패러다임의 변화를 인식, '창직'을 준비해야 한다. 「The 100-Year Life」의 저자 린다 그래튼(2017)[261]은 은퇴 혹은 정년이라는 개념은 사라질 것이고 앞으로 사람들은 더 오래 일해야 한다고 말한다. 100년을 사는 동안 우리는 2~3개 이상의 직업을 경험하게 될 것이며, 개인이 새로운 기술과 새로운 전문성을 습득하는 것이 평생의 과제가 된다고 말한다.[262] 향후 10년 내에 세상은 모바일 시대에서 인공지능의 시대로 전환될 것이므로 더 빠르고, 더 정확한 인공지능 시대의 사람의 역할에 대한 논의가 가속화될 것이다. 그러한 측면에서 인문중심, 가치 중심의 감성 자본을 축적해가야 한다. 또한 개인주의와 경쟁보다는 상호연결과 협업, 네트워크를 활용할 수 있는 사회적 자본을 쌓아가야 한다.

1) 4차 산업혁명과 개인

첫째 환경의 다변화로 인해 개인의 선천적인 기업가적 특질 보다는 후천적인 기업가정신 발현을 통해 누구나 기업가(entrepreneur)가 될 수 있는 시대가 될 것이다. 따라서 기존의 성공 기업가 유형은 급변하는 환경 하에서는 더 이상 적용되지 않을 것이다.

둘째 산업 사이클이 더욱 빨라짐에 따라 평생직장의 개념이 점차 사라지고, 기존 일자리의 소멸 및 새로운 일자리의 탄생 등 일자리 변화가 계속 일어날 것이다. 따라서 개인의 발 빠른 대처와 기업가적 역량 강화가 필수적이며, 인간으로서 자신이 가장 잘할 수 있고 의미 있는 일을 찾아가거나 직접 그러한 일을 만드는 창업 등 가치를 창출하는 활동이 더욱 중요해질 것이다.

셋째 4차 산업혁명 시대에는 과거의 산업혁명에 비해 더욱 광범위하게 일자리 붕괴 현상이 일어나고 더 빠른 속도로 노동시장이 변화할 것(Schwab, 2016)[263]이다. 따라서 전문성과 창의성을 필요한 일자리는 늘어날 전망이나 자동화로 인해 단순반복 업무 위주의 일자리는 크게 감소할 전망이다.

---

261) 린다 그래튼, 앤드루 스콧(2017), 100세 인생, 안세민 옮김, 클, 2017.04.10.

262) 이와 관련하여 Gratton, L.(2016), The 100-Year Life, Bloomsbury Information Ltd. 참조.

263) Schwab, Klaus(2016), "The Fourth Industrial Revolution", World Economic Forum. 2016.

넷째 인공지능, 가상현실, 빅 데이터, 사물인터넷, 블록체인 등 4차 산업혁명 관련 핵심요소 기술을 활용한 미래유망분야 창업은 새로운 고용창출에 기여할 것으로 기대된다. 따라서 기업가의 핵심요소 기술에 대한 이해와 선제적 대응이 필요하며, 새로운 것에 대한 도전과 혁신을 추구하는 기업가정신이 중요한 시기가 될 것이다.

2) 각자 모두는 기업가(entrepreneurial individual)가 되도록 노력 필요

첫째 4차 산업혁명 시대의 혁신은 기업의 전유물 또는 기업으로 자리하기 위한 과정으로서가 아니라 개인 자체를 혁신가로, 잠재적인 기업가(entrepreneur)로 상정하고 있다. Alic(2011)[264]은 "모든 이가 혁신가인가? 적어도 우리는 우리 각자의 삶을 발명해가고, 집합적으로는 우리의 미래를 발명해간다"고 말했다.

둘째 제너럴리스트보다는 자신만의 전문지식과 기술을 보유하고 '유연한 전문 능력'을 발휘할 수 있어야 한다. 전통적인 일이 '직장의 보수로 생활을 꾸려나가는' 개념이었다면, 앞으로는 '직장과 나의 일', '여러 개의 나의 일'로 존재할 것이다.[265] 앞으로의 소프트웨어, 코딩은 언어 교육과 같아질 것이다. 따라서 신기술에 민감해야 한다. 새로운 기술과 새로운 전문성을 습득하는 것이 평생의 작업이 될 것이다(Gratton, 2011).[266] 현존하는 다수의 일들이 전산화되고 대체되는 것에 대비해 개인이 보다 창의적이고 사회적인 지식을 갖추는 것이 요구된다. Frey, C. B., & Osborne, M. A.(2013)[267]에 따르면 미국 전체 직업의 약 47%가 전산화될 위험에 처해 있으며, 향후 낮은 숙련도와 낮은 임금의 근로자들이 더욱 창의적이고 사회적인 지식을 바탕으로 전산화에 둔감한 직업군으로 이동하게 될 것으로 전망된다.

셋째 개인주의와 경쟁 보다는 상호연결과 협업, 네트워크를 활용할 수 있는 사회적 자본을 확충해 나가야 한다. 전통적인 일에서는 '나와 직장으로 구성되어 있으나', 미래의 일에서는 '나와 다른 협력자들로 수시로 파트너가 유동적'이다. 2025년 일자리는 고립된 경쟁자(isolated competitor)에서 혁신적 연결자(innovative connector)를, 그리고 소비자에서 열정 있는 생산자(impassioned producer)를 요

---

264) Alic, J.(2011), "Everyone an Innovator", State of Innovation: The US Government's Role in Technological Innovation, Boulder, Paradigm, 236-260, 2011.

265) 이제 직업의 시대에서 業의 시대로, 하나의 직업이 아니라 내가 열정을 몰입할 수 있는 업의 시대가 필연적이라는 생각이다(김범수, 스타트업캠퍼스 초대 총장 취임사 중, 2016.5.26.). 또한 은퇴 혹은 정년이라는 개념도 사라지며, 개인이 여러 직업을 경험하게 될 것이다.

266) Gratton, L.(2011), The Shift, Harper Collins U.K.

267) Frey, C. B., and M. A. Osborne(2013), "The Future of Employment: How Susceptible are Jobs to Computerisation?", Oxford Martin School. 2013.09.17.

구할 것이다(Gratton, 2011).

넷째 스스로를 이해하고 자신이 내리는 선택을 성찰할 수 있는 능력을 보유해야 한다. 앨빈 토플러의 제3물결 시대[268]에서는 각 개인에게 있어서 내재적 동기와 행복이 우선하며, 그에 부합하는 일을 찾아 수행하고 스스로 선택하기 때문에, 각자에게 있어 직업은 급여를 받기 위한 노동이 아니라 오히려 여가(leisure)로 간주될 수 있을 정도로 친근해야 한다(김석현, 2016).[269] 그리고 "향후 10년 내에 세상은 모바일(mobile) 시대에서 인공지능(AI) 시대로 전환될 것이다(Sundar Pichai, 구글 CEO, 2016)"[270]라는 전망으로 볼 때 보다 더 빠르고 정확한 AI 시대 사람의 역할은 무엇인지에 대한 논의가 가속화될 것이다. 또한 소비자 보다는 공공의 이익에 보탬이 되는 생산자가 되기 위한 준비를 해야 할 것이다. 최근 등장하는 기업가정신의 개념(ex. humane entrepreneurship, Social Impact Entrepreneurship etc.)이 인문중심, 가치 중심의 내용을 담고 있음은 이를 반영하고 있다.

2.2.2 기업의 기업가정신

기업은 혁신의 다양성을 갖추어야 한다. 즉 익숙한 기술, 스스로 강점이 있는 기술 이외에도 기존 지식 범위 밖의 향후 잠재력이 있어 보이는 기술, 융합이 가능해 보이는 기술에 대한 지식을 갖추어야 한다. 혁신의 다양성을 높일 수 있는 방법으로 인수합병(M&A)과 기업주도형 벤처캐피탈(CVC[271])을 통한 외부 자원의 획득이 있다.[272] 대기업은 스타트업의 투자·인수에 보다 적극적일 필요가 있으며 전통산업의

268) 제3물결(The Third Wave)은 미국의 저술가이며 미래학자인 앨빈 토플러가 1980년에 쓴 책의 제목이며 앨빈 토플러가 제안한 물결 이론으로 현대 정보사회를 설명하고자 하는 이론의 이름이다. 이 책은 20세기 후반과 21세기의 다가오는 정보혁명과 정보사회를 예견하여 유명하다. 이 책에서 토플러는 제1의 물결인 농업혁명, 제2의 물결인 산업혁명에 이은 제3의 물결로서 정보혁명을 설명하고 있다.

269) 김석현(2016), '업을 찾아가는 플랫폼' 창업교육, Entrepreneurship Korea, 여름호(Vol. 2), 과학기술정책연구원, 2016.

270) Sundar Pichai(2016), "This year's Founders' Letter", April 28, 2016.

271) CVC(corporate venture capital: 기업형 벤처캐피털)란 대기업이 출자한 벤처캐피탈(VC)을 뜻한다. 미국, 중국에서는 흔히 볼 수 있는 VC의 한 형태다. 모기업의 사업 포트폴리오에 보탬이 되도록 투자 포트폴리오를 짠다는 게 VC와의 차이점이다. 대기업이 CVC를 별도로 두는 이유는 인수합병(M&A) 후보군을 확보하기 위해서다. VC 활동을 통해 우량 스타트업(신생 벤처기업) 현황을 점검하다가 사업에 필요하다고 판단하면 곧바로 M&A에 나서는 식이다. 기술 개발에 소요되는 시간과 비용을 줄이겠다는 의도다. 스타트업들도 CVC의 투자를 환영한다. 금전적 지원 이외에 투자자의 지원을 기대할 수 있기 때문이다. 예컨대 구글 CVC인 구글벤처스의 투자를 받으면 구글의 네트워크에 올라타 신규 시장을 개척할 수 있다. 한국경제(2019.05.), CVC와 VC는 뭐가 다른데?, 2019.05.08.

272) 내부 R&D를 통한 혁신의 다양성을 높이기 어려운 이유는 기업이 혁신을 거듭해 가는 과정에서 이른바 근시안적 학습(myopia of learning)과 역량의 덫(competency trap) 등 조

기업들도 이러한 흐름에 참여해야 한다. 그리고 고객의 니즈를 실시간으로 파악하는 경영이 이루어져야 한다. 신제품의 성공은 고객의 민감성에 기반 하지 않으면 어려울 것이다.

1) 4차 산업혁명과 기업

첫째 과거의 기업가정신이 기존 자원을 활용한 혁신이었던 것에 비해, 수평적이고 플랫폼을 기반으로 한 개방형 구조가 확대되면서 외부 자원을 활용하는 형태의 기업가적 활동이 촉진될 것이다. 일례로 기업가적 활동으로 혁신과 유지관리를 들 수 있는데, 유지관리를 통한 효율이 비용 절감은 가져올 수 있으나 더 이상의 가치 창출에는 기여하지 못하는 상황이다. 그리고 사내 기업가정신 역시 기업 내부의 역량과 강점을 활용한 스핀오프 형태[273]였던 것에서 외부 아이디어와 기술을 발굴 및 육성하여 흡수하는 것으로 확대될 것이다. 국내에서도 네이버 등 대기업에서 스타트업 투자 및 보육을 통해 외부의 혁신 역량을 내부에 연결시키는 개방형 기업가정신을 촉진시키기 위한 움직임이 있다.

둘째 4차 산업혁명이 가져올 기술적 변화보다 사회·경제적인 수요에 기반한 혁신 창출에 더 큰 의미가 있음을 생각해 볼 때, 기업의 지속가능한 성장을 위해서는 전통적인 수익 창출 및 경영 효율성 증대의 관점이 아닌 인간·사회의 문제해결 및 가치창출의 관점이 중요해질 것이다. 따라서 기업의 동태적 역량(Dynamic Capabilities)은 급격한 환경변화에 대응하기 위해 기업 내・외부의 역량을 통합, 구축, 재구성하는 능력으로 4차 산업혁명과 같은 급격한 외부 환경변화에 대응, 기업의 지속가능성을 높이는 핵심 역량으로 일컬어질 것이다(Teece, 2007).[274] 그리고 사회적 기업(Social Enterprise) 혹은 기업의 공유가치창출(Creating Shared Value)의 개념을 넘어서 현존하는 모든 기업이 공통의 사회 문제를 인식하고 이를 해결하여 새로운 가치를 창출하려는 노력이 필요할 것이라고 강조하고 있다(김영환 외, 2015).[275]

직의 루틴(routine)과 관성(inertia)이 발생하기 때문임.

273) Spin-off(분리설립, 기업분가)의 뜻은 원래 경제 용어다. 즉 분리설립이라 하여 신설회사로서 자회사를 설립하고 신설 자회사의 주식을 모회사 기존주주의 지분율에 비례하여 주식을 배분함으로써 모회사의 기존주주가 새로운 법인의 주식을 소유하는 형태를 말한다. 따라서 보통 새로 설립된 기업의 주주구성은 기존의 주주구성과 동일한 형태가 된다. 하지만 방송에서는 기존의 작품에서 파생된 작품을 뜻한다. 주로 텔레비전 드라마나 영화, 만화 분야에서 사용되는 용어다. 예전에 발표됐던 것의 등장인물이나 상황에 기초해 새로 다른 이야기를 만들어 내는 것으로 알려졌다.

274) Teece, D. J.(2007), Explicating dynamic capabilities: The nature and microfoundations of (sustainable) enterprise performance. Strategic management journal, 28(13), 1319-1350.

셋째 4차 산업혁명 시대의 기업의 혁신 활동은 '문제인식-해결방안 마련-사업화 및 실행-가치창출'의 프로세스를 거쳐 이루어져야 하고, 이를 뒷받침하는 것이 기업가 개인과 기업조직의 기업가적 역량(즉 기업가정신)이라 할 수 있다. 기업의 기업가적 역량은 '기회포착 및 동기부여-문제해결력 및 비전 설정-자원 활용 및 대응 능력-성장 추구 및 사회 기여'의 기업 혁신 프로세스의 각 단계별 대응 역량의 조합으로 설명되며, 이는 기업의 재무적·비재무적 성과와 관련된다.

2) 기업은 개방형 혁신주체(open innovator)로 변화 필요

첫째 기업은 익숙한 기술, 스스로 강점이 있는 기술 외에도 기존 지식 범위 밖의 향후 잠재력이 있어 보이는 기술, 융합이 가능해 보이는 기술 모두에 지식을 갖추어야 한다. 혁신의 다양성을 높이는 방법은 인수합병(M&A), 기업주도형 벤처캐피탈(CVC) 등의 외부 획득 전략이 유효하다. 애플의 iOS와 함께 스마트폰 OS시장을 장악하고 있는 안드로이드는 모두 구글이 M&A로 획득한 기술이다. 한편 대기업의 스타트업 투자·인수가 가속화될 필요가 있으며, 전통산업의 기업들도 이러한 흐름에 동참할 필요가 있다.[276]

둘째 법인(corporation)에서 연합(confederation)으로 변화를 준비할 필요가 있다. 1908년 설립한 GM은 미국의 3대 자동차 기업으로의 입지를 100여년 지켜오고 있는데, 생산 제휴(Suzuki, Toyota 등), 기술 및 부품 제휴(Fiat, Isuzu, BMW 등), 브랜드(Saab 등)의 지분을 보유하고 있다.

셋째 ERP(Enterprise Resource Planning, 기업자원관리), SCM(Supply Chain Management, 공급망 관리) 등 공급자 중심의 자원·유통 효율화 전략에서 사용자 중심의 체험・가치 극대화로의 변화가 필요하다. 사용자의 체험을 활성화한다는 것은 즐거움의 증진을 통한 몰입도 제고 및 장기적 목표를 향한 성취동기의 고양을 의미한다. 따라서 신제품의 성공은 Customer Intelligence[277]에 기반 하지 않으면 어려울 것이다.

---

275) 김영환 외(2015), 기업가의 사회가치창출 프로세스 모델 개념 및 특성, 대한산업공학회 춘계공동학술대회 발표자료. 2015.04.

276) "스타트업은 대기업의 R&D 부서다. 기업의 다각화 전략, 포트폴리오 투자와 같은 성장 개념은 전통적 기업의 전략이다"(CB Insights' Innovation Summit, 2017-1-13, 500 Startups Dave McClure의 말). CB Insight(2017), "AI 100: The Artificial Intelligence Startups Redefining Industries", https://www.cbinsights.com/research/artificial-intelligence-top-startups/(2017.01.13.). 참조.

277) Customer Intelligence(고객 지능)란 고객과 관련된 모든 형태의 데이터를 적극적으로 수집하고, 분석 및 활용하는 역량을 의미한다.

2.2.3 개인과 기업의 트램펄린[278] 역할을 수행하는 정부

정부는 다양한 주체가 혁신을 만드는 역할을 수행하고 이를 육성하는 것이 국가의 번영으로 이어질 수 있는 혁신생태계[279]를 구축해야 한다.[280] 이를 기업가적 국가(entrepreneurial state)라고 표현할 수 있는데, 기업가정신을 근간으로 혁신생태계가 선순환 성장을 지속할 수 있는 국가를 말한다.[281] 여러 주체가 더 많은 혁신을 만들 수 있도록, 혁신의 주체들이 쉽게 혁신할 수 있는 장을 마련한다면 4차 산업혁명 시대 우리는 국가의 번영을 이어갈 수 있을 것이다. 한마디로 4차 산업혁명 시대는 모든 경제주체로 하여금 새로운 패러다임의 변화 속에서 미래를 예측하고, 이에 능동적으로 대처하기 위한 융합적 기업가정신[282]의 발현을 요구하고 있다. 결과적으로 정부의 역할 또한 중요한데, 김선우・고혁진 (2017)[283]은 4차 산업혁명 시대 개인과 기업이 기업가정신을 발현할 수 있도록 정부의 사회적 완충망(트램펄린) 역할을 강조했다.

---

278) 트램펄린(Trampoline): 덤블링 도약대로 이용되는 탄력 있는 캔버스 받침대. 여기서는 트러피즈(Trapeze: 타잔에 나오는 그네의 일종으로 성장과 생존의 바탕이 되는 생명줄의 의미임. 쉽게 말해 생업활동 또는 취업활동을 뜻함. 즉 동아줄 혹은 삶의 끈의 의미임)를 타고 다니며 생계를 유지하던 사람들이 줄을 놓쳐 공중에서 추락하고 말 경우, 이 그물을 이용해 다시금 뛰어오를 수 있도록 한다는 뜻으로 사용됨. 지지대 혹은 완충대의 의미라고 할 수 있다. 오늘날의 급변하는 환경 속에서 뒤처지는 근로자들을 붙잡아주고 그들이 다시금 경제활동 인구로 들어갈 수 있도록 유지시켜 주는 프로그램을 말한다. 출처: 사회적안전망 - 트러피즈, 트램펄린, 세이프티넷, 작성자 윈윈. 참조.

279) 혁신 생태계란 '다양한 주체가 혁신을 만드는 역할을 수행하고 이를 육성하는 것이 국가의 번영으로 이어지는 생태계'를 의미하는데, 여러 주체가 더 많은 혁신을 만들 수 있도록 지원하는 일에 집중할 필요가 있음.

280) 노벨 경제학상 수상자 Edmund Phelps는 「대번영의 조건」에서 개별 주체들의 자생적 혁신이 국가 번영의 원천이라고 말했음. 또한 Chris Anderson도 「메이커스」에서 새로운 시대에는 개인, 대학, 연구소, 기업 모두가 혁신을 만들어내는 주체가 된다고 밝히고 있음.

281) 기업가적 경제(entrepreneurial economy)라고도 하는데, 기업가정신을 근간으로 기업생태계가 선순환적(유입-성장-수확/정리-재유입) 성장을 지속하는 경제 체제를 말한다.

282) 이제 모든 경제주체는 기존의 생각과 가치관, 신념, 리더십이 부분적이며 이분법적인 절대적 사고를 하고 있는지 수시로 자문해 볼 필요가 있다. 기업가정신의 창조적 파괴, 즉 정신적 혁신은 절대라고 믿었던 생각조차도 혹시 동전의 한 부분만 보는 것이 아닐까 하는 과감한 의심의 용기와 생각을 단지 생각이라고 내려놓을 수 있는 통찰이 수반될 때 창발적으로 일어난다. 세상은 데이터가 모이면 정보가 되고 정보가 모이면 지식이 되고 지식이 모여 지혜가 되는, 즉 양적 융합이 모여 질적으로 전환하는 변증법적 과정을 겪는다. 미래는 인간이 지식으로 인공지능을 능가할 수가 없다고 예측한다. 이런 환경에서 경제주체가 살아남기 위해서는 지식을 초월한 지혜가 필요하다. 여기서 지혜는 사물과 인간, 그리고 특히 자신의 내면을 지속적으로 선입견 없이 있는 그대로 관찰하고 이해하면서 융합적으로 만들어지는 통찰을 의미하는데, 이를 토대로 형성된 기업가정신이 바로 융합적 기업가정신인 것이다. 이와 관련하여 김형수(2017), 4차 산업혁명 시대의 기업가정신, 전북일보, 2017.10.17. 참조.

283) 김선우·고혁진(2017), 4차 산업혁명 시대 기업가정신의 방향, 한국창업학회 하계학술대회 발표자료.

3. 사람중심의 기업가정신[284)]

3.1 기존 기업가정신의 한계 극복

기업이 어려운 역경을 뚫고 지속 성장하기 위해서는 기업가정신이 필요하다는 것은 이제 상식이 됐다. 위기를 미리 감지하고 고객의 새로운 니즈를 공감을 통해 포착한 기업가가 절실하게 새로운 사업기회를 찾아 실현하는 것이 잘 알려진 기업가정신의 성공 원리다. 그리고 실리콘밸리의 많은 성공 사례는 기업가의 역할을 강조하며 사업 중심의 기업가정신, 기업가주도의 기업가정신의 중요성을 확산시켜왔다.

그러나 시간이 흐름에 따라 기업가도 창업 초기의 절실함과 열정을 계속 유지하기가 쉽지 않다. 특히 기업의 경영권이 가족의 다음 세대로 넘어가게 되면 창업주가 기업은 물려줬지만 기업가정신은 물려주지 못했다는 비판을 받는 경우도 많다. 신생 창업 기업에서 성장 동력의 핵심이었던 기업가정신이 조직이 계속 성장하고 규모가 커지고 사업이 다각화되고 경영권이 이전된 후에도 지속적으로 역할을 다하기 위해서는 기존 기업가정신에 몇 가지 요소가 더해져 완전한 기업가정신으로 발전해야 한다. 이를 위해 더 필요한 요소는 무엇일까.

우선 기존의 기업가정신은 사업기회 포착 및 실현에 초점을 뒀고 인적 요소는 기업가 및 창업 팀 중심으로만 설명돼왔다. 물론 기업가의 역할이 가장 중요한 것은 사실이지만 성숙기업의 경우에는 기업가뿐 아니라 조직구성원 모두의 참여를 통한 기업가정신의 활성화가 필요하다. 이를 위해서는 조직구성원들에게 기업가형 경영자로 발전할 수 있는 기회를 주고 수동적으로 상부의 지시를 이행하고 관리만 하는 방식이 아니라 기업가형 경영자들이 주인의식을 가지고 사업을 구상하고 추진하도록 조직의 경영방식과 문화가 바뀌어야 한다. 즉 사업 중심 기업가정신을 보완하는 사람중심 기업가정신(humane entrepreneurship)이 확산되어야 한다.

둘째 전통적인 기업가정신은 기회 추구를 통해 새로운 가치 창출을 강조해왔으며 그 가치에는 경제적 가치, 사회적 가치, 개인적 가치가 다 포함된다. 그렇지만 기업가정신 사이클은 창출된 가치를 가장 바람직하게 나눌 때 완성된다. 더 나은 방식으로 창출된 가치 분배 및 사용이 이뤄질 때 기업가정신은 새로운 가치 창출을 더 촉진하고 이해관계자 및 조직구성원들의 동기 및 만족도 향상, 조직 활성화 및 사회발전에 기여할 수 있다.

---

284) 배종태(2016), [백상논단] 이젠 사람중심 기업가정신이다, 서울경제, 2016.03.13.

셋째 사람중심 기업가정신이 기업의 지속성장과 성과로 이어지기 위해서는 조직구성원들의 비전공유・동기부여・역량강화가 필요하다. 먼저 조직구성원들에게 꿈과 열정을 심어줘야 하고(envisioning), 권한을 위임해 신바람 나게 일할 풍토를 만들어야 하고(empowerment), 새로운 사업과 업무를 실험하고 스스로 학습할 수 있는 기회를 줘야 하며(experimentation), 최고의 제품과 서비스를 창출한다는 목표를 공유해야 한다(excellence). 이러한 실천원리가 실행될 때 사람중심 기업가정신이 정착할 수 있다.

넷째 사람중심 기업가정신은 창의적 조직을 구축하는 데도 기여할 수 있다. 조직의 여러 구성원들이 주인의식을 가지고 환경변화에 능동적으로 대응하면서 새로운 패턴과 발전 경로를 발견할 수 있으면 그 기업은 한 사람의 최고경영자(CEO)에게만 의존하는 기업에 비해 동태적인 안정을 향유할 수 있는 확률이 높아진다. 이러한 새로운 발견을 위해서는 관련이 적어 보이는 개념과 현상을 연계해 패턴을 찾아내는 연상하기, 기존 개념을 거부하고 통찰력을 바탕으로 질문하기, 가설이나 사업모형을 재빨리 실험해보고 확인해 불확실성을 감소시키는 실험하기 등의 발견 기술이 필요하며 많은 노력과 훈련・습관이 발견 기술을 발전시킨다.

이제 기업가정신은 창업기업과 기존기업에서 모두 잘 작동할 수 있어야 하며 사업 중심과 사람중심의 균형 잡힌 총체적 기업가정신(total entrepreneurship)으로 발전해야 한다. 특히 기존 조직에서는 사내 기업가정신을 넘어서 모든 구성원들이 주도적으로 참여하는 사람중심 기업가정신이 자리 잡을 때 지속적인 성장과 발전을 이룰 수 있다.

3.2 중소기업 혁신의 시작[285)]

한국경제 모델은 이제 성장(growth)의 한계와 진화(evolution)의 전환점에 있다. 진화란 새로운 환경에 맞게 적응하고 변화해가는 것을 말한다.

우리나라의 기업 생태계는 변화하는 환경에 맞게 생존과 경쟁 방식을 전환해야 한다. 그 핵심 방향은 '사람중심과 중소기업 경제'다. 1960년대 이후 유지해온 대기업과 사업 중심 경제 모델이 더 이상 작동하지 못한다. 대기업이 주도했던 생산설비 투자와 저원가 조립형 한국경제 모델은 중국과 신흥 개발국의 등장으로 글로벌 경쟁력을 잃어가고 있다. 이는 중공업, 조선업 등에서 이미 잘 드러나고 있다. 그 결

285) 김기찬(2017), [경영칼럼] 사람중심 기업가정신-韓기업 변화의 시작점, 매경이코노미 제1922호(2017.08.23.~08.29일자).

과 1990년대 7%대를 유지하던 한국의 경제성장률은 매 5년마다 대통령에 상관없이 1%씩 떨어지고 있다. 지금 2%대 후반에 머무르고 있지만, 지금의 모델로는 5년 후면 1%대 경제성장률로 하락할 것이다.

이제 기존 모델을 통한 성장의 한계를 인식하고, 과감한 모델 진화를 시도해야 할 전환점에 와 있는 것이다. 문제는 어떻게 '조연에 머무르고 있던 중소기업을 부가가치를 만들어내고 질 좋은 고용을 만들어낼 수 있도록 할 것인가' 하는 방법론이다. 그 답은 2가지 중소기업의 문제점에서 찾을 수 있다.

첫째 중소기업은 기업가형이라기보다는 관리자형이다. 관리자는 경계(border)를 좋아한다. 업계를 벗어나거나 국경을 벗어나는 혁신을 시도하기 어렵다. 우리나라의 경우 중소기업 매출액에서 차지하는 수출 비율은 약 10% 수준에 머물러 있다. 지난 20년간 정체하거나 오히려 줄어든 것이다. 이런 관리형 중소기업을 미래 기회에 과감하게 도전하는 기업가형으로 바꿔야 한다. 그래야 4차 산업혁명을 주도할 수 있고, 글로벌 시장 개척의 주연이 될 수 있다.

둘째 중소기업은 지금까지 사람을 아이디어와 기술경쟁력의 원천으로 보기보다는 생산비용으로 판단했다. 기술에 대한 절실함이 부족했고, 이 기술을 주도할 사람 관리에도 실패했다. 기업이 어려워지면 사람을 장비로 대체하는 구조조정에 몰입했다. 그런데 중소기업에서 사람은 돈 이상의 가장 소중한 자원이다. 이를 위해서는 '사업중심' 사고에서 '사람중심' 사고로 전환이 필요하다. 종업원의 창의적인 아이디어와 주체적인 노력이 중소기업의 혁신을 이끌 수 있기 때문이다.

이 두 가지는 지난 50년간 중소기업 성장의 엄청난 걸림돌이었다. 이 두 가지만 바꿀 수 있다면 한국경제 모델은 중소기업 경제로의 진화에 성공할 수 있다. '위기'는 거꾸로 읽으면 '기회'가 된다. 중소기업 경제로의 답은 어떻게 '사람중심 기업가정신'을 중소기업에 확산시킬 수 있느냐 하는 데 있다. 그러면 중소기업은 종업원의 아이디어와 헌신을 이끌어낼 수 있고, 중소기업의 혁신으로 선순환할 수 있다. 그 결과 종업원의 성장과 기업의 성장을 동시에 실현할 수 있다.

그런데 진화 과정에서 경계해야 할 것이 있다. 사람중심으로만 바꾸고, 기업가형 생태계로의 진화를 소홀히 한다면 이는 최악으로의 진화가 될 것이다. 나눠야 할 파이를 키우는 데 실패하면 '심각한 노사갈등'만을 야기할 것이다. 기업은 사람을 위해 존재하지만, 기업은 시장에서 제품으로 말해야 한다. 제품 경쟁력이 없는 곳에 행복한 사람이 존재하기 어렵다. 사람중심 경제 모델에서 혁신을 통한 성장이 중요한 이유다. 중소기업이 '사람중심 관리자' 기업이 돼 실패할 것인가? '사람중심 기업가정신' 모델이 돼 성공할 것인가? 이것이 앞으로 경제의 관전 포인트가 될 것이다.

[부록] 가족기업의 기업가정신[286)]

가업승계는 부의 이전이 아니라 기업가정신의 이전이며, 이런 기업가정신이 가장 충만한 기업은 가족기업으로 알려지고 있다. 기업가정신과 가족기업은 역사 이전부터 존재했다. 고고학자들은 세계 각처에서 이미 선사시대에 가족구성원들이 벤처창업, 상업이나 기업 활동 등에 관여한 다양한 증거를 발견했다. 따라서 기업가정신이 가장 충만한 가족기업의 승계는 바로 중소기업의 발전과 직결된다.

기업가정신은 창업가정신이라고도 하는데, 창업은 물론이고 기존기업의 성장과 발전에 꼭 필요하다. 왜냐하면 이는 기업가가 외부환경 변화에 민감하게 대응하면서 항상 기회를 추구하고, 그 기회를 잡기 위해 혁신적인 사고와 행동, 나아가 시장에 새로운 가치를 창조하는 일련의 활동과정이기 때문이다.

구체적으로 기업가정신은 한 국가의 경제성장과 양(+)의 관계가 있다고 여기는데, GEM(global entrepreneurship monitor) 보고서에 의하면, 일국의 경제성장은 3분의 1이 기성 기업, 3분의 1이 창업활동, 3분의 1이 상호작용 및 다른 요인에 의해 이뤄진다고 주장하고 있다. 이런 기업가정신은 다양한 특성을 갖고 있는데, 보통 진취성, 위험감수성, 혁신성, 자율성, 그리고 공격성의 5가지로 보고 있다.

가족기업의 성공적인 경영을 위해 필수적인 기업가정신의 특성은 일반기업과 어떻게 다른지를 살펴보는 것은 의미가 있을 것 같다.

첫째 가족기업은 기업가정신의 관점을 기업이 아닌 가족으로 봐야 한다. 잘 알다시피 가족기업은 '가족+기업'으로 세대를 가로질러 경영되는 기업이므로, 기업가정신의 영향에 '가족'을 포함시키는 것은 당연하다. 이를 세대별로 구분해보면 창업세대는 기업경영의 전반에 걸쳐 기업가정신이 매우 활발하게 나타나는 반면에, 차세대는 기업가정신보다는 가족에 더 많은 관심을 기울이는 경향이 나타나곤 한다.

둘째 서구의 연구에 의하면, 가족기업은 보수적인 경향이 강해 위험감수성, 공격성은 덜 중요하게 여긴 반면에, 자율성, 혁신성, 진취성을 좀 더 중요시 여긴다고 한다. 즉 가족기업은 혁신적인 경향이 강하지만, 급격한 혁신은 꺼리며, 위험을 회피하려는 경향이 강하다. 또한 차세대가 자율적이고 독자적인 의사결정을 할 기회를 주는 것도 필요하다. 이는 가족기업의 특성인 장기적인 성과중시와 일맥상통한다.

---

286) 남영호(2018), 가족기업의 기업가정신, 중소기업뉴스, 2182호, 2018.09.05.

셋째 가족기업의 기업가정신은 세대와 성장정도에 따라 다름을 인식하고 경영을 해야 한다. 보통 기업가정신이 가장 높은 경우는 한세대의 나 홀로 경영보다는, 두 세대 혹은 부부가 공동으로 기업을 경영할 때라고 한다. 특히 기업이 창업해 성장할 때는 모든 측면에서 높은 기업가정신이 필요하지만, 성장기를 지났을 때는 높은 수준의 기업가정신을 계속 유지할 필요는 없다. 가족기업은 성장단계에 따라 필요한 기업가정신이 다르다. 먼저 창업기에는 가족을 중심으로 한 창업이므로, 가족자금(비가족기업에 없는 인내자본도 있음), 가족노동력 등이 많이 필요하며, 이 때 외부 투자자들은 외면하기도 한다. 그러나 성장기에는 가족은 자금이나 노동력 이상의 것으로 취급해 가족을 보물로 여겨야 한다. 나아가 성장기에는 고객, 종업원, 지역사회, 주주 등 이해관계자 집단들과 좋은 관계를 유지하는 것도 중요하다.

우리나라 중소기업의 대부분을 차지하는 가족기업의 기업가정신 특성을 잘 알고, 이를 제대로 실천해 성공적인 가업승계가 많이 이뤄지기를 기대해 본다.

제 8 장

기업가정신 및 창업교육 논의 동향 및 사례

미국의 경영학 수업 중에는 '기업가정신학'이라는 과목이 있다. 우리나라에서도 벤처경영학과를 둔 몇 몇 대학교에서 이 수업을 진행하고 있다. '기업가정신학'이란 학생들에게 기업가정신을 스스로 체득하게 함으로써 도전적이고 창의적인 미래를 설계해 창업할 수 있도록 준비시키는 학문이다. 대학교에서는 주로 벤처기업의 창업과 지속적인 성장 방안에 대해 배우고 연구하는 교과 과정으로 쓰이고 있다.

미국에서부터 중요시하기 시작한 이 '기업가정신'에 대해서 우리나라 정부도 주목하고 있다. 2018년부터 중고등학교에서 기업가정신을 교육하기 시작해 2020년까지 단계적으로 정규교과목으로 편성할 계획이라고 한다. 국가적으로 창업에 대한 투자를 늘리고 있는데 반해 정신적인 교육은 약했던 느낌이었는데, 창업 정보와 창업 정신의 두 가지 트랙으로 교과과정을 짠다고 하니 반가운 소식이 아닐 수 없다.[287]

1. 기업가정신 및 창업교육의 중요성[288)]

기업가정신 및 창업과 관련된 내용을 교육에 포함시키기 위한 노력들은 지난 수 세기 동안 꾸준히 진행되어왔다. 초기에는 미국을 중심으로 한 고등교육단계에서 경영전문대학원을 중심으로 기업가정신 및 창업과 관련된 내용들을 교육하는 것으로 이루어졌으며, 이러한 움직임은 유럽 및 다른 국가들에서도 고등교육단계, 특히 대학원 단계에서의 경영전문대학원을 중심으로 정규 교육과정 속에 기업가정신 및 창업과 관련된 내용들을 포함시키게 되었다. 그러나 근래에는 특정 집단의 학생들을 위한 교육에서 벗어나 기업가정신 및 창업과 관련된 내용들을 모든 학생들이 전체 교육 시스템 내에서 적절하게 학습할 수 있도록 하는 방안들에 대한 논의가 증가하고 있다. 특히 유럽 국가들을 중심으로 이를 지원하는 국가들의 정책 사례들이 늘어나는 추세이다.

기업가정신 및 창업에 대한 관심이 커지는 것은 이들이 가지고 있는 두 가지 차원에서의 효과, 즉 경제적 성장, 일자리 창출, 사회적 회복력 증가 등 경제·사회 전체 차원에서의 효과와 개인의 성장, 학교 참여의 확대 및 형평성의 개선 등 개인적 차원의 효과에 대한 기대가 크기 때문이다. 특히 금융위기 이후 심각해지고 있는 청년층 고용문제 해결에 있어 기업가정신과 창업 지원이 청년층을 노동시장으로 유인할 수 있는 하나의 잠재적 동인으로 인식되면서, 이에 대한 관심이 더욱 커지고 있다고 볼 수 있다. 금융위기로 인한 노동시장의 성과 침체는 일부 OECD 회원국을 중심으로 회복단계에 있긴 하지만, OECD 회원국을 전반적으로 살펴볼 때 여전히 위기 이전 수준을 회복하지 못하고 있는 국가들이 많이 있다. 그중 청년층은 노동시장의 성과에 있어 가장 피해를 많이 받은 집단이기도 하다.

이런 상황에서 청년층에 대한 창업 지원은 잠재적으로 청년들에게 자신감과 역량 개발 등 그들의 인적자본 성향을 심화시키고 행복감의 수준을 증가시킴으로써 잠재적인 혜택을 부여할 수 있다. 그리고 사회적으로 직업을 창출하고 혁신을 높이며 변화하는 경제적 기회와 트렌드에 대응하고 경쟁을 촉진한다. 또한 청년층의 창업은 외부경제효과를 지니고 있다. 청년층이 새로운 비즈니스를 시작하게 되면 다른 청년층에게 학습이나 본보기로서의 외부효과를 통해 롤 모델로서 역할을 할 수도 있다. 특히 취약지역에서 비즈니스를 시작하는 것은 취약한 환경에 있는 청년들을 사회적

---

287) 권순만(2018.03.), op. cit.

288) 김문희(2016), 기업가정신 및 창업교육 관련 OECD 논의 동향 및 사례, 글로벌 리포트, The HRD Review, 2016.05. 김미란·엄우용(2019), op. cit.

배제로부터 탈출할 수 있게 하는 메커니즘으로서의 기능을 할 수도 있다. 이는 경제활동으로부터 벗어나 있는 청년층의 경제적 취약성을 자체적으로 해결하는 동시에, 경제성장과 사회통합에도 긍정적인 효과를 주는 자체적인 해결책이 되기도 한다.

청년층이 노동시장으로부터 배제됨으로 인한 경제적 손실은 매우 크다. 예를 들어 EU의 경우 전체 니트족(NEET)[289]의 10%가 노동시장에 전적으로 통합된다면 EU 납세자들의 부담을 연간 100억 유로 정도 줄일 수 있다고 추정하고 있다(Eurofound, 2011).[290] 이와 더불어 청년층 사이에서 창업에 대한 관심이 높은 것으로 인식되면서 청년 고용 증진을 위한 정책 추진에 있어 창업 지원이 하나의 정책 대안으로 떠오르고 있다.

또 기업가정신 및 창업과 관련된 교육을 학생들로 하여금 실질적인 창업을 준비하도록 지원하는 협의의 개념에서 벗어나 훨씬 광의의 개념으로 인식하고 있다. 이에 유아교육 또는 초등교육에서부터 기업가정신을 함양하는 것과 관련된 내용들이 교육과정에 포함되어야 한다고 주장하는 목소리가 커지고 있다. 또한 기업가정신은 창업을 준비하는 데 실질적인 도움을 주는 교육활동일 뿐만 아니라, 한 발 더 나아가 기업가정신 및 창업과 관련된 교육을 통해 학생들로 하여금 자율성과 책임감을 키우고 일상생활에서 필요로 하는 역량을 키울 수 있는 교수법 중의 하나로 인식하고 있기도 하다.

OECD는 1990년대 이후 창업과 관련된 연구를 중소기업 및 지역경제 활성화 차원에서 추진해 왔으며, 이와 관련하여 국제 수준에서 비교 가능한 창업 관련 통계들을 수집하고 발표해 왔다. 또한 2000년대 이후에는 기업가정신과 창업과 관련한 교육의 역할에 있어서 주로 고등교육기관에서의 기업가정신 및 창업과 관련된 주제에 집중적으로 연구를 수행해 왔다.

2009년부터는 유럽 국가들의 고등교육 기관에서의 기업가정신 및 창업교육과 관련된 실태를 분석하고, 관련 정책에 대한 제언을 담은 국가별 심층 평가 프로젝트를 추진해 오고 있다. 특히 2014년부터 기업가정신과 창업교육을 전체 교육시스템에서 어떻게 구현하고 있는지에 대한 유럽 국가들의 관련 정책 사례들을 공유하는 프로젝트를 EC(유럽연합집행위원회)와 공동으로 추진하고 있다.

우리나라의 경우도 최근 대학 및 창업 교육, 사회적 기업, 비영리단체, 공공기관 등 다양한 영역에서 기업가정신이 확대되고 있다(배종태・차민석, 2009 : 송영수, 2010 : 정연대, 2018).[291] 기업가정신이 확대되는 이유는 기업의 성공과 실패의 차

289) 니트족은 나라에서 정한 의무교육을 마친 뒤에도 진학이나 취직을 하지 않으면서도, 직업 훈련도 받지 않는 사람을 가리키는 말로, Not currently engaged in Education, Employment or Training의 두문자어이다. 위키백과(2018.11.13.) 참조.

290) Eurofound(2011), Young people and NEETs in Europe: First findings.

291) 배종태·차민석(2009), 기업가정신의 확장과 활성화, 중소기업연구, 31(1), 109-128. 송영

이가 기업가정신의 차이이며 기업의 전략적 성공이나 극대화된 성과를 위해 필요한 것으로 이해되고 있고, 기업의 핵심 성공 요소가 기업가정신이기 때문이다(김성수, 2007 : 이미자・김중규, 2013 : 이용탁, 2011 : 최윤미・류정현・이상훈・박한림・오헌석, 2015 : Low & MacMillan, 1988 : McDougall & Oviatt, 2000).[292]

기업가정신과 관련한 연구는 1934년 Schumpeter가 산업혁명 당시 경제발전의 중요한 요소로 기업가정신(entrepreneurship)과 혁신(innovation)을 강조하면서 시작되었다(김영환·양태용, 2013).[293] 그러나 Schumpeter의 연구는 경제발전에 있어 기업가의 역할을 강조한 연구였으며, 학문 분야로 기업가정신 관련 연구는 1990년대가 되어서야 시작되었다(Blackburn & Smallbone, 2008).[294] 우리나라의 경우에는 2001년에 글로벌기업가정신 모니터(GEM : Global Entrepreneurship Monitor) 조사에 참여하면서 학문 분야로서 기업가정신에 대한 연구가 더욱 활발하게 진행되고 있다(한유진, 2016).[295]

수(2010), 지식정보화 시대가 요구하는 기업가정신(Report No.119), 서울: 자유기업원. 정연대(2018), 기업가정신의 연구 분류 체계에 대한 탐색적 연구, 박사학위논문, 숭실대학교.

292) 김성수(2007), 성공한 창업자의 기업가정신, 서울: 삼영사. 이미자·김중규(2013), 창업의지와 기업가정신이 창업성공에 미치는 영향, The Journal of Digital Policy & Management, 11(9), 55-65. 이용탁(2011), 사회적 기업가정신과 성과와의 관련성에 관한 연구, 인적자원관리연구, 18(3), 129-150. 최윤미·류정현·이상훈·박한림·오헌석(2015), 사회적 기업가정신의 구성요소와 형성과정에 관한 연구, HRD 연구, 17(1), 189-221. Low, M. B., & MacMillan, I. C.(1988), Entrepreneurship: past research and future challenges, Journal of Management, 14(2), 139-161. McDougall, P., & Oviatt, B.(2000), International entrepreneurship: the intersection of two research paths, Academy of Management Journal, 43(5), 902-908.

293) 김영환·양태용(2013), 기업가정신 전문 국제 유명 학술지 논문 검토를 통한 기업가정신 연구 동향 분석, 중소기업연구, 35(3), 347-376.

294) Blackburn, R. A., & Smallbone, D.(2008), Researching small firms and entrepreneurship in the UK: Developments and distinctiveness, Entrepreneurship Theory and Practice, 32(2), 267-288.

295) 한유진(2016), 기업가정신 및 창업 관련 국내 연구 동향, 디지털융복합연구, 14(12), 121-131.

2. 기업가정신 및 창업교육 관련 OECD 논의 동향 및 현황[296)]

2.1 OECD 논의 동향

OECD 내에서 기업가정신 및 창업교육과 관련된 논의는 중소기업 및 지역경제의 활성화와 관련된 분야에서 본격적으로 시작되었는데, 1992년 회원국들의 요청에 따라 OECD의 산업위원회에서 중소기업의 현황에 대한 통계 등을 보강할 것을 결정하고 창업과 관련된 논의를 본격화하였다. 그리고 이후 1998년에 발표된 OECD 고용전략(job strategy)에서는 각국들이 창업을 활성화하는데 지원하는 내용을 포함시켰다. 2002년부터는 새로운 기업 수준의 데이터를 활용하기 시작하였으며, 2003년부터 중소기업, 창업, 지역경제와 관련된 연구와 우수 사례를 공유하기 시작하였다. 이와 더불어 OECD는 2006년부터 시범 사업 등을 거쳐 국제 비교가 가능한 창업 관련 지표 개발 및 관련 통계를 지속적으로 수집해 오고 있다. 이러한 노력을 통해 2011년부터 매년 'Entrepreneurship at a Glance'를 발표하고 있는데, 동 보고서를 통해 OECD는 기업 활동 성과와 관련된 핵심 지표와 창업을 결정하는 요인들을 나타내는 지표들을 국제적으로 비교 가능하도록 발표해 오고 있다

특히 OECD는 LEED 프로그램(The OECD Programme on Local Economic and Employment Development)을 통해 지역 수준에서의 창업 및 고용에 관한 연구와 국제 세미나 등을 개최하고, 회원국들의 관련 우수 사례에 대한 공유 활동을 꾸준히 진행해 오고 있다. 그리고 기업가정신과 창업교육에 관한 연구는 자연스럽게 창업 역량에 관한 연구로 확대되고, 이는 기업가정신 및 창업교육에 대한 교육의 역할로 이어지게 되었다. 2001년 LEED는 청년층의 기업가정신 및 창업교육 관련 현황 및 도전 과제들을 분석하고, 정책적 대응에 대한 보고서 발표를 시작함으로써 기업가정신과 창업 교육에 관한 논의를 시작하였다.

기업가정신과 창업에 관련된 교육의 역할에 있어서 OECD 논의는 초기에는 주로 고등교육기관을 중심으로 이루어졌는데, 2005년 OECD의 고등교육 관련 프로그램인 IMHE(OECD Programme on Institutional Management in Higher Education)에서 고등교육기관에서의 기업가정신과 창업과 관련된 연구 보고서를 출간하였다. 2008년 LEED 프로그램에서는 고등교육기관에서의 기업가정신과 창업교육에 관한 유럽 및 미국 등의 사례 등을 소개하고, 고등교육기관의 기업가정신 및 창업교육 활

296) 김문희(2016), op. cit.

성화를 위한 프레임워크를 제시하였다. 동 프레임워크는 고등교육기관이 기업가정신 및 창업교육과 관련된 역할을 수행하는 데 필요한 전략 마련, 충분한 재정 및 인적 자원 구비, 관련 인프라 구축, 기업가정신 및 창업교육 제공, 실질적인 창업 지원 서비스 제공, 지역사회 및 동문 등 대외적인 연계 강화, 평가 시스템 구축 등으로 구성되어 있다. LEED 프로그램에서는 이러한 이론 분석을 토대로 2009년부터 유럽 국가들을 대상으로 고등교육기관에서의 기업가정신 및 창업교육 관련 현황을 점검하고 평가하는 사업을 추진하고 있다.

이러한 LEED의 활동은 금융위기 이후 EU 차원에서 추진 중인 청년층들의 고용과 인적역량 개발에 대한 정책 우선순위와 연계하여 더욱 활성화되고 있다. 2006년 유럽의회는 'Initiative and Entrepreneurship(이니셔티브와 기업가정신)'[297]을 개인이 성취와 발전을 추구하고 나아가 사회통합, 적극적인 시민참여 및 고용 활동을 하는데 필요한 지식, 스킬, 그리고 태도로 구성된 EU 차원의 8개 핵심 역량(Key competences)[298] 중의 하나로 권고하고 있다. 2014년부터 OECD는 EC와 함께 초중등학교 및 직업훈련기관에서의 기업가정신 및 창업교육에 관한 활동을 지원하기 위해 새로운 프로젝트(Entrepreneurship360)를 진행해 오고 있다.

'Entrepreneurship360' 프로젝트는 초중등학교와 직업교육훈련기관에서의 기업가정신 및 창업과 관련된 교육을 촉진하기 위해 마련된 것으로 기업가정신 및 창업교육의 의미, 교사 및 행정가들을 위한 가이드라인 개발 등을 비롯한 기업가정신 및 창업을 위한 역량 개발에 관한 연구와 우수사례 공유를 EU 국가들과 활발하게 진행하고 있다. 동 프로젝트는 기업가정신은 모든 교육단계에서 개발되어야 한다고 보고, 학교와 직업훈련기관에서 기업가정신을 핵심 역량으로 기를 수 있도록 지원하는데 그 목표를 두고 있다. 이를 통해 OECD는 학교교육 및 직업교육훈련에서의 기업가정신과 창업교육 활동에 대해 보다 체계적인 분석을 하게 되었다.

기업가적 역량을 개발하기 위한 교육(entrepreneurial education)은 학생들로 하여금 창업과 기업가정신을 개발하는 데 도움을 줌으로써 학생들이 스스로 이니셔티브, 기업, 협회를 창설하는 데 도움을 줄 뿐만 아니라 노동시장 및 일상생활에 도움을 주는 것을 목표로 하고 있다. 기업가정신 및 창업교육은 창의력과 혁신을 촉진하고, 학생들로 하여금 자신들의 프로젝트를 구상하고 계획하며 관리하는 기회를 제공하게 된다.

297) 이는 아이디어를 실행으로 옮기는 능력을 의미한다. 이니셔티브와 기업가정신은 창의력, 혁신, 위험감수 태도를 포함하고 있는 동시에 목표를 달성하기 위해 프로젝트를 기획하고 관리하는 능력을 포함한다. 이는 개인들이 사회적, 상업적인 활동을 창설하거나 기여하는데 있어 요구되며, 보다 특정한 역량이나 지식을 습득하는데 있어 기초가 되는 것이다.

298) EU가 제시한 8개 핵심 역량은 다음과 같다: 모국어 의사소통, 외국어 의사소통, 수학·과학·공학 역량, 디지털 역량, 배움을 위한 능력, 사회·시민 역량, 기업정신과 진취성, 문화적 이해와 표현

유럽의 많은 국가들의 경우 실험적인 학습, 관찰, 실행 등을 통해 기업가정신 및 창업교육을 촉진하기 위한 관련 활동들이 교육기관 수준에서 또는 교사 개인 수준에서 활발하게 추진 중에 있다. 이는 모든 교육단계에서 기업가정신 및 창업에 관한 교육을 강화함으로써 학생들이 향후 창업을 하거나 사회적 기업 또는 협회를 창설하는데 필요한 보다 특화된 역량과 지식을 획득함에 있어서 필요한 기초를 다질 수 있다. 또한 이를 통해 보다 창의적이고 혁신적인 고용인으로 활동하는 것을 돕게 될 것이라고 기대하기 때문이다.

이런 배경에서 'Entrepreneurship360'은 이들 학교와 개인들에게 다른 기관 및 개인들의 사 례들을 통해 배우고 자신들의 경험을 공유하는 계기를 제공하고 있다. 이를 위해 동 프로젝트 는 현장의 전문가들을 적극 참여시키고 상호간 네트워크를 형성하도록 지원하고 있다. 또한 'Entrepreneurship360'에서 마련 중에 있는 기업가정신 및 창업교육 관련 정책 안내 수단들의 초안들이 관련 현장 전문가들이 참여하는 워크숍에서 적용된 바 있으며, 기업가정신 및 창업교육과 관련한 배경 문서 등을 꾸준히 개발하여 관련 전문가 및 학교 현장에 공유하고 있다. 동 프로젝트를 통해 개발된 자체평가 기제들은 학교와 개인 교사들로 하여금 기업가정신 및 창업교육을 활성화하기 위한 전략과 실행을 발전시키는 데 자유롭게 활용할 수 있도록 지원될 것이다. 현재 OECD는 이러한 활동을 통해 구축된 우수 사례들과 기업가정신과 관련된 연구 결과 및 자체 진단 도구들을 관련 웹사이트(www.oecd.org/site/entrepreneurship360)를 구축하여 제공하고 있다.

2.2 기업가정신 및 창업교육 관련 현황

GUESSS(Global University Entrepreneurial Student Spirit Survey)가 실시한 고등교육기관에 재학 중인 19개국 학생들의 창업에 대한 태도와 관련된 국제 조사 결과에 따르면, 43%의 학생들이 졸업 후 5년 내에 특정 형식의 독립적인 고용을 추구할 의향이 있는 것으로 나타났다. 이러한 창업에 대한 인식은 각 국가의 문화적 차이에 따라 크게 다르게 나타난다. OECD는 2013년 'Entrepreneurship At a Glance'에서 기업가정신 및 창업교육에 대한 각국의 인식에 대한 문화적 차이를 보여주고 있는데, 이는 학교의 역할과 학교교육이 창업에 도움이 되었는지에 대한 인식, 그리고 학교에서 가르치는 기업가의 사회적 역할에 대한 인식과 실제로 사회에서 받아들여지는 기업가에 대한 인식 간의 관계 등을 나타내고 있다.

우선 기업가정신을 기르고 이니셔티브를 개발하는 데 있어 학교교육이 담당하고 있는 역할에 대한 사람들의 인식은 국가 간 상당한 차이를 보였다. 브라질, 노르웨이, 포르투갈 등의 경우에는 75% 이상의 성인들이 학교교육이 기업가정신과 창업에 필요한 역량을 키우는 데 도움이 되었다고 인식하는 반면, 일본의 경우에는 20% 미만의 성인들만 학교교육이 도움이 되었다고 인정하고 있다. 한편 우리나라의 경우에는 50%를 상회하는 성인들이 학교교육이 기업가정신 개발에 도움이 되었다고 인식하고 있다.

다음으로 15~64세까지의 성인들 중에서 학교교육이 창업에 필요한 역량과 노하우를 제공하고 있는지에 대한 설문조사 결과에서도 국가 간 큰 격차를 보이고 있다. 브라질, 인도, 포르투갈의 경우에는 70% 정도의 성인들이 학교교육이 창업에 필요한 역량과 노하우를 교육하고 있다고 대답한 반면, 일본, 이스라엘, 영국의 경우에는 30% 이하의 성인들만 학교교육이 이러한 교육을 하고 있다고 대답하였다. 우리나라의 경우에는 약 40%의 응답자들이 학교교육에서 창업에 필요한 역량과 노하우를 가르치고 있다고 답하였다

한편 한 국가에서 기업가들에 대한 국민들의 인식은 기업가에 대한 개인들의 태도와 창업을 직업경로로 선택하는 개인들의 성향, 성공과 실패 후에도 재도전하고자 하는 야망, 가족과 친척들의 창업에 대한 지원 등에도 영향을 미친다. 학교교육이 사회에서의 기업가들의 역할에 대한 인식 형성에 도움이 되었다고 인식하는 정도에 있어서도 국가별로 많은 차이가 난다. 예를 들어 일본의 경우에는 20% 정도의 성인들만이 학교교육이 사회에서의 기업가의 역할에 대한 이해에 도움이 되었다고 인식하는 반면, 브라질이나 포르투갈의 경우에는 70% 이상이 학교교육의 역할에 동의하고 있다. 더욱 흥미로운 것은 기업가들에 대한 사회의 전반적인 인식과 사람들이 교육을 통해 형성된 기업가들의 사회에서의 역할 평가 간에는 관련이 없는 것으로 나타났다는 것이다.

다음은 창업에 필요한 역량을 갖추지 못해서 자영업을 시작하는 것이 장애가 된다고 생각하는 15~64세까지 성인들의 비율이다. 이에 따르면 우리나라 성인들 중의 28% 정도는 창업에 필요한 역량 부족으로 인해 창업을 하는데 장애를 느낀다고 대답한 반면, 이스라엘의 경우에는 4% 정도만이 창업에 필요한 역량 부족을 장애로 인식하고 있다. 우리나라는 조사대상 국가 중에서 창업 역량 부족을 창업의 장애 요인으로 꼽은 비율이 가장 높은 국가이다.

이러한 국가 간의 기업가정신 및 창업교육 관련 인식의 차이는 학교에서 창업과 관련된 역량을 어떤 내용으로, 어떤 형식으로, 그리고 어떤 학습 환경에서 제공해야 하는지에 대한 문제로 귀결된다.

2.3 기업가정신과 창업교육 관련 개념

앞에서 언급한 바와 같이 최근에 많은 국가에서 기업가정신 및 창업교육을 산업·경제뿐만 아 니라 교육 정책의 중요한 부분으로 인식하고 있다. 이는 EU가 이사회의 권고를 통해 모든 학습자들이 개인적인 성취를 찾는 데 도움을 주고 미래의 삶, 일자리 찾기, 그리고 사회 참여에 도움을 주는 지식, 인적역량, 태도를 의미하는 8가지의 핵심 역량(key competences) 중의 하나로 기업가정신을 포함시키고 있는 데에서 그 사례를 찾을 수 있다. 이렇게 연구자, 전문가뿐만 아니라 정부 차원에서도 기업가정신에 관심을 높이고 있는 이유는 기업가정신 및 창업교육이 경제성장과 일자리 창출의 핵심 동력 중의 하나라는 인식과 더불어 점점 더 글로벌화 되고 불확실해지며 복잡해지는 세계 속에서 사회의 모든 사람들과 조직들이 기업가적 역량을 갖출 필요성이 증대하고 있기 때문이기도 할 것이다. 또한 이를 통해 학생들이 교육뿐만 아니라 직장생활에 있어서도 참여와 동기를 증가시킬 수 있는 활동을 할 수 있기 때문이기도 하다.

그러나 앞에서 살펴본 바와 같이 현실에서는 창업에 필요한 역량 부족이 자영업을 하는 데 장애가 된다고 인식하는 성인들이 상당수 존재하고 있다. 이는 학교교육과 직업교육훈련을 통해 기업가정신과 창업, 그리고 이를 위해 필요한 역량에 대한 교육을 제공하는 것이 필요하며 이를 위한 정부의 지원도 필요하다는 것을 의미한다.

기업가정신과 창업교육을 어떻게 추진하고, 지원할 것인지를 결정하는 것은 이에 대한 개념 규정을 어떻게 하느냐와 밀접하게 관련되어 있다. 협의의 기업가정신은 기회의 포착, 비즈니스 개발, 자영업, 벤처 창조 및 성장을 의미하며, 이는 기업가가 되기 위한 일련의 과정을 의미한다. 이에 비해 광의의 기업가정신은 개인 개발, 창의성, 자립성, 주도성, 실천 지향성을 개발하는 것으로 이는 기업가적인 마인드, 태도, 지식, 역량을 지니는 것과 관련된 일련의 과정을 의미한다. 따라서 광의의 기업가정신 및 창업교육은 전통적 교육방식을 벗어나 문제해결력 중심의 교수법과 같이 새로운 교수방법을 활용할 수도 있을 것이다.

이와 더불어 기업가정신 및 창업교육의 범위는 교육 부문에서 바라보는 시각과도 연관되어 있다. 첫 번째 시각은 기업가정신 및 창업교육을 가르치는 것이 학생들로 하여금 자신들의 회사를 창업하도록 권장하는 것을 의미한다고 보는 것이며, 이는 기업가정신을 비즈니스 창설로 보는 좁은 의미의 기업가정신과 관련된다. 두 번째 시각은 기업가정신이 단순히 새로운 비즈니스를 시작하는 것뿐만 아니라, 학생들을 보다 창의적이고, 기회 중심적이며, 능동적이고 혁신적으로 만드는 것과 관련된 것으로 생의 모든 단계와 관련이 있는 광의의 개념으로 간주하는 것이다.

기업가정신 및 창업 관련 역량을 향상시키기 위한 프로그램들을 교육시스템에 도입하는 경우, 학생들의 연령 및 교육 단계에 따라 그 목표가 다양하게 나타나고 교육 방식에 있어서도 학교 단계별로 다르게 적용될 수 있다.

초등교육 단계에서는 진로 선택으로서의 기업가에 대한 관심을 제고하고, 기업가적 행동에 적합한 지식, 역량, 태도를 개발하는 것을 목표로 할 수 있다. 종종 이러한 목표는 지역 기업가들이 교실을 방문하여 학생들에게 자신들의 비즈니스에 대해 설명하거나, 학생들이 지역 기업을 방문하여 일과를 관찰하거나 소기업의 일상에 대해 학습하는 것으로 행해진다.

중등교육 단계에서는 능동적 학습과 실질 상황을 반영한 활동 및 소기업을 활용하여 보다 기술적인 역량을 배우는 데 역점을 둘 수 있다. 예를 들어 학생들은 시뮬레이션이나 실제 기업을 통해 창업을 기획하고 재정을 평가하는 방법에 대해 배울 수 있을 것이다.

고등교육단계에서는 창업 및 운영에 필요한 기본적인 역량을 학습하는 것이 더 중요해지고, 네트워크의 가치에 대해서도 학습하게 된다. 전통적으로 고등교육단계에서는 경영대학원에서 다른 전통적인 과목에 기업가정신에 관한 내용을 통합하여 운영한다. 그러나 최근에는 고등교육단계에서도 다학제적인 접근법을 활용하는 경우가 증가하고 있다. 예를 들어 온라인 강의, 네트워킹 이벤트, 그룹이 운영하는 창업기업 등을 통해 기업, 기업가정신, 혁신에 대해 가르치는 다학제적 모듈을 이용하는 Sheffield(셰필드) 대학의 'Making Ideas Happen Programme'을 들 수 있다.

기업가정신 및 창업교육의 개념 및 필요성을 교육시스템의 각 단계별로 적용하여 자연스럽게 시스템 내에 스며들게 유도하기 위해서는 초등교육 단계에서는 지역사회를 활용하여 보다 학생 중심으로 접근한다. 중등단계에서는 과목(주제) 중심으로, 고등교육단계에서는 기업가적 역량 및 창업을 위한 학문 중심으로, 그리고 계속교육 및 직업교육훈련에서는 비즈니스 오너 등을 중심으로 한 실질적인 지식 및 역량 중심의 접근 등, 차별화되고 연속적인 접근 방식이 요구된다. 또한 그 목적에 있어서도 경제성장, 일자리 창출에 맞춘 기업가정신 및 창업교육은 고등학교 또는 고등교육 분야 관련 교육에 보다 적합하다고 할 수 있다. 그리고 초등 및 중등교육 단계에서는 학생들로 하여금 관심, 흥미, 참여, 창의성을 기르는 교수법으로서의 기업가정신 및 창업교육이 더 연관성이 높다고 할 수 있다. 이를 통해 학생들이 학교생활에 더 많은 관심과 흥미를 가지게 되고, 중도 탈락이 줄어들게 될 수 있다. 그리고 최근 청년들이 사회적 기업에 대한 관심이 증대되고 있어 이러한 활동을 통해 장래의 창업에 대한 지식, 역량, 태도를 기를 수도 있다

한편 기업가정신 및 창업교육의 내용 및 접근 방식은 크게 다음의 세 가지로 구분할 수 있다.

첫째, 기업가정신과 창업에 대해 일반적인 이해력을 높이는 데 목적을 두고 내용 및 이론 중심의 접근법을 통해 기업가정신에 대해(about) 가르치는 것이다. 이는 주로 고등교육기관에서 이루어지는 것이라고 할 수 있다. 둘째, 기업가가 되기 위해 필요한 지식과 인적역량을 가르치는 직업적인 특성에 맞춘 접근법으로 기업가정신 및 창업을 위해(for) 가르치는 것이다. 셋째, 학생들로 하여금 실질적인 기업가적 학습과정을 거치도록 유도하기 위해 주로 실험적인 방식을 적용하여 그 과정을 통해(through) 배우는 접근법이다. 첫번째와 두번째('about'과 'for') 접근법은 주로 중등 및 고등교육 단계의 학생들에게 더 적합한 모델이며, 세번째 접근법(through)은 모든 교육단계의 학생들에게 적용될 수 있는 접근 방식이다.

이러한 기업가정신 및 창업교육의 특성과 접근 방식을 연속선상에 배치하여 통합적으로 구성 한다면, 특정 형태의 모델을 구성할 수 있을 것이다. 첫 번째 단계인 내재적 접근법은 광의의 기업가정신 및 창업교육 개념에 기반을 둔 것이며, 두 번째와 세 번째 단계는 별도의 교과로 접근하는 협의의 기업가정신 및 창업교육 개념에 기반 한다고 할 수 있다.

첫번째 단계인 광의의 기업가정신 개념에 기초한 내재적 접근법에서는 학습자들이 사회적 도전과 일상의 문제들을 자신들의 관심사와 아이디어에 기반을 두어 활동에 참여하도록 한다. 그리고 기업가정신 및 창업교육을 하나의 별도 과목으로 다루기보다 학교의 핵심 교과목에 통합되어 운영되도록 하는 것이 중요하다. 이렇게 함으로써 학습자들의 창의성, 참여, 자존감을 높이고, 불확실성 및 모호함 등을 경험하는 기회를 제공하게 된다. 이 과정에서 학생들은 자신들의 경험을 급우들과 공유하고 발표함으로써 교사로서의 역할도 수행할 수도 있다. 이러한 활동 참여와 구두 발표를 통한 통찰력은 보다 심오한 학습(deep learning)을 할 수 있는 계기를 제공하게 될 것이다.

두번째 단계는 주로 중등 교육단계에서 활용될 수 있는데, 학습자들이 첫 번째 단계인 내재적 접근법을 사용하는 동시에 관련 교육과정 지식에 대한 활동을 더 강조하는 것을 의미한다. 일부 학습자들은 별도의 과목으로 배우는 것을 선택할 수도 있다. 이를 통해 비즈니스 언어와 조건들을 학습할 수 있는데, 이는 청년 기업가 육성 프로그램들이 주로 활용하는 접근법이라고 할 수 있다. 또한 이 과정을 통해 학습자들은 실패에 대한 위험을 더 많이 인식하는 계기를 가질 수 있다. 그리고 별도의 교과목으로 배우는 방식은 협의의 기업가정신의 정의에 부합하는 것이다.

세번째 단계에서는 내재적 접근법이 보다 역량 중심으로 변화해 가며, 기업가정신에 대한 이론적 이해를 학생들의 실제 기업가적 활동에 명시적으로 적용할 수 있는 단계이다. 이 단계에서는 학생들이 기업가적 야망을 개발할 수 있으며, 일부 학생들은 실질적인 기업가로 활동할 수 있는 기회를 가지기도 한다. 그리고 이 단계에서 별도 교과목으로 접근하는 방식은 이론들이 보다 명시적으로 되며, 학습자들은 교육의 마지막 단계로 접근하기 때문에 기업가정신 및 창업교육 교과목에서는 졸업 후에 지속 가능한 벤처기업을 설립하는 목표를 추가할 수도 있다. 이렇게 되면 실질적인 창업 및 경제성장에도 기여할 수 있게 된다.

한편 기업가정신 및 창업교육은 정규 교육시스템 밖에서도 개발할 수 있다. 정규 교육과정 이 외에서의 기업가정신 및 창업교육의 장점은 실질적인 비즈니스 운영자, 창업 예비자, 정규교육 시스템에 포함되어 있지 않은 사람들에게 기업가정신과 창업에 관한 역량 개발과 창업 준비 기회를 줄 수 있다는 점이다. 또한 교육시스템 내에서 학생들에게 제공되는 기업가정신 및 창업교육보다는 더 실질적인 창업 관련 역량을 키울 수 있는 데 중점을 둘 수 있다. 또한 이 경우에는 특정 취약 계층이나 타깃(target) 그룹을 대상으로 관련 교육을 제공할 수 있다는 장점이 있다.

3. 국내외 기업가정신 교육 비교[299)]

3.1 미국의 기업가정신 교육

미국의 초중고 기업가정신교육은 1919년 설립된 Junior Achievement가 1975년 처음으로 초등학교 정규교과목으로 기업가정신과 창업교육을 시행한 것으로부터 시작된다. 2012년 말 기준 약 178,000명의 자원봉사자를 기반으로 14,963개 초등학교, 2,289개의 중학교, 2,968개의 고등학교, 2,190개의 비정규과정 대상 기업가정신 교육을 시행하고 있다. 1946년 청소년 대상 경제 및 기업가정신 교육을 목적으로 설립된 민간단체 Distributive Education Clubs of America(DECA), 1987년 설립

299) 황보윤(2016), 기업가정신 교육 필요성과 국내 생태계에 관한 연구, Proceedings of Conference on Business Venturing, Spring 2016, April 22, 2016, pp.95-101, 2016.04.22.

된 비영리 단체인 The National Foundation for Teaching Entrepreneurship (NFTE)이 각각 약 70년과 30년의 역사를 가지고 미국 전역을 대상으로 초 ·중등학생 대상 기업가정신과 창업교육을 실시하여 왔다.

유치원부터 대학 및 대학원 과정에 이르기까지 정규교육에 반영 및 개별 학교들이 적극적 노력을 전개하여(A Survey of Entrepreneurship Initiative,2012), 2012년 말 기준 미국 내 정규교육에서 기업가정신과 창업교육을 수행하는 주는 40개주에 이른다(80%). 최근 고등학교 과정에서는 MOOC 시스템을 활용하여, 대학의 창업관련 강좌를 이수하는 학생들이 증가하였고, 대학 진학 시 학점 인정을 받으며, 등록금 감액을 받기도 한다(하규수 외, 2015).[300)]

미국 내 대학 중 50%, 공립대학 중 90%가 기업가정신 및 창업 교육을 실시하고 있으며, 2천여 개의 대학이 기업가정신 교육을 실시하고 있다. 기업가정신 교육을 실시하지 않는 나머지 대학은 특수목적 단과대학 및 리버럴 아츠 대학[301)]이다. 또한 약 500개 이상의 대학에서는 창업부문을 전공, 부전공, 복수전공 등으로 개설하고 있다. 그리고 약 300개 대학에서는 기업가센터를 설립, 교육 외 실제 창업으로 연계 지원하고 있다. 교육 콘텐츠 개발 및 혁신 교수법 보급은 1980년 설립된 Consortium for Entrepreneurship Education을 통해 기업가정신, 창업교육 콘텐츠, 교재, 교수법 등 개발 및 국가 표준(National Standard)으로 만들어 각 주의 교육부에 보급하고 있다. 1966년 설립된 Kauffman 재단[302)]은 기업가정신 교육을 위한 비영리 재단으로 차세대 지도자 양성, 소외계층의 기업가정신 교육을 실시하고

---

300) 하규수 외(2015), 2015 창업교육 성과 평가 및 개선 방안, 호서대학교 산학협력단.

301) 리버럴 아츠 칼리지(영어: Liberal arts college)는 자유과와 과학 교육을 중시하는 학부 중심 대학을 일컫는다. 많은 리버럴 아츠 칼리지들이 오로지 학부만 제공하나 몇몇 리버럴 아츠 칼리지들은 경영학, 법학, 의학 등의 분야에서 석사와 박사 학위를 수여하는 대학원 과정을 운영하기도 한다. 또한 리버럴 아츠 칼리지라는 용어가 한 독립 기관을 가리키는 것이 보통이나, 유니버시티 칼리지 또는 더 큰 종합대학과 연계된 대학을 가리키기도 한다. 위키백과(2019.06.28.) 참조.

302) 미국 캔자스주 캔자스시티에 위치하고 있는 카우프만 재단(Kauffman Foundation)은 기업가정신 확산을 위한 세계 비영리법인 가운데 가장 큰 조직이다. 미국의 기업가정신 육성 사업은 주로 민간에 의해 주도되고 있는데, 카우프만재단이 중심적인 역할을 하고 있다. 카우프만 재단은 1950년 자택 지하실에서 1인 제약회사를 설립해 매출 10억 달러의 대기업으로 성장시킨 유잉 매리온 카우프만이 1966년 설립했다. 카우프만은 1993년 타계하면서 유산 8억 달러(약 8400억 원)을 재단에 내놓았고, 이후 각계각층의 수많은 후원과 자산운용으로 재단 자산은 현재 약 24억 달러(약2조5000억 원)에 달한다. 카우프만 재단은 모든 연령층을 대상으로 기업가정신 함양을 위한 사업을 전개하고 있다. 재단은 1992년부터 리더십센터를 설립해 예비기업가 등을 대상으로 기업가정신을 교육해왔다. 2002년부터는 연령에 따라 기업가정신 교육프로그램을 차별화했다. 초중고생 각각에 대해 별도의 교육프로그램을 마련했고, 대학생에 대해서는 전공분야에 상관없이 기업가정신 교육을 받을 수 있는 '카우프만 캠퍼스'를 미국 19개 대학에서 운영하고 있다. 일반인 대상으로도 미국 전역에서 300여 기관을 통해 기업가정신 교육을 진행하고 있다. 머니투데이(2011.08.), 총자산 2.5조 세계 최대 기업가정신재단 美 '카우프만 재단' 아십니까, 2011.08.16. 참조.

있다(하규수 외, 2015).

미국 창업 교육 역사로부터 시사점은 '스타트업 아메리카 계획(Startup America Initiative)'을 국가 의제로 설정하여 추진하고 있다는 것과 미국 중소기업부(SBA)가 창업교육 컨트롤 타워 기능을 부여 받아 관련 부처 및 민간부문과의 협력을 구축하고 있다는 것이다. 초중등교육은 JA, DECA, NFTE 등의 민간기구들이 연방 교육부 및 각 주정부의 교육부와 협력체계를 갖추어 공교육에 참여가 가능하도록 하고 있다. 또한 미 Consortium for Entrepreneurship Education 및 중소기업학회(USASBE)는 교육 체계, 교육 콘텐츠, 교수법 개발을 위한 연구지원 및 우수 학자·교육자 포상 지원을 하고 있다(하규수 외, 2015).

3.2 영국의 기업가정신 교육

영국의 기업가정신 교육은 월터 살러먼 경에 의해 1962년에 설립된 Young Enterprise에서 청소년들에게 기업가정신을 함양시키기 위한 교육 프로그램을 수행하는 것으로 시작되었다. 가상 창업프로젝트를 직접 수행하는 것을 기본 프로그램으로 설정하였는바, 이는 미국의 Junior Achievement 사례를 보고 영감을 얻은 것이다. 매년 25만 명의 학생을 대상으로 3,500여개의 기업들과 연합하여 창업교육을 수행하고 있다. 2014년부터 외부의 기부 참여를 통해 500개의 초등학교 학생 2만 명을 대상으로 5파운드 자본금 규모의 창업프로젝트 경진대회(Fiver)를 실시하고 있다. 2007년부터는 11세~19세 청소년 대상 10파운드 자본금 규모의 전국 경진대회를 실시하고 있다(하규수 외, 2015). 초·중·고 대상 창업교육은 각 학교와 민간기관인 Young Enterprise, Tycoon in School 등이 유기적 협력을 기반으로 진행하고 있다(하규수 외, 2015).

또한 School's Enterprise Education Network(S'EEN)를 설립하여 51개의 특화된 중핵(hub) 학교와 250여개의 주변(spoke) 학교로 구성된 네트워크를 구성하고 있다. 이를 위해 영국 교육기술부(Department of Education and Skills)가 재정적 지원을 하고 있다. 중핵 학교는 경영, 기업가정신 관련 대학들로 영국의 중등학교 교사들을 대상으로 기업가정신 교육 프로그램을 제공하는 역할을 수행하고 있다(양현봉 • 박종복, 2011).[303)]

한편 대학과정 교육 활성화를 위해 2004년 NCEE(The National Centre for Entrepreneurship in Education)를 설립하였다. 국가 기업가정신센터(NCEE)는 최초 Coventry 대학[304)]을 중심으로 대학에 창업교육 확산목적의 교수협의회 성격인

303) 양현봉·박종복(2011), 청년창업생태계 조성 및 활성화 방안, 산업연구원.

The National Council for Graduate Entrepreneurship 설립 후 2009년 개명하였다. 주요 활동 영역은 창업교육 콘텐츠의 생산, 창업교육 전문가 양성, 대학기반 창업생태계 평가 및 'Entrepreneurial University of the Year(올해의 기업가적 대학)' 시상, 대학기반 창업 생태계 조성을 위한 컨설팅 및 자문 활동에 집중하고 있다(하규수 외, 2015). 영국정부는 기업가정신을 필수 교과목으로 포함하는 새로운 학사 학위를 기획하였으며, Uni. of Strathclyde[305]는 교직과정 내 창업교육 프로그램을 필수과목으로 채택하였다(양현봉・박종복, 2011).

영국 기업가정신 교육의 시사점으로는 'Startup Britain'을 국가 의제로 설정하고, 창업교육을 국가 경제, 사회 변혁방법으로 활용하고 있다는 것이다. 2011년부터 모든 정규교육과정에서 기업가정신 교육을 시행하고 있으며, 창업 교육을 의무화하고 있다.[306] 대학생 대상 교육은 '올해의 기업가적 대학' 프로그램을 통해 대학들이 자율적이고 자체 자원으로 추진할 수 있도록 독려하고 있다. 또한 NCEE를 통해 기업가정신 교육 콘텐츠를 전 세계에 보급하고 있으며, 온라인 기반의 콘텐츠 인프라 구축을 지원하고 있다.[307] 일례로 '테크시티(Tech City)'[308]에서는 2014년 11월 19일 대중을 상대로 온라인 공개수업인 MOOC(Massive Open Online Course)을 도

304) 영국 대학 순위 12위의 코벤트리 대학교(Coventry University)는 2014년 영국 대학 최초로 교내 사회적 기업 센터를 설립하고 사회적 기업 인큐베이팅을 시도한 곳이다. 대학이 위치한 코벤트리 시는 영국 버밍엄에서 동쪽 약 30km에 있는 중소도시다. 코벤트리대 사회적 기업 센터는 학생 및 지역 주민들이 스스로의 기업가적 가능성을 발견하도록 돕는 프로그램을 운영해왔다. 동 센터는 설립된 지 3년 동안 총 35개의 사회적 기업을 배출하고, 50개 이상 사회적 기업이 모인 교내 커뮤니티를 조성해 이들을 지원하고 있다. 더나은미래(2017), 영국 최초의 대학 내 사회적 기업 센터, 코벤트리대 키스 제프리 센터장, 조선일보 공익섹션, 2017.12.26. 참조.

305) 스트래스클라이드 대학교는 1796년에 개교한 스코틀랜드 최대의 대학원 프로그램을 제공하는 공립 종합대학교이다. 각종 대학 랭킹에서 20~40위권에 올라있으며, 타임즈가 선정한 올해의 대학교 2012/13으로 선정되기도 하였다. 영국 대학 순위 53위(The Guardian 2019)이며, Accounting & Finace 2위로 매우 우수한 대학교이다.

306) 기업가정신을 모든 국민이 가져야 할 기초 소양으로서 설정하고 2011년 모든 정규교육과정에서 기업가정신 교육을 시행 중이다. 영국은 기업가정신 교육을 삶의 기술(life skill)로 설정하고, 국민 개개인이 자신의 가치를 실현하는 방법으로 의미를 부여했다. 지난 2011년 'Startup Britain'이 시작된 첫해 44만개 이던 스타트업이 2014년 약 60만개로 증가(연평균 7.2% 성장)했다. 실업률은 5.4%로 10년간 가장 낮은 수준을 유지하고 있다. 헤럴드경제(2015.12.), 지구촌 학생들은 지금 '기업가정신' 배우는 중, 2015.12.15.

307) 창업교육을 전 세대 및 계층을 대상으로 한 생애전주기적 평생교육으로 강조하고 있으며, 특히 청년계층을 대상으로 한 창업교육에 더욱 많은 노력을 기울여 미래 성장동력으로 삼도록 하고 있다.

308) 테크시티(Tech city)는 영국의 신흥 벤처산업 지역이다. 2010년 초까지 빈민가였으나 영국정부가 자본금한도, 설립, 폐업에 대한 규정을 자유화하는 등의 혁신적 창업 정책을 추진하면서 영국의 혁신을 이끄는 벤처산업단지로 거듭났다. 소셜미디어 관리 애플리케이션 제작업체 트윗덱, 게임업체 킹닷컴 등 유명 벤처기업들이 이곳에서 성장했으며, 특히 전 세계 핀테크(Fin Tech) 관련 스타트업의 중심지로 주목받고 있다.

입했다. 누구나 접속이 가능한 이 온라인 창업교육 프로그램의 명칭은 '디지털 비즈니스 아카데미(DBA, Digigal Business Academy)'이다. 이 아카데미에서는 명문 대학인 유니버시티 칼리지 런던(UCL)과 협력해 프로그램을 진행하고 있는데 정부가 지원하는 세계 최초의 온라인 창업지원 교육 아카데미라고 할 수 있다. 사이트에 접속하면 영국인은 누구나 디지털 비즈니스 교육에 합류할 수 있다.[309]

3.3 국내 기업가정신 교육 생태계 문제점

양현봉·박종복(2011)이 지적한 청년 창업교육 분야의 문제점은 다음과 같다.

① 창업 및 기업가정신 교육이 대학(원)생을 중심으로 추진되고 있어서 일반인 청년에 대한 창업교육에 관심을 높일 필요가 있다고 주장하고 있다.
② 창업 강좌 등의 창업교육이 획일적으로 특정화되지 못하고 장기적 안목으로 청년창업마인드 제고뿐만 아니라 심도 있는 창업교육 및 계속 사업으로 추진되지 못하고 있는 실정이다.
③ 질 좋은 창업원을 발굴하기 위해서는 대학 이전 단계에서 창업 및 기업가정신 교육이 중요하지만 현재 입시 위주의 교육과정 운영으로 초·중·고등학교에서의 창업교육은 매우 미흡하다고 주장하고 있다.

하규수 외(2015)이 지적한 국내 창업교육 분야의 문제점은 다음과 같다.

① 창업교육 관련 사업이 여러 부처에서 수행되고 있어 유사·중복의 문제가 있다.
② 창업교육의 수요와 공급시장의 미스매치가 발생하고 있다. 즉 대학생 중심의 창업교육은 많지만 직장인을 위한 창업교육 사업은 부족하다.
③ 창업교육 전문가를 양성하는 사업이나 프로그램의 전문성이 취약하다는 것이다. 또한 창업교육 전문가를 양성 시에는 현장과 실무에 대한 전문성을 보유한 창업유경험자 및 산업 유경험자를 우선적으로 고려해야한다고 제시하였다.
④ 창업교육에 대한 교재 및 콘텐츠가 양적·질적 수준에서 취약하다는 것이다.

이상의 연구를 정리해 보면 국내의 기업가정신(Entrepre neurship) 교육 생태계의 문제점은 기업가정신 교육 분야의 정부 예산이 급증함에 따른 민간 분야의 기업가정신 교육 분야가 상대적 위축되고 있는 것이다. 공공기관의 창업교육 사업 수는

309) 이강봉(2014), 세계 최초 창업 교육 사이트 '테크시티', Science Times, 2014.11.20.

94개, 예산은 2011년 278억 원에서 2014년 684.5억 원으로 연평균 36.25% 증가하였다. 민간기관은 86개 기관이 총 115개의 사업과 187개의 프로그램을 운영하고 있다(하규수 외, 2015).

민간기관 중 영리적 목적의 유료 교육은 무료 교육 중심의 공공기관 창업교육으로 인하여 시장 존속의 어려움에 직면하고 있다. 이로 인해 민간기관들은 공공기관의 위탁 기관으로서 연명하고 있는 형편이다. 또한 창업교육 관련 콘텐츠 공유 체계의 민간 중심의 자생적 시스템이 미흡하다. 정부 주도의 창업교육 콘텐츠 생산 및 민간 기관의 공공기관 위탁 기관 전략으로 경쟁력 있는 유료 콘텐츠 개발 기회가 잠식되고 있는 형편이다. 아울러 정부 주도의 창업교육 전문가 교류회 진행에 따른 질적 교류의 한계를 가지고 있다.

이에 대한 대안으로 국가 창업교육자 협의회(KCEE, Korea Council for Entrepreneurship Education)를 구축하여 창업교육 중간 매체(Hub) 역할을 제안한다. 이는 영국의 The National Council for Graduate Entrepreneurship(현 The National Center for Entrepreneurship Education의 전신)을 벤치마크(Bench Mark, 비교평가)한 것으로 초·중·고등학교 교사 대상으로 창업교육 콘텐츠를 공급하고, 창업교육 전문가 양성 및 국가 창업교육자 네트워크 교류회를 실시하는 역할을 하게 된다. 일본은 2009년 기업가정신 담당 대학교수, 강사, 예비 대학교수, 기업가들의 네트워크 설립 후 상호간의 교류를 지원하고 있으며, 기업가교육 관련 홈페이지 개설, 교재 보급을 지원하고 있다(양현봉·박종복, 2011).

대학기반 창업생태계 평가 및 '올해의 기업가정신 대학' 시상을 통해 대학의 자발적 기업가정신 역량 제고에 기여하며 초・중・고등학교 기업가정신 제고 및 대학기반 창업 생태계 조성을 위한 컨설팅 및 자문 활동을 전개하는 것이 필요하다.[310] 이

310) 대학의 창업교육은 2011년부터는 창업교육의 핵심적인 대상이 되고 있는 대학생들에게 창업교육 패키지 형식으로 창업 강좌에서 사업화까지 실질적 창업기회를 부여하고자 대학창업교육 패키지사업과 창업아카데미 사업을 추진하였다. 2012년 교육부를 중심으로 산학협력선도대학(LINC) 사업의 일환으로 전국 61개 대학을 선정하여 대학 내 창업교육센터(Entrepreneurship Education Centers)를 설치하면서부터 국내 대학의 창업교육은 본격적으로 시작되었다. 창업교육에 대한 지원의 확대에 따라 창업교육에 참여할 수 있는 전문가 양성이 필요하기 때문에, 체계적이고 전문적인 창업교육을 통한 창업전문가 양성을 위해 2004년에 권역별로 5개의 창업대학원을 지정하고 운영을 지원하기 시작하였다. 중앙대, 호서대, 경남과기대, 한밭대, 예원예술대를 1차 창업대학원 지원 대학으로 선정하고 5년 단위로 10년간 지원하였고, 이후 2차 지원 대상으로 2014년에 국민대, 계명대, 성균관대, 연세대, 부산대가 선정되어 창업대학원을 운영 중이다. 특히 중앙대학교는 정부의 창업대학원 정책지원을 통해 석사학위를 개설하는 것을 시작으로 국내 유일의 '창업학 박사학위-Ph.D. in Entrepreneurship' 과정을 독립적으로 개설하여 운영하고 있으며, 이를 통해 전국에 대학교수 및 정부출연 연구소에 창업전문가로 진출을 시키고 있다. 향후 이러한 창업교육 분야의 인력양성에 대한 수요는 지속적으로 증가할 전망이며, 많은 대학들이 자체적으로 재원을 배정하여 창업대학원을 설치하고 있을 뿐만 아니라 학부의 창업학 개설도 늘어나고 있는 추세이다. 하지만, 적은 예산지원 규모(5개 대학, 총액 9억 원)로 인한 실효성에 대한 우려

와 관련하여 한층 확대되고 강화되고 있는 국내 기업가정신 교육의 현황과 문제점에 대해서는 이후 좀 더 논의될 것이다.

4. 국내 기업가정신 교육에 대한 인식 조사 결과[311)]

한경비즈니스는 대한민국 국민이 '기업가정신'에 대해 어떻게 인식하고 있는지 조사했다. 이번 설문은 오픈 서베이를 통해 2019년 3월 14일부터 15일까지 이틀간 10대부터 60대 이상까지 각 연령별로 100명씩 모두 600명을 대상으로 진행했다.

학교 또는 사회에서 기업가정신에 대한 교육을 받은 경험을 묻는 질문에는 응답자의 56.2%가 '전혀 없다'고 답했다. 특히 여성(61.0%)의 응답률이 매우 높았고 30대(60.0%)와 50대(60.0%)도 높았다. '조금 있다'를 선택한 응답자는 36.2%였다. 상대적으로 남성(39.3%) 응답자가 많았고 20대의 48.0%가 선택해 연령별 차이를 보였다. '많다'는 응답은 5.7%, '매우 많다'는 응답은 2.0%에 그쳤다.

'학교 교육과정 등에서 기업가정신에 대한 교육이 필요하다고 생각하십니까'라는 질문에는 64.5%가 '필요하다'고 답했다. 20대의 70%, 여성의 69.7%, 대학생·대학원생의 68.3%가 선택했다. '매우 필요하다'는 응답도 22.8%로 높았는데 상대적으로 남성(26.7%)이 많이 선택했고 50대(26.0%)와 60대 이상(29.0%)의 응답률도 높았다. 직장인의 26.8%도 이를 선택했다. '불필요'하다는 응답은 10.0%였고 '매우 불필요'는 2.7%였다.

기업가정신 교육을 언제부터 시작하는 것이 좋은지에 대한 질문에는 '고등학교 때

가 거론되고 있으며, 2차 지원이 끝나는 2018년 이후의 창업대학원 지원 사업에 대한 지속 여부는 아직 불투명한 상태이다. 창업교육에 대한 수요는 향후 지속적으로 증가할 것으로 예상되어, 창업전문가 양성을 위한 지원프로그램의 확장은 긍정적인 효과를 기대할 수 있을 것으로 예상된다. 이 밖에 일반인을 위한 맞춤형 창업교육의 지원은 2016년 이후 창업자의 특성과 분야에 따라 세분화하여 지원하고 있으며, 장애인 맞춤형 창업교육, 차세대 여성 CEO 양성교육, 실전창업스쿨, 시니어 기술창업 스쿨, 스포츠 창업지원의 교육 프로그램이 운영되고 있다. 이와 관련하여 김성일(2018), 국내 대학 창업교육센터의 특성과 차이점에 관한 연구, 국민대학교 글로벌창업벤처대학원 석사학위논문, 2018.08. 참조.

311) 한경비즈니스(2019.03.), [기업가정신이 희망이다] 1부 잊힌 '기업가정신'을 찾아서, 커버스토리 제1217호, 2019.03.27.

부터'라는 응답이 30.3%로 가장 높았다. 대부분 고등학교를 선택한 응답자가 많았는데 그중에서도 20대(36.0%)와 10대(45.0%)의 응답률이 높았다. '중학교 때부터'는 27.5%의 응답자가 선택했는데 상대적으로 60대 이상(33.0%)과 30대(34.0%) 응답자에게서 많은 선택을 받았다. '초등학교'를 선택한 응답자도 24.7%였다. 특히 50대 응답자의 37.0%가 선택했다. 이 밖에 '대학교 때부터'를 선택한 응답자는 12.7%, 창업할 때는 4.3%였다.

5. 기업가정신 및 창업교육 정책 사례[312)]

기업가정신을 함양하고 창업을 준비하는 교육을 지원하는 정책은 크게 학교교육을 통한 지원 과 학교시스템을 떠난 사람들을 위한 직업훈련 단계에서의 지원으로 구분할 수 있다. 국가별로 기업가정신 및 창업교육의 주안점을 어디에 두느냐에 따라 지원 정책의 특성도 달라진다. 예를 들어 오스트리아, 폴란드, 체코, 이탈리아 등은 기업가정신 및 창업교육의 초점을 경제성장과 일자리 창출에 두고 있으며, 미국의 경우에는 성장 중심의 벤처 활성화에 목표를 두는 것으로 변화하고 있다. 그리고 덴마크, 영국, 핀란드 등은 개인의 개발에 초점을 두어 기업가적인 사고방식을 형성하고, 학생들에게 자영업이나 고용인으로 일하는 데 유용한 스킬과 역량을 갖추도록 주안점을 두고 있다.

우선 학교교육에서 기업가정신 및 창업교육을 실시하는 사례의 경우, 초·중등 교육 시스템 내의 교육과정에 포함하는 경우와 특성화된 학교에서 주도적으로 가르치는 경우를 들 수 있다. 전자의 경우는 핀란드의 초・중등 교육에서 관련 교육 사례를 들 수 있고, 후자의 경우는 독일의 기술 및 응용 ICT 기관(SITI)에서 기업가정신 교육을 선도해 온 것을 사례로 들 수 있다. 독일의 경우 1999년 설립된 동 교육기관에서 주로 10~18세까지의 학생들을 대상으로 기업가정신, 혁신, 기술 관련 스킬 개발을 지원하고 있다.

학교교육 단계가 아닌 학교 이외에서의 청년층을 위한 기업가정신 및 창업 지원

312) 김문희(2016), op. cit.

정책들은 창업 지원 자금을 제공하는 등 재정적인 지원을 포함하며, 관련 역량을 함양하여 실질적인 창업을 성사시키는 데 주로 목적을 두고 있다.

〈핀란드 초등 및 중등교육에서의 기업가정신 및 창업교육 정책 사례〉

핀란드에서는 모든 초·중등학교의 필수 과목에 기업가정신과 관련된 교육 내용이 포함되어 있다. 특히 교육문화부가 발표한 교육 및 연구 개발 5개년 계획(2011~2016년)에서 기업가정신에 관한 내용을 강조하였다. 주목적은 모든 교육 단계에서 기업가정신을 함양하도록 하는 것이며, 교육과 산업 간의 협력을 증진하는 데 있다.

2009년 교육문화부는 다른 부처 및 이해관계자들과 협력하여 수립한 '기업가정신 및 창업교육 가이드라인'을 발표하였다. 동 가이드라인에서는 기업가정신에 대한 관심 제고 및 기업가정신을 개발하는 데 적합한 교수방법을 발전시키는 데 있어, 주요 이해관계자들 간의 협력 강화를 2015년까지 달성하고자 하는 목표를 제시하고 있다. 기본교육을 위한 국가의 핵심 교육과정에서 초·중등 학교 단계에는 '참여적 시민의식과 기업가정신', 고등학교 단계에서는 '능동적인 시민의식과 기업가정신'이라는 범교육과정(cross-curriculum)의 개념이 포함되어 있다. 이러한 개념을 실행하는 것은 교사, 학교, 그리고 지역 교육당국과 환경에 달려 있다. 학교의 자율성으로 인해 이들 개념을 어떻게 실행하느냐는 다양성을 가질 수밖에 없다.

그러나 가이드라인이 핵심 교육과정의 하나로 포함되어 있으며, 동 가이드라인에서는 각 학교에서의 개인 참여 경험을 개설하고, 실질적인 활동에 주안점을 두어야 한다고 특정하고 있다. 기업가정신 및 창업교육의 핵심 요소는 학생들로 하여금 적극적으로 활동하도록 하며, 기업가정신과 일의 세계에 대한 인식을 높일 수 있는 학습 환경을 조성하는 것이다. 이러한 학습 환경은 다양한 조직들 및 산업계와 협력하여 개발할 수 있으며, 학습자 개인의 활동 참여, 시뮬레이션 또는 현실에서의 학습활동, 학습자와 기업가들 간 직접적인 상호작용 가능, 문제해결력과 상호작용에 기초한 교수법 활용 등의 주어진 원칙에 의거하여 조성되어야 한다.

초등학교 및 중학교 단계에서는 기업가정신 교육의 학습 결과물을 태도(자기인식, 자신감, 주도성과 책임감, 위험감수, 비판적 사고, 창의력, 문제해결력)와 지식(기업가정신, 진로선택 기회, 일과 비즈니스 세계에 대한 지식)의 습득으로 보고 있다. 고등학교 단계의 일부 학생들의 경우에는 학습 결과물이 실제 창업 기회의 탐색이 될 수도 있다.

이러한 과정에서 관련 교육이 포함되어 지원된다. 유럽 국가들의 경우 청년층의 고용 증진을 위해 실직 상태나 니트 상태에 있는 청년층을 대상으로 창업을 지원함으로써 일자리 창출, 니트(NEET) 탈출 및 청년층의 노동시장 참여 확대를 지원하는 적극적인 노동시장 정책을 시행하고 있다. 특히 혁신 분야의 창업에 관심이 높은 청년층에 대한 적극적인 맞춤형 지원을 통해 경제성장과 일자리 창출을 도모하고자 노력하고 있다. 독일의 'Enterprise' 사례에서 보듯이, 가장 일반적인 청년 대상 창업 지원 프로그램은 창업 보조금 지급과 역량개발, 사업 컨설팅 등의 서비스를 제공하는 것이다

〈독일의 'Enterprise' 프로그램〉

브란덴부르크(Brandenburg)와 색스니안할트(Saxony-Anhalt) 연방 주정부 차원에서 진행하는 프로그램으로 27세 이하의 청년층을 대상으로 하는 창업지원 제도이다. 다음의 4단계 훈련 프로그램으로 구성되어 있으며 마지막에는 비즈니스 창업을 할 수 있는 소액금융융자를 포함한다.

- 1단계(오리엔테이션 및 프로파일링) : 창업의 기회와 위험, 창업 준비와 관련된 지원 창구, 창업에 필요한 역량 등을 예비 창업자에게 안내하는 단계이다. 이 단계에서는 청년들에게 창업이 장기적인 직업 경로로서 인식될 수 있는 동기를 부여한다.
- 2단계(기획 및 훈련) : 예비 창업자가 전문적인 컨설턴트와 비즈니스 코치들의 지원을 받아 비즈니스 개략을 개발하는 단계이다. 세미나와 워크숍의 형태를 선택할 수 있다.
- 3단계(비즈니스 시작) : 프로그램에 참여한 예비 창업자가 창업 과정 동안 성공할 수 있도록 개별화된 지원을 제공하는 단계이다. 이 단계에서도 전문적인 컨설턴트와 코치의 지원이 포함된다.
- 4단계(성장 및 강화) : 참가자들이 비즈니스를 개업한 후 동 프로젝트는 그들과 관계를 유지하며 그들의 활동을 모니터링 한다. 특별 세미나와 네트워킹 이벤트를 제공하기도 한다. 이러한 4단계의 프로그램이 완료되고 나면 5,000유로까지 소자본 융자가 제공되기도 한다.

기업가정신 및 창업교육을 실시하는 데 있어 가장 큰 도전과제 중 하나는 관련 교사를 확보하고, 관련 교수 역량을 향상시키는 것이다. OECD와 EC가 공동으로 추진하고 있는 Entrepreneurship360 프로그램에서도 우수 사례 분석을 통해 학생들에게 기업가정신 및 창업교육에 대한 역량을 지도하는 데 있어 가장 중요한 것은 개별 학교의 리더십과 교사들의 역할이라고 지적하고 있다. 그리고 벨기에, 칠레, 일본, 호주 등 많은 OECD 국가들은 기업가정신을 담당하는 교원들의 훈련 기회 부

족을 피력하고 있다. 따라서 학생들의 기업가정신 및 창업 역량을 높이는 교육 정책뿐만 아니라, 관련 교사들의 역량 수준을 높이고 수준 높은 관련 교원들을 확보하는 것도 중요한 정책 과제이다. 이와 관련하여 영국, 덴마크 등에서 흥미로운 프로젝트 사례들을 찾아 볼 수 있다. 영국에서는 IEEP(International Entrepreneurship Educators Programme)를 2008년에 수립하여 교사들의 훈련을 활성화하고 있다. 그리고 덴마크 정부는 2004년 38개 대학과 함께 고등교육 단계의 기업가정신 및 창업교육 전담 기구인 IDEA(International Danish Entrepreneurship Academy)를 설립하여 운영하고 있으며 기업가정신 및 창업 담당 교사들을 위한 학위 과정을 운영하고 있다.

6. 청소년 기업가정신 교육

6.1 4차 산업혁명과 청소년 기업가정신[313)]

인공지능, 로봇, 사물인터넷(IoT), 3D 프린팅, 클라우드 컴퓨팅,[314)] 빅 데이터 등으로 대표되는 4차 산업혁명은 우리 사회에 큰 변화를 가져올 것으로 전망된다. 또한 4차 산업혁명은 직업세계와 일하는 방식을 크게 바꿀 것으로 보인다. 융·복합적인 업무가 늘어나고, 업무의 지능화 및 자동화가 확대되며, 창의적인 능력이 요구되는 업무가 증가될 것이다.[315)]

산업과 기술의 급격한 변화는 새로운 시장을 만들고 창업 수요를 만든다. 구글과 페이스북은 청년들의 작은 스타트업(startup)에서 시작했지만, 세상의 큰 변화와 혁

313) 장현진(2017.04.a), 4차 산업혁명과 청소년 기업가정신, 행복한 교육.

314) 클라우드 컴퓨팅(영어: cloud computing)은 클라우드(인터넷)을 통해 가상화된 컴퓨터의 시스템리소스(IT 리소스)를 제공하는 것이다. 인터넷 기반 컴퓨팅의 일종으로 정보를 자신의 컴퓨터가 아닌 클라우드(인터넷)에 연결된 다른 컴퓨터로 처리하는 기술을 의미한다. 공유 컴퓨터 처리 자원과 데이터를 컴퓨터와 다른 장치들에 요청 시 제공해준다. 자세한 내용은 위키백과(2019.07.21.) 참조.

315) Schwab. K. (2016), 클라우스 슈밥의 제4차 산업혁명, (송경진 역), 서울: 새로운 현재. 김진형(2016), 4차 산업혁명 시대 인공지능은 새로운 기회, The HRD Review, 2016년 11월호, 한국직업능력개발원.

신을 가져왔다. 앞으로 글로벌 네트워크가 더욱 확대된 사회에서는 한 나라에서 이루어진 창의적이고 혁신적인 창업기업이 세계 전체에 미치는 파급력이 클 것이고, 이러한 창업기업들의 자생적인 활력이 얼마나 있는지가 국가의 흥망성쇠를 좌우할 것이다.

6.1.1 기업가정신 교육의 필요성

하지만 우리나라에서는 창업에 대한 부정적인 인식과 두려움이 크다. 과거 우리나라에 벤처 붐이 일었다가 꺼지면서 실패한 청년 사업가들이 많았다. 그런데 이들은 실패를 대비한 연습이 없었고, 재기를 위한 국가와 사회의 지원도 부족했다. 이로 인해 국민 전체적으로 창업에 대한 부정적인 인식이 높게 형성되어 있고, 위험하고 힘들다는 생각에 창업을 기피하고 있다.[316] 이는 관련 기관에서 발표되고 있는 기업가정신지수가 우리나라의 경우 경제규모에 비해 낮은 수준이며, 동시에 최근 몇 년간 정체된 이유와도 무관치 않아 보인다.[317]

우리나라가 한국전쟁 이후 폐허 속에서 세계 10위권의 경제규모를 가진 나라로 성장한 것에는 우리 교육의 뒷받침이 컸다. 그간 우리 교육은 지식과 기술을 빠르게 흡수해서 역량을 키우는 인재 양성이었다. 하지만 미래 사회는 단순히 흡수 역량을 가진 사람이 아니라 4차 산업혁명의 파고 속에서 창의성과 도전정신으로 한계를 돌파하는 혁신적인 역량을 가진 인재가 필요하다. 이제는 따라가는 사람을 기르는 주입식 교육이 아니라, 먼저 움직이고, 한계를 돌파하며, 질문하는 능력을 가진 인재를 양성하는 교육이 되어야 한다. 또한 교육은 다양한 가치관을 서로 존중하고 협업하는 능력을 길러주어야 한다.[318]

이런 인재를 기르기 위해서는 청소년들의 도전정신, 협력, 혁신, 창의성을 기르는 기업가정신 교육이 필요하다. 특히 우리나라에서 청소년 기업가정신 및 창업 교육은 학생의 생애진로개발 관점에서 이루어질 필요가 있다. 기업가정신 교육은 기업가만을 길러내는 교육이 아니라, 청소년에게 진로 경로의 하나로써 창업을 안내한다. 또한 취업하는 경우에도 보다 창의적이고, 혁신적인 생각으로 효율적인 일터를 만들고, 노동생산성과 경쟁력을 높이게 한다. 기업가정신 교육은 기업가가 되는 것을 목

---

316) 김영빈·김동규·김소현·박가열·오민홍·장현진·정윤경(2017), 직업세계와 직업정보 탐색 지도-제9장 창업·창직 정보 탐색 및 활용, ㈜사회평론아카데미.

317) 2017년 세계기업가정신발전기구가 137개국의 기업가정신지수를 조사한 결과, 우리나라는 27위로 최근 몇 년간 정체되어 있다. 조사된 OECD 34개 회원국 중에서 한국은 23위로 2016년 우리나라의 경제규모(GDP) 11위에 비해 매우 낮은 수준이다. 이와 관련하여 한국경제연구원(2017), 韓 기업가정신 수준, 에스토니아·칠레보다 낮아, 한국경제연구원 보도자료, 2017.01.19. 참조.

318) 교육부·한국직업능력개발원·한국경제신문 특별취재팀(2015), 글로벌 인재포럼 2015: 다양한 인재가 세상을 바꾼다, 한국경제신문 한경 BP.

표로 하는 것이 아니라 문제를 정의하고 도전하고 창의적으로 해결하는 방법을 가르치고 배우는 과정이다. 우리나라 청소년들이 어릴 때부터 기업가정신과 창업 교육을 받고 사회에 나아가 자유롭게 창업하거나, 취업하더라도 창의적이고 혁신적으로 근무할 수 있도록 지원해야 한다.

6.1.2 기업가정신 교육의 실태

우리나라의 기업가정신 교육은 경제・경영교육 또는 과학・기술・영재교육의 일환으로 일부 관심 있는 교사나 학생을 중심으로 운영되는 경우가 대부분이었다. 그동안 가장 활발하게 운영되어온 교육으로는 중소기업청의 '청소년 비즈쿨' 프로그램, 특허청의 '차세대영재기업인' 사업 등이 있다. 이러한 프로그램은 학교에서 크게 관심이 없던 시기부터 특정한 학생이나 관심 있는 교사들이 운영할 수 있는 기회를 제공했다는 점에서 의미가 있다. 그러나 참여 규모가 작고 학교교육 내로 깊게 내재되지 못하였다.

최근 학교 진로교육 및 자유학기제가 활성화되고 4차 산업혁명 이슈에 대비한 인재 양성이 중요해지면서, 청소년의 생애진로개발 차원에서 학교 진로교육 안에서 기업가정신 교육을 하는 시도들이 활성화되고 있다. 이와 관련하여 교육부와 한국직업능력개발원에서 학교 진로활동 시간에 활용하도록 개발한 'Wi-Fi 창업과 진로' 프로그램이 있고, 2015년부터는 학교 수업 및 자율동아리의 형태로 진로탐색 관점의 기업가정신 교육을 실시하는 '청소년 기업가체험 프로그램(YEEP)'이 도입되었다.

이 프로그램은 2015년 210개 중·고등학교의 시범운영, 2016년 확대 및 창업경진대회 도입, 2017년 이후 보다 더 일반화하여 확대할 계획이다. 2016년부터는 교육부, 미래창조과학부, 경기도가 함께 청소년 대상의 창업 및 기업가정신 교육과 민간기관 기부 참여 확대를 위하여 '스타트업 캠퍼스 진로체험센터'를 운영하고 있다. 스타트업 캠퍼스를 투어하고, 창업, 코딩, 멘토링 프로그램 등 진로체험 프로그램이 운영된다. 2017년부터는 교육부와 (재)한국청년기업가정신재단, ㈜오이씨랩 간의 업무협약으로 전문기관이 참여하여 청소년 기업가정신 교육 및 창업관련 진로체험 프로그램을 운영하는 정부와 민간의 협력적 모델도 등장하고 있다.

네이버는 '청소년 기업가정신 교육 프로그램'을 2016년에 춘천 지역 11개 중학교에 시범 운영하였고, 2017년부터는 전국의 중·고등학생 2,500명으로 확대하여 운영할 계획이다. 아울러 교육부는 2017년 창업 등 진로동아리를 기반으로 기업가정신 및 창업 교육을 할 수 있는 교사용 매뉴얼도 개발하였다. 이처럼 기업가정신 교육을 진로교육과 연계하여 모든 학생들이 보편적으로 교육받을 수 있도록 확대하고 있다. 앞으로 이러한 프로그램 및 사업이 활성화되기 위해서는 민간 기관의 적극적인 참여와 학교 및 교사들의 전문성 개발 및 의식 전환이 필요할 것으로 보인다.

또한 정부는 학교 교육과정에 기업가정신 교육을 확대하기 위한 계획을 마련하고 있다. 정부가 발표한 기업가정신 강화 대책과 2015 개정 교육과정에 따르면 기업가정신 교육을 사회교과에 반영하도록 방안을 마련하고 교과서를 개정하는 작업이 이루어지고 있다. 이는 실제로 2018년부터 학교교육에 적용되고, 2020년까지는 초·중·고등학교 전체 학년으로 확대 시행될 예정이다.

이를 위해 교육부와 한국개발연구원이 학교에 적용할 기업가정신 관련 교육 프로그램을 마련하고 있다. 다만 학교 교육과정에 기업가정신 교육의 반영은 교과 내용의 일부로 다소 한정적이며, 학교 교육과정의 특성상 변화에 빠르게 대응하기 어렵고 제한적이라는 한계가 있다. 또한 기업가정신 교육의 특성상 학생들이 실제로 활동하고 체험하는 실천 중심의 교육이라는 점에서 교수·학습 방법의 개선이 없이는 제한적이라고 볼 수 있다.

6.2 기업가정신 교육을 위한 실천 전략[319)]

학교 현장에서 기업가정신 교육 실천이 활성화되기 위해서는 어떤 노력과 방안이 필요한가. 학교라는 제도권 교육의 특성과 기업가정신이라는 용어가 쉽게 결합되기 어려운 현실을 감안할 때, 어떤 기본적인 철학과 관점이 요구되는가. 또 학교에서 기업가정신 교육을 하는 구체적인 실천 전략은 어떠한 것들이 있는가.

6.2.1 학교에서 접근하는 기본 방향

학교 현장에서 기업가정신을 키우기 위해 기본적으로 두 가지 방향성을 가지고 접근할 필요가 있다.

첫째 학교에서 학생의 생애진로개발 관점에서 기업가정신 및 창업 교육을 접근해야 한다. 이는 기업가정신 및 창업 교육을 바라보는 교육 철학이나 관점을 말한다. 오늘날 규모화 된 사회에서 직업의 종류는 임금 노동자이거나 기업가 또는 자본가 중에 하나가 된다. 그 동안 진로교육은 임금 노동자 중에서 어떤 종류의 노동을 하며 살 것인가에 초점을 두는 교육이었다. 하지만 학생은 졸업 후 진로가 노동자뿐 아니라 창업가나, 자본가로서의 삶을 살 수도 있다. 아울러 노동자로 살아갈 경우에도 기업가정신으로 임하는 사람과 그렇지 않은 사람의 직업생활은 사뭇 다르다. 오늘날 사람들은 평생 동안 다섯 번 이상 직업을 바꾸게 된다고 한다. 이런 세상에서

---

319) 장현진(2017.04.b), 기업가정신 교육을 위한 실천 전략, 행복한 교육.

기업가정신은 생애진로개발에 매우 중요한 능력이다. 따라서 기업가정신 교육의 목적은 기업가 양성이 아니라 학생이 자신에 대해 알아가고 진로를 찾아가는 방법을 찾도록 도와주는 것이다.

둘째 학교교육 과정 및 제도 내에 기업가정신 및 창업 교육을 내재화하고 학생들이 실천할 수 있는 기회가 확대되어야 한다. 이는 학교에서 기업가정신 교육을 실천하기 위한 방법론을 말한다. 학교는 정해진 교육과정의 틀과 여러 가지 교육 제도들이 영향을 미치는 공간이다. 학생들이 자연스럽게 기업가정신 및 창업 교육을 받을 수 있기 위해서는 학교 교육과정이나 교육제도 내에 기업가정신 교육이 녹아들 수 있어야 한다. 이를 통해 다수의 학생들이 기업가정신 교육을 접하고, 도전정신, 혁신, 창의성 등을 함양할 수 있어야 한다. 기업가정신은 창업을 하고자 하거나 기업에 취업하여 노동자로 살아가려는 학생 모두에게 도움이 되고, 우리 사회의 도약과 발전을 위해서도 중요하다. 따라서 학교 교육과정의 창의적 체험활동이나 교과 전반에서 기업가정신 교육이 도입되어야 하고, 학교에서 이루어지는 다양한 비정규 활동에 있어서도 활용될 수 있어야 한다.

6.2.2 다섯 가지 세부 전략 방안

앞서 학교에서 기업가정신 및 창업 교육을 실천하는 교육철학과 방법론에 대한 기본적인 관점을 살펴보았다. 학교 교육과정과 비정규 활동에서 효과적인 실천 전략을 생각해보면 다음과 같은 것을 고려할 수 있다. 이러한 전략들은 이미 일부에서는 실천하고 있는 경우도 있고, 또 어떤 것은 앞으로 보다 활성화될 필요가 있는 것도 있다.

첫째 학교의 진로활동, 자유학기활동 등에서 진로탐색 및 체험 활동을 강화하여 학생들이 꿈을 키우고 체계적인 진로설계를 하도록 지원할 필요가 있다. 학생이 꿈을 가지고 학교생활과 공부를 하는 것은 학생의 생애진로개발 관점에서 기업가정신을 함양하는 데 있어서 매우 중요하다. 학교 안과 밖에서 이루어지는 다양한 진로탐색 및 체험 활동들은 학생의 꿈과 끼를 키우도록 하고, 보다 창의적이고, 혁신적이며, 도전하는 의지를 높일 수 있다. 초·중등학교의 창의적 체험활동 가운데 진로활동 시간, 중학교 자유학기활동 시간 등은 이러한 진로탐색 및 체험 활동을 하는 데 있어서 매우 유용한 시간이다. 기업가정신, 창업 및 창직의 의미[320]를 이해하고, 협업능력, 창의성, 리더십을 기르는 활동을 해볼 수 있다.

320) 창직이란 기존 노동시장의 일자리에 진입하지 않고 개인이 문화, 예술, IT, 농업, 제조업 등 다양한 분야에서 창조적인 아이디어와 활동을 통해 자신의 지식, 기술, 능력, 흥미, 적성 등에 용이한 신직업을 발굴하고 이를 통해 일자리를 창출하여 노동시장에 진입하는 것이고, 창업이란 기업을 처음 만드는 것으로 새로운 사업을 시작하거나 타인의 사업을 인수하여 새로 사업을 시작하는 일반적인 용어로서 창직도 큰 범위에서는 창업에 속한다고 볼 수 있다.

둘째 학교 동아리 활동을 통해 기업가정신을 키우고 창업·창직 모의 활동을 다양하게 실천할 수 있는 기회를 제공해야 한다. 학교 교육과정에서 이루어지는 정규 동아리 활동에서는 기본적인 기업가정신 역량을 기를 수 있는 창업·창직 사례 탐색, 창업가 강연 및 멘토링[321], 비즈쿨[322] 활동이나 창의적 기업가 체험 프로그램(YEEP)[323] 활동 등을 해볼 수 있다. 실제로 모의 창업·창직 활동을 실천해 볼 수도 있다. 창업 팀을 구성하고, 팀 활동을 통해 협업을 하며, 관심 분야의 시장 동향을 파악하고 분석하여, 디자인 씽킹(Design thinking)[324] 등의 방법으로 새로운 아이디어를 도출하고, 시제품을 개발해 사업계획서를 수립하는 등 일련의 모의 창업 활동을 통해 기업가정신이 길러지고 미래의 여러 불확실한 상황에서 생존할 수 있는 탄력적인 진로개발역량도 길러질 수 있다.

셋째 기업가정신 및 창업 교육은 학생들 간의 자율동아리 활동을 통해서도 보다 심화될 수 있다. 기업가정신 및 창업을 주제로 하는 학생 중심의 자율동아리를 활성화하여 모의 창업뿐 아니라 학교기업, 창업대회 출전 등으로 보다 강화될 수 있다. 앞서서 창의적 체험활동의 정규 동아리활동이 활성화된 경우에도 이루어질 수 있겠

---

321) 멘토링(mentoring)이란 원래 풍부한 경험과 지혜를 겸비한 신뢰할 수 있는 사람이 1:1로 지도와 조언을 하는 것이다. 그리스 신화에서 유래한 말로 조력자의 역할을 하는 사람을 멘토(mentor)라고 하며 조력을 받는 사람을 멘티(mentee)라고 한다.

322) 창업진흥원은 청소년 창업교육 프로그램인 '비즈쿨(BizCool)' 사업을 진행하고 있다. '비즈니스(Business)'와 '스쿨(School)'의 합성어인 비즈쿨은 '학교 교육과정에서 비즈니스를 배운다'는 의미를 가지고 2002년 시작됐다.

323) 교육부는 모든 청소년들에게 4차 산업혁명으로 대면되는 미래 직업 세계의 변화에 대응한 창의적 진로 개발역량 강화를 위하여 기업가정신과 창의성을 기를 수 있는 온·오프라인 융합형 창업체험교육 프로그램을 운영하고 있는데, 그것이 바로 청소년 기업가체험 프로그램(YEEP)이다. YEEP(Youth Entrepreneurship Experience Program): 학교 수업 및 활동 기반 창업체험 교육 콘텐츠(교안, 워크북, 동영상 등)를 제공하고, 학생 창업동아리 활동을 지원하는 온라인플랫폼(www.yeep.kr)을 만들었다. 주요 콘텐츠는 초/중/고등학교 교안 및 워크숍, 자율 동아리 미션, 수업 및 동아리별 블로그, Go! startup 가상창업체험, 국내외 창업사례, 온라인 멘토링을 지원받을 수 있다.
출처: 교육부 공식 블로그(https://if-blog.tistory.com/8574) 참조.

324) 2008년, 샌프란시스코의 세 청년이 에어비앤비(Airbnb)를 설립했다. 에어비앤비는 10년도 채 되지 않아 300억 달러에 이르는 기업 가치를 가진 글로벌 숙박 업체로 성장했다. 물론 이전에 없었던 혁신적인 아이템이 주요 성공 요인이겠지만, 셀 수 없는 변수가 쏟아지는 세상에서 끊임없이 위기를 극복하고 성장할 수 있었던 가장 큰 이유는 바로 '디자인 씽킹(Design Thinking: 디자인적 사고)'에 있었다. '디자인 씽킹'은 '문제 해결에 있어서 디자이너들이 문제를 풀던 방식대로 사고하는 것'을 말한다. 이를 이해하기 위해서는 '디자인'의 본래 뜻을 생각해 볼 필요가 있다. 디자인은 '지시하다', '성취하다', '계획하다'라는 뜻의 라틴어 데시그나레(Designare)에서 유래했다. 어원을 보면 알 수 있듯이 디자인은 우리가 흔히 생각하는 '외형적인 아름다움'보다는 '실용적이고 기능적인 문제'를 해결해나가는 과정이다. 쉽게 말해 '문제를 해결하기 위해 설계를 바꿔 나가는 것'이 디자인이라고 볼 수 있는데, 디자인 씽킹은 이러한 '사고방식'을 전반적인 비즈니스의 문제 해결 과정에 도입하는 것을 일컫는 것이다. 한국경제(2017.02.), 실리콘밸리는 왜 디자인에 주목하는가? 고객가치 중심으로 생각을 디자인하라, 2017.02.09. 참조.

지만, 창업에 보다 능력이 있고 관심이 있는 학생들에게는 자율동아리를 마련하여 보다 더 실천하고 뜻을 펼칠 수 있는 기회가 마련되어야 한다. 이를 위해서는 자율적인 학생 동아리가 조직되고 운영되는 과정에서 이를 지원하고 코칭해 줄 수 있는 관심 있는 교사가 있어야 하고, 기업가정신 및 창업 동아리 지도에 필요한 정보와 운영 방법에 대한 자료 개발 및 보급이 필요하다.

넷째 직접적인 창업에 관심 있는 학생들에게는 학교기업, 벤처 등 실전 창업을 경험하고 연습할 수 있는 기회가 필요하다. 미국 실리콘밸리의 젊은 창업가들에게 있어서 회사를 몇 번 세웠다가 망해봤는지가 중요한 경력이라고 한다. 그만큼 실제로 우리 사회에 젊은 창업가들이 많아지고 창의적인 도전정신으로 무장한 청년들이 늘어나기 위해서는 학교라는 안전한 테두리에 있을 때 보다 많은 창업과 실패 경험을 갖도록 하는 것이 중요하다. 학교 내에서 기업을 운영해보는 학교기업, 학내 벤처기업을 차려보는 활동은 중요한 실천 경험이 된다. 실전 창업은 특성화고등학교나 마이스터고등학교, 전문대학 및 대학교의 경우와 같이 졸업 후 직접적인 사회 진출이 이루어지는 경우에 있어서 보다 적합한 방법일 수 있다.

다섯째 일반 교과를 통해서도 기업가정신을 기를 수 있는 활동이 가능하다. 기업가정신을 기르기 위한 세부 활동들은 서로의 적성 찾아주기, 팀 구성, 협업, 아이디어 도출, 제품 개발, 사업계획서 작성 등이 포함된다. 이러한 활동들을 모듈식 자료로 구성하면 여러 교과에서 학생의 참여와 활동 중심의 수업을 운영할 때 필요한 모듈을 뽑아서 활용 가능하다. 따라서 대부분의 교과목에서 기업가정신 교육이 가능하다. 즉 일반 교과 수업의 일환으로도 기업가정신 교육을 병행할 수 있다. 이를 위해서는 해당 교과에 특화되어 활용 가능하도록 담당 교사들의 수업연구가 필요할 수 있고, 정부는 이를 위한 교수자료 개발 등을 지원할 필요가 있다.

6.3 주요 국가의 청소년 기업가정신 교육[325)]

6.3.1 EU 주요 국가의 청소년 기업가정신 교육

1) 유럽연합(EU)

유럽연합(EU)은 지속 가능한 사회의 변화에 대응하기 위한 과제로 혁신적이고 잘 교육받은 기업가정신 함양을 핵심 기조로 삼고 있다. 그 대표적인 내용은 오슬로 어

325) 양원봉(2019), 주요 선진국의 청소년 기업가정신 교육정책과 시사점, KIET 산업경제, 산업연구원, 2019.03.

젠다에 담겨 있다. 기업가정신 함양교육을 위한 오슬로 어젠다(Oslo Agenda for Entrepreneurship Education)의 목적은 기업가정신을 널리 소개하고 진흥시키기 위함에 있다. 오슬로 어젠다는 2006년 유럽위원회(EC)와 노르웨이 정부가 주관한 '유럽의 기업가정신 교육 : 교육과 학습을 통한 기업가정신 진흥'이라는 학술대회의 결과물이다. 이 학술대회는 2006년도 유럽위원회가 '교육과 학습을 통한 기업가정신 함양'이라는 논의의 후속 작업으로 개최되었다.

논의의 목적은 기업가정신 함양을 위한 교육을 체계화하기 위해 성공적인 사례와 경험을 교환하는 것이었다. 그 결과 학술대회를 통해 초등학교부터 대학에 이르기까지 모든 교육과정을 통해 아동과 청소년이 기업가정신을 함양하고 실천하는데 필요한 지원정책을 제안하였다. 제안 영역은 유럽연합 수준, 회원국 수준, 교육부 수준, 지방정부 수준, 학교 수준, 기업 수준에서 기업가정신 함양을 위해 포함되어야 할 세부 내용들을 제시하였다(EC, 2006).[326] 기업가정신 함양을 위한 오슬로 어젠다의 영역과 내용은 <표 1>과 같다. 오슬로 어젠다에서 제시된 기업가정신 함양을 위한 정책 영역은 이후 각국의 상황에 맞는 교육과정과 내용으로 사용되고 있으며 평가의 기준이 되기도 한다.

여기서 주목할 것은 기업가정신 함양 교육이라는 것이 단지 개인의 사업을 시작하기 위한 교육이 아니라 개인 사업에 필요한 창의성과 진취성, 리더십과 연대의식 등을 함양하게 하는 교육을 의미한다(EC, 2006). 물론 개인이 직접 사업을 시작할 수 있는 기회도 제공하지만 초등학생부터 대학생에 이르기까지 개인의 삶과 미래를 적극적으로 주도하고 준비하는 능력을 함양시키는 데 초점을 두고 있다. 그러므로 오슬로 어젠다에서 제시한 기업가정신 함양교육은 단순히 창업교육이나 안내와는 구별되는 보다 적극적이고 포괄적인 교육이라고 할 수 있다.

또한 오슬로 어젠다는 기본적으로 진로교육 과정의 개혁과 진로교육의 지평을 넓히는 계기가 되었을 뿐만 아니라 산학 간의 교류와 협력의 강화를 요구함으로써, 학교 교육이 급속하게 변화하는 경제와 세계화를 적극적으로 대비하게 했다는 점에서 의의가 있다. 단순히 직업소개나 직업선택 방식에만 국한되던 기존의 진로지도교육과도 큰 차이가 있다.

---

326) European Commision(2006), "Entrepreneurship Education in Europe: Fostering Entrepreneurial Mindsets through Education and Learning", Final Procedings, European Commision, 2006.10., 26-27, Commision of the European Communities. European Commision(2006), "The Oslo Agenda for Entrepreneurship Education in Europe", 2006.10., 26-27, Commision of the European Communities.

〈표 8-1〉 오슬로 어젠다 영역과 주요 내용[327)]

영역	주요 내용
정책개발을 위한 프레임워크	• 리스본 전략의 구현을 위해 교육에 대한 정책적인 지원 • EU 및 회원국 수준에서 기업가정신 교육정책의 개발 • EU 및 회원국 수준에서 정부, 기업, 학계, 학생 등으로 구성된 운영위원회 조성
교육기관에 대한 지원	• 기존의 초등, 중고등, 직업학교 교육과정에 기업가정신 프로그램 및 활동을 통합 • 미니기업(Mini Company) 설립 등 구체적인 기업 프로젝트를 포함한 실무기반 교육방법 지원 • 파일럿 프로젝트 구현을 위한 공기금 조성 • 기업가정신 교육에 대한 정보공유 및 확산을 위해 프로그램, 프로젝트, 교구 등에 대한 공통의 플랫폼 구축
교사 및 교육자에 대한 지원	• 회원국 교육과정 개혁을 위해 교사들에게 구체적인 기업가정신 훈련 제공 • 기업가정신 교육이 가능한 교사들에게 인센티브 제공 • 유럽 전역에서 기업가정신 프로그램 및 훈련 참여
학교 및 대학에서의 기업가 정신 활동	• 호기심, 창의성, 이니셔티브, 자율성, 팀 정신 등 기업가적인 행동 요소 함양 • 실제 비즈니스 경험을 습득하기 위해 기업과 기업가에게 연결・기업가 초빙 강연 및 기업 프로젝트에 학생 참여
외부와 교육을 연결 및 개설	• 기업가적 사고를 확산시킬 수 있는 지역사회 조성 • 민간 파트너 등의 자금 지원 및 기여를 통한 기업가정신 교육・지역사회에 기업가정신 센터 구축
커뮤니케이션 활동	• EU 및 회원국 수준에서 기업가정신 홍보 • 우수한 기업가정신 교육 프로그램이나 활동에 대해 포상

자료 : European Commision(2006)

2) 영 국

영국은 “기업가정신에 대한 교육이 조기에 실시될수록 기업가정신에 대한 수용력이 더 빨라진다”라는 모토 아래 기업가정신 조기 교육에 집중하고 있으며, 우선적으

327) 서여주·김선우(2017), 유럽의 기업가정신 정책, 20년의 흐름, 동향과 이슈, 제43호, 과학기술정책연구원, 2017.10.31.

로 중등교육(secondary education)에서 기업가정신 교육 수준을 개선하는 데 초점을 두고 있다. 영국은 14~16세 사이 학생들에 대한 교육(주요 단계 4) 단계의 학교 가운데 90% 이상이 기업가정신 교과과정을 개설하고 있다.[328] 잉글랜드, 웨일스, 북아일랜드에서는 '주요 단계 4'(14~16세) 학생들에 대한 기업가 교육이 정규 필수(compulsory) 교과 과정에 포함되고 있다.[329]

기업가적 풍토 조성 및 확산을 위해서는 정규 교육과정에서 기업가정신 교육이 이루어져야 한다는 인식 아래 2005년부터 기업가정신 교육을 집중적으로 지원하고 있다. '주요 단계 4'의 학생들에게 기업가 능력향상(Enterprise capability)에 초점을 맞춘 5일간의 활동이 제공되며, 주요 교육 내용은 혁신, 창조, 위험 관리, 기업과 재무에 대한 이해 등이다.

학생과 교사가 함께 참여하는 온라인 교육 프로그램인 Enterprise Learning Gateway를 통해 학생들의 참여와 관심을 높임으로써 기업가정신 교육의 효율성을 제고하고 있다.

영국 정부는 School's Enterprise Education Network(S'EEN)를 설립하여 51개의 특화된 중핵(hub) 학교와 250여 개의 주변(spoke) 학교로 구성된 네트워크를 구성하고, 영국 교육가정부(Department of Children, School and Families)가 재정 지원하고 있다. 중핵 학교는 경영, 기업가정신 관련 대학들로 영국의 중등학교 교사들을 대상으로 기업가정신 교육프로그램 제공 역할을 담당하고 있다.

3) 독일 : JUNIOR 프로그램

JUNIOR는 퀼른 독일경제연구소 JUNIOR 비영리 유한책임회사가 주도적으로 운영하는 청소년

기업가정신 함양 및 창업지원 프로그램이다. 참가 대상은 9학년 이상의 학생들이며, 이 프로그램의 목표는 실질적인 체험활동을 통하여 학습효과를 높이고자 하는 것이 특징이다. 수업 과정에서 논의된 이론과 지식을 학생들이 실제 현장에 적용하고 실험할 수 있도록 다양한 기회를 제공한다.

JUNIOR 프로그램은 독일이 처한 현실을 정확하게 분석하고 이해하는 것에서부터 출발한다. 경제적 분야의 이해를 높이고 참가자들이 사회적 활동에 적극적으로 참여

328) 영국의 공교육은 초등과정(preliminary curriculum)과 중등과정(second ary curriculum)으로 구성되어 있음. 초등교육은 5~7세를 대상으로 하는 '주요 단계 1'(Key stage 1: 1~2학년)과 7~11세를 대상으로 하는 '주요 단계 2'(Key stage 2: 3~6학년)로 나누고, 중등교육은 11~14세를 대상으로 하는 '주요 단계 3'(Key stage 3: 7~9학년)과 14~16세를 대상으로 하는 '주요 단계 4'(Key stage 4: 10~11학년)로 나눈다.

329) http://www.teachernet.gov.uk/teachingandlearning/14to19/ks4/enterpriseeducation/guidance/

하도록 동기를 부여하며, 교사들은 될 수 있으면 주어진 상황에서 적용 가능한 내용으로 수업을 진행한다.

JUNIOR 프로그램은 학교와 지역사회 간 긴밀한 교량 역할을 수행하고 있으며, 관할 지역의 교육청으로부터 학교의 공식 프로젝트로 인정받고 있다. JUNIOR는 학생들이 실제 사업을 운영하는 것처럼 시행하고 있는데, 실제 사업 운영과 비교해 볼 때 차이점은 단순화된 절차와 예산이 소규모라는 점이다.

JUNIOR의 역할은 크게 세 가지로 정리할 수 있다.

첫째 JUNIOR는 학생들에게 경제지식을 전달하고 경험을 통해 습득할 수 있도록 한다. 경제는 사회에서 매우 중요한 부문이나 학교 정규 수업에서 충분히 다루어지기 힘든 주제이다. 따라서 JUNIOR는 'Learning by Doing'의 모토 아래 독자적으로 경제적 지식을 습득할 수 있도록 동기를 부여한다.

둘째 JUNIOR는 학생들의 잠재력을 마음껏 펼칠 수 있게 한다. 시장조사부터 제품개발에 이르기까지 자신의 사업 아이디어에 대한 개발과정에서 철저한 분석 능력, 조직 능력, 관련 규칙에 대한 이해, 창의력과 상상력 등이 필요하다. 여기서 학생들은 경제, 생태학 및 사회 복지 간의 성취목표에 관한 갈등에 부딪히게 될 경우, 팀을 이루어 이를 극복하는 방법을 모색한다.

셋째 JUNIOR는 학생들에게 새로운 비전을 가질 수 있도록 해준다. 즉 JUNIOR 프로그램은 기업가정신과 기업가적 결정에 도움을 주기 때문에 참가자들에게 교육과정 이수 후의 창업 및 직업생활에 긍정적인 영향을 미칠 수 있도록 도움을 주고 있다. 동시에 참가자는 JUNIOR를 통해 독립적 행동에 대한 장점을 인지하게 할 뿐만 아니라 어떤 위험성이 연관되어 있는지도 파악할 수 있도록 교육하고 있다.

6.3.2 미국의 청소년 기업가정신 교육

미국에서의 기업가정신 교육은 교내 특별활동 프로그램과 같은 용도로 보급되었지만, 1980년대 들어 청소년 문제와 실업 예방을 위해 청소년 교육의 한 분야로 정착되었다. 30개 이상의 주에서 창업 관련 수업이 진행되고 있으며, 아이오와주 등 10여 개 주에서는 학교에서 직업 및 창업과 관련된 과목을 가르치도록 법제화하고 있다.

특히 미국 연방정부가 청소년의 직업교육을 강화하기 위하여 Tech Prep[330]과

330) 미국 각 주 정부 직업기술교육부에서 운영하는 기업가정신 교육 프로그램의 사례인 테크프렙(Tech Prep)에서는 대학에서 공학을 전공할 고등학생에게 통상 2년의 전공 선수 교육기회를 제공하고 도제교육방식으로 실제 기업에서 인턴으로 실무경험을 쌓을 수 있도록 하

School-to-Work 프로그램을 운영하고 있으며, 이들 프로그램은 전문계 고등학생의 창업교육에 중요한 역할을 맡고 있다. 특히 현장중심교육법(School-to-Work Opportunities Act of 1994)에 의한 School-to-Work는 학교에서 직업 세계로의 이행을 위한 교육프로그램이다. 학교로부터 직업 세계로의 원만한 이행을 도울 수 있도록 진로지도를 초등학교 때부터 지원하고, 학생들의 적성・소질 발현 및 적재적소 배치 지원을 연방 및 지방정부에서 실시하고 있다.

100년이 넘는 역사를 가진 어린이 및 청소년에 대한 비즈니스 교육은 정규 교과목, 방과 후 프로그램, 특별 프로그램 등으로 진행되고 있다. 이에 따라 NCEE, NFTE, JA, Kauffman Foundation 등 다양한 비영리 교육기관에서 교육프로그램을 개발하여 자체적으로 교육하거나 일선 학교에 제공하고 있다.

경제교육전국위원회(National Council on Eco nomic Education: NCEE, 1949년 설립)에서는 기업가정신 교육프로그램으로 Mini-Society, Making a Job, EntrePrep을 제공하고 있다. 위의 세 가지 프로그램은 원래 Kauffman Foundation의 프로그램이었으나 NCEE에 운영을 위탁하고 있다. Mini-Society 프로그램(8~12세 대상)은 30년간 시험・검증된 프로그램으로 43개 주에서 정규 교육과정에 사용되며, 10주 혹은 20주 코스로 1주에 3회(45~60분) 수업을 진행한다. Making a Job : A Basic Guide to Entrepreneurship Readiness 프로그램(Middle and Junior High 대상)은 정규 교육과정 혹은 방과 후 프로그램으로 사용되며 기업경영보다는 창업에 중점을 두고 있다. EntrePrep 프로그램(Sophomore or Junior High를 마친 학생 대상)은 여름방학 동안 1주일 간 합숙하면서 진행하는 몰입형 기업가정신 특별프로그램이다.

국가기업가정신교육재단(The National Foun dation for Teaching Entrepreneurship : NFTE, 1987년 설립)은 저소득층 및 소외된 청소년에 대한 기업가정신 및 창업교육을 통해 청년실업가를 양성하기 위한 조직으로서 중학교, 고등학교, 대학을 위한 교육프로그램을 제공하고 있다. JA(Junior Achievement : 1919년 설립)도 초등학교, 중학교, 고등학교 과정의 경제, 비즈니스 교육프로그램을 개발하여 보급하고 있으며, 이외에도 수많은 비영리기관과 영리기관들이 교육프로그램과 교육자료를 개발하여 제공하고 있다.

특히 미국은 기업가정신 교육정책을 실시함에 있어 기업가정신 교사인증제도 및 다양한 교육

프로그램을 개발하여 운영하고 있다. 기업가정신 교사인증제도는 경제 분야 교사는 최소 6개, 전문(advance) 과목 교사는 10개 과목을 이수해야 하며, 5년마다 교

여 청소년의 기업가정신을 고취시킨다. 이와 관련하여 강경균 외(2016), 청소년 기업가정신 함양 및 창업 활성화 방안 연구Ⅲ, 한국청소년정책연구원, 2016.12. 참조.

사자격 갱신을 위해 최소학점 또는 연수시간을 요구한다.

미국은 청소년 기업가정신 교육과 관련하여 다양한 교육 커리큘럼을 운영하고 있다. 정규 교과목, 방과 후 프로그램, 특별 프로그램 등의 형태로 교육 커리큘럼을 운영하는데, 주로 비영리 민간기관에 의해 주도되고 있다.

6.3.3 일본의 청소년 기업가정신 교육

일본 정부는 기업가가 갖추어야 할 마인드 중 도전정신, 창조성 등은 사람들의 의식·가치관이나 행동 양식과 깊게 관계되는 것이기 때문에 이런 것들을 충분히 배양하기 위해서는 초등·중등학교 단계부터 기업가정신을 가르치는 것이 중요하다는 점을 인식하였다. 이러한 관점에서 문부과학성 등 4개 성청(省廳)은 학습지도요령에 의해 중·고생을 대상으로 경력개발경로(Career path) 교육을 시행해오고 있다. 여기서 Career path란 학생 개개인의 능력이나 적성을 고려하여 장래에 목표를 갖고 일할 수 있도록 직업의식을 가르치는 교육이다.

경제산업성은 초·중등학교 단계부터 기업가정신 함양이 중요하다고 판단하고 1999~2005년까지 기업가교육 지원 사업을 모델(시범) 사업으로 실시하였다. 여기서 기업가교육이란 '기업가정신'이나 '기업가능력'을 육성하여, 스스로 과제를 발굴하고 해결책을 생각하며 실행할 수 있는 인재를 육성하기 위한 교육이다.

초등학교 단계에서는 기본적으로 기업가교육을「사업계획서 작성」,「기업 활동의 실시 및 결산」의 두 가지 요소로 단순화하여 기업가교육 활동과정을 편성한다. 사업계획서를 작성하는 과정에서는 '대화'에 초점을 두며, '기업 활동'에서는 '집단 활동'에 중점을 두고 프로그램을 추진한다. 활동의 마무리는 결산과 평가로 하며, 이때 구성원이 모두 참여하는 발표회 등을 통해 성과를 공유할 수 있도록 진행한다.

중학교 단계에서는 계통적 발전성의 관점에서 초등학교 단계에서 학습·체험한 내용에 덧붙여 사회와 관계를 맺으며 자신의 미래에 대해 진지하게 고민할 수 있는 시간을 마련토록 한다. 이를 위해 각 단계에서 청소년들은 초등학교 단계와 달리, 기업인 인터뷰 및 기업방문을 한다. 기업 활동에서는 판매 전 준비단계에서의 대외교섭, 지역주민을 대상으로 하는 홍보 그리고 판매활동을 실시하며, 정리단계에서는 결산과 평가를 시행하고, 자신의 장래에 대해 생각해보는 시간을 마련토록 추진한다.

고등학교 단계에서는 청소년들에게 '기업의 사회적 역할'과 '자신의 인생관'에 대해 생각해보도록 하는 것이 중요한 활동목표이다. 이를 위해 각 단계에서 청소년들은 중학교 단계와 마찬가지로 기업인 인터뷰, 기업방문을 하지만, 이때 단순히 기업인과 기업을 대상으로 인터뷰 또는 방문을 하는 것이 아니라 지역사회의 발전에 기여 또는 공헌하고 있는 기업인과 기업을 발굴하여 조사하도록 한다. 이때 교사와 청소년지도자는 청소년들이 창업하고자 하는 기업이 지역사회의 발전에 어느 정도 기여하는지, 그리고 어떻게 하면 기여할 수 있는지에 대해 생각해보도록 지도한다. 기업 활동에서는 대외교섭, 홍보 및 판매 활동을 시행하며, 지역사회 공헌을 위해 협력해 줄 사람들을 발굴토록 하고, 정리단계에서는 결산과 평가를 시행함과 동시에 자신의 미래뿐만 아니라 금전적 요소 이외에 얻을 수 있는 것, 사회공헌과 자아실현 등에 대해서도 생각해보는 시간을 마련토록 한다.

6.3.4 정책적 시사점

우리 경제에 활력을 부여하고 일자리 창출을 도모하기 위해서는 혁신과 창의성에 바탕을 둔 기업가정신 함양이 중요하다. 특히 기업가정신이 활발하게 발휘되어 지속적 성장을 이루기 위해서는 학교 교육과정에서부터 체계적인 기업가정신 교육이 뒷받침되어야 한다.

앞서 살펴본 바와 같이 EC는 2006년 "기업가정신 교육에 대한 오슬로 어젠다"를 발표하였으며, EU 국가들은 오슬로 어젠다에 따라 교육을 통한 기업가정신 함양을 결의하고, 체계적인 기업가정신 교육을 시행하고 있다. 미국, 일본도 청소년 기업가정신 교육을 체계적으로 추진하는 등 청소년 대상 기업가정신 교육을 강화하는 추세에 있다.

주요 선진국의 청소년 기업가정신 교육 정책 사례를 중심으로 우리에게 주는 시사점을 정리하면 다음과 같다.

첫째 기업가정신 함양 교육 어젠다를 마련할 필요가 있다. 유럽위원회(EC)의 기업가정신 함양을 위한 오슬로 어젠다 영역과 내용은 EU 국가들의 기업가정신 교육과정 개발, 교육여건 조성을 위해 매우 중요한 기준을 제공하고 있다. 실제 EU 국가들은 이를 토대로 정책개발, 교육시스템 구축, 교사 지원, 학교에서의 기업 활동, 현장과의 연계 구축, 의사소통 활동 등 기업가정신 교육과정 개발 및 교육여건 체계화를 위한 기본 틀로 활용한다. 우리나라도 청소년 기업가정신 함양을 위한 체계적 교육 시행을 위해 교육부, 중소벤처기업부 등 관련 부처 공동으로 유럽위원회(EC)의 오슬로 어젠다와 같은 '청소년 기업가정신 교육 어젠다'을 마련할 필요가 있다.

둘째 기업가정신 교육 내용의 체계화 및 연계성 강화가 요구된다. 유럽 주요 국가 및 미국, 일본 등에서는 초・중・고등학교 단계별로 체계적인 기업가정신 교육과정을 마련하여 운영하고 있으며, 교육단계별로 연계성 있는 기업가정신 교육을 시행하고 있다. 이에 비해 우리나라의 청소년 기업가정신 교육은 정부 기관, 비영리 창업

지원 기관, 대학, 민간단체 등이 다양한 교육과정을 운영하고 있으나, 교육단계별로 체계화된 교재 및 교육모형이 없을 뿐만 아니라 교육단계별로 연계성 있는 교육이 시행되지 못하고 있다. 우리나라도 선진국과 같이 교육단계별로 체계화된 청소년 기업가정신 교육 모형 및 교재 개발, 교육단계별로 연계성 있는 기업가정신 교육을 시행할 필요가 있다.

셋째 기업가정신 교육 담당 교사의 전문성 및 역량 제고가 중요하다. EC의 경우, 오슬로 어젠다에서 기업가정신 함양 교육을 위해 교사의 역량 강화가 중요하다는 점을 지적하고, 기업가정신 함양 교육을 위한 교사 양성, 교사 교육 및 훈련 프로그램 개발, 기업가정신 교육 담당 교사 지원 학교에 대한 인센티브 부여, 교사들 간의 교류 지원 확대 등을 제안하고 있다. 일본은 초·중·고등학교 교육용 기업가 교육교재 및 교육프로그램 개발, 교원 매뉴얼 개발사업 등을 실시한 바 있다. 우리나라도 청소년 기업가정신 교육 담당 교원의 전문성 제고를 위해 기업가정신 교육 관련 학습공동체와 같은 연구모임 지원, 기존 우수 교원의 교수법 사례 발굴 및 공유, 기업가정신 교육 네트워크 구축 등을 통해 담당 교원들이 질 좋은 기업가정신 교육을 시행할 수 있도록 역량 강화 프로그램을 마련하여 운영할 필요가 있다.

넷째 체험 위주의 기업가정신 교육을 강화하는 것이 필요하다. 독일 JUNIOR 프로그램 참가 대상은 9학년 이상의 학생들이며, 동 프로그램의 목표는 실질적 인 체험활동을 통해 학습효과를 높이고자 하는 특징을 갖고 있다. 수업 과정에서 학생들이 실제 현장에 적용하고 실험할 수 있도록 다양한 기회를 제공하고 있다. 특히 Learning by Doing[331]의 모토 아래 학생들의 잠재력을 마음껏 펼칠 수 있도록 하고, 독자적으로 문제를 인식하고 해결할 수 있는 방식으로 기업가정신 교육을 시행하고 있다. 일본은 초・중・고등학생의 참가・체험형 기업가 교육 프로그램 모델사업 운영 등을 통해 체험형 교육을 강화하고 있다. 우리나라의 청소년 기업가정신 교육사업도 독일, 일본 등 선진국의 기업가정신 교육과 같이 실제 현장에서 적용 가능토록 하는 체험형 교육을 강화하는 방향으로 운영할 필요가 있다.

다섯째 기업가정신 교육 인프라를 확충해야 한다. EC의 경우, 오슬로 어젠다에서 기업가정신 함양을 위한 혁신적 교수법 개발, 학습공동체 구축 지원, 학교와 교사를 지원하기 위한 지역별 지원센터 설립 등을 제안한 바 있다. 영국은 온라인 기업가정신 교육프로그램 인 Enterprise Learning Gateway를 통해 기업가정신 교육의 효율성을 높이고 있다. 즉 학생들이 특정 시간, 장소 등에 제약을 받지 않고 언제, 어디서나 기업가정신 교육에 참여할 수 있도록 지원한다. 우리나라도 청소년 기업가정

331) Learning by Doing(실천 혹은 실습을 통한 학습)은 미국의 철학자 존 듀이(John Dewey)가 설명하는 교육 이론을 말한다.

신 교육사업의 지속 가능한 발전을 위해서는 단발성 행사 위주의 프로그램 운영 방식에서 체계적인 기업가정신 교육이 이루어질 수 있도록 관련 인프라 확충 방안을 강구할 필요가 있다. 이를 위한 방안으로 '청소년 기업가정신 포털사이트 구축', 청소년들의 코딩 능력 배양을 위한 학습 교구 보급 등 기업가정신 교육 관련 인프라를 확충할 수 있도록 지원하는 방안을 강구해야 한다.

여섯째 기업가정신 교사인증제도 도입방안을 마련할 필요가 있다. 미국의 경우 기업가정신 교육과 관련하여 경제 분야 교사는 최소 6개, 전문(Advance) 과목 교사는 10개 과목을 이수해야 하며, 5년마다 교사자격 갱신을 위해 최소 학점 또는 연수시간을 요구하는 기업가정신 인증 제도를 운용하고 있다. 우리나라도 청소년 기업가정신 교육 담당 교사의 전문성 제고와 함께 실효성 있는 기업가정신 교육을 위해서는 미국과 같은 '기업가정신 교사인증제'를 도입하여 운영할 필요가 있다. 한편, 우리나라의 청소년 기업가정신 함양 교육 프로그램은 학교 교과로 인정받지 못한 채 방과후 학습 등을 통해 추진되는 관계로 담당 교원(교사)이 부수적 업무로 학생들을 교육하고 있다. 향후 청소년 기업가정신 교육 담당 교사와 학교 구성원 간 협업을 통해 지속적·체계적으로 기업가정신 교육이 이루어질 수 있도록 하기 위해서는 독일 JUNIOR 프로그램과 같이 청소년 기업가정신 교육 프로그램에 대해 교육부 및 시·도 교육청에서 실태조사를 시행한 후 공식 프로그램(수업)으로 인정하여 운영할 수 있도록 하는 제도적 장치를 마련할 필요가 있다.

7. 기업가정신 교육 국내 연구동향[332)]

7.1 문제제기

기업가정신은 우리나라의 경우 반복되는 경제위기 속에서 현실적인 사회 문제를 극복하는데 필요한 경제교육의 하나로 강조되기 시작하였다(김이석, 2002).[333)] 특히

332) 김미란·엄우용(2019.03.11.), op. cit.
333) 김이석(2002), 기업가정신과 경제교육. 경제교육연구, 9권, 63-82, 2002.12.

2009 개정 교육과정부터 고등학교 선택과목 중 하나인 '경제' 과목에서 기업가정신이 중요한 개념으로 등장하면서 학교뿐만 아니라 정부와 민간기업 등에서 다양한 기업가정신 교육 프로그램이 개발되어 시행되고 있다(신혜원, 2017).[334] 현재의 기업가정신 교육은 급변하는 환경에 따라 보다 전문적이고 체계적인 프로그램을 개발할 필요성에 대한 인식이 높아지고 있으나, 이에 대한 구체적인 방안이나 해결책은 제시되지 않고 있는 실정이다(최종인·양영석, 2012).[335]

배종태·차민석(2009)[336]은 기업가 또는 예비창업자가 개인의 역량을 강화하고 기업가정신을 함양하여 이를 발휘하기 위해서는 기업가정신에 대한 체계적인 교육을 통해 급변하는 시대에 유연하게 대처할 수 있도록 하는 것이 중요하다고 하였다. 또한 정현진·김창완(2018)[337]은 교육수요자, 학습대상자의 관점에 적합한 기업가정신 교육의 설계와 개발이 필요하며, 이에 따른 다양한 교재 및 교구에 관한 연구도 필요하다고 하였다. 그러나 기업가정신 교육에 대한 학문적 토대가 부족하여 학습자의 다양한 환경과 개인특성, 교육요구 정도를 반영한 체계적이고 전문적인 교육 프로그램을 개발하고 운영하는 데 한계가 있다(이명숙·원상봉, 2013).[338]

이처럼 기업가정신 교육의 필요성이 강조되고 있음에도 불구하고 현재 기업가정신 교육이 어떻게 이루어지고 있는지에 대한 연구는 부족한 편이다(신혜원, 2017).[339] 즉 기업가정신 교육에 대한 학문적인 토대가 부족하고 이로 인해 체계적인 교육 프로그램이 마련되어 있지 않은 한계점을 극복하기 위하여 국내에서 운영한 기업가정신 교육 사례를 발표한 논문을 토대로 기업가정신 교육의 동향을 살펴볼 필요가 있다.

7.2 선행연구

기업가정신 교육은 개인이 자신의 삶을 주도적으로 개척하고 새로운 도전을 통하여 기회를 창출하여 이를 실천에 옮기기 위한 동기를 부여하는 것이다(안승권, 2016).[340] 기업가정신 교육은 학습자에게 창업 동기를 부여할 수 있으며 새로운 기

---

334) 신혜원(2017), 기업가정신교육 프로그램에 대한 질적 사례 연구 참여자 중심 평가의 적용, 박사학위논문, 서울대학교.
335) 최종인·양영석(2012), 창업교육을 위한 프로그램 개발과제, 벤처창업연구, 7(1), 125-134.
336) 배종태·차민석(2009), op. cit.
337) 정현진·김창완(2018), 4차 산업혁명 시대 디자인씽킹 기반의 청소년 기업가정신 교육 프레임워크 연구, 한국창업학회지, 13(1), 175-200.
338) 이명숙·원상봉(2013), 기업가정신교육 프로그램개발을 위한 교육요구도 분석: 창업자, 예비창업자, 비창업자를 중심으로, 직업교육연구, 32(2), 99-134.
339) 신혜원(2017), op. cit.

회를 포착하여 궁극적으로는 국가와 지역의 경제성장과 창업 후 생존율을 높이고 고용을 창출하는 등 중요한 역할을 한다(Chrisman, Hynes, & Fraser, 1995).[341] 그리고 Liñán(2004)[342]은 기업가정신 교육의 목적을 기업가정신의 개념 파악, start-up을 위한 창업 의지의 발전, 기업가적 행동의 촉진, 기업가를 위한 지속적인 교육의 네 가지로 제시하였다. 또한 Jamieson(1984)[343]은 기업가정신 교육의 목적을 기업가정신을 깨닫는 것과 사업의 시작과 확대를 위한 것으로 나눌 수 있다고 하였다. 최병모・천규승・조병철(2006)[344]은 기업가정신 교육의 주요 내용으로 모험, 창조성, 도덕성, 환경보호, 위기대처, 혁신을 제시하였다.

기업가정신은 타고난 고유의 성격이나 기질이 아니므로 기업가정신 교육을 통해 육성 및 개발이 가능하다(박종규, 2014).[345] 기업가정신 교육은 인간의 가치관과 태도를 바꿀 수 있는 본질적인 특성을 신장하는 데 도움이 된다(Drucker, 1998).[346] 또한 기업가정신 교육을 통해 창의성과 자기주도 학습능력이 향상된다는 연구결과가 있다(최인재・임지연・김형주, 2008).[347] 이외에도 기업가정신 교육을 통해 정보처리속도, 작업 기억, 문제해결능력의 향상이 있다는 연구결과가 보고되었다(박재홍・김성환, 2011).[348]

기업가정신 교육은 1983년 일본의 고베대학에서 처음 시작하였다. 이후 미국 하버드대학에서 도입되었으며 1980년대에는 미국의 150개 이상의 대학에서 기업가정신 관련 교과목을 개설하여 운영하였다(이명숙・원상봉 2013).[349] 국외에서는 기업가정신 교육이 이미 고등학생 대상으로까지 확대되어 이루어지고 있지만, 국내에서는 2000년대 후반에 정부의 관심과 지원을 통해 기업가정신 교육이 시작되었으며

---

340) 안승권(2016), 창업교육과 제도적 지원이 자기효능감 및 창업의지에 미치는 영향, 박사학위논문, 중앙대학교.

341) Chrisman, J. J., Hynes, T., & Fraser, S.(1995), Faculty entrepreneurship and economic development: The case of the University of Calgary, Journal of Business Venturing, 10(4), 267-281.

342) Liñán, F.(2004), Intention-based models of entrepreneurship education, Piccola Impresa/Small Business, 3(1), 11-35.

343) Jamieson, I.(1984), Schools and enterprise, Education for Enterprise, 1(1), 7-18.

344) 최병모·천규승·조병철(2006), 기업가정신 교육의 내용과 방법에 대한 탐색과 적용, 사회과교육연구, 13(3), 167-194.

345) 박종규(2014), 기업가정신 교육의 현황 및 극복 과제, The HRD Review, 17(1), 256-266.

346) Drucker, P. F.(1998), The Discipline of Innovation: Some innovations spring from a flash of genius, but most result from hard, focused, purposeful work and knowing just where to look, Harvard Business Review, 76(6), 149-158.

347) 최인재·임지연·김형주(2008), 한국 청소년 발달 지표 조사 Ⅲ, 세종특별자치시: 한국청소년정책연구원.

348) 박재홍·김성환(2011), 청소년기 뇌 발달과 인지, 행동 특성, 생물치료정신 의학, 17(1), 11-20.

349) 이명숙·원상봉(2013), op. cit.

이와 관련한 연구가 보고되기 시작하였다(이우진・김진수・김용태, 2013).[350)]

국내에서 보고된 기업가정신 교육과 관련된 연구는 다음과 같다. 강경균(2017)[351)]은 청소년을 대상으로 기업가정신 교육 모형을 정립하고, 기업가정신 교육 및 창업을 활성화하기 위한 토대를 제시하였다. 이 연구는 교육현장의 요구와 경험을 기반으로 한 기업가정신 교육을 개발하고 기업가정신의 본질적인 측면에서 체계적으로 접근하였다는 장점이 있다. 그러나 변화하는 기술과 지식에 대한 이해 및 학습자의 자기 주도적 인지적 역량을 함양할 수 있는 구체적인 방안이 없다는 단점이 있다. 강인애・김양수・윤여진(2017)[352)]은 문제를 해결하고 결과물을 제작하는 활동 과정인 메이커 교육을 적용하여 대학생을 대상으로 기업가정신 함양을 위한 교육 프로그램을 개발하였다. 이 교육 프로그램은 문제해결 측면에서 효율적이고 실용적으로 현장에 적용할 수 있다는 장점이 있으나, 학습자의 수준을 고려하지 않았다는 단점이 있다, 또한 메이커 교육이 상대적으로 강조되어 기업가정신의 함양에 대한 보완이 필요하다. 이외에도 김준태(2014)[353)]는 중·고등학교 사회교과서에 포함된 기업가정신 교육을 확대하여 사회구성원 전체를 대상으로 하는 '확장된 기업가정신' 교육방안을 제시하였다. 이 방안은 기업가정신의 본질이 강조되었으며, 사회구성원 전체의 시민성 배양이라는 명확한 목적이 있음에도 불구하고, 학습자 수준에 대한 고려가 불분명하다는 단점을 가지고 있다.

오해섭・맹영임・문호영(2014)[354)]은 기업가정신 교육을 통해 기업가정신 관련 개념과 지식, 기술을 청소년 시기부터 경험하여 빠르게 변화하는 기술과 환경에 대응가능한 역량을 사전에 준비할 수 있도록 할 필요가 있다고 하였다. 즉 기업가정신은 단기간에 육성되거나 함양되기 어렵기 때문에 초·중등 교육에서부터 학습자가 기업가정신에 관한 관심을 가지고 새로운 기술의 동향을 파악할 수 있는 역량을 갖출 수 있게 할 필요가 있다(정현진・김창완, 2018).[355)] 이외에도 이명숙・원상봉(2013)[356)]은 기업가정신 교육을 기업가가 되기를 희망하는 사람뿐만 아니라 학생과 사업체의 근로자에게도 광범위하게 실시할 필요성을 제기하였다. 이에 교육기관과 직업훈련 기관에서 기업가정신에 대한 교육을 제공하였고, 많은 연구자는 이러한 기업가정신 교육이 기업가정신을 높이고 창업의도를 높인다는 연구결과들을 보고하고 있

350) 이우진·김진수·김용태(2013), 대학의 창업교육 품질이 교육만족도와 창업 의지에 미치는 영향에 관한 연구, 경영교육연구, 28, 105-131.

351) 강경균(2017), 청소년의 기업가정신 교육 모형 개발, 창의력교육연구, 17(1), 17-36.

352) 강인애·김양수·윤혜진(2017), 메이커 교육(Maker Education)을 통한 기업가정신 함양: 대학교 사례연구, 한국융합학회논문지, 8(7), 253-264.

353) 김준태(2014), 기업가정신의 본질 이해 및 교육방안 탐색, 사회과교육, 53(4), 47-67.

354) 오해섭·맹영임·문호영(2014), 청소년 기업가정신 함양 및 창업 활성화 방안 연구Ⅰ, 세종특별자치시: 한국청소년정책연구원.

355) 정현진·김창완(2018), op. cit.

356) 이명숙·원상봉(2013), op. cit.

다(Dickson, Solomon, & Weaver, 2008 : Martin, McNally, & Kay, 2013 : Rauch & Hulsink, 2015).[357]

국내에서 진행되는 기업가정신 교육은 대부분이 창업교육의 일환으로 진행되고 있다. 기업가정신 교육과 창업교육의 관계를 보면, 교육이라는 측면에서 기업가정신과 창업의 구별에 대해 학생과 전문가 모두 인식의 차이를 지닌 것으로 나타났다(오해섭・맹영임・문호영, 2014).[358] 스탠포드 대학의 William Miller 교수는 기업가정신과 창업을 동의어로 사용하였다. Entrepreneurship Education은 미국이나 캐나다에서 주로 사용되는 표현으로 예비창업자에 대한 교육이나 지원, 창업자를 위한 교육 프로그램을 말하며, Small Business Education은 주로 유럽에서 많이 쓰는 표현으로 이는 창업교육, 기존기업 인수, 중소경영자 교육, 그리고 창업자 교육 프로그램 등을 포괄하는 것으로 사용된다(한문성・권주형・안웅, 2010).[359]

기업가정신 교육이 창업교육의 하위 범주에 속한다고 주장하는 학자들은 창업교육 프로그램에서 기초과목으로 기업가정신을 가르치지만, 기업가정신 교육의 비중을 크게 둘 필요가 없다고 주장하며 외래어인 Entrepreneurship이라는 단어를 기업가정신보다는 창업가정신으로 번역하고자 하였다(홍성호, 2009).[360]

창업교육이 기업가정신 교육에 포함되는 관계로 보는 학자들에 따르면, 기업가정신 교육은 한 개인이 평생을 살면서 요구되는 역량을 학습하는 것으로 교육대상을 모든 사람으로 보았다. 김영수・성상기(2015)[361]는 창업교육의 궁극적인 목적이 기업가정신의 실현에 있는 것으로서 기업가정신 교육이 창업교육을 포함하는 더 넓은 개념으로 파악하고, 미래의 기업가를 양성하기 위한 일반 교육과 현장의 창업자를 세밀하게 지원하기 위한 특화 교육은 구분이 필요함을 강조하였다.

이상의 선행연구를 토대로 기업가정신 교육을 다음과 같이 정의할 수 있다. 기업가정신 교육이란 개인이 자신의 역량을 함양하여 새로운 동향을 파악하고 기회를

---

357) Dickson, P. H., Solomon, G. T., & Weaver, K. M.(2008), Entrepreneurial selection and success: does education matter?, Journal of Small Business and Enterprise Development, 15(2), 239-258. Martin, B. C., McNally, J. J., & Kay, M. J.(2013), Examining the formation of human capital in entrepreneurship: A meta-analysis of entrepreneurship education outcomes, Journal of Business Venturing, 28(2), 211-224. Rauch, A., & Hulsink, W. (2015), Putting entrepreneurship education where the intention to act lies: An investigation into the impact of entrepreneurship education on entrepreneurial behavior, Academy of Management Learning & Education, 14(2), 187-204.

358) 오해섭·맹영임·문호영(2014), op. cit.

359) 한문성·권주형·안웅(2010), 창업 및 기업가정신 교육의 현황 및 교육수요자의 기대성과에 대한 연구: 중·고등학교를 중심으로, 상업교육연구, 24(4), 143-170.

360) 홍성호(2009), 한국 창업학 연구 분류체계를 위한 탐색적 연구, 석사학위논문, 중앙대학교.

361) 김영수·성상기(2015), 기업가정신 교육의 교과내용과 방법에 관하여: HAKS모형에 기반한 모듈식 교육방안, 상업교육연구, 29(5), 1-30.

포착하여 이를 실천에 옮길 수 있도록 도와주는 교육으로 단기간에 이루어지는 것이 아니라 구체적인 목적을 가지고 체계적인 방법과 과정을 통하여 학습자가 기업가정신을 함양할 수 있도록 교육하는 것을 뜻한다. 또한 기업가정신 교육을 위해서는 다양한 학습자의 수준을 고려하여 기업가정신 함양뿐만 아니라 혁신성, 진취성, 위기대처능력, 문제해결능력, 창의력 등을 동시에 함양할 수 있는 내용과 방법으로 구성되어야 한다.

7.3 분석결과 및 향후 교육의 방향

기업가정신 교육 관련 연구가 등장한 2002년부터 2019년 1월까지 국내 학술지에 게재된 논문 151편을 분석한 연구결과를 토대로 결론을 제시하면 다음과 같다.

첫째 기업가정신 교육 관련 연구의 연도별 연구동향을 살펴보면, 2012년부터 연구가 활발히 진행되었으며, 2017년 이후에는 초·중등 및 고등교육기관의 연구가 주로 이루어졌다. 이러한 경향은 이명숙·원상봉(2013)[362]이 기업가정신 교육의 대상자를 확대할 필요가 있다고 제기한 연구와 2009 개정 교육과정 이후 학교뿐만 아니라 정부와 민간 기업이 주도적으로 기업가정신 교육을 실시하고 있다고 보고한 신혜원(2017)[363]의 연구와 흐름을 함께 한다. 이러한 결과를 통하여 국내 기업가정신 교육이 다양한 교육현장에서 활발하게 이루어지고 있음을 확인할 수 있었다. 또한 기업가정신 교육 대상자에 대한 특성을 분석하여 체계적인 기업가정신 교육을 할 필요가 있다.

둘째 기업가정신 교육 관련 연구의 학문 분야별 연구동향을 살펴보면, 경영학 분야가 가장 많았으며, 이어 교육학, 경제학 분야에서 연구가 이루어지고 있음을 알 수 있었다. 경영학 및 경제학 분야에서 기업가정신 교육 관련 연구가 활발히 이루어지고 있는 이유는 선행연구(김성수, 2007/이미자·김중규, 2013/이용탁, 2011/최윤미 등, 2015)[364]에서 제시한 기업의 핵심 성공 요소가 기업가정신을 꼽을 수 있기 때문으로 판단할 수 있다. 이러한 이유로 기업가 및 예비창업자를 대상으로 경영학적인 관점에서 기업가정신 교육이 이루어지고 있음을 파악할 수 있다. 또한 교육학에서 기업가정신 교육에 관한 연구가 활발히 이루어지고 있는 이유는 김이석(200

362) 이명숙·원상봉(2013), op. cit.
363) 신혜원(2017), op. cit.
364) 김성수(2007), op. cit. 이미자·김중규(2013), op. cit. 이용탁(2011), op. cit. 최윤미·류정현·이상훈·박한림·오헌석(2015), op. cit.

2)[365]이 현실적인 사회 문제를 극복하는 데 필요한 경제교육의 요소로 기업가정신 교육이 필요하다고 제시한 연구결과와 맥락을 같이한다.

셋째 기업가정신 교육 관련 연구의 주제별 연구동향을 살펴보면, 기업가정신, 기업가정신 교육, 사회적 기업, 창업 등의 주제어가 도출됨을 알 수 있었다. 그러나 선행 연구(강병오, 2011/이재은・강지원・박정민, 2017/Dai, Maksimov, Gilbert, & Fernhaber, 2014/Miller, 1983/Morris & Lewis, 1995)[366]에서 언급한 기업가정신의 구성요소인 혁신성, 진취성, 위험 감수성에 대한 주제어는 창업의지, 창업 준비, 사회적 기업 등의 주제어보다 빈도수가 상대적으로 적은 것으로 나타났다. 또한 낮은 빈도의 주제어였으나 변화하는 시대에 적합한 인재를 양성하기 위한 기업가정신 교육방법에 대한 주제어로 도출됨을 파악할 수 있었다. 이러한 연구결과는 기업가정신 교육에서 필요한 핵심 내용이 무엇인지를 파악하고 이에 대한 교육 프로그램을 개발할 필요가 있음을 시사한다.

넷째 기업가정신 교육 관련 연구의 연구대상별 연구동향을 살펴본 결과 대학생이 가장 많았으며 기업가, 고등학생, 사회적 기업가, 관련 전문가 등을 대상으로 주로 연구가 이루어졌음을 확인할 수 있었다. 이러한 연구결과는 다양한 영역에서 기업가정신이 확대되고 있으며 이에 대한 교육이 이루어지고 있다는 배종태・차민석(2009),[367] 송영수(2010),[368] 정연대(2018)[369]의 연구결과와 맥락을 같이 한다. 또한 농업인, 예술기업가, 학교 밖 청소년 등에 관한 연구도 이루어졌음을 확인할 수 있었다. 이러한 연구결과는 기존 연구에서 언급된 집단뿐 아니라 기업가정신 교육이 필요한 다양한 집단을 대상으로 맞춤형 교육 프로그램을 개발할 필요가 있음을 시사한다.

이제 향후 기업가정신 교육의 방향을 제시하면 다음과 같다.

첫째 기업가정신 교육에 필요한 핵심 구성요소를 분석하여 이를 반영한 교육 프로그램을 개발할 필요가 있다. 기업가정신 교육 관련 연구동향을 살펴본 결과, 대부분의 연구에서 기업가정신을 교육하기 위하여 창업이나 사회적 기업에 대한 교육을

365) 김이석(2002), op. cit.

366) 강병오(2011), op. cit. 이재은·강지원·박정민(2017), op. cit. Dai, L., Maksimov, V., Gilbert, B. A., & Fernhaber, S. A.(2014), op. cit. Miller, D.(1983), op. cit. Morris, M. H., & Lewis, P. S.(1995), op. cit.

367) 배종태·차민석(2009), op. cit.

368) 송영수(2010), 지식정보화 시대가 요구하는 기업가정신(Report No.119), 서울: 자유기업원.

369) 정연대(2018), 기업가정신의 연구 분류 체계에 대한 탐색적 연구, 박사학위논문, 숭실대학교.

실시하고 있음을 알 수 있었다. 또한 기업가정신 교육에 대한 교육과정 분석이나 교육 내용을 분석한 연구는 부족함을 파악할 수 있었다. 따라서 기업가정신 교육에 대한 구성요소를 분석하여 체계적인 기업가정신 교육을 할 필요가 있다.

둘째 기업가정신 교육 관련 연구의 연구대상별 연구동향을 살펴본 결과 여러 대상으로 연구가 이루어졌음을 확인할 수 있었고, 다양한 영역에서 기업가정신 교육이 이루어지고 있음을 알 수 있었다. 이에 기업가정신 교육을 받는 교육 대상자에 대한 분석을 통해 맞춤형 교육이 이루어질 필요가 있다. 즉 초・중・고・대학생뿐만 아니라 성인, 학교 밖 청소년, 예비창업자, 여성 기업인 등을 대상으로 다양한 학습자가 가지는 개인적인 특성, 심리적인 특성 등과 이들의 교육요구 정도를 분석하여 이를 반영한 교육 프로그램을 제공할 필요가 있다.

셋째 기업가정신 교육 관련 연구의 주제별 연구동향을 살펴보면, 기업가정신, 기업가정신 교육, 사회적 기업, 창업의지, 창업교육, 창업의도, 창업 준비 등의 주제어가 도출됨을 알 수 있었다. 이에 창업교육과 연계한 기업가정신 교육이 필요하다. 대학생 및 예비창업자뿐만 아니라 학교 밖 청소년, 경력단절 여성 등 소외된 집단의 학습자가 기업가정신의 함양과 더불어 창업에 대한 지식을 갖추고 이를 실제 창업에 적용한다면, 창업에 어려움을 겪거나 실패를 하는 사례를 줄이고 다양한 분야에서 성공적인 창업 사례가 확대될 수 있을 것이다.

[부록] 기업가정신 교육의 실천사례

1. 경안고[370)]

최근 창업, 창직이 진로교육에서 부각되는 배경에는 '고용 없는 성장'이라는 사회적 분위기도 있을 것이다. 학교에서 기업가정신 교육이 필요한 이유도 이런 흐름과 궤를 같이하고 있다. 창업·창직에 필요한 문제 발견과 해결력, 리더십, 자기주도성, 가치 지향성, 협업력 등의 역량을 기업가정신 교육을 통해 키워나갈 수 있기 때문이다.

경안고에서 이루어지는 기업가정신 교육을 통한 '학교 변화 프로젝트'를 소개해볼까 한다. 경안고의 기업가정신 교육은 지난 2012년부터 엘에스피 프로그램[371)]에 도입되었다.

기업가정신 교육은 총 6단계에 걸쳐 진행한다. 1단계인 '문제 포착 단계'는 학교 안에서 변화시키고 싶은 문제점을 포착하는 단계이다. 2단계 '해결책 입증 단계'는 포착한 문제에 현실 가능한 해결 방안을 모색하는 과정이다. 3단계 '필요 자원 확보 단계'는 프로젝트 실행에 필요한 인적, 재정적 자원 등을 확보하는 과정이다. 4단계 '기획 단계'는 프로젝트의 목적, 세부 계획이 담긴 기획서를 작성하는 단계이다. 5단계 '실행 단계'에서는 확보한 자원을 활용해 프로젝트를 진행한다. 6단계 '지속 및 발전 단계'는 실행한 프로젝트가 계속 이어질 수 있도록 향후 계획을 마련한다.

경안고에서는 매년 40여개 프로젝트를 진행하는데, 2018년 1학기에는 '따뜻한 마음 전하기 프로젝트'(이하 따마전 프로젝트)를 비롯해 37개의 프로젝트가 운영됐다.

따마전 프로젝트를 예로 들어보겠다. 학생들은 '우리를 위해 애써주시는 영양사, 조리사님들께 감사함을 표현할 기회가 없는 것'을 문제점으로 포착했다. 방법을 직접 찾기 시작했고, 교내 곳곳에 메시지를 적을 수 있는 보드를 게시했다. 따마전 프로젝트 참여 학생들은 메시지와 편지를 정성스레 모아 학내 영양사님에게 음료수와 함께 전달했다. 직접 문제점을 진단·포착한 뒤 '기업가정신'으로 해결 방안을 내보고 실행까지 해본 것이다. 이 과정에서 참여를 유도하기 위해 교내 다양한 구성원에

370) 한겨레(2018.08.), 문제점 뭘까 찾고 해결책 내보는 '기업가정신 교육', 2018.08.27.

371) 안산 경안고에서 학생들의 미래역량 계발을 위해 엘에스피(LSP, Life Scale Planning) 프로그램을 운영하고 있는데, 엘에스피는 진로, 플래닝, 독서, 기업가정신 교육을 통해 청소년들의 자기경영 역량을 신장시켜 미래인재로 자랄 수 있도록 돕는 프로그램이다. 이와 관련하여 한겨레(2018.05.), 자신 넘어 공동체 경영하는 법도 가르쳐야죠, 2018.05.07. 참조.

대한 인식 개선 강연회 및 캠페인을 펼치면서 프로젝트를 더욱 성공적으로 마칠 수 있었다.

지난 2년 동안 '학교 변화 프로젝트'에 주도적으로 참여했던 경안고 3학년 문서현 양은 "기업가정신 교육을 받은 뒤 꿈이 생겼다. 10대들의 잠재력을 끌어내는 청소년 유스벤처 사업가가 되고 싶다"고 소감을 말했다.

2. 효과적인 앙트십 교육[372)]

도전과 혁신의 정신을 뜻하는 '앙트십'을 효과적으로 가르치는 방법은 무엇일까. '기업가정신'을 어떻게 가르칠 수 있을까. 흔히 이런 교육을 구상하면 수동적인 수업현장을 떠올리기 쉽다. 한국의 초대 기업가들의 생애가 담긴 다큐멘터리를 시청하거나, 유명 스타트업 대표의 강연을 경청하는 것이 일반적이다. 하지만 진정한 기업가정신을 가르치기 위해서는 살아 숨 쉬는 교육방법이 필요하다.

앙트십이란 기업가정신을 뜻하는 앙트레프레너십(entrepreneurship)을 편하게 부르기 위해 줄인 말이다. 2018년 8월 22일 한국청년기업가정신재단과 스타트업 얼라이언스가 개최한 '제5회 앙트십 코리아 콘퍼런스'에선 기업가정신을 교육하는 혁신적인 방법들이 소개돼 화제를 모았다. 행사에는 창업과 교육 분야에서 노하우를 쌓은 다양한 전문가들이 연사로 올랐다.

교육공학을 전공한 윤성혜 렛츠랩스 대표는 '자판기'를 활용한 기업가정신 교육을 소개했다. 자판기는 화장실, 지하철, 회사 복도 등 어디서든 쉽게 볼 수 있는 생활밀착형 소재다. 판매되는 물건도 위생용품, 과자·음료, 꽃 등 얼마든지 다양하게 구성할 수 있다. 윤 대표는 "자판기는 청소년들에게도 익숙한 소재"라며 "'내가 자판기를 만든다면?'이라는 고민을 해결하는 과정에서 타깃고객 탐색, 판매방식 및 아이템 설정, 수익성 분석 등 기업가가 되기 위한 기초 사고과정을 경험해볼 수 있다"고 말했다.

강혜원 한국비전교육원 이사는 '음식'을 매개로 한 앙트십 교육모델을 발표하며 '주스 해커톤(팀을 이뤄 마라톤 하듯 긴 시간동안 시제품 단계의 결과물을 완성하는 대회)'을 예로 들었다. 청소년들이 '주스를 더 건강하게 만들 수는 없을까?' '당분이 적지만 맛있는 주스는 없을까?' 등의 고민을 하며 하루 동안 주스 신제품을 개발해 보는 것이다. 이 과정에서 소비자 입장에서 문제를 고민하고 해결책을 제시하는 기업가정신이 길러질 수 있다. 바른 먹거리를 탐색하며 식습관에 대한 태도까지 교육

372) 동아일보(2018.08.), "몸에 더 좋은 주스는?" 고민 해결 과정서 '기업가정신' 싹튼다, 2018.08.28.

시킬 수 있어서 1석2조다. 강 이사는 "기업가정신은 문제를 인지하는 데에서 출발한다"며 "음식은 누구나 소비자이며 하루에도 몇 번씩 부딪히는 문제의 현장이기 때문에 청소년들에게도 앙트십 교육을 하는 데에 가장 좋은 매개체가 될 수 있다"고 말했다.

3. 이우고[373)]

앙트십 수업을 받은 학생들이 진행했던 프로젝트 사례 하나를 소개해 본다. 이우고 학생들이 만든 자전거 공유서비스 '빠박이(빠른 바이크가 이곳에)' 이야기다.

이우고등학교 김우린 외 4명의 학생은 버스정류장과 학교가 멀어 불편하다는 사실을 문제점으로 인식하고, 이를 해결하기 위해 함께 쓰는 자전거 서비스를 만들자는 해결방법을 찾아냈다. 문제의 해결은 기업에서 하는 방식으로 프로토타입[374)]을 만들어 검증하고 서비스를 론칭[375)]하는 과정을 통해 이루어졌다.

학생들은 자전거 공유서비스에 대한 수요 조사를 거쳐, 친구들의 자전거를 5대 빌려 일주일간 시범 운영을 해서 필요도와 사용성을 검증하는 프로토타입 테스트 과정을 진행한 후 확신을 얻고, 학교 근처 아파트를 돌아다니며 버려진 자전거를 수거해 모으고, 맥가이버 선생님의 도움을 받아 자전거를 수리한 후, 자전거 공유서비스를 운영하게 되었다.

이 과정에서 학생들은 아파트 관리소장님께 면박을 당하기도 하고, 약속을 어기는 관리소장님의 허언에 실망하기도 했지만, 이 아파트가 안 되면 다른 아파트를 찾아가고, 학부모 커뮤니티에 게시글을 올려 쓰지 않는 자전거를 기부 받아 월 2천 원의 회비를 내는 자전거 공유서비스를 운영하게 되었다.

앙트십 수업에 참가한 학생들은 "문제를 보고도 그냥 불편하게 살아갔던 예전과

---

373) 교육부 공식 블로그(https://if-blog.tistory.com/5760), 기업가정신을 배우며 내 인생의 CEO가 되어보세요, 대한민국 교육부, 2015.10.23.

374) 프로토타입(prototype, 원형)은 원래의 형태 또는 전형적인 예, 기초 또는 표준이다. 시제품이 나오기 전의 제품의 원형으로 개발검증과 양산 검증을 거쳐야 시제품이 될 수 있다. 프로토타입은 '정보시스템의 미완성 버전 또는 중요한 기능들이 포함되어 있는 시스템의 초기모델'이다. 이 프로토타입은 사용자의 모든 요구사항이 정확하게 반영할 때까지 계속해서 개선·보완된다. 실제로 많은 애플리케이션들이 지속적인 프로토타입의 확장과 보강을 통해 최종 설계가 승인된다. 프로토타입이라는 낱말은 원초적 형태라는 뜻의 그리스어 낱말 πρωτότυπον (프로토타이폰)에서 왔다.

375) 론칭(launching)은 비행 물체의 발사, 배의 진수 이외에 오프닝과 의미가 비슷하긴 하나 새로 시작하는 것에 대한 의미가 더 강하다. 따라서 착수, 개시, 개업, 신규 발간, 출범, 시작, 출시 등의 뜻으로 많이 쓰인다. 각각 그 상황에 맞게 선택해 쓰면 된다. 간혹 '사업개시', '신규 사업 개시'라고 할 수도 있겠다. '론칭 쇼'라고 할 때는 '신제품 발표회'라고 하면 된다.

달리 문제를 해결하는 나의 모습을 보며 정말 많이 달라졌다는 것을 느꼈다", "수업을 통해 문제점을 발견하고 직접 행동으로 옮길 수 있는 기회를 발견할 수 있었다"라고 했으며, 함께 참가했던 선생님들은 "아이들이 실행을 통해 자신의 꿈과 더욱 가깝게 다가가는 모습을 목격할 수 있었고, 진로수업 시간을 통해 이러한 교육을 확대해 볼 계획이다", "직접 창업프로젝트를 진행해 볼 수 있었던 것이 학생들의 성장과 발전에 큰 도움이 되었으며, 학생들도 협력하고 실행하고 도전하는 것, 그리고 실패를 통해서도 배울 수 있다는 것을 깨닫는 시간이었다"고 했다.

제 9 장

기업가정신 향상을 위한 실천 방안

1. 기업가정신의 진단 및 촉진 방안[376)]

1.1 기업가정신의 현 주소

2018년 가장 왕성한 창업 활동을 벌인 국가는 어디일까. 실리콘밸리가 있는 미국, 선전시가 있는 중국, 의외로 정답은 앙골라다. 1999년 이래 매년 기업가정신과 경제성장 사이의 관계를 분석해 온 글로벌기업가정신연구(GEM : Global Entrepreneurship Monitor)가 2019년 1월 발표한 2018년 조사 보고서에 따르면 앙골라는 2018년 18~64세 인구 중 창업 42개월 이하 사업체를 보유한 인구 비중을 나타내는 지표인 '초기 창업활동 비율(TEA : Total early—stage Entrepreneurial Activity)'이 40.84를 기록해 조사 대상 48개국 중 1위를 기록했다.

한국은 여러 기업가정신 지표에서 개선이 이뤄지긴 했지만 여전히 GEM 국가전문가조사(NES) 참여국 54개국 가운데 '시장 진입 규제 및 장애물(38위)', '사업·법률 인프라 구조(45위)', '성인 대상 기업가정신 교육(37위)'에서 개선이 필요하다고 진단받았다.

1.2 기업가정신의 촉진 방안[377)]

GEM 회장 겸 GEM 남아프리카공화국 대표를 맡고 있는 마이크 해링턴 남아공 케이프타운대 교수로부터 경제성장을 위한 기업가정신 촉진 방안에 관해 그의 견해를 들어본다.

1.2.1 기업가정신과 경제성장

기업가정신이 없는 기업은 생존이 불가능하다. 특히 중소기업 발전과 기업가정신은 긴밀한 연관성이 있다. 중소기업의 성장은 경제성장의 동력이자 일자리 창출, 빈곤 감소, 부의 불평등 완화에도 중요하다. 특히 개발도상국에서는 국내총생산(GDP)의 대부분이 중소기업으로부터 생성된다. 동남아시아와 아프리카 국가에서는 대체로

376) 이하 내용은 주로 이윤준(2017), op. cit. 참조.
377) 마이크 해링턴(2019), 기업가정신 두 축은 '끈기'와 '좋은' 멘토, 매일경제, 2019.02.15.

GDP의 40~60%가 중소기업에서 창출된다.

앙골라가 TEA 지표 1위를 기록했다니 의외인데, 사실 그렇다. 의외로 아프리카는 기업가정신이 충만한 곳이다. 다들 기업가로 작은 청과상이나 인터넷 서비스 비즈니스 등 소기업을 창업한다. 대체로 조직이 단순하고 초기 자본이 많이 필요하지 않으며 고급인력도 불필요한 종류의 비즈니스다. 한국에서는 창업을 해야 하는 필요성이 개도국에 비해 낮지만, 개도국에서는 사업을 하지 않으면 가족이 굶는다.

반면 한국은 반도체와 스마트폰을 필두로 첨단 기술 사회로 변화했고, 쇼핑몰만 가도 가장 선진적인 매장을 갖춘 나라다. 문제는 한국의 기업가정신도 그런 수준에 부합하는지의 여부다. 자본과 고급 인재와 벤처캐피털 인프라를 잘 갖춘 한국 같은 곳에서 혁신주도형 비즈니스가 많이 탄생해야 한다. 선진국 문턱에 들어선 한국은 많은 고급 인재가 대기업에서 일하고 있다. 그런데 과연 한국은 혁신주도형 기업가정신이 충만한 국가인가? 되묻지 않을 수 없다.

1.2.2 기업가정신과 창업

기업가정신을 기반으로 창업할 때 유의해야 할 것은 무엇인가. 지난 12년간 학생 1200여 명을 가르쳤고 그들 가운데 절반 이상은 창업의 경험이 있다. 학생들에게 기존 문제를 바라보면서 소비자가 풀 수 없는 문제를 해결할 수 있는 혁신가가 돼야 한다고 강조한다. 막상 제품이나 서비스를 살펴보면 소비자가 원하는 지점을 놓치는 경우가 많다. 다른 하나는 건전한 수익성이다. 이를 달성하려면 짧게 잡아도 몇 년이 걸리기 마련이다. 돈이 쉽게 벌릴 때에도 왜 쉽게 벌리는지 기업가는 스스로 질문해야 한다.

1.2.3 대기업과 중소기업의 상생

한국에서 혁신과 창업을 저해하는 요인 중 하나로 대기업 중심의 경제구조를 드는 의견들이 있는데, 당신의 생각은 어떤가. 대기업 때리기는 해답이 될 수 없다. 그 대신 대기업으로 하여금 중소기업에서 무언가를 조달하게 만드는 게 한 방법이 될 수 있다. 삼성그룹도 많은 중소기업에 아웃소싱을 주고 있으며, 그러면 해당 중소기업은 성장할 수 있다. 아마 남아공뿐 아니라 한국을 비롯한 다른 국가들도 중소기업을 지원하는 대기업에 대한 감세 혜택을 제공하고 있을 것이다.

1.2.4 종업원 기업가적 활동(EEA) 끌어올리기

한국은 기존 기업의 혁신 성향을 보여주는 지표인 '종업원 기업가적 활동(EEA)' 지표가 혁신주도 국가들에 비해 낮다. 기존 기업들의 기업가정신을 함양시키려면 무엇을 해야 하는가?

EEA 지수는 직원들이 기업의 혁신에 얼마나 기여했는지 보여주는 지표다. 구글 같은 기업문화는 직원들이 새롭고 다양한 아이디어로 보상받을 수 있게끔 한다. 새로운 생각에 열려 있는 기업문화를 만들어야 한다. 이를 위한 수많은 방법이 있겠지만 무엇보다도 리더의 의지가 중요하다.

1.2.5 기업가정신과 비즈니스 경쟁력

나는 아무것도 없이 여성용 양말 회사를 창업했지만, 결과적으로 3,000명이 넘는 직원과 함께 일하며 남아공 내수 시장의 90%를 점유하고 한 해 수백만 세트를 수출하였으며, 미국 회사에 매각한 후 사업을 정리할 수 있었다.

기업가정신의 실천에서 가장 중요한 요소는 끈기다. 절대 포기하지 말아야 한다. 많은 기업가는 그들이 사업에 대해 많이 안다고 생각하지만 실상은 그렇지 않은 경우가 많다. 사업은 대개 부침을 반복할 수밖에 없고, 위기를 극복하기 위해서는 많은 사람과 대화하고 조언을 구하고 경청해야 한다. 나 스스로도 기술 분야 전문가는 아니었기에 적극적으로 고급 기술 인재를 발굴하고 채용하였다.

또 다른 중요한 요소는 좋은 멘토다. 좋은 멘토를 얻으면 스타트업 생존 가능성이 매우 높아진다. 스타트업을 이끄는 기업가는 회사를 키우면서 동시에 본인 스스로 학습해야 한다. 직원에게도 실용적인 경험을 쌓을 수 있게 해줘야 한다. '좋은 멘토'는 비즈니스 목표에 따라 다르다.

평범한 스타트업과 중소기업에는 스티브 잡스나 빌 게이츠 같은 너무 높은 곳에 있는 멘토를 찾기보다 현실적인 멘토를 주변에서 찾는 게 바람직하다. 내가 하던 비즈니스의 경우 처음에는 기술 전문가가 필요했다. 첫 고비를 넘기자 전 세계에 제품을 뿌려줄 유통업자가 필요해졌다. 유통업에 종사하는 사람들에게 조언을 구하자 그들이 신제품 판로를 알려주는 등 좋은 멘토가 돼줬다.

2. 창업관련 기업가정신 제고 정책 방안[378)]

2.1 ‘기업가적 혁신’은 시대적 요청

자동차, 조선, 반도체 등 우리의 주력산업은 중국 등 이머징 국가에 내주어야 하는 상황에 이르고 있어 향후 이들 주력산업이 우리경제의 성장과 고용을 이끌어가기에는 어려운 상황에 봉착해 있다. 한편 ‘Industry 4.0’ 등 4차 산업혁명기로 진화한 산업기술 패러다임의 변화는 소규모 혁신 아이디어, 융합을 통한 새로운 비즈니스 모델 등이 거대 자본보다도 더 중요한 경쟁력 요소가 되었다. 이와 같은 한국경제의 글로벌 경쟁상황 및 산업기술 패러다임의 변화 속에서 한국경제의 지속가능성장을 위해서는 혁신을 생성하는 생태계, 혁신을 리드하는 기업가들의 출현이 요구된다. 따라서 한국경제의 현 위치 및 산업경제 패러다임의 변화는 기업가적 혁신을 절실히 요구하고 있다. 그러나 이와 같은 높은 기업가정신의 필요성에도 불구하고 우리나라의 기업가정신 수준은 한국경제가 차지하고 있는 국제 위상에 견주어 볼 때 그리 높은 편이 아니다.

2.2 기업가정신 정책 현황 및 문제점

중소기업사업통합관리 DB(중소기업연구원)를 통해 분석한 결과 최근 3년간(2014~2016년) 중앙부처 창업지원정책 예산의 증가 속도는 22.0% p.a.[379)]로 중소기업지원예산 증가율 10.7% p.a.보다 약 2배 정도 빠른 증가세를 보이고 있다. 이와 같은 창업지원정책의 집중으로 신설기업 수 증가, 엔젤투자[380)] 관련 지표 호조, 글로벌 창업지원 시설이나 해외투자 유치, 국제비교 지수 호전 등의 성과를 보이고 있다.

378) 김광희(2016), 기업가정신 제고를 위한 정책모델 모색, 중소기업연구원, 2016.11.

379) p.a.: per annum의 약어로 ‘1년에’란 의미

380) 엔젤투자란 아이디어 혹은 기술력이 있으나 자금이 부족한 예비창업자나 초창기 창업기업에 투자하고 기업을 성장시킨 후에 이익을 회수하는 투자를 지칭하며, 이러한 엔젤투자를 진행하는 투자자를 엔젤투자자라 한다. 투자한 기업이 성공적으로 성장하여 기업가치가 올라가면 큰 이득을 얻을 수 있으나 실패할 경우에는 투자액의 대부분을 손실로 입게 된다. 스타트업 입장에서는 ‘죽음의 계곡’이라 불리는 창업 초기 단계를 이겨낼 수 있도록 도와주는 천사 같은 투자자라 하여 엔젤 투자자라는 이름이 붙여지게 되었다. 이와 관련하여 엔젤링크(angelink), 엔젤투자란 무엇인가요?, (https://www.angelink.co.kr/angel-guide/guide-1/). 참조.

정부의 강력한 창업지원정책으로 위와 같은 성과 및 긍정적 효과를 보이고는 있지만, 아직 다음과 같은 문제점이 있다.

2.2.1 창업의 질이 낮다

'생계형 창업' 비중이 63%로 여전히 높은 편이고, 창업 후 5년 이내 도산 비율이 선진국에 비해 상당히 높다.

2.2.2 창업지원 사업의 유사 중복이 심하다

창업지원 사업은 2015년도 기준 총105개(중앙부처 38개, 지자체 67개)에 이르고 있으며, 대학의 창업교육 사업부문에서 유사, 중복이 많다.

2.2.3 창업 전문 인력 부족

제대로 준비된 창업 강사나 창업 전문 인력이 부족한 상황에서 창업교육이 내실 있고 실효성 있게 진행되기를 기대하기 어렵다.

2.3 기업가정신 정책의 개선 및 보완

2.3.1 지원사업의 내실화

현 상태에서 신규 정책의 발굴은 사업의 지나친 분편화와 유사 사업의 난립으로 시장의 비효율성을 확대시키고 예산을 분산시켜 기존 정책의 효과에도 부정적인 결과를 초래할 수 있다.

2.3.2 정책 전달체계의 정비 및 유사 · 중복 사업의 정리

일몰제(sunset)[381]를 적용하는 등 기존 사업의 타당성을 원점에서 재검토하여 불

381) 규제일몰제(sunset law)란 새로 신설되거나 강화되는 모든 규제는 존속기한을 설정하고, 기한이 끝나면 자동적으로 규제가 폐기되는 제도를 의미하는 것으로서, 제로베이스(ZERO BASE)방식이라고도 한다. 우리나라는 규제일몰제를 1997년 8월에 도입했는데, 기본적인 도입취지는 규제가 만들어질 당시와 비교해 사회경제적인 상황이 변해 규제의 타당성이 없어졌는데도 불구하고 규제가 지속돼 부작용만 양산되는 것을 방지하기 위한 것이다.

필요한 정부사업은 축소·종료하고 추진체계 정비나 평가관리 단순화를 통해 기존 지원정책의 효율성 및 효과성을 제고할 필요가 있다.

2.3.3 창업교육 지원사업의 정비 및 개선

특히 다소 경쟁적으로 과도하게 추진되고 있는 대학 등의 창업교육사업의 정비, 개선이 필요하다. 동 사업에 투입되고 있는 자원을 오히려 창업 유경험 교육자, 멘토, 비즈니스 엔젤, M&A 전문가 등 창업지원 전문 인력의 풀(pool : 공동관리)과 역량을 제고하는 쪽으로 강화하여 전반적인 창업교육의 내실화를 기할 필요가 있다.

2.3.4 멘토링 프로그램 강화

예비창업가 멘토링에 더하여 창업초기 죽음의 계곡에 있는 기업에 대한 멘토링이 필요하다. 민간투자주도형 기술창업지원(TIPS)[382]의 규모와 비중을 확대해 나갈 필요가 있다.

2.3.5 창업 실패자의 재도전 기회 확대

실패 경험과 노하우를 창업자산으로 활용하는 재창업 기업 전용 기술개발자금의 규모 확대, 그리고 실전교육, 멘토링, 사업화 지원에 이르는 재도전 패스트트랙[383] 구축 등이 필요하다.

---

382) TIPS프로그램(민간투자주도형 기술창업지원, 이스라엘式)은 세계시장을 선도할 기술아이템을 보유한 창업팀을 민간주도로 선발하여 미래유망 창업기업을 집중 육성하는 프로그램이다. 팁스 프로그램(Tech Incubator Program For Startup, TIPS)은 중소기업청 주관으로 2013년부터 시작되었으며, 민간주도로 우수한 기술 아이템을 보유한 창업팀을 선발하여 집중 육성하는 프로그램(민간투자주형 기술창업 지원)이다. 중소기업청이 지정한 민간 운영사-엔젤투자사, 벤처캐피털, 액셀러레이터(엔젤투자·보육 전문회사) 등-가 유망 기술창업팀을 선발하고, 운영사의 엔젤투자(1억 원 내외)와 연계해서 정부가 기술개발자금(R&D, 최대5억원) 등 정부 지원금을 매칭 지원한다. 엔젤투자는 창업팀 기술 분야 등에 따라 운영사와 창업팀 간 자율적 협의로 진행되며, 정부 지원금은 이와 연동하여 지원되는 것이다.

383) 일명 '패스트트랙(fast track)'은 국회에서 법안을 처리하는 제도 중 하나이다. '신속 처리 안건 지정'이라고 불리기도 한다. 쉽게 말해 국회에서 중요성과 긴급성이 있는 특별한 법안을 신속하게 처리할 수 있도록 '급행열차'에 태우는 것이다. 이번에 패스트트랙으로 지정된 안건인 선거법, 공수처법 등은 국회의원들이 신속하게 처리해야만 하는 법이라고 판단한 것이다. 2015년 5월 국회선진화법을 도입하면서 생겨난 제도이다. 패스트트랙 안건으로 지정된 법안은 해당 상임위원회에서 최대 180일, 법제사법위원회에서 최대 90일, 본회의에서 최대 60일 논의한 뒤 본회의에 상정된다. 최소 180일에서 330일이 걸리지만, 어쨌든 그 기간 이후에는 국회 본회의에 상정할 수 있다. 매일경제(2019.05.), [경제신문은 내 친구] 패스트트랙이 뭐기에, 2019.05.01. 참조.

3. 기업가정신 정착을 위한 과제 및 해결 방안[384)]

3.1 기업가정신 정착을 위한 과제

3.1.1 기업가정신의 정착 과제

기업가정신은 일차적으로 학습을 통해 함양되는 것으로 초·중등 교육과정에서부터 직업교육에 이르기까지 연령별로 체계화된 평생교육 차원의 기업가정신 교육이 필요하다. 직업 특성과 구성원 간 기업가정신 미스매치를 줄여주기 위한 기업가정신 연계 진로체계 구축과 이를 통한 인적자원의 재분배가 필요하다. 조직 구성원의 기업가정신 발현을 저해하는 환경요인 개선이 필요하며, 이를 통해 조직체계를 보다 유연성 있고 창조적으로 변모할 필요가 있다.

3.1.2 기업가정신에 대한 근시안적·부정적 시각 탈피

[그림 9-1] 우리나라 기업가정신의 문제점과 그 해결방안

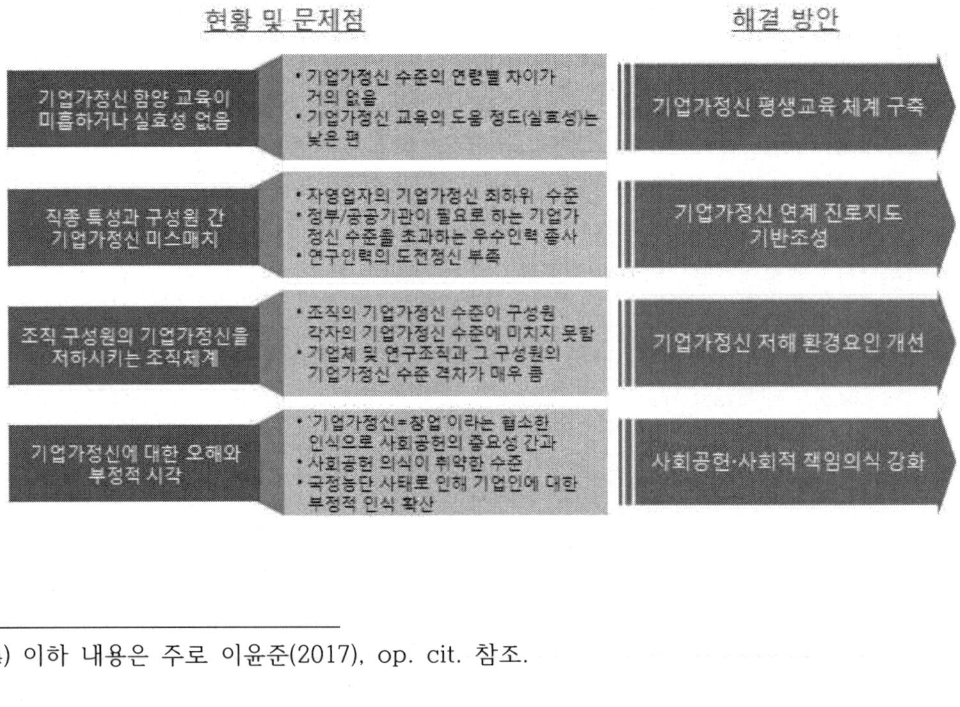

384) 이하 내용은 주로 이윤준(2017), op. cit. 참조.

'기업가정신=창업', '기업가정신=기업가'라는 근시안적이며 협소한 인식에서 탈피하여야 하며, 기업인에 대한 부정적 시각 극복이 필요하다. 특히 사회공헌이 기업가정신의 중요한 요소임을 간과하고 있으며, 이의 극복을 위해서는 취약한 사회공헌의식 수준 강화가 필요하다.

3.2 기업가정신 정착을 위한 해결 방안

3.2.1 기업가정신 평생교육체계 구축

1) 초중등과정-대학-직업교육의 기업가정신 평생교육체계 구축

(1) 초중등과정 기업가정신 정규 교과화 추진

경제원리, 커뮤니케이션, 리더십, 창의 교육, 인성 교육 등으로 교육 내용을 구성하며, 교육방식은 체험형(용돈 관리, 쇼핑 체험 등), 문제해결형, 토론형 중심으로 운영한다.[385)]

(2) 융합형 창의교육 중심의 대학과정 기업가정신 교육

융합형 창의교육(과학기술 지식, 회계, 경영 등) + 사례 연구 + 엔턴십 프로그램(Entrepreneurship + Internship[386)])으로 교과 구성을 하며, 교육방식은 프로젝트형, 현장체험형(엔턴십 프로그램 등) 중심으로 운영한다.

(3) 재직자 및 재취업(직업 전환) 희망자 대상의 기업가정신 교육

해당 직업(직종)에 필요한 기업가정신 역량 맞춤형 교육을 실시하며, 현장 문제해결형 프로젝트 중심의 교육과정을 운영한다.

(4) 재기를 원하는 실패경험자를 위한 기업가정신 교육

심리상담 및 심리치료와 기업가정신 교육을 병행 실시한다.

---

385) 정부는 2018년부터 단계적으로 초·중·고등학교에 기업가정신 교육을 정규과목으로 도입하여 2020년부터 전 학년 기업가정신 교육 의무화를 계획하였으나, 교육부에서는 초등학교는 성취기준에 포함하지 않기로 결정했으며, 중·고등학교에 한하여 사회과 과정에 도입하기 위해 성취기준을 마련하였음.

386) 인턴십이란 학생을 인턴으로 고용하여 일정한 기간 동안 직장에서 실무경험을 쌓을 수 있는 기회를 주는 것이다.

2) 기업가정신교육과 창업교육 차별화

'기업가정신=창업'이라는 근시안적이며 협소한 인식 탈피를 위해 기업가정신 교육과 창업교육을 구분할 필요가 있다. 기업가정신 교육은 경제원리, 커뮤니케이션 능력, 리더십, 창의성 등 자질이나 역량을 키워주는 교육으로, 교육 대상은 제한을 둘 필요가 없다. 반면에 창업교육은 사업계획서 작성, 비즈니스모델 개발, 인적자원관리, 마케팅관리 등 실제 기업경영에서 기업가가 행하는 비즈니스 활동 중심의 창업 실무 교육을 실시하며, 창업의향이 있는 희망자에 한해 교육을 실시한다.

3.2.2 기업가정신 연계 진로지도 기반조성

1) 필요 기업가정신 수준에 따른 직업 유형화

(1) 직업별 기업가정신의 요소별(4대 요소 혹은 16개 세부요소)[387] 수준 조사 및 제시

국가수준 직업분류체계에 따른 직업별로 필요 기업가정신의 요소별 수준을 전문가를 통해 조사하고 제시해 준다. 기업가정신의 요소별 수준은 상・중・하로 제시한다.

- (예시) 연구원 : 도전정신(상) - 창조성/혁신성(상) - 리더십(중) - 가치지향성(상)
  공무원 : 도전정신(하) - 창조성/혁신성(중) - 리더십(상) - 가치지향성(상)

(2) 필요 기업가정신 수준에 따라 직업 유형화

가장 필요로 하는 기업가정신 4대 요소를 기준하여 직업을 유형화한다.

- (예시) 도전정신 필요 직업 : 연구원, 운동선수 등
  가치지향성 필요 직업 : 공무원 등

2) 청소년을 위한 기업가정신 수준 진단지 개발 및 진단

청소년 대상 기업가정신 수준 진단지의 개발이 요구되는데, 이를 위해 기업가정신의 16개 세부요소에 따라 각 2개 문항씩 총 32개 질문의 진단지를 개발한다. 그리고 커리어넷(CareerNet)에 진단지를 탑재하여 초·중·고 학생을 대상으로 정기 진단을 실시한다.

---

387) 4대 요소는 도전정신, 창조성/혁신성, 리더십, 가치지향성이며, 16개 세부요소는 위험감수 성향, 모호성에 대한 인내, 진취성(적극성), 미래지향성, 변화선호 성향, 새로움 추구, 유연성(융합적 사고), 문제해결 능력/의지, 외부수용성(개방형 혁신), 기술 중시, 자율성, 사회적 네트워킹, 자기 효능감, 성취욕구, 목표지향성, 사회공헌임.

- (질문지 예시)[388] 위험감수성향 : 나는 의미 있거나 흥미로운 일을 만나면 성공 가능성이 불확실하더라도 일단 시도하는 편이다.

3) 진로적성(심리)검사에 기업가정신 수준 진단 포함

커리어넷 진로심리검사(직업적성검사, 직업흥미검사, 직업가치관검사, 진로성숙도 검사)에 기업가정신 수준 진단을 추가하며, 기업가정신 수준진단이 추가된 진로심리 검사 결과와 필요 기업가정신 수준에 따른 직업 유형화 결과를 반영하여 매칭 되는 직업군을 제시해 준다.

3.2.3 기업가정신 저해 환경요인 개선

1) 도전성·창의성 촉진을 위한 연구 환경 조성

(1) 선정평가 중심의 평가시스템 구축

첫째 선정평가를 보다 면밀하게 수행하고, 중간 및 결과평가는 자문형식으로 전환한다.

둘째 선정평가 시 제목 및 키워드에 따른 단순 중복성 판단은 지양한다.

셋째 R&D 사업의 최종 결과평가를 '목표 달성, 목표 미달성, 법적·회계적 불량'의 체제로 전환하여 연구자의 법적, 회계적 부정만을 불량으로 평가하여 제재한다.

넷째 목표 미달성 과제의 경우 새로운 용도 개발 등의 '후속 R&D 과제' 추진 기회를 제공한다.

(2) 연구 자율성을 보장하는 자유공모(bottom-up)형 연구과제 비율 확대

일례로 과학기술정보통신부(구 미래창조과학부)는 연구계획의 도전성과 창의성만 인정되면 누구나 연구비 지원을 받을 수 있으며, 연구의 자율성을 보장하기 위해 연차 점검과 종료 평가를 하지 않는 '생애 첫 연구 지원 사업'을 2017년 신설하기로 했다(조선비즈, 2017.01.24.).[389]

(3) 실패에 대한 인정과 보상

일례로 3M은 실패한 연구원들에게 실패 파티를 열어주며, 보고할 때 소수 의견을

---

388) 이윤준 외(2014), 「글로벌 기업가정신지수 개발」의 개인 및 조직차원 인식 설문 문항 참조.

389) 조선비즈(2017.01.), 연구비 목마른 젊은 과학자에 단비...'생애 첫 연구' 지원 사업 본격 시동, 2017.01.24.

병기하도록 의무화한 '마이너리티 리포트' 제도를 시행(박진성, 2010)[390]하고 있다.

2) 수평적·개방적 조직문화 구축

첫째 직급체계의 단순화 등 인사제도를 개편한다. 일례로 삼성전자는 다양성과 창의성을 존중하는 수평적 문화혁신 추진을 위해 직급 단순화, 수평적 호칭, 선발형 승격, 성과형 보상 등을 강조하고 있다.

둘째 조직 내 커뮤니케이션을 활성화한다. 일례로 현대카드는 전국 29개 본부 간 부들이 다른 본부를 찾아가 팀장들과 일하는 방식의 '홈앤드어웨이' 제도를 도입하여 부서 간 의사소통이 활발해지고 업무 시너지를 이끌어내는 효과(김면, 2012)[391]를 거두고 있다.

셋째 쾌적하고 자유로운 근무환경을 조성한다. 일례로 미국의 구글이나 마이크로소프트 등은 기존의 딱딱한 업무공간을 테마파크와 같은 쾌적한 분위기로 조성하였다.

3.2.4 사회공헌·사회적 책임의식 강화

1) 기업가정신 교육 내용에 사회공헌 영역 필수화

첫째 정규교과목화가 계획되어 있는 기업가정신 교육에 공동체의식 및 사회적 책임의식 함양을 목적으로 하는 수업 모듈을 편성한다. 이를 통한 기대효과는 청소년들에게 꿈과 끼를 살려주는 동시에 공동체의 책임 있는 리더로 성장하는데 도움을 줄 것이다.

둘째 봉사활동과 연계하여 추진함으로써 지식이나 사고 위주의 단편적 교육이 아닌 실천 행위로까지 유도할 수 있을 것이다.

셋째 현재 추진하고 있는 인성교육과 병행하여 추진함으로써 문제점 보완 및 시너지 창출이 기대된다. 즉 학생들에게 비판적 사고 등 건강한 사고를 가르치지 못하고 '예, 효, 정직, 책임' 등과 같은 특정가치를 주입시킬 우려가 있다는 인성교육에 대한 비판을 도전정신, 창의성, 리더십, 사회공헌을 강조하는 기업가정신 교육이 보완해 줄 수 있을 것이다.

2) 사회적 책임의식이 함양된 창업가 양성

첫째 성공만을 지향하는 기업가가 아닌 존경받는 성공기업가로 성장하도록 창업

---

390) 박진성(2010), 실패를 용서하고 기억하는 조직, LG Business Insight.

391) 김면(2012), 창의성 촉진을 위한 기업의 조직 환경 개선방안, 한국디자인포럼, Vol. 36, pp. 315~328.

교육에 있어서도 사회공헌 의식 함양을 위한 교육을 실시한다.

둘째 사회공헌과 연계한 창업지원 체계를 도입한다. 일례로 미국의 벤처 포 아메리카[392] 프로그램[393]과 같이 창업희망 대학 졸업생들을 낙후된 지역의 창업기업에 보내 창업에 대한 다양한 경험을 쌓도록 한 후 창업 시 전폭적으로 지원해 준다.[394]

3) 기업의 사회적 책임(CSR) 정보공개 의무화

이사회의 다양성, 의사결정 과정의 투명성 등 사회적 책임 정보의 의무적 공개 추진 및 법제화(이윤준, 2016)[395]를 추진한다. 일례로 유럽연합(EU) 의회는 기업의 사회적 책임 정보 공개를 의무화하는 지침을 통과시켰다.

4. 해외 사례

4.1 핀란드[396]

유럽을 넘어 세계 최대 규모 스타트업 행사로 성장한 '슬러시(SLUSH)' 최고경영자(CEO)인 핀란드 출신 안드레아스 사리 씨(26)는 1993년생으로 핀란드 알토대 학생이다. 그는 지난 2019년 5월 21일 대전 유성구 대전컨벤션센터에서 열린 '2019

392) 이윤준·김영환(2013), 체험 창업현장 활성화 방안, STEPI Insight 제130호. 참조.

393) 미국에서는 2011년 창업가인 앤드루 양이 설립한 비영리 조직인 '벤처 포 아메리카'(VFA)가 창업을 유도할 목적으로 우수한 대학 졸업생을 대상으로 다양한 기업경험을 제공하고 있다. VFA는 지역경제 활성화를 겨냥한 점이 특징이다. 대도시 유명 대학의 졸업생을 대상으로 회원을 선발해 디트로이트, 뉴올리언스와 같이 재건이 필요한 낡은 도시의 창업 초기기업에서 2년 동안 근무하도록 지원한다. 해마다 여름이면 5주에 걸쳐 집중훈련 캠프를 열어 직무능력을 키운 뒤 기업체로 내보내고, 근무하는 2년 동안에도 교육 커리큘럼을 제공해 창업 성공률을 높인다. 이와 관련하여 세계일보(2014.01.), [창업이 미래다] 선진국에선 어떻게, 2014.01.02. 참조.

394) 벤처 포 아메리카(Venture for America) 설립자인 창업자 앤드류 양의 말: "젊고 똑똑한 젊은이라면 새로운 것을 창조해야 한다. 불모의 도시에 가서 뿌리를 내리고, 그곳에서 일자리를 만들고 지역경제를 재건해야 한다."

395) 이윤준(2016), op. cit.

396) 매일경제(2019.05.), "창업 강국 핀란드, 비결은 '보텀업' 생태계", 2019.05.23.

대전 스타트업 페스티벌' 행사장에서 핀란드 창업 생태계를 소개하며 이렇게 말했다. "나 혼자 잘살겠다는 마음보다는 내가 가진 것을 다시 나누면 이것이 다시 새로운 씨앗(시드, Seed)이 된다. 새로운 스타트업을 지원하고 협력하는 문화야말로 오늘날 '창업 강국' 핀란드를 만들어낸 원동력이다."

매일경제와 인터뷰하면서 그는 핀란드가 노키아의 몰락에도 불구하고 스타트업 강국으로 떠오른 비결로 협력과 상생의 가치를 중시하는 독특한 창업 문화를 꼽았다.

핀란드는 스타트업 수가 약 2,400개로 인구수 대비 세계 1위다. "핀란드 인구는 서울 인구 절반 수준인 550만 명에 불과하다. 내수시장에 대한 기대가 애초에 없다보니 글로벌 시장으로 눈을 돌릴 수밖에 없는 구조였고, 600년 넘는 식민 역사의 아픔을 딛고 일어서기 위해 일찌감치 교육에 힘을 쏟았다는 점에서도 한국과 유사한 면이 많다. 그러면서 '협력(cooperation)'이라는 키워드가 전 국민 마음속에 깊이 새겨졌다." 현재 핀란드는 정부·학계·기업 간 유기적인 협력뿐 아니라 대기업과 스타트업 혹은 스타트업끼리도 거리낌 없이 데이터와 노하우를 공유하는 등 경쟁보다는 상생을 추구한다. 사리 씨는 "대기업에서 풀기 어려운 난제를 공개하면 젊은 개발자와 연구자가 소속된 스타트업이 이를 함께 풀어내고자 노력한다"며 "자연스레 투자를 유치하거나 합병을 결정하는 사례도 많다"고 전했다. 2018년 130여 개국에서 2만여 명이 찾은 슬러시의 성공 비결 역시 핀란드 사회를 관통하는 협업의 가치에 있다는 설명이다. 슬러시의 궁극적인 목표는 스타트업들 간 윈윈(win-win)을 통한 상생이다.

최근 중소벤처기업부는 글로벌 스타트업 페스티벌 '컴업(ComeUp 2019)' 준비를 위해 민간 전문가로 구성된 조직위원회를 출범하는 등 '한국판 슬러시' 개최를 추진하고 있다. 이에 대해 사리 씨는 "핀란드는 정부나 대기업이 주도하는 톱다운(위에서 아래로) 방식이 아니라 기업가정신으로 무장한 젊은이들이 보텀업(아래에서 위로) 방식으로 주도하는 생태계를 갖추고 있다"며 "정부 역할은 강력한 복지제도와 적극적인 창업 지원을 통해 젊은이들이 실패를 두려워하지 않고 도전할 수 있는 환경을 제공하는 것"이라고 말했다.

4.2 네덜란드[397)]

네덜란드는 해외 청년들에게도 적극적인 스타트업 육성 산업 정책을 펴고 있다.

---

397) 홍성재(2018), [홍성재의 1인 기업 생존노트] 네덜란드에서 배우는 기업가 정신 1부, 이코노믹리뷰, 2018.11.08.

한국의 청년이 네덜란드에서 스타트업을 희망한다면 '스타트업'을 목적으로 한 거주 허가를 받을 수 있다. 네덜란드에서 스타트업을 지원하고 있는 이유는 명확했다. 연구에 따르면 스타트업이 집중된 지역에서는 고용과 성장률이 증가하며 경제 개발에 도움이 되었기 때문이다. 또 보다 민첩한 환경에서 움직이는 스타트업이 기존 대기업과 중소기업에 자극을 주며 새로운 혁신을 불러온다고 판단했다.

네덜란드 내 외국 스타트업의 거주 허가 조건은 아래와 같다.

- 신뢰할 수 있고 숙련된 퍼실리테이터[398]와의 공동 작업
- 제품 및 서비스의 혁신성
- 스타트업 창업가의 아이디어를 실행하기 위한 단계별 계획서
- 스타트업의 창업가와 퍼실리테이터의 상공회의소 등록
- 네덜란드 내 1년간 거주 가능한 충분한 재정 수단과 자원의 확보
- 거주 허가를 위한 일반 조건 충족

암스테르담 곳곳에는 위워크를 비롯한 많은 코워킹 스페이스를 볼 수 있는데, 현지인은 이곳을 '유연한 사무 공간'으로 부르기도 했다. 그만큼 많은 이들이 조직에 속해 있으면서도 1인 사업자를 내고 움직이고 있었다. 물론 네덜란드 정부는 적극적으로 이러한 움직임들을 지원하고 있다. 그렇다. 이제는 더 이상 내가 나고 자란 땅에서의 한계를 벗어나기 어려운 시대가 아니다. 세계 각국의 도시들은 저마다의 장점을 앞세워 자국에서 혁신적인 스타트업을 유치하기 위해 무던히 애를 쓰고 있다. 이들이 만들어 내는 혁신은 그 기업 자체의 고용과 수익뿐만이 아니라 그들이 머무는 도시에 다양한 활력을 불어넣기 때문이다.

다시 대한민국, 그리고 서울을 돌아본다. 서울은 인구 1000만 명의 메가시티로 다양한 산과 거대한 강이 흐른다. 그러나 아직도 소규모의 스타트업, 1인 기업들이 성장하기에는 필요한 사회적 자원과 유연한 정책이 필요하다. 유능한 기업가가 해외에서 먼저 사업을 시작하게 되는 날은 먼 미래가 아닌, 오늘의 현실이기 때문이다.

398) 퍼실리테이터(facilitation, 진행 촉진자)는 회의 또는 워크숍과 같이 여러 사람이 일정한 목적을 가지고 함께 일을 할 때 효과적으로 그 목적을 달성하도록 일의 과정을 설계하고 참여를 유도하여 질 높은 결과물 만들어내도록 도움을 주는 사람을 말한다.

제 10 장

효과적인 기업가정신 발휘

슘페터는 혁신이 일어나더라도 그 효과는 조만간 소멸되기 때문에 지속적인 혁신을 위해서는 기업가정신이 필요하다고 주장했다. 슘페터 시대 이후 기업 환경은 끊임없이 변해왔다. 슘페터 시대의 혁신은 기술 분야에 집중된 의미로 사용되었지만, 오늘날에는 산업 간의 융·복합, 신시장의 개척이나 신제품의 개발, 생산조직의 개선 또는 신제도의 도입, 신자원의 획득 등을 포함하는 보다 넓은 개념으로 확장되고 있다. 교과서에서 모든 기업의 목표는 이윤극대화라고 가르친다. 그런데 오늘날 기업은 이윤극대화만을 목표로 하기에는 점점 더 어려운 기업의 위기(corporate crisis) 시대에 살고 있다. 세계 경제가 저성장의 늪에 빠지면서 그간의 이윤극대화만을 추구하던 기업 경영이 위기를 맞고 있기 때문이다. 정보통신기술(ICT)의 비약적 발전과 기업생태계의 빠른 변화도 이윤극대화를 어렵게 만들고 있다.

그동안 기업가정신은 이윤만을 강조하는 형태로 왜곡되어 왔다. 그런데 오늘날 기업은 이윤을 추구함과 동시에 이웃도 둘러봐야 하는 시대 상황을 맞이하였다. 이에 따라 경영철학도 달라져야 할 필요가 있게 되었다. 일찍이 프랑스의 석학 자크 아탈리는 우리 문명이 지속될 수 있는 유일한 길은 승자독식의 이기주의에서 벗어나 이타주의(altruism)와의 조화를 찾는 것이라고 강조한 바 있다. 기업가정신은 산업화가 시작된 18세기에 만들어진 개념으로 기업은 사회와 더불어 살아야 한다는 심오한 가르침을 담고 있다.

슘페터가 강조한 혁신도 기업가정신의 중요한 덕목이지만, 기업가정신의 원래 뜻은 사회를 통해 '함께 주고받으며 나누어야 할 가치'를 실천하는 데 있다. 기업은 이웃과 함께 더불어 살아야 한다는 동반성장 정신을 새겨야 할 시점이다.[399)]

---

399) 김영우(2016.10.19.), [기고] 기업가정신의 진정한 의미, 매일경제.

1. 기업가정신의 회복이 절실

1.1 기업가정신이 위축돼 가는 사회적 분위기[400)]

우리 경제의 활력을 높이려면 기업가정신의 회복이 절실하다. 혁신을 일으키고 새로운 비즈니스를 만들고 가치를 창출하는 기업 활동이 바로 기업가정신에 의해 일어나기 때문이다. 하지만 우려스러운 것은 우리 사회에서 기업가정신이 점차 위축되어 왔다는 점이다.

사회 분위기는 점차 위험을 감수하지 않으려는 쪽으로 기울고 있다. 뛰어난 인재들이 혁신과 가치창출에 나서기보다는 공무원 시험에 매달리는 모습이다. 사업 현장에서는 기업가정신보다 보신주의적 태도가 넘쳐난다. 우리나라 경제성장을 이끌어냈던 기업가정신의 발현을 더는 기대하기 어려운 상황이다. 기업가정신이 이렇게 침체하게 된 이유는 여러 가지다.

우선 창업 및 경영책임 부담이 상당히 높다. 기업경영에 실패할 경우 개인이 부담해야 할 위험이 지나치게 높은 것이다. 사업의 위험은 높지만, 성공의 가능성은 낮다는 말이기도 하다. 실제로 많은 기업가들이 회사 경영에 대한 무한책임을 져야 하는 비극을 경험하고 있다.

둘째는 기업하기 어렵다는 인식이 사회에 팽배하게 된 것이다. 기업인에 대한 존경과 격려는 줄어드는 대신 반감과 질시가 힘을 얻고 있다. 기업계에서는 사회 발전을 이끌었다는 자긍심보다는 "왜 기업가가 되어 이 고생을 하느냐"며 신세를 한탄하는 목소리가 점점 더 커지고 있다.

셋째는 도전정신이 사라졌다는 점이다. 우리 사회에서 이제는 모험과 개척정신은 존중받지 못하고 있다. 새로운 세계로 나아가려는 진취적인 자세나 도전을 격려하는 문화가 사라지고 안주하는 모습을 어쩔 수 없다며 받아들이는 현상이 일반화되고 있다. 그러다보니 안정적인 직장과 큰 변화가 없는 삶을 선호하며 창업을 외면하고 있다.

그래도 희망이 없는 것은 아니다. 사회가 빠르게 변화하고 새로운 기술이 산업화되면서 다양한 기회가 생겨나고 있다. 다행히 우리 사회에는 우수한 인재가 넘친다.

400) 최승노(2017), [브릿지 칼럼] 기업가정신 회복이 필요한 시대, 브릿지경제, 2017.08.10.

시대에 맞는 도전을 하는 기업가가 나온다면 경제성장은 자연스럽게 이루어진다. 기회를 잡겠다는 의지를 북돋우고 이를 우호적으로 바라보는 사회 분위기가 바로 성공의 결실을 가능하게 하는 조건인 셈이다.

기업가정신을 되살리고 활성화하려면 실패에 대한 두려움을 떨쳐낼 수 있는 환경을 조성하는 일이 우선시되어야 한다. 특히 실패로 발생하는 위험을 분담할 제도와 사회적 장치가 절실하다. 그래야 우수한 인력들이 새로운 기회를 찾아 기업가정신을 발휘할 수 있다.

우수한 인력이 안정적인 직장을 찾는 데에만 혈안이 되어 있게 되면 우리 사회는 소중한 자원을 낭비하는 것이다. 한 번의 실패가 인생의 나락으로 떨어지는 길이라면 어느 누구라도 지레 겁먹고 창업을 포기할 수밖에 없다. 반대로 실패의 위험과 부담을 합리적으로 조절하고 한 번 실패한 기업인들에게도 재도전의 기회가 주어진다면, 우수한 인력들이 앞 다투어 창의적이고 혁신적인 기업가정신을 발휘할 수 있을 것이다.

모험과 도전 정신이 사회에 흘러넘치고, 생각과 방법의 창의성이 유연하게 수용되다 보면 '혁신의 기업가정신'이 다시 꽃피어날 것이다. 단언컨대 기업가정신 없이는 우리 경제의 발전도 없으며 미래도 없다.

1.2 기업가정신 발휘가 힘든 경영환경[401)]

"이봐, 해봤어?" 고(故) 정주영 현대그룹 명예회장의 이 한마디는 오늘날 한국경제를 일궈낸 기업가정신을 상징하는 말로 지금까지도 언급되는 말이다.

최근 경제계에는 과거 1세대 경영인들과 같은 과감한 결단력과 경영전략의 실종을 걱정하는 목소리가 끊이지 않고 있다. 여기에 더해 이 같은 기업가정신의 후퇴가 한국경제 위축의 징후로 지목된다는 주장도 제기됐다.

전국경제인연합회 산하 한국경제연구원은 최근 발간한 '위축경제의 7가지 징후' 보고서에서 기업가정신이 발휘되기 힘든 현재의 취약한 사회·제도적 환경에 대해 지적했다.

보고서는 대기업의 안정적인 경영권 승계의 걸림돌이 되고 있는 과도한 상속세를 언급했다. 보고서는 "50~65%에 달하는 과도한 상속세율은 경영권 승계 과정에서 기업의 존속 여부를 위협하는 동시에, 기업가정신을 훼손시키는 가장 핵심적인 규제 중의 하나"라고 주장했다. 현재 OECD 36개국 중 상속세 제도가 있는 나라는 23개

401) 헤럴드경제(2019.05.), "기업가 정신 발휘 힘든 경영환경…한국경제 위축의 징후", 2019.05.05.

국(64%)이고, 우리나라는 일본(55%) 다음으로 가장 높은 상속세율을 적용하고 있다. 특히 할증과세 때는 최고세율 50%의 1.3배인 65%까지 부과돼 세계 최고 수준이라는 분석이다. 실제로 2018년 LG그룹 구광모 회장과 특수 관계인들은 9200억 원이라는 역대 최고 수준의 상속세를 내기로 했다. 이는 그룹 주력사인 LG화학이 2018년 한 해 동안 1조 원 가량을 연구개발(R&D) 투입한 것과 비슷한 규모다. 미래 성장동력 확보에 투입될 수도 있을 막대한 자금이 경영권 승계로 빠져나가는 불합리함이 선제석인 경영선략 수립에 발목을 삽을 수도 있다는 얘기다.

정부가 도입을 검토하고 있는 '협력이익공유제'도 기업가정신을 훼손하는 요인 중 하나로 지목됐다. 기업의 이윤 동기를 위축시키고, 혁신활동이나 효율성 제고 노력을 저하시킬 우려가 높다는 것이다. 정부가 2018년 11월 도입계획을 발표한 협력이익공유제는 대기업의 재무적 성과를 관련된 협력 중소·중견기업과 사전에 약정한 방식으로 나누는 모델을 말한다. 이는 빈부 양극화 등 사회구조적 문제에 대한 과도한 대기업책임론과 이에 따른 반(反)기업정서를 불러올 수 있고, 기업가정신을 위축시킬 가능성이 있다는 게 한경련의 주장이다.

한편 국가별 기업가정신 지수에서 우리나라의 순위는 매년 하향곡선을 그리고 있다. 2018년 한국의 기업가정신 지수(AESI)는 100점 만점에 39점에 불과하고, 조사대상 44개 국가 평균 47점과 아시아 평균 61점을 크게 밑돌았다. 특히 2016년 23위에서 2018년 33위로 2년 만에 10단계나 하락한 반면, 같은 기간 중국은 4위에서 3위로 한 단계 상승했고, 일본은 45위에서 42위로 세 단계 상승하며 대조적인 모습을 보였다.

2. 진정한 기업가정신402)

스타트업이라고 하면 주변 환경 변화에 유연하고 기민하게 대응할 수 있는 젊은 기업이라는 인식이 있다. 하지만 첨단 산업에서 활약하는 스타트업이라 해도 환경 변화에 제대로 적응하지 못하는 경우는 얼마든지 존재한다. 반대로 거대 중견기업이

402) 류주한(2019), "진정한 기업가정신은 독선 아닌 열린 마음", 동아일보, 2019.06.05.

라 해도 스타트업 못지않게 민첩하게 움직이는 경우가 많다.

최근 미국 워싱턴대와 보스턴대 연구진은 스타트업을 이끄는 창업자의 강한 신념과 투철한 기업가정신이 조직의 창의성, 민첩성, 변화 가능성을 오히려 저하시킬 수 있다고 경고했다. 연구진은 이제 막 태동하고 있는 미국 항공택시 분야의 4개 스타트업 기업을 대상으로 자신들의 주장을 검증해 논문으로 발표했다.

항공택시는 승객을 소형 비행기에 태워 원하는 목적지까지 데려다주는 서비스다. 대형 항공기들이 사용하는 대형 공항은 피하고, 그 대신 작고 한적한 비행장을 거점으로 삼아 탑승 수속 시간을 줄이는 것이 장점이다. 2000년대 이후 북미와 유럽에서 항공택시 스타트업이 여럿 설립됐으나, 각종 규제와 높은 비용 등의 문제로 아직 큰 성공을 거두고 있지는 못한 상황이다. 최근에는 도심의 고층빌딩 옥상에 수직 이착륙할 수 있는 비행기를 사용하려는 항공택시 스타트업들도 생겨나고 있다.

연구진이 비교 대상으로 삼은 미국 내 주요 항공택시 스타트업 4곳의 창업자 4팀은 성향이 반으로 갈렸다. 두 곳의 창업자들은 스스로를 '혁명가'로 묘사했다. 이들은 자신들이 주도적으로 항공택시 산업의 구조와 경쟁 원칙을 만들고, 타인의 삶에 영향을 주고, 지금과는 다른 변화된 세상을 만들겠다는 신념이 있었다. 항공택시라는 파급력 있는 신산업을 스스로 창조해야 한다는 의지가 강하다 보니 자신들이 미리 세워둔 사업 모델에 집착하는 경향도 있었다.

반면 다른 두 곳의 창업자들은 스스로를 '발견자'라고 간주했다. 이들은 외부 상황을 주시하며 끊임없이 새로운 사업적 기회를 찾아다녔다. 또 다수의 이해관계자가 참여하는 항공택시 산업 생태계 조성에 적극적이었으며 여러 업체가 서로 힘을 모아 규제 변화 등 외부 불확실성에 대응하려 노력했다. 회사의 비즈니스 모델 역시 지속적으로 바꾸고 다듬어 나갔다.

물론 이 연구는 단지 4개 스타트업만을 관찰한 결과일 뿐이다. 또 5년, 10년 후 이 4개 업체가 어떻게 변해 있을지도 단언할 수 없다. 그러나 혁명가 유형의 창업자들은 산업 생태계를 자신이 결정하고 주도해 나가야 한다는 순교자적 신념과 자기 확신이 강할 수 있고, 그런 경우 회사가 외부 환경 변화에 적응하는 데 방해가 된다는 게 연구진의 주장이다.

설립자 자신이 모든 것을 주도하고 새로 산업을 재편해야 한다는 강한 믿음, 어떤 어려움과 실패도 두려워하지 않고 이를 이뤄내겠다는 불굴의 의지는 기업가정신이 아니라 독선과 아집일 수 있다. 산업의 흐름을 파악하고 큰 틀에서 주변과 협력해 나가려는 열린 마음이 진정한 기업가정신이다.

3. 혁신적 기업가정신은 시대정신이다[403)]

4차 산업혁명에서 혁신이 가속화하고 있다. 반복되는 일을 잘하는 효율과 새로운 일을 잘하는 혁신 중에서 혁신의 비중이 급속히 늘고 있다. 효율의 패러다임에서 혁신의 패러다임으로 국가 가치관이 재정립돼야 한다는 의미다.

농업혁명 이후 만년 동안 정체했던 소득이 18세기 중반의 산업혁명 이후 불과 250년 만에 100배 증가했다. 대략 농업이 2배 증가하고 농업 외 산업이 50배 증가한 소위 '대분기(great divergence)'라는 수직 상승의 동력은 혁신이었다. 정체됐던 중세 사회가 성장하는 근현대 사회로 혁신한 것이다. 혁신을 뒷받침하는 기업가정신·시장경제·포용적 제도가 산업혁명 이후 사회 변화의 3대 화두라고 할 수 있을 것이다.

국가 발전과 소득 증가의 주역은 혁신이다. 혁신의 리더십은 바로 '기업가정신'이다. 산업혁명은 창조적 도전을 통해 신기술을 개발하고 신시장을 개척하는 기업가정신 없이는 불가능했다. 기업가정신은 시장경제라는 토양에서만 꽃피운다. 시장경제가 작동하는 국가에서 절대 빈곤은 사라진다. 아직도 하루 소득 1.9달러 이하라는 절대 빈곤에 허덕이는 10%의 국가는 자유시장의 결여가 공통점이다. 혁신은 시장에서 기업가들의 경쟁을 통해 자라기 때문이다.

기업가정신과 시장경제가 지속 가능하기 위해서는 포용적 제도가 뒷받침돼야 한다. 승자 독식의 약탈적 제도에서는 빈곤층 증가에 따른 사회 불안이 시장을 저해하는 세력을 키우게 된다. 노블레스 오블리주가 작동하는 포용적 제도가 기업가정신과 시장경제를 지속 가능하게 한다.

지난 1820년 이후 영국의 1인당 소득이 100배 증가하는 동안 상위 10%의 부는 50%에서 20% 내외로 평준화됐다. 소득 증가와 부의 분배가 동시에 진행된 것이다. 반면 포용적 제도가 정착하지 못한 아프리카와 남미 일부 국가에서는 소득이 정체되고 부의 불균형은 증가했다.

자유시장의 혁신 사회와 통제 보호의 정체 사회는 달라도 너무 다르다. 정체 사회는 단기적 평등인 결과의 평등을 지향한다. 혁신 사회는 장기적 평등인 기회의 평등을 지향한다. 혁신은 결과보다 과정을 의미한다. 시간이라는 변수가 활약하는 사회는 진화한다. 잠자는 숲 속의 공주와 같이 정체된 사회에는 통제와 보호라는 안정된 질서가 자리 잡고 있었다. 그러나 혁신이라는 돌연변이가 없어 사회 진화는 멈췄다.

403) 이민화(2019), 기업가정신, 시장경제 그리고 포용, 서울경제, 2019.05.09.

혁신 사회는 단기적으로 불균형을 초래한다. 불확실한 도전에 보상이 없으면 혁신은 사라진다. 기업가적 혁신에 보상하면 그 결과는 당연히 부의 불균형을 초래하게 된다. 그런데 적절한 불균형이 사회 혁신의 동력이 돼 반복되면 사회 전체의 부는 증가하는 플러스섬(plus sum) 사회가 된다. 반면 약탈적 사회는 사회 전체의 부가 감소하는 마이너스섬(minus sum) 사회가 되고 혁신이 없는 사회는 사회 전체의 부가 정체된 제로섬(zero sum)이 된다. 산업혁명의 승자는 플러스섬의 열린 사회였고, 패자는 제로섬과 마이너스섬의 닫힌 사회였다. 승자는 포용적 제도를 통해 성장의 열매를 나누는 제도를 확립해간 것이다. 혁신으로 성장하고 포용으로 지속하라는 것이다.

결과를 평등하게 만드는 제도는 일회성 게임에서만 작동할 수 있었다. 단기적 평등이다. 기회의 평등 하에 혁신으로 경쟁하는 시장은 반복되는 게임에서 진화했다. 장기적 평등이다. 혁신은 반복되는 게임에서의 승리 법칙이다. 혁신은 과정이다. 패자에게 재도전의 기회가 제공돼야 한다는 의미다. 불공정한 혁신 게임 룰이 진입장벽이다. 혁신가에게 진입장벽이 보상으로 제공되면 지대추구(rent seeking)[404]의 정체 사회가 된다. 대기업의 특권과 중소기업 업종 과보호와 과도한 노조 권력 등이 바로 혁신을 저해하는 지대추구들이다.

404) 이익집단이 구성원의 경제적 이익을 증대시키기 위해 정부의 개입이나 중재를 얻어 다른 사회구성원으로부터 부(富)의 이전을 꾀하는, 사회적으로 비생산적이고 낭비적인 활동을 지대추구(rent-seeking) 행위라고 정의한다. 일반적으로 '지대(rent)'란 토지에 대한 임대료를 말한다. 이에 비해 경제학에서 말하는 '경제적 지대(economic rent)'는 토지처럼 공급이 제한되거나 비탄력적이어서 공급이 원활하게 이뤄졌을 때의 가치(기회비용) 이상으로 보유자가 얻는 몫을 의미한다. 예를 들어 천부적인 자질을 갖고 태어난 유명 축구선수를 떠올려보자. 그의 연봉은 수십억 원이나 된다. 이 선수가 축구를 하지 않고 다른 직업을 선택했더라면, 축구선수가 되기 위한 노력의 가치를 포함하더라도 그의 소득(축구선수의 기회비용)은 수억 원에도 이르기 어려울 것이다. 따라서 연봉의 상당 부분은 공급이 극히 제한된(천부적 자질로) 데 따른 '경제적 지대'로 볼 수 있다. 결국 '지대추구 행위'란 경제적 지대를 누리기 위해 개인이나 집단이 인위적으로 공급을 제한하거나 비탄력적으로 만드는 것이다. 흔히 정부의 보조금, 세제상의 우대 조치, 진입 규제 등의 정부 정책이 동원된다. 국가에서 정한 면허나 허가가 필요한 특정 직종이나 사업도 인위적으로 '경제적 지대'를 만들어낸 사례로 볼 수 있다. 동아일보(2007.05.), [논술로 풀어보는 경제] '지대추구 행위', 2007.05.23. 참조.

4. 기업가정신의 재음미[405)]

'기업가정신'이란 단어를 생각하면 처음 떠오르는 이미지는 도전정신과 성공일 것이다. 남들이 도전하기 힘든 어려움을 이겨내고 애초에 생각했던 목표를 달성하고 성공하고 큰 부를 획득하는 모습을 상상하게 된다. 실제로 주위에서 그렇게 성공한 많은 창업가와 기업가들이 있다. 그들의 성공스토리는 끊임없이 회자되고, 창업 교육과정에서도 많이 인용되고 학습의 기반이 되기도 한다.

미국의 경영대학원에서 사례연구(case study)를 핵심적인 학습 방법론으로 채택하는 것도 이러한 맥락과 연결된다. 성공을 통해서 배우는 것, 그리고 성공을 위해서 도전정신과 불굴의 의지로 리스크와 부딪히며 시장을 헤쳐 나가는 모습이야말로 기업가정신의 본령이라 할 것이다.

4.1 기업가정신, 신화 또는 고정관념을 넘어

기업가형 인재의 역량으로 창조적, 창의성, 위험감수 및 모험도전, 인내, 자기 신념, 자율, 성취욕구, 유연성 및 적응력, 시장기회 포착력 등을 일반적인 특징으로 들곤 한다. 성공한 창업가들은 이러한 특징들을 공통적으로 가지고 있다는 것이다. 물론 슈퍼맨처럼 이런 모든 역량을 다 가지고 있다고 말하는 건 아니지만, 창업가가 잘 되려면 이러 특징을 가지도록 노력해야 한다는 점을 암암리에 압박을 가하는 것이라고 할 수 있다.

이 과정에서 일종의 '신화化'는 불가피하다.[406)] 마치 어릴 때 위인전을 읽으면서 소년시절부터 총명했던 위인들의 삶과 생활에서 본받을 점을 찾아 닮아갈 수 있도록 노력했던 기억을 떠올려 보자. 비슷하다는 느낌이 들지 않은가. 그렇지 않으면 성공할 수 없을 것 같은 좌절감이 밀려오기도 한다. 냉정하게 말해서 비즈니스 세계에서는 성공하면 모든 게 용서되고 받아들여진다. 기업가정신은 결국 성공을 핵으로 품고 있는 창업가 마인드인 것이다.

---

405) 이정태(2019), [이정태의 스타트업 칼럼] 기업가정신 톺아보기 ①/②, 오피니언 뉴스, 2019.05.26.

406) 기업가정신은 신화化된 고정관념일 수도 있다.

4.2 과감한 창업이 성공열쇠? 진실은 정반대일지도

그러나 생각해보자. 실제로 성공한 창업가들은 다 그러할까, 그들이 간 길을 그대로 잘 따라 가면 성공할 수 있을까. 경영 베스트셀러 '오리지널스(Originals)'를 쓴 애덤 그랜트(Adam Grant)는 일반적인 상식에 반기를 든다. 위험을 무릅쓰고 창업에 전념한 사람들이 그렇지 않은 사람보다 유리할 것이라는 가설이 틀렸다는 연구결과를 제시한다.

직장을 계속 다닌 창업가들의 실패 확률이 직장을 그만둔 창업가들의 실패 확률보다 33퍼센트 낮다는 연구결과를 제시한다. 글로벌 안경 플랫폼으로 크게 성공을 거둔 와비파커 창업자들, 나이키 공동창업자 필 나이트, 구글의 래리 페이지와 세르게이 브린은 대표적인 사례로 꼽힌다.

그들은 처음부터 모든 걸 걸지 않았다. 와비파커 창업자들은 강한 확신을 가지고 있지 않았다. 온라인에서 안경을 파는 사업이 잘 안 될 경우에는 일할 수 있는 직장을 찾아놓기도 했고, 여러 가지 대안을 생각하고 있었다는 것이다.

그들은 창업 기간 내내 두려움과 우유부단함과 회의에 시달렸다고 한다. 구글 창업자들도 마찬가지이다. 구글 초기 단계에 검색엔진에 정신이 팔려 박사과정연구를 소홀히 할까봐 200만 달러의 헐값에 구글을 팔려고까지 했다는 것이다. 그럼에도 불구하고 그들은 명실상부한, 엄청난 성공을 한 글로벌 창업가들이 되었다.

이쯤 되면, 조금 헷갈리기 시작한다. 일반적으로 알고 있는 기업가정신은 잘못된 것인가, 아니면 내가 잘못 이해하고 있는 것인가. 지금 이 순간에도 많은 창업가들이 밤잠을 줄여가면서 자신의 제품과 서비스를 제대로 만들고 고객과 소통하기 위해서 혼신의 힘을 다하고 있다. 요컨대 기업가정신을 실행하고 있는 것이다.

그렇지만 안타깝게도, 그들 중 소수만이 성공의 문턱을 넘는다. 무엇이 잘못된 것인가, 아니면 원래 그런 것인가. 이런 질문들이 꼬리에 꼬리를 물고 머릿속을 복잡하게 만든다.

더 복잡하게 하는 포인트가 또 있다. 기업가정신 역사에서 독보적인 위치를 가진 사람은 콜럼버스다. 알다시피 콜럼버스는 스페인 왕실과 산타페협약을 맺고 인도로 가는 새로운 항로를 개척하려고 한 사람이었다.

죽음을 무릅쓰고 항로를 개척하는 대가로 귀족 칭호를 얻고 식민지 총독이 될 수 있으며, 획득하는 모든 귀금속의 10분의 1을 소유하게 된다는 협약. 실제로 콜럼버스는 인도가 아닌 아메리카에서 가져온 금제품으로 유럽인들을 흥분하게 만들었다. 이른바 하이 리스크(High Risk), 하이 리턴(High Return)이라는 유럽의 기업가정신의 토대는 그 이후 오랫동안 지속되어왔다. 황금을 획득하고자 하는 탐욕은 골드러시로 이어졌고, 식민지 건설과 세계 대전으로 연결된 건 역사가 선명하게 기록하고 있다.

부를 축적하고자 하는 욕심은 끝이 없다. 산업혁명과 함께 이런 탐욕의 정신으로 가득 찬 자본가 계급은 엄청난 부를 축적했지만 우리가 구체적으로 알 길 없는 많은 노동자와 사람들이 희생되었다. 이에 대한 반성으로 자본주의도 진화했고 이에 발맞추어 기업가정신도 발전해 온 것이다.

이미 익숙해진 윤리적 경영, 사회적 책임, 사회적 가치, 공유 가치 창출 같은 개념도 이런 발전의 결과로 나온 용어이며, 그 이전에는 생각하지 못했던 사고체계였다.

4.3 기업가정신의 신화化, 지본주의 경제의 핵심 사고체계

결국 이렇게 정리될 수 있겠다. 기업가정신은 시대의 산물이었고 시대의 변화에 따라 계속 변화해왔다. 기업과 기업가정신은 부를 축적하고자 하는 인간 본래의 욕망을 제도화하고 발전시켜온 자본주의 경제구조의 핵심이다. 때문에 기업가정신의 신화化 과정은 어쩌면 당연하고 어느 정도는 필수적인 부분이라는 생각도 든다.

그러나 실제로 창업가들이 현장의 삶을 살아가면서 갖추어야 할 기업가정신은 훨씬 더 다양한 폭과 깊이와 리얼함이 살아있다는 점을 간과해서는 안 될 것 같다. 더군다나 시대의 산물이라는 측면에서는 그 변화의 간극 또한 클 수밖에 없다.

21세기 4차 산업혁명의 변화 시대에 부모세대가 자식세대에게 어떤 것을 하면서 살라고 얘기하는 것이 별로 소용없는 일이라는 걸 깨닫는 데 오랜 시간이 걸리지 않는 것과 마찬가지라는 생각이다.

이른바 멘토라고 불리는 사람들이, 성공한 사람들이 창업자들에게 영양가 있는(?) 무언가를 제시할 수 있는 폭과 넓이가 예전 같지 않다. 물론 그렇다고 멘토와 성공한 창업자들의 조언이 필요 없다는 건 아니다. 신화화된 내용에서 벗어난다면, 과거-현재-미래의 연결고리를 찾아가는, 변화의 타이밍을 이해해가는 과정을 같이하는 지점에 있다면, 창업자들은 그 어떤 것보다도 저렴한 비용으로 큰 효과를 볼 수 있을 것이다. 그래서 그들의 직관적 통찰(insight)은 아직도 유효하다. 직관적 통찰을 가져가는 과정, 이 또한 기업가정신의 실제이기도 하다.

약간 다른 방향이지만, 창업가들은 정부가 지원하는 많은 창업지원 사업과 연구개발 사업을 통해 자신의 아이디어와 기술, 그리고 역량을 투여하여 제품과 서비스를 만들어낸다. 그 과정에서 대부분 성공적으로 그 과정을 이끌어간다. 창업의 멋진 신화 뒤에는 실패의 두려움이 있다. 신화를 걷어내고, 성공을 위해 끊임없이 고객과 피드백하는 과정을 반복함이 새로운 기업가정신이다.

4.4 성공 강박관념 벗어나야 – 새로운 '창업가정신'은 '관리이며 과정'

그러나 그들에게도 무수한 작은 실패들이 있을 것이다. 우리는 그런 요소들을 애써 외면한다. 드러내지 않는다. 오히려 드러내면 문제가 되는 경우도 있다. 그러나 기업가정신 차원에서 보면, 그만큼 적은 비용으로, 효과적으로 성장의 기회를 확보할 수 있는 과정도 없다. 잘하면, 직관적 통찰을 얻는 기반을 확보할 수도 있다.

작은 실패들을 드러내놓고, 서로에게 영향을 주고받을 수 있도록 허용되는 분위기라면 '성공에 대한 강박'을 한번쯤은 내려놓을 수도 있을 것이다. 성공강박을 마음에 품고, 정부자금을 받아서 단번에 성공해야겠다는 야심찬(?) 계획을 가지고 있다면 재고해 볼 필요가 있는 것이다. 그건 기업가정신이 아니다.

어렵다. 그러면 진정 기업가정신은 무엇인가. 성공을 위한 정신적 수단에 불과하다는 생각이 들기도 하고, 부에 대한 욕망을 채우는 데 필요한 태도라는 생각이 들기도 한다. 이것이 실제 아닌가. 불편한 진실이다. 그렇기 때문에 성공한 뒤에 따라오는 권력의 단맛을 즐기고자 하는 기업가들이 많은지도 모른다. 주위에서 그러한 기업가들이 적지 않기 때문에 오히려 이러한 인식 또한 강화되는 측면이 있는 것 같다. 이걸 넘어서야 가치가 보인다.

이제 복잡하게 엉킨 생각의 실타래를 정리해야겠다. 많은 생각을 버려야겠다. 린 스타트업[407)]의 저자 에릭 리스(Eric Ries)가 말한 것처럼, 창업가정신은 일종의 '관리'이며, '과정'이다. 창업가정신은 멋지고 극적으로 보이지만 그런 부분은 5%밖에 되지 않는다. 창업가정신의 95%는 지루하고 재미없는 것들이다.

제품과 서비스와 관련한 우선순위를 정하고, 고객을 향하여 주의 깊게 행동하고 테스트하고 피드백 하는 과정과 연관된 것들이다. 이것이 2019년의 실제이다. 창업가정신이 정신적 상태라고 생각하는 것은 과거 지향적 고정관념일 수 있다.[408)] 계속 진화하기 위해 자기 자신을 알아야겠다.

자신의 욕망의 수준과 성공의 내용을 먼저 정하라. 그리고 주위를 둘러보라. 내가 서 있는 위치가 보이고 내가 해야 할 일이 보일 것이다. 그걸 잘해내야 한다. 시간과 노력과 지혜를 다해서. 기업가정신은 그 속에 존재한다.

---

407) 린 스타트업은 아이디어를 빠르게 최소요건 제품(MVP, Minimum Viable Product, 시제품)으로 제조한 뒤, 시장의 반응을 보고 다음 제품에 반영하는 것을 반복해 성공확률을 높이는 경영 방법론의 일종이다.

408) 창업가정신은 정신적 상태로만 정의할 수 없다.

4.5 시대변화에 따라 기업가정신과 혁신도 바뀌어야[409)]

모든 기술·통계 등이 전 세계인들에게 빛의 속도로 공유되는 시대이다. 혁신과 기업가정신도 이제 새로운 시대를 맞아 바뀌어야 한다.

황철주 한국청년기업가정신재단 이사장은 지난 2019년 5월 3일 '혁신성장시대의 기업가정신'이란 주제발표를 통해 "기업가정신은 혁신적 방법으로 신산업을 개척해 경제를 부흥시키고 국민들이 잘 살 수 있는 기업을 육성하는 데에 있다"며 "시대가 변해감에 따라 새로운 환경이 마련돼야 하고, 혁신도 시대에 따라 달라질 수밖에 없다"고 밝혔다. 이어 "과거는 1등과 꼴찌가 열심히만 하면 다 함께 성장 가능했지만, 이젠 1등이 독식을 하는 시장"이라며 "먼저 하면 혁신이고, 늦게 하면 모방하는 시장인 셈"이라고 덧붙였다. 그러면서 황 이사장은 "새롭게 혁신하고 성장하기 위해선 국가와 국가 간, 산업 간, 기술 간의 융합과 협력이 중요하다"며 "지금 우리는 빛의 속도로 변하는 시대인 선진국형 시장에서 글로벌 경쟁을 통해 성장하고 있는 상황인 만큼 새로운 기업가정신이 필요하다"고 언급했다. 더불어 "잘 하는 사람이 성공할 수 있도록 하는 환경이 만들어져야 한다"며 "이를 통해 우리 청년들에게 희망을 줘야한다"고 거듭 강조했다.

5. 마무리

이재신은 뚜렷한 목표나 직업의식 없이 '고용 안정'이 보장된 자리만을 추구하는 요즘 젊은이들에게 용기를 줌과 동시에 창의적인 사고를 발휘하여 무언가를 직접 생산하는 일을 통해 새로운 길을 열어가기를 독려하기 위해 경영자로서 몸소 체득한 경영의 이치와 기업가정신을 정리한 책 'CEO 이야기'[410)]를 최근 출간했다.

기업은 호수와 같다. 호수는 겉으로 보기에 깨끗하며 조용히 멈춰있는 것 같고, 외부 자극이 없을 때는 안전해 보일 수도 있다. 하지만 살아 있는 호수는 끊임없이

409) 이데일리(2019.05.), 황철주 이사장 "기업가정신·혁신 통해 청년에 희망 줘야", 2019.05.03.

410) 이재신(2019), 50년 기업을 경영한 CEO이야기, 스타리치북스, 2019.04.25.

변화하고 있으며, 부유물이든 침전물이든 결과물을 생성해낼 수밖에 없다. 기업도 평소와 다름없는, 혹은 그 이상의 실적을 내고 일상성을 유지하고 있으면 잘되는 것으로 보일 수 있다. 하지만 미처 눈치 채지 못하는 사이에 부유물이 수면 위로 떠오를 수도 있고, 문제점이 고여 바닥에서 썩어 들어가기도 한다. 이를 방지하려면 경영자가 회사 상황을 정확히 파악하고 있어야 하며 항상 새로운 시선과 개혁 의지, 사고방식의 전환을 통해 적절하게 대처할 수 있어야 한다.

고객이 기대하는 가치는 기업이 이루고자 하는 가치와는 다른 성향을 갖고 있다. 설령 기업이 탁월한 성과를 거두고 최고의 실적을 달성했다고 하더라도 그 영광은 지속되지 않는다. 고객은 충성스럽지도 않을뿐더러 그들이 누리는 축하 자리에 함께 머물러 있지도 않는다.

그러므로 기업은 항상 출발점에 서 있어야 한다. 미래를 대비하지 못하는 기업의 특징은 현재의 성과를 버리지 못한다는 점이다. 이전에 성공한 과정에서 이루어놓은 매뉴얼, 업무 스타일, 인기를 끌었던 제품 목록을 끌어안고 가다 보면 새로운 시각이 열릴 수 없다. 이를 막는 방법은 끊임없이 질문하는 것이다. “우리의 고객은 누구인가?”, “그들이 원하는 것은 무엇인가?”, “시장의 주인은 누구이며 어떻게 변화하고 있는가?”[411]

이렇듯 혁신적 기업가정신이란 바로 관성, 즉 타성에 매몰돼 있지 않고 늘 새로운 시각, 즉 창의적 사고를 발휘하여 각자 자신을 계발하고 기업의 성과 창출을 위해 끊임없이 생산적인 질문을 하는 자세에서 출발하는 것이 아닌가 싶다.

한편 다니던 사모펀드에서 돌연 퇴사하고 비트코인에 삶을 내던진 후 가상화폐 거래소 고팍스를 운영하는 이준행 대표는 자신의 모습을 기업가정신으로 설명하면서 “기업가정신이란 미래의 불확실성과 높은 위험에도 불구하고 주도적으로 기회를 포착하고, 혁신 활동을 통해 새로운 사회적 가치를 창조하는 실천적 역량이라고 생각한다.”고 말했다.[412]

결론적으로 기존 기업의 경영자, 신생 기업을 창업한 경영자, 그리고 이들 기업에 참여하여 근무 중인 사내 구성원들, 아니 더 나아가 모든 경제주체들이 혁신적 기업가정신의 중요성을 인식하여 각자 자신의 위치에서 열린 마음을 갖고 급변하는 경영·경제 환경에 대응해 나간다면 현재의 위기는 새로운 기회로 우리 앞에 다가올 것이다. 이제 기업가정신의 고정관념, 즉 기업 중심의 기업가정신에서 벗어나 경영자뿐만 아니라 근로자와 국민 모두가 기업가정신을 갖는 ‘사람중심 기업가정신 생태계’ 조성의 필요성을 인식하고 이를 실천해 나가는 것이 우리의 시대적 과제요, 책

411) 전자신문(2019.05.), 기업가는 실패를 두려워해야 한다 ‘CEO 이야기’ 출간, 2019.05.02. 참조.
412) 아시아경제(2019.04.), [아시아 미래 기업포럼] 이준행 고팍스 대표 “비트코인이 금융시스템 혁신”, 2019.04.22.

무가 아닌가 싶다.

마지막으로 강조하고 싶은 말은 앞서 이정태(2019)[413]가 언급한 바와 같이 내가 서 있는 위치가 보이고 내가 해야 할 일이 무엇인지 발견해 낸 다음, 시간과 노력과 지혜를 다해서 그것을 잘해내야 한다. 기업가정신은 그 속에 존재한다는 점이다. 기업가정신은 정신적 상태로만 정의할 수 없으며 에릭 리스가 말한 것처럼, 일종의 '관리'이며, '과정'이다. 따라서 기업가정신은 각자 자신에게 주어진 지극히 현실적이고 실제적인 성공요소의 필요조건임에는 틀림없다는 사실을 명심해야 할 것이다.

---

413) 이정태(2019), op. cit.

참고문헌

강경균 외(2016), 청소년 기업가정신 함양 및 창업 활성화 방안 연구Ⅲ, 한국청소년정책연구원, 2016.12.

강경균(2017), 청소년의 기업가정신 교육 모형 개발, 창의력교육연구, 17(1), 17-36.

강병오(2011), 중소기업 CEO의 창업가정신(Entrepreneurship)이 기업성과에 미치는 영향에 관한 연구: 프랜차이즈 기업을 중심으로, 박사학위논문, 중앙대학교.

강신형(2016), 기업가론, 한성대학교 2016년 가을학기 강의자료.

강인애 · 김양수 · 윤혜진(2017), 메이커 교육(Maker Education)을 통한 기업가정신 함양: 대학교 사례연구, 한국융합학회논문지, 8(7), 253-264.

고기완(2015), 슘페터: 기술혁신을 통한 창조적 파괴…드러커 : 기회를 사업화 하는 모험정신, 생글생글 494호, 한국경제신문 경제교육연구소, 2015.11.30.

고상민(2018), [엔슬 칼럼] 창업가정신 vs 기업가정신, Venture Square(뉴스레터), 2018.10.24.

교육부 공식 블로그(https://if-blog.tistory.com/5760), 기업가정신을 배우며 내 인생의 CEO가 되어보세요, 대한민국 교육부, 2015.10.23.

교육부·한국직업능력개발원·한국경제신문 특별취재팀(2015), 글로벌 인재포럼 2015: 다양한 인재가 세상을 바꾼다, 한국경제신문 한경 BP.

곽준영(2015), [정주영을 통해 본 기업가정신] "실패는 있었지만, 포기는 없었다" , SBS CNBC, 2015.11.25.

권순만(2018), 창업의 성공률을 높여주는 덕목, '기업가정신' , 시사저널, 2018.03.07.

김경환(2018), 4차 산업혁명과 기업가정신 교육, 중부일보, 2018.02.19.

김광열(2017.04), 기업가정신이 대한민국의 미래이다, 글로벌기업가정신협회, 2017.04.17.

김광열(2017.08), 기업가정신이 최고의 브랜드, 한국경제, 2017.08.03.

김광희(2016), 기업가정신 제고를 위한 정책모델 모색, 중소기업연구원, 2016.11.

김기찬(2017), [경영칼럼] 사람중심 기업가정신-韓기업 변화의 시작점, 매경이코노미 제1922호 (2017.08.23.~08.29일자).

김면(2012), 창의성 촉진을 위한 기업의 조직 환경 개선방안, 한국디자인포럼, Vol. 36, pp. 315~328.

김문희(2016), 기업가정신 및 창업교육 관련 OECD 논의 동향 및 사례, 글로벌 리포트, The HRD Review, 2016.05.

김미란 · 엄우용(2019), 기업가정신 교육 국내 연구동향 분석, Global Creative Leader: Education & Learning 2019, Vol. 9, No.1, 1-20, 2019.03.11.

김민영 외(2015), 공직봉사동기와 기업가정신에 관한 실증 연구: 공공부문의 개인-조직 적합성의 매개효과를 중심으로, 한국행정논집 제27권 제4호, 2015.07.14.
김석현(2016), '업을 찾아가는 플랫폼' 창업교육, Entrepreneurship Korea, 여름호(Vol. 2), 과학기술정책연구원, 2016.
김선우(2017), 4차 산업혁명 시대의 기업가정신, Entrepreneurship Korea, 2017. Vol. 5.
김선우 · 고혁진(2017), 4차 산업혁명 시대 기업가정신의 방향, 한국창업학회 하계학술대회 발표자료.
김선우 · 김영환 · 이정우 · 손하늬(2017), 4차 산업혁명 시대 기업가정신의 의의와 방향, STEPI Insight, 제218호, 과학기술정책연구원, 2017.09.11.
김선우 외(2018), 2018년 기업가정신 실태조사 심층연구, 과학기술정책연구원, 2018.11.30.
김성수(2007), 성공한 창업자의 기업가정신, 서울: 삼영사.
김성일(2018), 국내 대학 창업교육센터의 특성과 차이점에 관한 연구, 국민대학교 글로벌창업 벤처대학원 석사학위논문, 2018.08.
김영빈 · 김동규·김소현·박가열·오민홍·장현진·정윤경(2017), 직업세계와 직업정보 탐색 지도 - 제9장 창업·창직 정보 탐색 및 활용, ㈜사회평론아카데미.
김영수 · 성상기(2015), 기업가정신 교육의 교과내용과 방법에 관하여: HAKS모형에 기반한 모듈식 교육방안, 상업교육연구, 29(5), 1-30.
김영우(2016), [기고] 기업가정신의 진정한 의미, 매일경제, 2016.10.19.
김영환 외(2015), 기업가의 사회가치창출 프로세스 모델 개념 및 특성, 대한산업공학회 춘계공동학술대회 발표자료. 2015.04.
김영환 · 양태용(2013), 기업가정신 전문 국제 유명 학술지 논문 검토를 통한 기업가정신 연구 동향 분석, 중소기업연구, 35(3), 347-376.
김이석(2002), 기업가정신과 경제교육. 경제교육연구, 9권, 63-82, 2002.12.
김재구(2012), 수익 창출하면서 삶의 질 향상 혁신의 프론티어-사회적 기업 키우자, DBR 117호, 2012년 11월 Issue 2.
김재진(2017), 기업가정신 살아나야 국가경제 회복된다, 매일경제, 2017.03.02.
김준태(2014), 기업가정신의 본질 이해 및 교육방안 탐색, 사회과교육, 53(4), 47-67.
김진형(2016), 4차 산업혁명 시대 인공지능은 새로운 기회, The HRD Review, 2016년 11월호, 한국직업능력개발원.
김한준(2016), 4차 산업혁명이 직업세계에 미치는 영향 · 4차 산업혁명에 대한 재직자 인식 조사, 고용이슈, 2016년 9월호.
김현정 외(2015), 최고경영자의 기업가정신이 기업 성과에 미치는 영향: '마이다스아이티(MIDASIT)', 경영사학 제30집 제4호(통권 76호), pp. 227~254, 2015.12.31.
김형수(2017), 4차 산업혁명 시대의 기업가정신, 전북일보, 2017.10.17.
김휜주(2011), 사회적 기업과 사회적 기업가정신, 경남도민일보, 2011.11.04.
남두현(2016.10.), [기자수첩] 존슨앤존슨은 1982년을 잊었나, 청년의사, 2016.10.19.
남영호(2018), 가족기업의 기업가정신, 중소기업뉴스, 2182호, 2018.09.05.
네이버 블로그(http://blog.naver.com/gisung65/120153098582), 일본 소니의 실패사례, 2012.02.20.
동아비즈니스리뷰(2013), 사내 기업가정신-도나 켈리 교수와의 인터뷰 내용, 141호, 2013.11.14.
동아일보(2018.08.), "몸에 더 좋은 주스는?" 고민 해결 과정서 '기업가정신' 싹튼다, 2018.08.28.
드러커, 피터 F.(2002), 넥스트 소사이어티, 이재규 옮김, 한국경제신문.
류주한(2019), "진정한 기업가정신은 독선 아닌 열린 마음", 동아일보, 2019.06.05.

린다 그래튼, 앤드루 스콧(2017), 100세 인생, 안세민 옮김, 클, 2017.04.10.
마이크 해링턴(2019), 기업가정신 두 축은 '끈기' 와 '좋은' 멘토, 매일경제, 2019.02.15.
매경이코노미(2019.07.), 위기를 기회로…슈퍼스타기업 5大 액션플랜, 제2015 · 창간호, 2019.07.03.~2019.07.09.
매일경제(2017.11.a), [Biz times] '스페이스X' 처럼 세상에 없던 길 만들어라, 2017.11.03.
매일경제(2017.11.b), [Biz Times] 열정보다 경험이 중요하다, 폴 레이놀즈 영국 애스턴大 교수 인터뷰, 2017.11.24.
매일경제(2018.03.), 韓청년 기업가정신 '전 세계 최하위' , 2018.03.14.
매일경제(2018.06.), "제2 저커버그 관심 없다" …창업 꿈 접는 美젊은이, 2018.06.29.
매일경제(2018.10.), 다시 기업가정신이다 - ⑥ GS그룹 창업주 허만정, 2018.10.03.
매일경제(2019.05.), [경제신문은 내 친구] 패스트트랙이 뭐기에, 2019.05.01.
매일경제(2019.05.), "창업 강국 핀란드, 비결은 '보텀업' 생태계", 2019.05.23.
매일경제(2019.07.), 기업가정신 핵심은 '주주이익' 과 '윤리의식' , 2019.07.04.
머니투데이(2011.08.), 총자산 2.5조 세계 최대 기업가정신재단 美 '카우프만 재단' 아십니까, 2011.08.16. 참조.
머니투데이(2018.11.), 황철주 이사장 "한국형 기업가정신지수 개발할 것" , 2018.11.15.
바리스타뉴스(2017), 스타벅스와 필즈 커피로부터 배울 수 있는 기업가정신 5가지, 2017.02.20.
바이널엑스(2014), 기업가정신의 필요성과 적용 방향: 기업가정신(Entrepreneurship) 컨퍼런스 후기, (available at http://blog.naver.com/vinylx/220149542406), UX 인사이트, 2014.10.15.
박기용(2009), 외식산업의 기업가정신이 성과에 미치는 영향, 한국조리학회지, 15(3), 153-165.
박선영 & 조성표(2007), '국내 기업의 연구개발활동 통계의 비교와 시사점' , 이슈페이퍼 2007-14, 한국과학기술기획평가원.
박승록(2012), 사회적 기업가정신, 착한자본주의연구원, 2012.10.14.
박승록(2015), 경제학적 접근에서의 한국 기업가정신의 변천과정과 재활성화 방안 연구, (재)한국청년기업가정신재단, 2015.10.
박재홍 · 김성환(2011), 청소년기 뇌 발달과 인지, 행동 특성, 생물치료정신 의학, 17(1), 11-20.
박종규(2014), 기업가정신 교육의 현황 및 극복 과제, The HRD Review, 17(1), 256-266.
박준병(2008), 기업가정신, 한밭대학교, 2008.09.10..
박진성(2010), 실패를 용서하고 기억하는 조직, LG Business Insight.
배영임 · 신혜리(2017), 경기도 4차 산업혁명 기반조성을 위한 정책방향 연구, 경기연구원.
배종태(2016), [백상논단] 이젠 사람중심 기업가정신이다, 서울경제, 2016.03.13.
배종태 · 차민석(2009), 기업가정신의 확장과 활성화, 중소기업연구, 31(1), 109-128.
서여주 · 김선우(2017), 유럽의 기업가정신 정책, 20년의 흐름, 동향과 이슈, 제43호, 과학기술 정책연구원, 2017.10.31.
서울경제(2017.01.), [리더십4.0시대] 맥킨지가 뽑은 4차 산업혁명 시대 5대 리더십, 2017.01.12.
서울신문(2018.05.), 세계기업가정신지수, OECD 35개국 중 20위…국제화 · 반기업정서 '낙제점' , 2018.05.27.
성균관대 SSK위험커뮤니케이션연구단(2017), '4차 산업혁명 핵심기술에 대한 한국인의 인식 조사 결과' 발표, 자율주행자동차는 불안하고 인터넷전문은행과 홍채인식도 안심 못 해, NewsNews Wire. (http://www.newswire.co.kr/newsRead.php?no=851579), 2017.06.
세계일보(2014.01.), [창업이 미래다] 선진국에선 어떻게, 2014.01.02.

소상공인 정보광장(2013), [창업실패사례] 기업가정신이 부족하면 대박집도 망한다, 서울시 자영업 지원센터, 2013.02.22.

손용석(2019), LG그룹 구인회 창업회장의 기업가정신과 기업경영, 한국 주요 그룹 기업가정신-기업가정신 컬렉션(Entrepreneurship Collection), 경희대학교 중앙도서관 (KHU Library), (https://library.khu.ac.kr/seoul/entrepreneurship/entrepreneurs), 2019.03.15.

송영수(2010), 지식정보화 시대가 요구하는 기업가정신(Report No.119), 서울: 자유기업원.

시사저널(2017.05.), [2017 굿컴퍼니 컨퍼런스(GCC)] "기업가정신 고취 위해 제도적 인센티브 필요", 2017.05.31.

신동엽(2019), [경제시평-신동엽] 위기와 진짜 기업가정신, 국민일보, 2019.01.22.

신혜원(2017), 기업가정신교육 프로그램에 대한 질적 사례 연구 참여자 중심 평가의 적용, 박사학위논문, 서울대학교.

아시아경제(2019.04.), [아시아 미래 기업포럼] 이준행 고팍스 대표 "비트코인이 금융시스템 혁신", 2019.04.22.

안승권(2016), 창업교육과 제도적 지원이 자기효능감 및 창업의지에 미치는 영향, 박사학위논문, 중앙대학교.

양현봉 외(2008), 기업가정신 육성 및 기업친화정책을 통한 잠재성장률 제고방안, 산업연구원, 2008.10.

양현봉 · 박종복(2011), 청년창업생태계 조성 및 활성화 방안, 산업연구원.

양원봉(2019), 주요 선진국의 청소년 기업가정신 교육정책과 시사점, KIET 산업경제, 산업연구원, 2019.03.

연합뉴스(2018.05.), "창업 기업가정신 나아져…선호도는 하위권", 2018.05.20.

연합뉴스(2015.08.), 한국 '기업가정신 지수' OECD 34개국 중 22위, 2015.08.18.

오마이뉴스(2017.02.), [연재] 역사의 프리즘을 통해 본 오늘⑫-소니와 노키아의 몰락, 남의 일이 아니다, 2017.02.15.

오해섭 · 맹영임 · 문호영(2014), 청소년 기업가정신 함양 및 창업 활성화 방안 연구Ⅰ, 세종특별자치시: 한국청소년정책연구원.

윤상호 · 허원제(2015), 우리나라 기업가정신의 평가와 창조경제의 미래, KERI Insight, 한국경제연구원, 2015.04.15.

이강봉(2014), 세계 최초 창업 교육 사이트 '테크시티', Science Times, 2014.11.20.

이근미(2017), 질주하는 페이스북-마크 주커버그의 영리한 선택, 자유기업원, 2017.01.24.

이데일리(2019.05.), 황철주 이사장 "기업가정신 · 혁신 통해 청년에 희망 줘야", 2019.05.03.

이명숙 · 원상봉(2013), 기업가정신교육 프로그램개발을 위한 교육요구도 분석: 창업자, 예비창업자, 비창업자를 중심으로, 직업교육연구, 32(2), 99-134.

이명우(2012), 사일로 경영 탓에… 소니, 아이팟 만들 기회 놓쳐, 조선비즈, 2012.05.03.

이미자 · 김중규(2013), 창업의지와 기업가정신이 창업성공에 미치는 영향, The Journal of Digital Policy & Management, 11(9), 55-65.

이민화(2012), 한국 기업가정신과 'ㅠ', 벤처스퀘어, (available https://itm.kaist.ac.kr/archives/1225), 2012.05.17.

이민화(2019), 기업가정신, 시장경제 그리고 포용, 서울경제, 2019.05.09.

이방실(2010), 허먼 B. 레너드 HBS 교수 인터뷰- "공익추구가 비효율의 면죄부 될 수 없다. 사회적 기업도 기업가정신 가져야", DBR 68호, 2010년 11월 Issue 1.

이방실(2013), '내부의 적' 과 싸워야 할 사내기업가 공조 이끌어낼 베테랑이어야 한다, DBR 141호, 2013년 11월 Issue 2.
이용탁(2011), 사회적 기업가정신과 성과와의 관련성에 관한 연구, 인적자원관리연구, 18(3), 129-150.
이우진 · 김진수 · 김용태(2013), 대학의 창업교육 품질이 교육만족도와 창업 의지에 미치는 영향에 관한 연구, 경영교육연구, 28, 105-131.
이윤준 · 김영환(2013), 체험 창업현장 활성화 방안, STEPI Insight 제130호.
이윤준(2014), 창조경제와 기업가정신, 과학기술정책 통권 196호, 제24권 제3 · 4호, 과학기술정책연구원, 2014.10.31.
이윤준 외(2014), 글로벌 기업가정신지수 개발, 과학기술정책연구원.
이윤준(2016), 국내 대기업의 기업가정신 수준 진단과 과제, STEPI Insight 제188호, 2016.04.15.
이윤준(2017), 이 시대가 필요로 하는 기업가정신-한 · 미 · 일 · 중 4개국 비교, STEPI Insight 제206호, 2017.01.15.
이재신(2019), 50년 기업을 경영한 CEO이야기, 스타리치북스, 2019.04.25.
이재영(2015), 창업, 기업가정신은 실행력, 열린창업신문, 2015.03.07.
이재은 · 강지원 · 박정민(2017), 청소년의 기업가정신이 창업의지에 미치는 영향: 사회적 지원 세력의 조절효과를 중심으로. 생산성논집, 31(1), 113-141.
이정태(2019), [이정태의 스타트업 칼럼] 기업가정신 톺아보기 ①/②, 오피니언 뉴스, 2019.05.26.
이채원(2018), 세계 70개국과 비교해본 우리나라 기업가정신 생태계, 중앙일보, 2018.01.29.
이춘우(1999), 조직앙트라프러뉴십과 조직성과, 서울대학교 대학원 경영학과 박사학위 논문.
이춘우 외(2014), 기업가정신의 이해, 한국청년기업가정신재단, 2014.12.
이춘우 외(2015), 경영학적 접근에서의 한국 기업가정신의 변천과정과 재활성화 방안 연구, (재)한국청년기업가정신재단, 2015.10.
이형곤 · 유진혁(2018), 기업가정신과 창업실무, 양성원, 2018.01.15.
인세영(2018.01.), [칼럼]우리나라의 기업가정신 지수는 세계 20위권…그러나 실제는, 파이낸스투데이, 2018.01.10.
임명환(2016), 블록체인 기술의 활용 동향 분석, 주간기술동향, 1772호, 정보통신기술 진흥센터, 2016.11.16.
임일곤(2013), [실패에서 배운다]모토로라의 몰락 원인 '자만' , 비즈니스워치, 2013.11.10.
장박원(2019.06.), 일본 최대 전자상거래업체 라쿠텐 제국을 건설한 미키타니 히로시 회장의 기업가정신, 매일경제, 2019.06.17.
장현진(2017.04.a), 4차 산업혁명과 청소년 기업가정신, 행복한 교육.
장현진(2017.04.b), 기업가정신 교육을 위한 실천 전략, 행복한 교육.
전자신문(2019.05.), 기업가는 실패를 두려워해야 한다 'CEO 이야기' 출간, 2019.05.02.
정연대(2018), 기업가정신의 연구 분류 체계에 대한 탐색적 연구, 박사학위논문, 숭실대학교.
정현진 · 김창완(2018), 4차 산업혁명 시대 디자인씽킹 기반의 청소년 기업가정신 교육 프레임워크 연구, 한국창업학회지, 13(1), 175-200.
조선비즈(2017.01.), 연구비 목마른 젊은 과학자에 단비... '생애 첫 연구' 지원 사업 본격 시동, 2017.01.24.
조선일보(2016.12.), "내 방식은 이미 시장에서 통했어" 성공에 도취하는 순간 실패의 길 걷는다, WEEKLY BIZ, 2016.12.31.

중소기업투데이(2019), 국민 10명중 4명, '기업가정신 부족' 지적, 2019.01.17.
중소벤처기업부(2019), 생계형 창업은 줄고, 기회형 창업은 늘었다, 보도자료, 2019.01.21.
중앙일보(2010.10.), "기업의 성공은 실패에 어떻게 대응하느냐에 달렸다", 2010.10.12.
창업리더십센터(2017), [창업 준비 중인 분들께 공유합니다] 열정보다 경험이 중요하다, (blog.naver.com/PostView.nhn?blogId=gangpoet&logNo=221149253062), 2017.11.27.
채동하(2018), 한국 '글로벌 기업가정신 지수' 아시아 1위…과학기술 높이 평가, 소셜타임스, 2018.12.09.
최병모 · 천규승 · 조병철(2006), 기업가정신 교육의 내용과 방법에 대한 탐색과 적용, 사회과교육연구, 13(3), 167-194.
최병일 · 황인학 외(2013), 기업가정신-창조경제 성공의 핵심조건, 한국경제연구원, 2013.
최승노(2017), [브릿지 칼럼] 기업가정신 회복이 필요한 시대, 브릿지경제, 2017.08.10.
최윤미 · 류정현 · 이상훈 · 박한림 · 오헌석(2015), 사회적 기업가정신의 구성요소와 형성과정에 관한 연구, HRD 연구, 17(1), 189-221.
최인재 · 임지연 · 김형주(2008), 한국 청소년 발달 지표 조사 Ⅲ, 세종특별자치시: 한국청소년정책연구원.
최종인 · 양영석(2012), 창업교육을 위한 프로그램 개발과제, 벤처창업연구, 7(1), 125-134.
타이쿤포스트(2015), [COVER STORY] 시대정신으로 바라본 '대를 잇는 기업가정신' ④…해외 사례, 2015.12.09.
틴틴 경제(2016), 기업가정신 왜 중요한가요, 중앙일보, 2016.11.22.
하규수 외(2015), 2015 창업교육성과평가 및 개선 방안, 호서대학교 산학협력단.
한겨레(2018.05.), 자신 넘어 공동체 경영하는 법도 가르쳐야죠, 2018.05.07.
한겨레(2018.08.), 문제점 뭘까 찾고 해결책 내보는 '기업가정신 교육', 2018.08.27.
한경비즈니스(2019.03.), [기업가정신이 희망이다] 1부 잊힌 '기업가정신'을 찾아서, 커버스토리 제1217호, 2019.03.27.
한경비즈니스(2019.03.), [커버스토리=기업가정신이 희망이다] 2부 재도약의 성장 엔진 '기업가정신' - 대학 창업지원단장 3인 좌담… "기업가 정신은 현대인의 필수 교양", 제1217호, 2019.03.
한경비즈니스(2019.03.), [커버스토리=기업가정신이 희망이다] 2부 재도약의 성장 엔진 '기업가정신' - '기업 가치 1조' 스타트업 성공 신화를 쓴 창업자들, 제1217호, 2019.03.
한국경제(2017.02.), 실리콘밸리는 왜 디자인에 주목하는가? 고객가치 중심으로 생각을 디자인하라, 2017.02.09.
한국경제연구원(2017), 韓 기업가정신 수준, 에스토니아·칠레보다 낮아, 한국경제연구원 보도자료, 2017.01.19.
한국기업가정신센터(Korea Entrepreneurship Center)의 홈페이지(www.entrepreneurship.or.kr) 내 '기업가정신교육' 항목 중 'Why, 사내 기업가정신이 중요한가?'의 내용 일부.
한국기업가정신센터(2014), 성장하는 기업이 지닌 5가지 기업가적 지향성, KEC(Korea Entrepreneurship Center) 비즈니스 리뷰, 2014.05.28.
한국언론진흥재단 미디어연구센터(2017), 4차 산업혁명에 대한 국민들의 인식, Media Issue 2017년 3권 4호, 2017.04.
한국청년기업가정신재단(2017), 2016 글로벌 기업가정신 트렌드 리포트(요약), 2017.
한국청년기업가정신재단(2018.02.), 글로벌 기업가정신 연구(GEM), 2017 한국보고서, 2018.02.

한국청년기업가정신재단(2018.12.), 글로벌 기업가정신 조사의 현황과 활용, KoEF ISSUE PAPER, 2018.12.21.

한국청년기업가정신재단(2019.03.), 역동적 기업가정신 지수, KoEF ISSUE PAPER, 2019.03.06.

한문성 · 권주형 · 안웅(2010), 창업 및 기업가정신 교육의 현황 및 교육수요자의 기대성과에 대한 연구: 중 · 고등학교를 중심으로, 상업교육연구, 24(4), 143-170.

한유진(2015), 공공부문의 기업가정신, 2015.06.17.

한유진(2016), 기업가정신 및 창업 관련 국내 연구 동향, 디지털융복합연구, 14(12), 121-131.

한정화(2011), 기업가정신의 힘, 21세기북스, 2011.07.22.

한준 · 김수한(2015), 사회학적 접근에서의 한국 기업가정신의 변천과정과 재활성화 방안 연구, (재) 한국청년기업가정신재단, 2015.10.

한현옥(2013), 기업가정신과 혁신, KERI Column, 한국경제연구원, 2013.09.09.

헤럴드경제(2015.12.), 지구촌 학생들은 지금 '기업가정신' 배우는 중, 2015.12.15.

헤럴드경제(2019.02.), [세계의 기업가 ③하워드 슐츠 前 스타벅스 CEO] 커피 한잔 한잔에 마음 쏟아 부어…스타벅스 '공간' 을 팔다, 2019.02.22.

헤럴드경제(2019.05.), "기업가 정신 발휘 힘든 경영환경…한국경제 위축의 징후", 2019.05.05.

현대경제연구원(2004), 환경 적응에의 성공 및 실패 기업, Management Insight, 2004.08.

현대경제연구원(2017), 4차 산업혁명에 대한 기업의 인식과 시사점 - 국내 기업의 약 70%가 대응 못하고 있다!, VIP 리포트, 통권 691호, 2017.05.15.

홍기운(2014), [월요논단] "기업가정신으로 무장한 CEO의 성공사례", 식품외식경제, 2014.06.27.

홍성재(2018), [홍성재의 1인 기업 생존노트] 네덜란드에서 배우는 기업가 정신 1부, 이코노믹 리뷰, 2018.11.08.

홍성호(2009), 한국 창업학 연구 분류체계를 위한 탐색적 연구, 석사학위논문, 중앙대학교.

황보윤(2016), 기업가정신 교육 필요성과 국내 생태계에 관한 연구, Proceedings of Conference on Business Venturing, Spring 2016, April 22, 2016, pp.95-101, 2016.04.22.

황인학(2015), 한국의 기업가정신의 실상과 과제, KERI Insight, 한국경제연구원, 2015.10.12.

황인학(2016), 한국 기업가정신의 장기 변화 추이 분석, KERI Insight, 한국경제연구원,2016.05.02.

Acs, Z. J. and L. Szerb(2011), The Global Entrepreneurship and Development Index 2011, Edward Elgar Publishing, Cheltenham. cs, Zoltán, László Szerb and Erkko Autio(2015), Global Entrepreneurship Index powered by GEDI, 2015.

Acs, Z.J., Szerb, L., Autio, E.(2015), The Global Entrepreneurship and Development Index 2015, Springer International Publishing.

Ahmad, Nadim, and Anders N. Hoffmann(2008), A framework for addressing and measuring entrepreneurship, OECD statistics directorate, working paper, 2008/2, OECD publishing.

Alic, J.(2011), "Everyone an Innovator", State of Innovation: The US Government's Role in Technological Innovation, Boulder, Paradigm, 236-260, 2011.

Audretsch, D.(1995), Innovation and industry evolution, MIT press, Cambridge, MA.

Audretsch, D. B. & R Thurik(2001), Linking entrepreneurship to growth, STI working paper 2001/2 Paris: OECD.

Audretsch, D.B. and A.R.Thurik(2010), "Unraveling the Shift to the Entrepreneurial Economy",

Tinbergen Institute Discussion Paper TI2010-080/3.

Baum J. Robert and Locke Edwin A.(2004), The Relationship of Entrepreneurial Traits, Skill, and Motivation to Subsequent Venture Growth, Journal of Applied Psychology, vol. 89, no. 4, 587-598.

Baumol, W. J.(1990), 'Entrepreneurship: Productive, Unproductive, and Destructive', Journal of Political Economy, 98: 893-921.

Becherer, R. C., & Maurer J. G.(1999), The proactive personality disposition and entrepreneurial behavior among small company presidents, Journal of Small Business Management, 37(1), 9-37.

Birch, D.L. and Medoff, J.(1994), Gazelles, In L.C. Solmon & A.R. Levenson(Eds.), Labor Markets, Employment Policy and Job Creation(pp.159-167), Boulder, CO and London: Westview Press.

Blackburn, R.A., & Smallbone, D.(2008), Researching small firms and entrepreneurship in the UK: Developments and distinctiveness, Entrepreneurship Theory and Practice, 32(2), 267-288.

Block, Z. and Macmillan, I. C.(1993), Corporate venturing: creating new businesses within the firm, Harvard Business School Press.

CampSpark Jr.(2014), 기업가 정신의 이해, SeedSpark(청소년 기업가정신 프로그램), 2014.

CampSpark Jr.(2014), 기업가 정신의 이해, SeedSpark(청소년 기업가정신 프로그램), 2014.

CB Insight(2017), "AI 100: The Artificial Intelligence Startups Redefining Industries", 2017.01.03.

Chrisman, J.J.Hynes, T., & Fraser, S.(1995), Faculty entrepreneurship and economic development: The case of the University of Calgary, Journal of Business Venturing, 10(4), 267-281.

Dai, L., Maksimov, V., Gilbert, B. A., & Fernhaber, S. A.(2014), Entrepreneurial orientation and international scope: The differential roles of innovativeness, proactiveness, and risk-taking, Journal of Business Venturing, 29(4), 511-524.

Dickson, P. H., Solomon, G. T., & Weaver, K. M.(2008), Entrepreneurial selection and success: does education matter?, Journal of Small Business and Enterprise Development, 15(2), 239-258.

Drucker, P. F.(1998), The Discipline of Innovation: Some innovations spring from a flash of genius, but most result from hard, focused, purposeful work and knowing just where to look, Harvard Business Review, 76(6), 149-158.

Drucker, Peter(2004), 미래사회를 이끌어가는 기업가정신(Innovation and Entrepreneurship), 한국경제신문, 2004.

Economist(2014), "A Cambrian moment", 2014.01.18.

Economist(2015), "Death and transfiguration", 2015.09.19.

Eurofound(2011), Young people and NEETs in Europe: First findings.

European Commision(2006), "Entrepreneurship Education in Europe: Fostering Entrepreneurial Mindsets through Education and Learning", Final Procedings, European Commision, 2006.10., 26-27, Commision of the European Communities.

European Commision(2006), "The Oslo Agenda for Entrepreneurship Education in

Europe" , 2006.10., 26-27, Commision of the European Communities.

Frey, C. B., and M. A. Osborne(2013), "The Future of Employment: How Susceptible are Jobs to Computerisation?" , Oxford Martin School. 2013.09.17.

Gratton, L.(2011), The Shift, Harper Collins U.K.

Gratton, L.(2016), The 100-Year Life, Bloomsbury Information Ltd.

Gurol, Y., & Atsan, N.(2006), Entrepreneurial characteristics amongst university students: some insights for entrepreneurship education and training in Turkey, Education Training, 48(1), 25-38.

Hebert, R.F. and Albert N. Link(1989), "In Search of the Meaning of Entrepreneurship," Small Business Economics, 1(1), 39-49, 1989.

Hebert, R. F., Link, A. N.(2006), The Entrepreneur as Innovator, The Journal of Technology Transfer, 2006, vol. 31, issue 5, 589-597.

IBR Editor(2012), 사회적 기업가정신, 그 뿌리를 찾아 나서다: 스티브 잡스부터 무하마드 유누스까지, Impact Business Review, 2012.04.17.

IDC(2015), "Digital Transformation(DX): An Opportunity and an Imperative" .

Jamieson, I.(1984), Schools and enterprise, Education for Enterprise, 1(1), 7-18.

Kirzner(1973), Israel, Competition and Entrepreneurship, Chicago: The University of Chicago Press, 1973.

Knight, F.(1921), Risk, Uncertainty and Profit, Boston: Houghton Mifflin, 1921.

Liñán, F.(2004), Intention-based models of entrepreneurship education, Piccola Impresa/Small Business, 3(1), 11-35.

Low, M. B., & MacMillan, I. C.(1988), Entrepreneurship: past research and future challenges, Journal of Management, 14(2), 139-161.

Lumpkin, G. T., & Dess, D.(1996). Clarifying the entrepreneurial orientation construct and linking it to performance, Academy of Management Review, 21(1), 135-172.

Martin, B. C., McNally, J. J., & Kay, M. J.(2013), Examining the formation of human capital in entrepreneurship: A meta-analysis of entrepreneurship education outcomes, Journal of Business Venturing, 28(2), 211-224.

McDougall, P., & Oviatt, B.(2000), International entrepreneurship: the intersection of two research paths, Academy of Management Journal, 43(5), 902-908.

McKinsey(2013), Beyond Korean Style: Shaping a New Growth Formula, 2013.04.

Miller, D.(1983), The correlates of entrepreneurship in three types of firms. Management Science, 29(7), 770-791.

Morris, M. H., & Lewis, P. S.(1995), The determinants of entrepreneurial activity: implications for marketing, European Journal of Marketing, 29(7), 31-48.

NewsPeppermint(2015), "마이크로크레디트는 빈곤으로부터의 탈출구를 제공하지 못했다" , 2015.12.09.

NEXT ECONOMY(2018), 암웨이, '2018 암웨이 글로벌 기업가정신 보고서(AGER)' 발표, 2018.03.14.

OECD(2013), Economic Outlook, Volume 2013 Issue 1.

OECD(2017), Vectors of Digital Transformation.

Pandey, J., and Tewary, N. B.(1979), Locus of control and achievement values of entrepreneurs, Journal of Occupational Psychology 52: 107-111.

Rauch, A., & Hulsink, W. (2015), Putting entrepreneurship education where the intention to act lies: An investigation into the impact of entrepreneurship education on entrepreneurial behavior, Academy of Management Learning & Education, 14(2), 187-204.

Reynolds, P.D., Hay, M., Camp, S.M.(1999), Global Entrepreneurship Monitor: 1999 Executive ReportKauffman Foundation, Kansan, MO.

Schumpeter, J. A.(1934), The Theory of Economic Development, Cambridge, MA: Harvard University, 1934.

Schwab, Klaus(2016), "The Fourth Industrial Revolution" , World Economic Forum. 2016.

Schwab. K. (2016), 클라우스 슈밥의 제4차 산업혁명, (송경진 역), 서울: 새로운 현재.

Science Times(2016), 실패한 접착제가 혁신을 낳다, 2016.01.27.

Seongho(2013a), 산업심리학으로 기업가정신(Entrepreneurship) 측정하기, beSUCCESS, 2013.01.08.

Seongho(2013b), 기업가정신의 민낯: 빅 데이터로 확인한 시각 차이, beSUCCESS, 2013.07.26.

Sundar Pichai(2016), "This year' s Founders' Letter" , April 28, 2016.

Teece, D. J.(2007), Explicating dynamic capabilities: The nature and microfoundations of (sustainable) enterprise performance. Strategic management journal, 28(13), 1319-1350.

Timmons, Jeffry A. and Spinelli, S.(2009), New venture creation: entrepreneurship for the 21st century (8th ed.), New York: McGraw-Hill/Irwin, 2009.

Trop, Jaclyn(2017), How Dollar Shave Club' s Founder Built a $1 Billion Company That Changed the Industry, Entrepreneur, 2017.03.28.

Walter, A., Auer, M., & Ritter, T.(2006), The impact of network capabilities and entrepreneurial orientation on university spin-off performance, Journal of Business Venturing, 21(4), 541-567.

Wennekers, Sander & Roy Thurik(1999), 'Linking Entrepreneurship and Economic Growth' , Small Business Economics, 13: 27-55, 1999.

Wolcott, R. C. and Lippitz, M. J.(2010), Grow from within. McGraw-Hill.

World Bank(1993), The East Asian Miracle: Economic Growth and Public Policy, World Bank Policy Report, Oxford University Press, 1993.

Xavier, Siri Roland, Donna Kelley, Jacqui Kew, Mike Herrington, Arne Vorderwülbecke(2012), Global Entrepreneurship Monitor: 2012 Global Report, GEM.

찾아보기

ㄱ

가젤(gazelle) 102
경안고 269
구글 167
구인회 191
그라민 은행(Grameen Bank) 82
글로벌 기업가정신 지수 103
글로벌기업가정신연구협회 105
기업 관리자 150
기업가 정신학 69
기업가(起業家) 26
기업가정신 도시 66
기업인(企業人) 26
김범석 186
김범수 126
김봉진 187
김창완 262

ㄴ

나이트(Knight) 35
네덜란드 286
넷플릭스 23
노키아 170, 204
뉴 코닥모멘트 19

ㄷ

데이터 컬처(Data Culture) 22
듀폰 73
디지털 네이티브(Digital Natives) 22
디지털 전환 11

ㄹ

라이벤슈타인(Leibenstein) 151
레이놀즈 47
류창완 61
리샤르 캉티용(R. Cantillon) 26, 98
리질리언스(Resilience) 19
리커창(李克强) 66

ㅁ

마이다스아이티 195
마크 큐반(Mark Cuban) 180
마틴 드비어(Martin De Beer) 75
매슬로우(Maslow) 17
매의 정신 63
맥킨지(McKinsey) 19, 58
모토로라 177
미키타니 히로시 201
밀레니얼 세대 21

ㅂ

박선영 133
박종복 240
배종태 262
버락 오바마 91
벤처캐피털리스트 78
벵갈루루 67
불확실성 감수자 150
불확실성의 확산 10
브루킹스연구소 15
빌 게이츠 47

빌 드레이튼(Bill Drayton) 82

ㅅ

사내 기업가정신 70
사일로 현상(silo effect) 174
생산가능곡선 99
생산자 모델 72
서수민 200
선제적 조치 96
성과지표 151
소니 173
손홍규 61
슈퍼 앙트레프레너십 23
슈퍼 인탠저블스 20
슈퍼 커스터마이즈드 23
슈퍼 탤런티드 21
슈퍼 프로덕티비티 19
슐츠(Schultz) 150
슘페터(Schumpeter) 27, 35, 46, 99
스타트업 185
시장주도혁신 73

ㅇ

아담 스미스 99
아쇼카 재단 82
암웨이 67
앙트레프레너어십 38
앙트십 교육 270
애자일(agile) 21
액셀러레이션 161
양현봉 240
에코세대 22
역동적 기업가정신 지수 139
영세소기업 140
오뚜기 65
욕구단계이론 17
위험 감수자 149
위험 감수성 96
유럽연합(EU) 252
유일한 180
이상곤 61
이승건 186
이우고 271
이정태 301
이준행 301
이형우 196
일론 머스크(Elon Musk) 46

ㅈ

자포스 23
저커버그(Zuckerberg) 184
정주영 126, 179
정치 기업가정신 95
정현진 262
제이미 올리버(Jamie Oliver) 181
조력자 모델 73
조성표 133
존슨앤드존슨 178

ㅊ

차민석 262
창업 기업가정신 69
청년 기업가정신 129
체계지표 152
최종일 199

ㅋ

칼 멩거 99
커즈너(Kirzner) 35, 150
코닝 166
코피티션(coopetition) 20

ㅌ

태도지표 151
테레사 아마빌(Teresa Amabile) 30
테슬라자동차 168
토드 박 91
팀 하포드(Tim Harford) 165

ㅍ

폭스바겐 64

폴 로머 20
프리드리히 하이에크 99
피봇(pivot) 49
피터 드러커 37, 46, 59
피플 애널리틱스팀 22
핀란드 285
핑켈스타인(Finkelstein) 171

ㅎ

하마구치 다카노리 63
한경비즈니스 126
한국청년기업가정신재단 103
허만정 193
헨리 포드 59
혁신가 150
혁신성 96
혁신주도경제권 105
혼돈의 시대 10
황인학 95

기타

3M 167
4차 산업혁명 10, 11
AGER 131
Audretsch 102
CSR 86
EEA 44
Entrepreneurship360 230
ETG 75
GEI 58, 107
GEM 44, 58, 103, 104, 130
GEN 139
GUESSS 231
JUNIOR 프로그램 255
KIU 73
Miller(1983) 39
NCEE 238
OECD 229
Oxfam 94
PRODEM 139
TEA 106
X-비효율성 151
X-효율성 151
Y세대 22
Z세대 21

▮▮▮ 저자 소개 ▮▮▮

■ 이 종 호(李 鍾 昊)

< 학력 및 경력 >

- 고려대학교 문과대 영문학과(학사)
- 고려대학교 대학원 경제학과(석사)
- 고려대학교 대학원 경제학과(박사)
- 고려대학교 경제연구소 전문연구원 역임
- 고려대, 동국대, 숭실대, 홍익대, 인천대, 동덕여대 등 출강
- 현) 경민대학교 호텔외식서비스경영과 교수

< 저서 및 논문 >

- 《관광사업론》, (공저, 1998)
- 《관광경제학》, (역서, 2000)
- 《영문법의 이해》, (2002)
- 《e-세대를 위한 경제교실》, (2002)
- 《시사영어산책》, (2006)
- 《미시경제이야기》, (2009)
- 《거시경제이야기》, (2009)
- 《국제경제 및 산업정책 이야기》, (2009)
- 《공무원영어》, (공저, 2010)
- 《한국경제이야기》, (2013)
- 《알기쉬운 경제학①》, (2015)
- 《알기쉬운 경제학②》, (2015)
- 《알기쉬운 경제학③》, (2015)
- 《한국경제와 에너지》, (2017)
- 〈환율과 수출가격〉 (1993)
  〈VAR 체계를 이용한 경상계정분석〉 (1994)
  〈호텔종사원 직무특성별 직무만족에 대한 수량화분석〉 (1998)
  〈호텔종사원 교육훈련에 관한 연구〉 (2000)
  〈한국산업의 국제경쟁력 패턴분석〉 (2001)
  〈신자유주의와 노동시장 유연화 논쟁〉 (2003)
  〈다국적기업의 M&A에 대한 중국의 제도분석〉 (2004)
  〈문화자원의 개발을 통한 지역활성화 전략〉 (2004)
  〈토지거래허가제의 정책효과에 관한 실증연구〉 (2007)
  〈노인복지서비스의 문제점과 개선방안〉 (2009)
  〈실리콘 밸리의 청년 지식기술창업 모형과 프로그램 분석〉 (2012)
  〈한·중·일 국제분업과 그 동인에 관한 연구〉 (2013)
  〈미얀마의 개혁개방과 글로벌 빅4의 진입전략 특성〉 (2014)
  〈유가변동에 관한 소고〉 (2016) 등 다수

기업가정신

2019년 9월 10일　1판 1쇄 발행

저　자　이 종 호
발행인　남 승 우

발행처 도서출판 **상尙 학學 당堂**

서울특별시 동작구 사당로9가길 6
TEL : 02) 595-1692～4
FAX : 02) 595-1394
E-mail : namdoo6@unitel.co.kr
신고 : 2-155호 (1968. 11. 29)

정가 26,000원

ISBN 978-89-6587-069-2　03320